国家治理与政府改革译丛
总主编 张成福

PRIVATIZATION AND PUBLIC-PRIVATE PARTNERSHIPS

民营化与PPP模式

推动政府和社会资本合作

[美] E. S. 萨瓦斯（E. S. Savas） 著

周志忍 等 译

中国人民大学出版社
·北京·

图书在版编目（CIP）数据

民营化与PPP模式：推动政府和社会资本合作/（美）萨瓦斯著；周志忍等译.—北京：中国人民大学出版社，2015.4
（国家治理与政府改革译丛/张成福主编）
ISBN 978-7-300-21092-6

Ⅰ.①民… Ⅱ.①萨…②周… Ⅲ.①私营企业-关系-行政管理-公共管理-研究-世界 Ⅳ.①F279.1

中国版本图书馆CIP数据核字（2015）第073597号

国家治理与政府改革译丛
总主编　张成福
民营化与PPP模式：推动政府和社会资本合作
［美］E.S.萨瓦斯（E.S.Savas）　著
周志忍　等　译
Minyinghua yu PPP Moshi

出版发行	中国人民大学出版社			
社　　址	北京中关村大街31号	邮政编码	100080	
电　　话	010-62511242（总编室）	010-62511770（质管部）		
	010-82501766（邮购部）	010-62514148（门市部）		
	010-62515195（发行公司）	010-62515275（盗版举报）		
网　　址	http://www.crup.com.cn			
	http://www.ttrnet.com（人大教研网）			
经　　销	新华书店			
印　　刷	涿州市星河印刷有限公司			
规　　格	160 mm×235 mm　16开本	版　次	2015年6月第1版	
印　　张	24.25 插页2	印　次	2016年6月第2次印刷	
字　　数	380 000	定　价	59.00元	

版权所有　　侵权必究　　印装差错　　负责调换

译者前言

民营化与政府治道变革

民营化在当代政府改革中的地位

自19世纪70年代末以来,全世界范围内掀起了汹涌澎湃的行政改革浪潮。"当代行政改革是在世纪之交和时代转型的环境下推行的。改革既是对数十年来行政管理实践的检讨和反思过程,同时也是对新时代、新环境的自觉适应过程。打破传统的行政模式,建立适应后工业社会和信息时代的'后层级制行政模式',既是时代对改革的迫切要求,又是当代行政改革的自觉目标。致力于传统行政模式向新行政模式的转换,使得当代行政改革具有划时代的重要意义。"[1]

激进改革的时代必然是新概念、新理论、新模式、新机制层出不穷的时代。然而,俯瞰这一五光十色、光怪陆离的"新生事物"大观园,有一个影子似乎随处可见,这就是"民营化"——"更多依靠民间机构,更少依赖政府来满足公众的需求。……在产品/服务的生产和财产拥有方面减少政府作用,增加社会其他机构作用的行动。"(除另有标注者外,本前言中的引文全部出自本书。)

从理论上来看,公共选择和新公共管理(管理主义)无疑是当代行政改革的主导理论。公共选择理论的独到之处在于:与传统行政学致力于改革完善政府本身不同,公共选择关注的中心是政府与社会的关系。它认为"没有任何逻辑理由证明公共服务必须由政府官僚机构来提供",摆脱困境的最好出路是打破政府的垄断地位,建立公私机构之间的竞争。[2]可以看出,民营化既是公共选择理论的逻辑结论,又是公共选择济世药方中的一味主药。至于另一个主导理论"新公共管理",在萨瓦斯看来,它是"一系列创造性改革的通用标签,其最显著的特征是将市场机制引入政治领域。……民营化显然属于新公共管理的主流，体现了新公共管理的所有特征。……从这个意义上讲，民营化**就是**新公共管理"。

作为一种变革战略，民营化在实践中的地位毋庸置疑。政府"治道变革"含义广泛，但从大的方面来说，无非是"政府职能的市场化、政府行为的法制化、政府决策的民主化、政府权力的多中心化。政府职能的市场化包括国有企业的民营化、公共事务引入内部市场机制等"。[3]美国公共行政学会前会长马克·霍哲曾对当代行政改革的主线做了这样的评论：我们的社会处在一个关键的交叉路口。公众对政府的生产力低下正在失去耐心。两条变革途径似乎正在分叉：一是高举民营化大旗，利用民间部门高效率、低成本地提供必需的公共服务；另一条是公共部门提出一系列创新方案，改善对公众的服务并重新获得公众的信任。[4]作为后一种变革途径的积极支持者，霍哲对民营化战略持有怀疑和保留态度。但是，在他提出的公共部门的创新方案中，建立伙伴关系是核心要素之一。所要建立的伙伴关系包括社区伙伴（公民与志愿者）、私营部门伙伴、非营利组织伙伴等，而这些恰恰是民营化的重要形式。换言之，表面上与民营化战略针锋相对的内部改革战略依然摆脱不了民营化。

从未来角度看，民营化无疑是各种政府新治理模式的核心要素。奥斯本、盖布勒提出的"企业化政府"模式，可以说是用市场机制重塑政府的典范。书中提出的企业化政府的十大原则，几乎都与民营化有着千丝万缕的联系。[5]起催化作用的政府是一种把政策制定（掌舵）同服务提供（划桨）分开的体制，而权力转移、公私联合、伙伴关系等是起催化作用的政府的主要手段。值得一提的是，"掌舵而不是划桨"这一提法本身，就源自萨瓦斯的早期著作。此外，社区拥有的政府、竞争性政府、受顾客驱使的政府、有事业心的政府、以市场为导向的政府等原则，都与民营化息息相关。在对公共管理未来模式的研究和探讨中，彼得斯提出了未来政府四种"更为系统的战略构想和模式"：市场式政府、参与式国家、弹性化政府和解制型政府。但正如他本人所言："除市场模式外，其他治理模式并没有一个明确而完整的理论表述……尽管每一个模式所提出的解决问题的方案各有不同的目的，但是这些模式对问题的分析和所提出的解决方法却有相似之处。大多数的改革都会带来这样的后果：'架空'政府，并降低政府尤其是职业公务员在社会中的作用。"[6]日耳曼行政传统的国家受宪政体制的限制，行政现代化主要是在现存的制度框架下进行管理手段、方式和过程的革新，即"非连续渐进式行政改革"。指导和调控新模式（the new model of guidance and steering）可以说是这种改革的标志，其构成要素则包括"结果导向的预算制度、测定行政活动产出的成本、商业会计制度在公共部门的应用、吸引外部资源/合同出租/私有化、开放竞争"等。[7]可以看出，指导和调控新模式也深深打上了民营化的烙印。

从主导理论、变革战略、未来模式诸方面看，民营化无疑具有举足轻重的地位。也许正是由于这一点，萨瓦斯于1987年出版的著作《民营化：改善政府的要径》被译为13种语言出版。然而，在关于当代行政改革的中文文献中，有关民营化的研究还相当零散和肤浅。《民营化与PPP模式：推动政府和社会资本合作》一书的翻译出版因此具有里程碑的意义。

作为治理理念的民营化

"民营化不仅是一个管理工具，更是一个社会治理的基本战略。它根植于这样一些最基本的哲学或社会信念，即政府自身和自由健康社会中政府相对于其他社会组织的适当角色。"可以说，所谓民营化理念就是民营化是改善政府的要径和社会治理的基本战略的信念。

学术界推进民营化的先驱包括米尔顿·弗里德曼、戈登·图洛克、安东尼·唐斯、威廉·尼斯卡宁和彼得·德鲁克等人。作为一个技术官员，萨瓦斯坦言他对民营化的热衷最初仅出于"直观"，对先驱们奠定的理论基础知之甚少。然而，得益于参与49个国家的民营化实践，他积累了丰富的经验，从而为民营化事业做出了独特的贡献。在本书中，萨瓦斯主要从三个方面论证了民营化理念。

首先是民营化的推动力量（第1章）。民营化运动的主要推动力量被分为现实压力、经济、意识形态、商业等方面的动力和平民主义的影响。务实主义者的目标是从成本/收益角度看更好的政府：经济的富足减少了人们对政府的依赖，促使他们接受民营化。那些从意识形态角度看问题者视更少政府（less government）为理想目标，即与私营机构相比政府扮演次要的角色。在他们看来，"自由、正义和效率……代表着不同的有时甚至是相互冲突的目标，三者之间的权衡因此十分重要……社会可以使用政府这一工具，以帮助实现这些目标并保持平衡。但如果过头，它会威胁所有三个目标",因此"管得最少的政府就是最好的政府"。商业利益追求者的目标是促使政府开支更多地转向他们,从而揽取更多的生意。平民主义者的目标是更好的社会,实现的手段则是赋权于民让他们满足共同的需求,同时削弱公共和私营部门官僚的权力。

其次是政府增长的原因及其后果(第2章)。推动政府增长的主要因素有三个:(1)现有的和未来的受益者对政府服务的日益增长的需求;(2)服务生产者对政府服务日益增长的供给;(3)效率的降低,这意味着同样的服务需要更多的雇员和更多的开支。增长了的需求是政府服务的"拉动"力量,生产者供给更多服务的愿望则构成其"推动"力量,加上效率的降低,政府陷入无法控制的增长怪圈:政府越大,推动政府增长的力量就越强——预算扩张将导致任命更多官员和录用更多雇员;一旦进入角色,这些人会立即着手扩大预算,减少工作量,雇用更多的人,获得高于平均水平的工资,投票支持更多的支出项目,同时鼓动选民和项目受益者为此摇旗呐喊。政府的过度扩张不仅会抑制经济的增长,而且许多政府活动被证明是无效的。因此需要重新审视政府的角色,即发挥促进者和管理者的作用,更多依靠公民、社区和市场。

第三是物品分类和提供机制的理论分析(第3、4章)。在第3章对物品进行分类和特征描述的基础上,第4章着力讨论集体行动在4类物品的提供中所扮演的角色。有10种不同的制度安排可用于提供物品和服务:政府服务、政府间协议、政府出售、合同承包、补助、凭单、特许经营、自由市场、志愿服务和自我服务。政府、私营部门和消费者在这些安排中扮演着不同的角色。在用11个重要标准(服务的具体性、生产者的可得性、效率和效益、服务规模、成本收益关联度、对欺骗行为的免疫力、经济公平、种族公平、对政府指导的回应性、对消费者的回应性、政府规模)对这些安排方式进行评价的基础上,萨瓦斯强调不同安排方式之间的理性权衡和选择。以前的问题在于安排方式选择基于灵感而非理性。比如,提供具有集体物品内在特性的物品和服务是政府自身存在的主要理由,但在美国,这已不再是联邦政府的主要活动了:越来越多的个人物品和可收费物品被确定为'福利'并被用做集体物品或共同资源,政府的增长主要表现在个人物品和可收费物品方面的开支的大幅度增长。这显然是一种角色的错位。就集体物品而言,集体行动在保证付费进而确保其有效生产方面是必需的,但"集体行动并不意味着政府行动"。因此,服务提供或安排与服务生产之间的区别十分重要:"它是整个民营化概念的核心，是政府角色界定的基础。"从理论上说，集体物品提供中政府角色的界定是一个成本收益的权衡过程，"当安排者和生产者二者合一时，官僚制成本就产生了，即维持和管理层级系统的成本。当安排者和生产者不同时，又产生了交易成本，即聘用和管理独立生产者的成本。两种成本的相对值决定了安排和生产功能分开是否值得"。传统政府治理中的一个误区是忽视服务提供和服务生产之间的区别，进而错误地认为如果政府放弃了服务生产者的功能，它自然就放弃了服务提供者的角色。对那些属于政府"天职"的公共服务，政府应该是一个安排者，决定什么应该通过集体去做，为谁而做，做到什么程度或者水平，怎样付费等问题。至于服务的生产和提供，完全可以通过合同承包、补助、凭单、特许经营等形式由私营部门或社会机构来完成。这就是民营化。政府的自信甚至自负导致了集体物品垄断性的直接生产模式，它所伴随的高成本、低效率、质量不尽如人意和回应性的缺乏不仅损害了公众对政府的信任，而且无端耗费公共资源，导致普遍的财政拮据。因此民营化是一剂摆脱困境的良方。

值得指出的是，作为技术官员出身的学者，萨瓦斯对民营化理念的论证并没有超出现有的概念框架和知识基础。他在本书中的的主要贡献是，凭借实践经验和现实例证，为现有的理论提供了丰富的经验注解。这一意义上的贡献体现在全书的各个章节。

作为公共服务提供机制的民营化

虽然对民营化概念的界定不一，但核心是更多依靠民间机构，更少依赖政府来满足公众的需求。……在产品/服务的生产和财产拥有方面减少政府作用，增加社会其他机构作用的行动。"从狭义上看，民营化指一种政策，即引进市场激励以取代对经济主体的随意的政治干预，从而改进一个国家的国民经济。这意味着政府取消对无端耗费国家资源的不良国企的支持，从国企撤资，放松规制以鼓励民营企业家提供产品和服务，通过合同承包、特许经营、凭单等形式把责任委托给在竞争市场中运营的私营公司和个人。""民营化的一种更为专门的形式旨在改善政府作为服务提供者的绩效。这包括打破不必要的政府垄断，在自来水供应、街道清扫、垃圾收集处理、公园和树木维护等公共服务供给中引进竞争"。（见本书"中文版前言"）

　　提供公共物品和服务的制度安排属于静态分析，它为民营化战略奠定了理论基础。民营化方式的探讨则属于动态分析，即研究如何实现从依赖政府的制度安排向更多依靠私营部门的制度安排的过渡。在对国际经验进行系统整理的基础上，萨瓦斯把民营化的方式归纳为三大类：1）委托授权——有时又称部分民营化，它要求政府持续的、积极的介入，因为国家依然承担全部责任，只不过把实际生产活动委托给民营部门。委托授权通常通过合同承包、特许、补贴（补助或凭单）、法律授权等形式来实现。2）撤资——这意味着放弃某一企业、某一职能或某一资产。像委托授权一样，撤资需要政府采取直接的、明确的行动。与委托授权不同的是，撤资总体上说是一次性工作。企业可以作为一个继续经营的实体被出售或赠与他人，也可以采取清算的方式，即关闭并出售剩余资产。3）政府淡出——与要求政府积极行动的委托授权和撤资不同，淡出是一个消极和间接的过程，即政府逐渐被民营部门取代。换言之，随着市场发展越来越能满足人们的需要，国家逐渐走向消亡。政府淡出可以通过民间补缺、政府撤退和放松管制等形式来实现，因而也被称为以消损的形式实现民营化。每一大类中包括了多种具体的方式，民营化成了由一系列具体机制和方式构成的系统：

委托授权	合同承包	部分服务
		全部管理
	特许经营	场域特许使用
		租赁
	补助	
	凭单	
	法令委托	
政府撤资	出售	给合资企业
		给私营业主
		给公众
		给雇员
		给使用者或消费者
	无偿赠与	给合资企业

续前表

委托授权	合同承包	部分服务
		给公众
		给雇员
		给使用者或消费者
		给原来的拥有者（归还）
		给特定的群体
	清算	
政府淡出	民间补缺	
	撤出（卸载）	
	放松规制	

在对民营化方式分类和相关概念辨析的基础上，萨瓦斯围绕政府服务、政府企业和资产、基础设施等领域详细描述了民营化的具体过程（第7、8、9章），从而为作为公共服务提供机制的民营化提供了系统的经验例证。

民营化的操作层面

政府治理新理念需要通过公共服务提供的新机制来体现，而新机制需要具体的操作技术来支撑。民营化也不例外——不论把它视为理念还是视为机制。也许由于技术官员的出身和实践者的丰富经验，萨瓦斯在这方面的贡献是巨大的。这也是本书的特殊价值所在。下面以合同承包制为例，描述民营化的操作层面。

首先是合同承包的实施条件。这包括：1）有效的政治领导；2）机构内部存在积极的倡导者；3）政府面临财政拮据，不得不重新审视目前的实践；4）具有节约大量成本的可能性或其他重要价值；5）行动具有政治可行性；6）特定事件打破了现状，要求变革。此外，经验丰富的政治家能够动员力量，克服不合情理的阻力，并能够使用各种技巧，缓解合同外包对现有雇员的影响。

服务合同的立约步骤包括：1）考虑实施合同外包；2）选择拟外包的服务；3）进行可行性研究；4）促进竞争；5）了解投标意向和资质；

6) 规划雇员过渡；7) 准备招标合同细则；8) 进行公关活动；9) 策划"管理者参与的竞争"；10) 实施公平招标；11) 评估标书和签约；12) 监测、评估和促进合同的履行。每一个步骤都需要相应的技术支持。

合同承包方式的民营化既不应出于意识形态偏见，也不应出于官员的个人偏好，而应该是一个成本收益的理性权衡过程。这就使得不同制度安排的成本收益比较十分关键。在评估标书与签约阶段，书中提供了一个内部机构和投标商的成本比较指南和清单，如下表。

内部机构成本	合同外包成本
直接运营成本（薪水、补贴、其他福利、供应品、原料、设备维护费、租赁费、办公费、其他）	投标价格（资本支出、利润、运营收益）
＋分摊费用总计（监督费用、部门费用分摊额、政府费用分摊额、中心服务费用分摊额）	＋不可避免的分摊费用
＋资本支出（包括折旧）	＋部分可避免（semi-avoidable）的分摊费用（可逐渐减少的开支）
＋固定资产使用费（土地、房屋等）	＋一次性接管支出（启动费、休假开支、提早退休费等）
＋目前的监督费（如果未包括在标书中）	＋合同管理和监督费用
＋外部承包者承担的风险成本应计入内部投标者的成本	－交纳的税款
－运营收入（收费等）	－出售政府资产的净收益
内部机构提供服务的成本	该服务合同外包的成本

不仅如此，书中还提供了诸如"内部运营成本计算样表"（表7—3）、"清洁服务合同质量标准"（表7—4）、"得克萨斯州休斯敦市公共汽车服务承包合同细则"（表7—5）、"付款的不同方式"（表7—6）等。所有这些都不是学者闭门造车的产物，而是实践中得到运用的例证。

入世以后，我国政府的招标采购和国有企业管理将面临规范化、科学化和与国际惯例接轨的更大压力，本书操作层面的方法技术对实际工作者的作用是显而易见的。那么，它对研究者的作用何在？

我国学术界对国外政府改革的研究相当重视，西方政府治理新理念可谓耳熟能详。但除了少数例外，多数研究停留于总结和概括新的提法和新的理念上。在政府角色和职能的定位上，新理念表现为对政府失灵的认识，表现为政府战线的"全方位退却"和市场价值的回归，表现为公共服务的市场化和社会化，表现为由政府"掌舵"而不是"划桨"；在政府管理的价值选择上，新理念包括市场优位、顾客至上、服务意识、结果为本、民主参与等；在政府管理机制方面，新理念包括民营化与竞争机制的引入、从等级制到协作的分权化政府、多中心自主治理结构、公共服务设计和提供中的公民参与、结果控制而非过程控制、以人为本和以共识为基础的契约式管理……这一多层次政府管理新理念的集合体，展示了西方政府的"未来治理模式"或"政府管理的新愿景"。面对五光十色、光怪陆离的"新理念"万花筒，人们难免产生一种困惑：许多行政学早期文献中频繁出现的提法和概念如民主、参与、市场机制等，怎么就成了当代政府管理的全新理念？这里可以借用一段文学界的评论来描述我们的困境："……学人被思潮和观念变革所吸引……无暇顾及……'具体的''技术性'问题。但是，当思潮的浪头退落以后，当你再别出心裁，观点也没有什么吸引人之处以后，写作的疲倦以及掩盖在这疲倦之中的逻辑苍白，就明显地暴露出来了。这种感觉是实实在在的，它包含的问题属于我们自己。"[8]

严格地说，许多政府管理的新理念并不是全新的东西。然而，正是特殊的时代背景和新背景下的特殊体现方式，赋予这些似曾相识的"老"概念和提法以新的内涵，使之成为"新"的理念。因此，理解和领悟当代政府管理的新理念，必须把这些概念和提法置于独特的历史背景中，必须深入了解新理念在政府改革实践中的具体体现方式。萨瓦斯的《民营化与PPP模式：推动政府和社会资本合作》一书的出版，也许在这方面会有所助益。

周志忍

注　释

[1] 周志忍主编：《当代国外行政改革比较研究》，4页，北京，国家行政学院出版社，1999。

[2] 同上书，23页。

[3] 埃莉诺·奥斯特罗姆著，余逊达、陈旭东译：《公共事务的治理之道》，上海，上海三联书店，2000。

［4］Marc Holzer and Kathe Callahan, *Government at Work*：*Best Practices and Model Programs*, Califomia：SAGE Publications, 1998.

［5］戴维·奥斯本、特德·盖布勒著，周敦仁等译：《改革政府——企业精神如何改革着公营部门》，上海，上海译文出版社，1996。

［6］B·盖伊·彼得斯著，吴爱明、夏宏图译：《政府未来的治理模式》，14～15页，北京，中国人民大学出版社，2001。

［7］周志忍主编：《当代国外行政改革比较研究》，574～577页，北京，国家行政学院出版社，1999。

［8］许明：《人文研究的逻辑是什么?》，载《中国书评》，1996（9），66页。

中文版前言

非常高兴为中文版书写前言。本书的出版标志着我与这个伟大而历史悠久的国度的第四次直接接触。1988年和1989年，我曾就民营化问题分别在上海和厦门做过专题讲座。1994年在武汉召开的灌溉系统管理国际研讨会上，我又就国有灌溉系统的民营化做了主题发言。我的另一部著作《民营化：改善政府的要径》（1987）的中文翻译工作1990年在上海几近完成，但由于时机不成熟中途夭折。现在，时机显然成熟了。十分感谢周志忍教授承担本书的翻译任务。

中文版将是本人近年来有关民营化著作的第十五个外文版本。其他版本包括西班牙语、葡萄牙语、法语、匈牙利语、波兰语、俄语、保加利亚语、希腊语、土耳其语、阿塞拜疆语、阿拉伯语、乌尔都语、印地语和朝鲜语。然而，鉴于中国的巨大规模和新近加入世界贸易组织的事实，鉴于民营化是市场经济的核心要素之一，本书的中文版无疑将产生最大的影响。

民营化已成为世界性潮流。不论东西南北，不论社会主义国家还是资本主义国家，不论发达国家还是发展中国家，不论民主国家还是专制国家，都在推行民营化。本书概括了许多国家民营化的经验，包括本人有幸以不同身份参与的49个国家的民营化的经验。

毋庸置疑，中国的民营化将具有不同于美国的特色。在美国，民营化可以被视为涉及政府和民间机构各自角色的重大的观念转变。私人部门包括市场、各种志愿团体（即"市民社会"）甚至家庭，而家庭可以说是最初的住房、卫生、教育、福利和服务部门！这一意义上的民营化运动始于里根总统，近20年来得到迅速发展。重建市民社会的努力同样出现在后社会主义国家。通过民营化即更多依靠民间机构，中国传统文化中家庭的重要地位将进一步得到加强。

从狭义上看，民营化指一种政策，即引进市场激励以取代对经济主体的随意的政治干预，从而改进一个国家的国民经济。这意味着政府取消对无端耗费国家资源的不良国企的支持,从国企撤资,放松规制以鼓励民营企业家提供产品和服务,通过合同承包、特许经营、凭单等形式把责任委托给在竞争市场中运营的私营公司和个人。

民营化的一种更为专门的形式旨在改善政府作为服务提供者的绩效。这包括打破不必要的政府垄断,在自来水供应、街道清扫、垃圾收集处理、公园和树木维护等公共服务供给中引进竞争。这在美国(其国有企业数量比较少)是民营化的主要领域,并因此实现了效率和效益的大幅度提高。两大政党都在推行这种形式的民营化。

像其他版本一样,本书的读者群定位于教研人员、学生(未来的领导人)和寻求改善政府的官员和公务员。我真诚地希望,本书能对中国广大公众、各级政府和商界领袖有所帮助,引导他们明智地推行民营化,避免其他地方曾经出现过并给民营化带来坏名声的种种问题。

值得指出的是,本前言是作者满怀悲愤心情在我的家乡纽约市写成的,饱受对人类文明的野蛮攻击的世贸大厦废墟的余烟尚未散尽。因此,我也希望,本书的出版有助于加强两个伟大国家的人民之间的友谊和贸易与学术交流。

E. S. 萨瓦斯

2001年9月23日

前　言

叔本华曾说过:"所有伟大思想都要经历三个发展阶段:第一阶段被视为异端邪说受到嘲笑,第二阶段遭到激烈的反对,第三阶段成为不言自明的真理。"民营化思想已处于发展的第三阶段。

我对民营化问题的探索始于30年前。1969年2月9日,一场罕见的暴风雪袭击了纽约市。市政当局准备不足,积雪清理工作组织得一团糟,整个城市陷入停顿许多天,由此导致了一场政治风波。市长林赛·V·约翰要我（时任市长助理）搞清到底发生了什么,应该做些什么以防止类似情况再次出现。我发现,在如此紧急的状态下,市环卫机构实际清除积雪的时间不到工作时间的一半,其余时间耗费在取暖、加油、喝咖啡和清洗上。这使我产生一种冲动,搞清紧急状态过去后该机构是如何履行其主要工作的——清理垃圾和尘土。那年夏天,在完成了暴风雪应急方案制定工作后（这一方案一直用到今天）,我比较了该市政机构和私营部门的经营绩效,发现前者每吨尘土的清除成本几乎是后者的3倍。于是我向市长建议进行试验,通过竞争程序雇用私营公司承包63个市区中3个区的环卫工作,并选择条件相近的另外3个区,比较市政机构和承包商的绩效。

这一异端想法受到某些市政府官员和工会领导的激烈抨击,认为我完全失去了理智,政府预算主管建议开除我——这一建议得到当地一位著名行政学家的支持,他撰文指责我的想法荒诞无稽。市政府成立了一个委员会评审我的建议,但由于市长为谋求竞选总统而更换了党籍和转而需要工会支持的缘故,委员会很快被解散了。纽约市一切如故,我不得不离开政府,从事学术研究工作。经历了最初的孤独无助后,我终于根据自己的经历和早期的研究,成为一个审慎推行民营化的积极提倡者。在职业生涯中,我第二次在政府任职,被里根总统任命为联邦住房和城市发展部部长助理。利用这一身份,我支持用民营化改进地方政府效率的研究课题,推进引进凭单制（vouchers）实施公共住房的民营化。后一做法当时也引起了极大的反对,但到今天,自由派和保守派都在抛弃传统的公共住房配给制度,用凭单制取而代之。

对民营化的最初的攻击建立在错误的假定上:民营化是反政府的。事实并非如此。在1971年公开发表的第一篇文章《论市政垄断》中,我强调问题的实质不是公营对私营,而是垄断对竞争,呼吁在公共服务中引进竞争。另外一个认识误区是,民营化是反人民的,剥去了政府项目所固有的人情味和同情心。事实完全相反:管理不善的政府项目会对人民造成更大的伤害。民营化的目的是改善政府绩效,从而改善那些依赖政府的人的生活质量;通过节约资金和改善对纳税人的服务,民营化同样改善了这些人的生活质量。与政府部门相比,民间非营利机构能用更低的成本为无家可归者提供更好的服务。最后,人们经常以私营企业存在中的管理不善和腐败为由,反对倚重私营部门。在一次市政府的听证会上,这一点曾成为批评我的王牌武器。当然,管理不善的私营公司确实存在,但同样管理不善的政府机构也大量存在。此外,绩效不良的私营公司可能会破产倒闭,而绩效不良的政府机构往往得到更多的资金以图有所改善。大城市的公立学校系统即为一例。

上述反对民营化的理由仍时有所闻,但正日渐式微。民营化是改善政府的有效工具。在全世界范围内,民营化被视为(有时不恰当地视为)搞活经济最终建立美好的社会的关键。

学术界推进民营化的先驱包括米尔顿·弗里德曼、戈登·图洛克、安东尼·唐斯、威廉·尼斯卡宁和彼得·德鲁克(他于1969年提出的"重新民营化"概念,可以被视为民营化一词的前身)。直率地说,当离开IBM公司在纽约市政府任职时,作为一个技术官员,我对他们奠定的理论基础知之甚少。我只是直观地认为,与私营部门签约是一种有效途径,这有利于在公共服务中引进竞争,使公共机构恢复活力,打破往往由工会而非公共官员控制(至少在纽约是这样)的市政机构的垄断。

我的第一部关于这一主题的专著《公共部门的民营化:如何缩小政府》写于1980年,两年后正式出版,其目的是引起人们对当时这一还属于全新观念的重视。在1987年出版的另一部著作《民营化:改善政府的要径》中,我以系统、翔实的资料记录了民营化所取得的飞速进展,并欣慰地看到该书相继被翻译为13种语言出版。本书以1987年的著作为基础,把民营化作为一种习以为常的、以改善政府为目标的务实的战略来处理。书中分步介绍了如何实施不同形式的民营化及如何克服民营化过程中的各种障碍。本书试图满足不同读者群的需求，包括公共官员、研究公共管理的学者、管理咨询者、承包商和试图向政府推销商务的生意人。书中总结了本人30年来在联邦政府、州政府、市政府和47个其他国家亲身经历中获得的经验。作者的目的是为政府建设贡献微薄之力，使这一政府"规模和职能适度，但有充足的能力提供法律、经济和集体物品生产的制度基础，从而使私营部门充分发挥其潜力。"[1]

在此，作者对为本人的研究提供了帮助的所有人表示感谢：首先是埃莉诺·奥斯特罗姆；早期合作者巴巴拉·史蒂文斯和艾琳·布雷特尔·贝雷吉；约翰·迪博尔德——他建议并积极支持我的第一本涉及民营化的书（主编的论文集）的出版（1977）。我的故友和合作者彼得·特罗普、同事阿瑟·莱文仔细审阅了手稿，格罗夫·斯塔林提出了宝贵的修改建议，他们使本书增色不少。出版社的凯瑟琳·米勒对书稿的编辑工作相当出色。我还要感谢我的博士研究生安东尼·艾奥尼得斯和研究助理梅里·阿尼尔。最后，从书中的大量引文可以看到，我需要对许多其他人表示感谢，特别是罗伯特·W·普尔，他在这块宝地上辛勤耕耘，收获颇丰。

E.S. 萨瓦斯
纽约，1999年2月9日

注 释

[1] Ronald C. Moe, "Exploring the Limits of Privatization", Public Administration Review, vol. 47 (1987): 453–460.

目　录

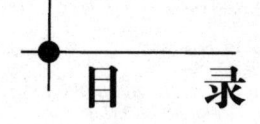

第 1 部分　民营化的背景

第 1 章　导论 ………………………………………………… 3
1.1　民营化的动力 ……………………………………… 4
1.2　民营化的历史进程 ………………………………… 13
1.3　本书内容架构 ……………………………………… 15
注释 …………………………………………………… 15

第 2 章　政府增长 ……………………………………………… 19
2.1　政府规模 …………………………………………… 19
2.2　政府增长的原因 …………………………………… 22
2.3　讨论 ………………………………………………… 35
注释 …………………………………………………… 37

第 2 部分　民营化的理论

第 3 章　物品和服务的基本特征 …………………………… 43
3.1　排他性 ……………………………………………… 43
3.2　消费 ………………………………………………… 44
3.3　物品和服务的分类 ………………………………… 45
3.4　集体物品产生的问题 ……………………………… 53
3.5　小结 ………………………………………………… 60
注释 …………………………………………………… 61

第 4 章　提供物品和服务的不同机制 ……………………… 63
4.1　服务的提供、安排和生产 ………………………… 64
4.2　制度安排 …………………………………………… 65

- 4.3 复合安排 ... 85
- 4.4 安排方式和物品类型之间的关系 ... 86
- 4.5 不同安排方式的比较 ... 88
- 4.6 民营化 ... 98
- 4.7 公私伙伴关系 ... 99
- 4.8 小结 ... 100
- 注释 ... 102

第3部分　民营化的实践

第5章　民营化的原因和形式 ... 109
- 5.1 民营化的原因 ... 109
- 5.2 民营化的形式 ... 121
- 5.3 民营化的案例 ... 133
- 5.4 民营化过程的管理 ... 137
- 5.5 小结 ... 138
- 注释 ... 139

第6章　民营化的效果 ... 144
- 6.1 公共服务的合同承包 ... 144
- 6.2 固体垃圾收集服务的民营化 ... 157
- 6.3 国有企业的政府撤资 ... 163
- 6.4 小结 ... 168
- 注释 ... 168

第7章　公共服务的合同承包 ... 175
- 7.1 签约过程 ... 176
- 7.2 小结 ... 204
- 注释 ... 205

第8章　政府撤资 ... 210
- 8.1 撤资的方式 ... 212
- 8.2 撤资的策略 ... 216
- 8.3 撤资操作指南 ... 218
- 8.4 小结 ... 231
- 注释 ... 232

第9章 基础设施领域的公私伙伴关系 ……………………… 237
- 9.1 基础设施民营化的优点 …………………………………… 238
- 9.2 公私合作的形式 …………………………………………… 241
- 9.3 几个重要问题 ……………………………………………… 248
- 9.4 小结 ………………………………………………………… 257
- 注释 …………………………………………………………… 257

第10章 教育改革和福利国家的民营化 ……………………… 260
- 10.1 教育领域的竞争和选择权 ……………………………… 260
- 10.2 社会福利制度改革 ……………………………………… 275
- 10.3 社会保障的民营化 ……………………………………… 281
- 10.4 小结 ……………………………………………………… 283
- 注释 …………………………………………………………… 284

第11章 民营化的阻力 ………………………………………… 291
- 11.1 操作层面的障碍 ………………………………………… 291
- 11.2 法律层面的障碍 ………………………………………… 292
- 11.3 来自各方面的反对 ……………………………………… 293
- 11.4 反对的理由及其辩驳 …………………………………… 303
- 11.5 小结 ……………………………………………………… 316
- 注释 …………………………………………………………… 317

第12章 民营化的未来 ………………………………………… 323
- 12.1 民营化的前沿领域 ……………………………………… 323
- 12.2 民营化的新方向 ………………………………………… 326
- 12.3 一种新的公共哲学 ……………………………………… 333
- 注释 …………………………………………………………… 334

索　引 …………………………………………………………… 339
译后记 …………………………………………………………… 359

第 1 部分

民营化的背景

第1章
导　论

人类社会发展出多样化的组织形式来满足他们的需求：（1）家庭、氏族、部落等——这些最基本的社会单元，可以说是最初的住房、卫生、教育、福利和服务部门；（2）各种类型的志愿团体——包括宗教、慈善、邻里、公民、商业、工会、娱乐、种族和互利团体；（3）市场及其在其中运营的各类组织；（4）政府——实施集体行动的重要机构。

政府应该承担什么样的角色？其他——我们姑且称之为私人的或民间的——社会机构的作用又是什么？谁应该对谁做哪些事情？在特定的时空条件下，何为社会责任在这些强大而又截然不同的行动者之间的最佳配置？家庭最应该做些什么？哪些事情交给自发组织起来的志愿团体或者市场来做最为妥当？政府应该做什么？

全世界范围内正在发生重大的变化：计划经济已在向市场经济转变；福利国家在欧美处于风雨飘摇之中；家庭价值和宗教在美国正成长为强大的社会力量。作为这些变化的意义的佐证，人们注意到，传统的以家庭为中心的亚洲社会基本上避免了困扰美国人的社会问题，特别是城市中心的社会问题。

毫无疑问，变化的总趋势是疏离政府而亲近其他社会机构——简言之，民营化。广义而言，民营化可界定为更多依靠民间机构，更少依赖政府来满足公众的需求。[1]它是在产品/服务的生产和财产拥有方面减少政府作用，增加社会其他机构作用的行动。总体而言，公共部门和私人部门都承担着重要的角色。因此，一个较"民营化"更少引起争议的词——"公私伙伴关系"——正在被普遍接受。公私伙伴关系可界定为政府和私人部门之间的多样化的安排，其结果是部分或传统上由政府承担的公共活动由私人部门来承担。有关词汇的界定第4章将作进一步讨论。

在一些反对者看来，民营化就是简单化的政府退却，从而退到达尔文时代——适者生存，贫穷羸弱者任其自生自灭。这是对民营化概念的严重曲解。民营化至少可能与福利国家一样富有人情味；如实施得当，它会为弱者提供更多的福利。

民营化具有多种形式。签订合同，由私营公司承包垃圾收集处理、公共房屋维护、申请的审核或飞机修理等是民营化；由非营利机构合同承包养老院的餐饮供应或经营托儿所同样是民营化；政府授予特许权，由私营公司资助、建设、拥有、运营高速公路、隧道、水利设施等也是民营化。向穷人发放食品券、住房券，向家长发放教育券等都是一种民营化的方式，它不同于且优于政府直接经营农场、商店、公共住房项目和市中心的公立学校。当城市居民自愿组织小区巡逻队的时候，当郊区居民自愿参加消防工作的时候，他们都在实践着民营化。政府放弃提供住房贷款或经营公共汽车而由市场提供这些服务，无疑也是民营化。最后，出售国有铁路、工厂、煤矿是民营化的特殊形式，它是前社会主义国家向市场经济过渡的必要组成部分。

"公共"与"私人"之间的区别是模糊不清的。我们谈到公园或政府办公楼时视之为"公共拥有"，但我们也将同一词用于微软公司，因为它有很多股东且公众中的任何人都可以购买其股份。它是一个公众拥有的私人公司。同理，向公众提供服务的饭店可称为公共饭店，尽管它可能为一人所拥有。我们常用"公共"一词描述三种截然不同的状况：政府拥有、公众拥有、拥有权利开放（open access）。然而，这种语言上的混乱也有其积极意义，意味着政府所有制——可扩展为政府行动——对普遍公共福利的实现并非必不可少。以这一不言自明但又往往被忽视的理念为基础，民营化就是要充分利用多样化的所有制形式和运作关系来满足人们的需求，从而实现公共利益。

本书中的"服务"或"公共服务"一词不仅指一般意义上的服务活动如路灯维护、邮政服务、公交服务或运营电话系统，而且包括更广泛的社会职能如为退休者提供生活保障、抵御外来威胁、衣食供应、物品生产、保护濒危生物和环境等。书中的分析适用于一切文化和社会经济制度，不论它们用什么方式提供上述产品和服务。

1.1 民营化的动力

民营化运动的主要推动力量可以分为现实压力、经济、意识形态、商业等方面的动力和平民主义的影响。务实主义者的目标是从成本/收益角度看更好的政府。经济的富足减少了人们对政府的依赖，促使他们接受民营化途径。那些从意识形态（也可以说从哲学）角度看问题者视更少政府（less government）为理想目标，即与私营机构相比政府扮演次要的角色；这是杰斐逊的政府观——"管得最少的政府就是最好的政府"。商业利益追求者的目标是促使政府开支更多地转向他们，从而揽到更多的生意。平民主义者的目标是更好的社会，实现的手段则是赋权于民，让他们满足共同的需求，同时削弱公共和私营部门官僚的权力。

表1—1对五种推动力的特点做了概括。下面将依次讨论。

表1—1　　　　　　　　　民营化的推动力量

推动力量	追求目标	理由
现实压力	更好的政府	审慎的民营化会导致成本收益比更高的公共服务。
经济推动力	减少对政府的依赖	由于经济的日益富裕，人们能够自己提供各种服务，因而更乐于接受民营化。
意识形态动力	更少政府	政府规模和权力过大，对公众生活干预过多，对民主构成了威胁。政府的政治决策较市场决策更不值得信赖。民营化可以减少政府的作用。
商业动力	更多商业机会	政府开支是经济的重要组成部分，其中的更大份额应该转向私营企业。运用私营部门，国有企业和国有资产可以得到更好的利用。
平民主义	更好的社会	公众应拥有更多的公共服务选择权。他们应被赋予确认和满足共同需求的权力，减少对高高在上的官僚机构的依赖，更多依靠家庭、邻里、教会、种族和自愿团体，从而树立社区感。

现实压力

当政府活动的成本和公众对高税收的抵制同时上升的时候，公共官员会寻求任何可能缓解财政压力的妙方。典型手段之一是求助于"创造性做账"（creative bookkeeping）以掩盖收入与支出间的巨大差别。但随着公认的财会原则在政府的普遍应用，这一秘密武器已不再灵验。第二个办法是借贷以弥补亏空。但对发展中国家来说，贷款人不愿意支持那些低效、浪费的政府企业；而在美国，公众对政府增加开支的反感情绪导致多次对公债的投票否决,并选举反对大手大脚花钱的候选人上台。如果"创造性做账"、增加税收和借贷被排除,公共官员可选择的路只有两条:削减服务或提高生产率。

取消或减少政府活动对其受益者来说当然不受欢迎。因此,提高生产率在政治上更具吸引力,即使这样做会遇到公共部门雇员的抵制和反对。民营化是改进政府机构生产率的根本战略之一。它能够引发私人产权、市场和竞争的力量,从而为公民提供更有效率的服务。市场激励机制得以充分发挥作用,即在"管理者参与的竞争"(这一概念在第 7 章讨论)中,公共部门雇员被迫与私人签约者竞争。政府企业(又称政府资助企业、政府公司、公共事业局、公益公司、国有企业或国家间接控制的企业——最后两个概念美国之外常用*)被投入到市场环境中。

第 6 章将提供强有力的证据证明,如果实施得当,民营化一般能导致效率的大幅度提高,同时会保持甚至改善公共服务的水平和质量。这就是为什么具有浓厚成本意识的公共官员——他们受改革政府团体和其他赞赏民营化群体的影响,并摆脱了党派偏见的束缚——转向民营化,视之为改进公共管理和政府效率的关键。

在前社会主义国家,人民生活水平与工业化国家相比持续下降,从而导致了政治、经济的革命。这一革命的核心特征是民营化和向市场经济的转型。在欧洲共同体,减少赤字以履行《马斯特里赫特条约》和促进经济一体化的需要,正在加速低效国有企业的民营化进程。

"治理"一词源于希腊语 kybern,其含义是"掌舵"(同一词可见于控制论,cybernetics)。政府的角色是掌舵,而不是划桨。[2]提供服务——不论修马路还是航空服务,都是在划桨,而政府对此并不在行。民营化是一项务实的政策,它使政府回到掌舵者的位置上,依靠私营部门划桨。

经济推动力

饶有趣味的是,与政府日益增长的财政拮据相伴随的是人们的日渐富足。这意味着更多的人可以自己购买书籍而不是到图书馆借阅,驾驶自己的汽车而不是依靠公共交通,为体育和娱乐活动支付更多的资金。正如内森·格莱泽(Nathan Glazer)所言:经济的富足"使更多的人相

---

* 为简便起见,本书一般使用政府企业(GOE)或国有企业(SOE)概念,后者主要用于国外情况。

信，他们可以通过在相互竞争的公、私组织之间投资而非纳税的方式，更有效地管理好子女的教育和自己的医疗卫生，也许还能从中获得更好的回报"[3]。

在福利国家诞生之前，只有富人能保护自己免受工业社会带来的不幸和灾难；绝大多数人需要国家的社会保障，即国家对不幸者提供的最低限度保护。然而在今天，随着个人经济力量的增长，更多的公民可以自己管理自己的事务。福利国家在市场力量的冲击下日渐衰落。市场力量正在改变教育、医疗卫生、住房、退休保障和其他"福利"构成要素的供需条件。消费者对教育、医疗、住房、退休保障及其他物品和服务的支付能力日益提高，他们对这些服务的需求超出了政府的提供能力。这些正是私人供应商通过市场机制可以提供的东西。[4]简言之，经济因素正在减少人们对政府物品和服务的依赖，使他们更乐于接受民营化方式来满足需求。

意识形态动力

不同社会里政府扮演的角色不同。甚至在同一社会里，政府角色随时间的推移也不断变化。这一情形可如图1—1所示。社会享有的产品和服务（如上所述，这里使用广义的服务概念）用小圆点表示。它们有的由公共部门提供，有的由私营部门提供。（这显然是过分简单化的描述，因为许多活动同时涉及两个部门，且如第4章所讨论的那样，两者之间存在复杂的公私伙伴关系；但对于这里所讨论的问题来说，这一两分法还是有用的。）两个部门之间的分界线在不同国家有所不同。表1—2显示的是社会主义国家经济转型之前，政府在经济活动中的不同介入程度。如在苏联，96％的国内生产总值是由国家生产的，图中的分界线应该在右下角。

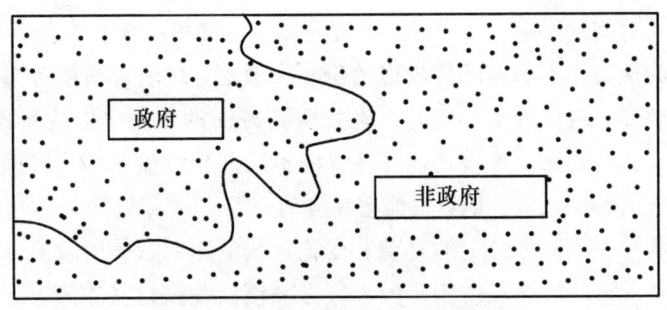

图1—1　社会服务的提供主体

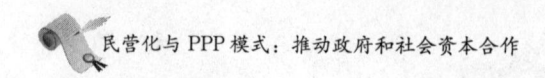

表 1—2　　社会主义经济和市场经济国家国有企业的作用

国　家	GDP 中国有企业的比重（%）	年　份
社会主义经济		
捷克斯洛伐克	97	1986
民主德国	97	1982
苏联	96	1985
南斯拉夫	87	1985
波兰	82	1985
中国	74	1984
匈牙利	65	1984
社会主义经济的非加权平均值	85	
市场经济		
法国	17	1982
奥地利	15	1978—1979
意大利	14	1982
新西兰	12	1987
土耳其	11	1985
英国	11	1983
联邦德国	11	1982
葡萄牙	10	1976
澳大利亚	9	1978—1979
丹麦	6	1974
希腊	6	1979
西班牙	4	1979
荷兰	4	1971—1973
美国	1	1983
市场经济的非加权平均值	9	

注：国企产值所占比重中不包括政府服务。
资料来源：根据 B. Milanovic 的 *Liberalization and Entrepreneurship：Dynamics of Reform in Socialism and Capitalism*（Armonk, N.Y.：M. E. Sharpe, 1989），15，20 计算。

随着时间的推移，两个部门的分界线在位置和形状上也会不断变化。以美国为例，私人部门邮件投递的份额在增加，政府邮政服务量相应减少。与此形成对比的是，政府在医疗服务方面的作用（即支付医疗费）数十年来急剧膨胀。换言之，分界线的不同部分可能在同一时间向完全相反的方向移动，从长期看可能会在波动。

尽管存在不同方向上的移动和变化，从整体上看美国政府并没有缩小。第 2 章将对政府规模膨胀的事实做一概括并探讨其原因。许多人对这一趋势持有戒心，视之为对民主的威胁。在美国的里根革命中，获取公众支持的口号是:"让政府不再骑在我们的头上,让政府的手远离我们的钱包"。而在撒切尔执政的英国,它成为"政府战线的全方位退却"。

持上述观点的人从政治和经济哲学的角度为自己辩护。随着人民收入的越来越多的部分被政府占有,由于政府开支政策由那些日益脱离民众且缺乏回应性的机关来决定,随着政府对人类生活领域的不断增加的渗透和介入,自由将荡然无存。在起草宪法和民权法案时,美国的国父们曾竭尽全力保护公民不受政府的侵害。历史经验告诉他们,政府对他们所珍视的个人权利可能构成最大威胁。即使在民主社会,政府机构也可能沦为暴政的工具:动员并获得多数支持的人可能会利用政府的强制力,剥夺少数人的权利。因此,宪政先驱们设计了这样一种制度,它把集体强制力保持在最低限度,即不超过保障自由所必需的水平。政府权力受到分权制衡原则和公民政治权利的有力约束。

政府权力过大所损害的不仅是个人自由。正义这一价值应该受到尊重,平等则是正义的一个组成部分。通情达理、富有同情心的人所能接受的不平等程度有所不同,或者反过来说,对不同力度的再分配政策的态度有所不同,他们仍然被认为是公正的。然而,政府却在通过"取之于一方,授之于另一方"的方式,对社会平等造成了巨大影响,这些影响并不总是积极的。

在一个资源稀缺的世界,效率同样是一个重要的社会目标。个人应该从等量的资源消耗或劳动时间中获得最大化的产出。效率值得赞赏,因为它能导致更高的生活水准。正如权力过大的政府会威胁自由和正义一样,它也会扼杀效率。但从另一方面看,政府的高效率可能会威胁自由——独裁政权的借口之一常常是所谓的高效率。

自由、正义和效率都必不可少,相互之间密切联系。它们代表着不同的有时甚至是相互冲突的目标,三者之间的权衡因此十分重要,如牺牲某些个人自由和经济效率以换取更多的正义。社会可以使用政府这一工具,以帮助实现这些目标并保持平衡。但如果过头,它会威胁所有三个目标。

从哲学角度对大政府担心的另外一个理由是:如果社会失去了对政府的信任,就会带来极大的危害。现代文明要求个人放弃相当一部分对自己生活的控制权利,把它们交给非人格化的机构。个人自治权利被缩小了,为自己谋取福利的责任在相当程度上被集体机构——主要是政府——承担。如果政府缺乏足够的回应性和责任心,如果政府形成独立的利益，人民就会感到政府违反了社会契约所赋予的责任——做只有政府能做的事情并把它们做好，人民就会失去对政府的信任。

在许多国家，人们视政府为不得不忍受的邪恶，认为它是由追名逐利的官员和官僚组成的乌合之众。在美国，1958—1980年间，对政府反感情绪的增长远远超过了对大商业的反感[5]，尽管80年代——当时的新政府着手削减联邦政府的作用——有所缓和。然而，公众对联邦政府的信任达到了最低点。1995年的一项调查表明，只有四分之一的美国人相信联邦政府在绝大多数时间做了应该做的事情，与1964年的四分之三相比大幅度下降；只有11％的人对联邦政府有"相当的信任"，为30年来的最低值。[6]1999年对18~24岁年轻人的一项调查发现，他们认为政府所着力解决的"问题"与他们日常关心的事情鲜有关系。[7]在一般美国人看来，公众交纳的每1美元税款，政府会浪费其中的48美分；每6个美国人中，就有5个要求华盛顿实施根本性变革。[8]

当谈及办事能力时，美国公众对私营部门的打分高于政治机构。[9]就服务质量而言，地方政府和公共交通得分最低，与房地产公司持平，甚至低于汽车修理店。[10]显然，随着错误、僵化和浪费的扩散，各种制度显现出动脉硬化症，前期社会经济制度改革效果不能令人满意，迫切需要新的改革。

吉米·卡特（Jimmy Carter）是华盛顿"圈外"的候选人，罗纳德·里根（Ronald Reagan），包括他的继任者乔治·布什（George Bush），以反华盛顿、反大政府著称。他们的当选反映了公众对政府角色不断扩张的反感情绪。比尔·克林顿（Bill Clinton）属于民主党的另类，他宣告了大政府时代的终结。他的政府对民营化策略的积极支持和推动，也是基于现实的考虑。[11]

以上我们从政治哲学的角度，对反对大政府的观点及其理由进行了概括和总结。另外一个理由是基于经济哲学。如果经济决策权主要交给市场，政府仅承担个人基本生活水平保障者的角色，就能够实现社会长远福利的最大化。但政府对经济活动有着巨大的影响。这不可避免地意味着：影响经济活动的政府决策（如经济规制）常常是基于政治而非经济考虑。因此，大政府会造就贫穷的社会。正如米尔顿·弗里德曼（Milton Friedman）所言："百姓足额支付成本而政府并不足额作为，这种亏本并不是坏事。"[12]

基于上述政治、经济哲学的考虑，人们力图改变图1—1中分界线的位置，即减少政府的作用，扩大私营部门的作用。这就是民营化。这一运动最初从私营部门获得强有力的支持。（那些把市场视为争夺控制地盘的竞争对手的政治家，则力图使分界线朝相反的方向移动。）具有讽刺意味的是，那些反对使政府更富效率的人（因为这有助于政府维持目前的角色）却与务实主义者联手，后者支持民营化的理由恰恰是高效率。从意识形态角度支持民营化的人主张更少的政府（less government），即政府干预更少；务实主义者仅仅主张小政府（smaller government），即政府更有效率。

商业动力

对民营化的进一步支持来源于商业利益。其思维逻辑坦诚而直率：政府开支巨大，多数钱花在政府雇员的工资上；政府雇员所从事的多数工作属于非政府特有的、正常的商业活动，如建筑物、土地、车辆、船只和飞机的维护，文字输入和资料处理，审核社会保障申请并签发支票，垃圾收集处理和街道维护等。商业集团倡导政府内务活动的民营化，支持制定法律禁止政府雇员从事私营纳税企业可以从事的活动。

另一部分私人团体看中政府投资项目（如修筑道路、桥梁、机场和废物利用工厂）所提供的商业机会。私营部门可以投资、建设、运营大部分这些设施，其中的核心是为这些设施融资。当政府为扩建监狱设施或污水处理工厂感到融资压力的时候，上述选择无疑是具有诱惑力的。

在那些拥有国有企业或国有资产的国家中（完全没有国有企业和国有资产的国家在世界上不存在），商业压力来自商界领袖，他们抨击排斥竞争所导致的管理混乱、资源浪费和懒惰行为。他们鼓励非国有化（民营化的特殊形式），认为如果出售给私营部门，这些企业和资产将会有更好的前景。他们从中看到了创新潜力；如果原封不动地保留在公共部门，持续的停滞、日益增长的低效率可能会拖私营部门的后腿。这一点适用于所有国有企业，包括制造业、矿山、油田、交通线路、通信系统、银行、面包房、酿酒厂、木材加工和土地资源。

基于上述，商业力量成为民营化的积极支持者，尽管支持的理由既不同于务实主义者，也不同于从政治、经济哲学角度看问题的人。然而，正如第11章将要讨论的那样，从维持现状中获利的商业集团反对民营化。

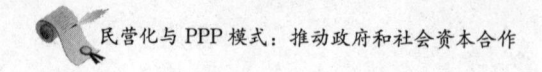

平民主义动力

民营化的第五种推动力来自于平民主义者,他们既反对大政府,又反对大商业集团,主张地方性机构和赋权于人民。他们得到了"家庭价值"[13]提倡者和社区主义者[14]的支持。其观点可归结如下:

> 这个国家的"公共"系统(包括政府和私人部门)已变得过于制度化,过于官僚化,过于专业化,过于关注自身利益的保护。……必须使这些主要系统为人民工作。……可能通过制度安排的重新设计……使社区的生命维系系统更富竞争力,更公正。……选择权应该得到扩展。……私人或公共部门的购买者不应依赖唯一的供方。[15]

平民主义者的核心主张有两个:公众对公共服务应拥有更大的选择权;他们应有权界定并处理共同的需求,而不是对官僚机构过分依赖。他们可以在更大程度上依靠邻居、公民组织、宗教、种族或其他志愿团体。确认共同需求的过程,通过传统机构满足需求的方式,将有助于强化迫切需要的社区意识。[16]

然而,这些传统机构被侵蚀了。一个庞大而又掌握过多权力的政府会取代或吞没它们,从而损害社区的利益。志愿团体被那些问题取向的游说集团所取代,它们力图利用政府的权力,把自己的价值观和支出偏好强加给别人。牧师被社区心理卫生机构取代,家庭让位于卫生、教育、福利、住房和服务部门。

正是通过兴趣和职责的重叠交叉,这些传统的非政府机构为社会提供了安全保障,帮助社会在自由、正义和效率这些相互冲突的目标之间形成动态均衡。如果某一类机构(如政府)过于强大,并以牺牲其他机构为代价,就会限制这些机构对上述目标的贡献,消除它们可能带来的多样性,从而增加社会对政府的过分依赖,即完全由政府在自由、正义、效率之间作价值选择,并把政府的价值组合强加给社会。

持上述观点的人认为,"集体"行动并不必然意味着"政府"行动。他们推崇民营化,因为它扩大了选择权,提供了强化传统机构和增强社区意识的机会;它意味着自由市场、地方主义、志愿主义和非规制化。为了追求一个更好的社会,平民主义者加入到追求更少政府的意识形态力量、追求好政府的现实主义者和商业利益追求者的阵营,努力推动民营化。

1.2 民营化的历史进程

运用私营部门力量满足公众需求的做法，可以说与家庭一样历史悠久，所不同的是自觉把民营化作为改善政府运作——进而改善整个社会的工具。民营化的理论基础是由米尔顿·弗里德曼奠定的。[17]出生于澳大利亚的美国管理学家彼得·F·德鲁克于1969年提出了民营化的建议（最先用的词是 reprivatize，即"重新民营化"）。[18]同年，作为为改善市府绩效而努力的纽约市政官员，笔者建议采用与私人公司签约的务实政策，打破市政府的垄断，从而改善市政服务的成本收益比。[19] 70年代以来萨瓦斯（Savas）[20]、普尔（Poole）[21]、斯潘（Spann）[22]、罗思巴德（Rothbard）[23]、菲斯克（Fisk）[24]等人的研究和著作，以及普尔于1976年创建并延续至今的《民营化月讯》[25]，都对民营化起到了推动的作用。公共部门雇员工会对民营化的强烈反对1977年就开始出现。[26]由于引起广泛的关注，以市政服务合同外包为主要形式的民营化80年代在美国普遍实施[27]，随后经历了飞速发展。[28]在英国，由于亚当·斯密研究所（Adam Smith Institute，本人曾与之合作）的推动，民营化在70年代中期普遍展开。

玛格丽特·撒切尔（Margaret Thatcher）和罗纳德·里根分别于1979年和1980年当选英国首相和美国总统，给业已形成的民营化运动以巨大的推动力。一系列激进的非国有化运动（民营化的特殊形式）1979年后在英国大刀阔斧地进行，席卷以下公司：英国燃油公司（1979）、英国飞机制造公司（1981）、英国石油公司（1982）、国家货运公司（1982）、有线无线公司（1983）、美洲豹公司（1984）、英国电信公司（1984）、英国飞机制造公司（1985年第二轮股票销售）、英国天然气公司（1986）、英国航空公司（1987）、劳斯莱斯公司（1987）、英国机场管理局（1987）。[29]自来水和电力等公用事业的民营化分别于1989年和1990年进行。地方政府服务的强制性竞争招标于1988年成为法定要求。

尽管里根政府（笔者曾在其中任部长助理）于1988年提出了一系列雄心勃勃的民营化建议，但以出售企业为主要形式的民营化在联邦政府却很少出现。这部分地是由于美国政府企业的规模很小。联合铁路运输公司（Conrail，政府拥有的铁路货运公司）被出售了，但里根出售浓缩铀公司（United States Enrichment Corporation）的计划被民主党国会否决（10年后，克林顿政府在共和党国会的支持下实施了这一计划）。联邦机构辅助服务（如数据处理、饮食服务、房屋维护、保安）中的相当部分被合同外包出去。在地方政府层次，合同承包的民营化方式不仅涉及辅助性服务，而且涉及对公众的直接服务（如垃圾清理、街道清扫、救护车服务、公园的维护等）。

受英国的影响，80年代许多西方工业化国家开始了民营化进程。[30] 许多发展中国家步其后尘。[31] 其部分原因是西方援助国和国际机构的压力，它们对先前资助过的国有企业的不良表现失去耐心。东亚新兴工业化国家和地区依靠私营企业和市场导向取得了举世瞩目的经济奇迹，它们为那些错误地依赖国有企业从而不断落后的发展中国家树立了榜样。80年代末期以来，在拉丁美洲的墨西哥、巴西、智利和阿根廷，所有当选的总统都采取了强有力的民营化政策。

在社会主义国家中，中国是民营化的先驱，它的民营化1978年从农业部门率先实施。允许实质上的私营农业取代国有和集体农场，导致了粮食生产的大幅度提高并终结了先前屡屡出现的饥荒。作为经济体制改革的一部分，80年代中国允许私营工商企业存在，但通常涉及多种所有制形式，如乡镇企业、合资企业、合伙制企业等，随后是股份制企业。1989年社会主义阵营在东欧的解体导致了匈牙利、波兰和捷克斯洛伐克的民营化。苏联在其解体（1991年）以前，就于1990年修改法律，允许生产资料的私人占有，从而为民营化开辟了道路。俄罗斯的大规模民营化始于1994年，尽管整个过程伴随着对国有企业的掠夺和对国有资产的盗窃（所谓自我民营化）。保加利亚、罗马尼亚、斯洛文尼亚、波罗的海诸国、前苏联地区各加盟共和国都在实施民营化，尽管其范围和速度迥然不同。爱沙尼亚、吉尔吉斯斯坦也许是民营化最成功的两个国家。面临绝望的经济困境，越南允许私人企业的出现。古巴开始把公有住房出售给住户，正像英国十多年前开始做的一样。

到了90年代中期，州和地方服务的民营化在美国十分普遍，甚至公共雇员工会力量强大的大城市也不能幸免。它已成为联邦政府的基本政策。[32] 此外，民营化不再是一个党派或集团问题：不论民主党还是共和党，自由派还是保守派，黑人还是白人，都在接受并推行民营化。

1.3 本书内容架构

本书分为3个部分，分别讨论民营化的背景、理论和实践。第1部分第2章审视政府扩张的表现、原因及其后果，从而完成民营化背景的讨论。

第2部分讨论民营化的理论基础。第3章从人们需要的基本物品和服务出发，讨论这些物品和服务的内在特征，并对它们进行私人物品、可征费物品、共用资源、集体物品的分类。再进一步，澄清集体行动在不同类别物品提供中的角色和作用。第4章区分服务的提供、生产和安排，描述服务提供的十种不同的制度安排或结构。在此基础上将表明，每一种物品可以由不同的提供机制来提供，虽然对某一特定的物品来说，某一特定的提供机制并不合适。该章将对不同的服务安排进行比较，指出各自的优点和弊端，并对不同机制之间的选择提出指导意见。

第3部分讨论民营化的具体实践。第5章解释民营化的实践原因、具体形式（即政府主导的安排向私人主导的安排的转换的方式）并提出民营化的操作指南。第6章根据国际研究资料总结民营化的效果。随后两章分别对民营化的两种具体形式作详细讨论：合同承包（第7章）和撤资（第8章）。第9章审视以公私伙伴关系为主要形式的基础设施民营化。第10章对教育和福利的民营化进行概括性讨论。第11章关注的是民营化的实施问题，认定民营化面临的主要障碍，并对主要的反对观点进行评论。最后，第12章总结民营化在世界范围内取得的成就，并对政府治理和公共管理中正在出现的新趋势进行展望。

注 释

[1] E. S. Savas, *Privatization: The Key to Better Government* (Chatham, NJ: Chatham House, 1987), 3.

[2] 出自 E. S. Savas, David Osborne & Ted Gaebler 在其合著的 *Reinventing*

Government (Reading, MA: Addison-Wesley, 1992), 25 一书中曾引用。

[3] [4] Nathan Glazer, *The Limits of Social Policy* (Cambridge, MA: Harvard University Press, 1988), 126.

[5] S. M. Lipset and W. Schneider, *The Confidence Gap* (New York: Free Press, 1983), 83.

[6] Robert J. Blendon, et al., "Changing Attitudes in America," in *Why People Don't Trust Government*, Joseph S. Nye, Jr., et al., eds. (Cambridge, MA: Harvard University Press, 1997), 205—216. See also Al Gore, *Creating a Government That Works Better and Costs Less*, Report of the National Performance Review (Washington, DC: Government Printing Office, 7 September 1993), 1.

[7] *New Millenium Project*, Part 1: *American Youth Attitudes on Politics, Citizenship Government and Voting* (Lexington, KY: National Association of Secretaries of State, 1999), 19.

[8] Gore, *Creating a Government That Works Better*, 1.

[9] Lipset and Schneider, *Confidence Gap*, 75. 就这一特定问题而言，未发现新近调查资料。

[10] "Groceries' Service Rated High," *New York Times*, 10 March 1986.

[11] Gore, *Creating a Government That Works Better*, chap 2.

[12] Milton Friedman, *Capitalism and Freedom* (Chicago, IL.: University of Chicago Press, 1962).

[13] David Blankenhorn, Steven Bayme, and Jean B. Elshtain, eds., *Rebuilding the Nest: A New Commitment to the American Family* (Milwaukee, WI: Family Service America, 1993).

[14] Amitai Etzioni, *The Spirit of Community* (New York: Simon & Schuster, 1994).

[15] Ted Kolderie, *An Equitable and Competitive Public Sector* (Minneapolis: Hubert H. Humphrey Institute of Public Affairs, University of Minnesota, 1984).

[16] Richard C. Cornuelle, *Reclaiming the American Dream: The Role of Private Individuals and Voluntary Associations* (New Brunswick, NJ: Transaction, 1993).

[17] Friedman, *Capitalism and Freedom*.

[18] Peter F. Drucker, *The Age of Discontinuity* (New York: Harper & Row, 1969). Poole 把它简化为民营化，1976 年以后在其通信中经常使用（参见后面的注释）。*Webster's New Collegiate Dictionary* 第九版（Springfield, MA:

Merriam，1983）最早对这一词作了界定。

[19] R. Phalon, "City May Use Private Refuse Haulers," *New York Times*, 6 April 1971, 1; E. S. Savas, "Municipal Monopoly, Uncivil Servant-There Are No Culprits, Only Scapegoats," *Harper's*, December 1971, 55-60; idem, "Privatization from the Top Down and from the Outside In," in *Privatization*, ed. J. C. Goodman (Dallas: National Center for Policy Analysis, 1985), vii-ix, 69-77; idem, *Privatization: The Key to Better Government*, 291.

[20] E. S. Savas, "Municipal Monopolies versus Competition in Delivering Urban Services," in *Improving the Quality of Urban Management*, ed. W. D. Hawley and D. Rogers (Beverly Hills, CA: Sage Publications, 1974), 473-500; idem, *Alternatives for Delivering Public Services* (Boulder, CO: Westview Press, 1977); idem, *The Organization and Efficiency of Solid Waste Collection* (Lexington, MA: DC Heath, 1977); idem, "An Empirical Study of Competition in Municipal Service Delivery," *Public Administration Review* 37 (1977): 717-724; idem, "Policy Analysis for Local Government: Public versus Private Refuse Collection," *Policy Analysis* 3, no. 1 (1977): 49-74.

[21] R. W. Poole, Jr., *Cut Local Taxes without Reducing Essential Services* (Santa Barbara, CA: Reason Press, 1976).

[22] R. M. Spann, "Public versus Private Provision of Governmental Services," in *Budgets and Bureaucrats: The Sources of Government Growth*, ed. T. E. Borcherding (Durham, NC: Duke University Press, 1977).

[23] M. N. Rothbard, *For a New Liberty: The Libertarian Manifesto*, (New York: Collier Macmillan, 1978).

[24] Donald Fisk, H. Kiesling, and T. Muller, *Private Provision of Public Services: An Overview* (Washington, DC: Urban Institute, 1978).

[25] Robert W. Poole, Jr., *Fiscal Watchdog* (Los Angeles: Reason Foundation). 1988年2月，这一月讯更名为 *Privatization Watch*。

[26] Savas, *Privatization: The Key to Better Government*, 122.

[27] E. S. Savas, *Privatizing the Public Sector: How to Shrink Government* (Chatham, NJ: Chatham House, 1982).

[28] Jeffrey R. Henig, "Privatization in the United States: Theory and Practice," *Political Science Quarterly*, 104, 4 (1989—1990), 649-670.

[29] Matthew Bishop and John Kay, *Does Privatization Work?* (London: London Business School, 1988), 5-6.

[30] 同上；V. V. Ramanadham, ed., *Privatisation in the UK*, (London:

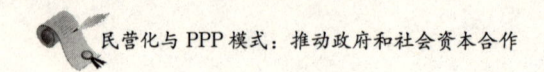

Routledge, 1988).

[31] R. Candoy-Sekse, *Techniques of Privatization of State-Owned Enterprises*, vol. 3: *Inventory of Country Experience and Reference Materials*, technical paper no. 90, (Washington, DC: World Bank, 1988).

[32] Gore, *Creating a Government That Works Better*, chap 2.

第 2 章
政府增长

民营化的五种推动力量都针对一个目标——世界范围内庞大且不断增长着的政府。本章着重考察美国政府的规模和增长状况。在对其他工业化国家的情况进行简要讨论之后，探讨政府增长的原因。

2.1 政府规模

这里用三个不同的测度来衡量政府规模：政府单位的数量；政府支出；政府雇员人数。以下依次予以讨论。

政府数量

人们有时把政府设想为一个单一的巨型组织，但事实上美国存在许多政府——准确地说，1997 年为 87 454* 个。表 2—1 显示了不同政府单位的数量及其历史变化。镇的数量在缩小而市的数量在扩大，反映了不断加快的都市化和区域整合进程。特区的数量急剧膨胀，反映了大都市为履行职能而创造的政府间的多样化安排。其结果是，政府单位总数再次扩张，整顿学区导致的下降趋势被逆转。

表 2—1　　　　　　　　美国政府单位的数量

政府类型	1942 年	1957 年	1967 年	1977 年	1987 年	1997 年
联邦	1	1	1	1	1	1
州	48	50	50	50	50	50
县	3 050	3 050	3 049	3 042	3 042	3 043

---

* 87 454 应为 87 504，原文如此。——编者注

续前表

政府类型	1942 年	1957 年	1967 年	1977 年	1987 年	1997 年
镇	18 919	17 198	17 105	16 822	16 691	16 629
市	16 220	17 215	18 048	18 862	19 200	19 372
学区	108 579	50 454	21 782	15 174	14 721	13 726
特区	8 299	14 424	21 264	25 962	29 532	34 683
总计	155 116	102 392	81 299	79 913	83 237	87 454*

资料来源：Bureau of the Census, U. S. Department of Commerce, 1997 *Census of Governments*, Volume 1 (Washington, D. C.：Government Printing Office, 1998).

政府支出

虽然数十年来政府数量只是缓慢增长，但它们的开支增长极为迅速。如表2—2所示，美国各级政府的总支出1996年为2.993万亿美元。[1]这还不包括"非预算支出"，如未偿付的联邦公债、政府担保的债务、联邦资助企业的借贷等。（当债务拖欠发生时，诚实的核算要求把损失记为某种支出。）用不变美元衡量，政府支出在不到40年的时间里增加了3倍多，人均政府支出几乎增加了2倍，政府支出在国内总产值中的比重增长了一半，达32.2%。

从长期看，每个四口之家肩负的联邦债务1900年为2 600美元，1950年达40 950美元，1992年升至62 000美元（都以1992年币值计算）。[2]就支出而言，向公民签发支票已成为美国政府的主业，公民获得的转移支付每年高达数万亿美元，占联邦预算的一半以上。[3]除其直接支出外，政府还迫使企业花钱以达到政府规制的要求，这些钱最终出自公众的腰包。上述数据是政府规模和作用急剧扩张的佐证。

表 2—2　　　　　　　　联邦、州、地方政府支出

年份	支出总额 （10 亿美元）	以 1992 年币值折算的支出总额 （10 亿美元）	人均政府支出 （以 1992 年币值计算）	在 GDP 中的比重 （%）
1960	151.3	649.4	3 622	23.1
1970	333.0	1 088.2	5 353	28.3
1980	958.7	1 587.3	7 008	30.2
1990	2 218.8	2 370.5	9 532	31.4
1996	2 993.3	2 728.6	10 375	32.2

资料来源：根据 *Facts & Figures on Government Finance*, 31st ed. (Washington, D. C.：Tax Foundation, 1997), tables A4、B1、B25 计算。

政府支出占 GDP 比重的国际比较可见表 2—3。美国在工业化国家中处于较低的一端，接近日本。西欧国家国民经济中的很大部分掌握在政府手中，且对绝大多数国家来说，这一比重 1980—1996 年间持续上升。但随着越来越多的国家采取美国的经济政策并从福利国家退却，这一比重开始下降。[4]例如，荷兰公共部门开支 1983 年高达 GDP 的 67％，1996 年降为 50％。[5]

表 2—3　　政府支出占 GDP 比重的国际比较（％）

国家	1980 年	1996 年
瑞典	60.1	65.4
丹麦	56.2	61.6
芬兰	38.1	57.2
比利时	58.3	54.5
法国	46.1	54.1
意大利	42.1	53.4
奥地利	48.1	52.2
荷兰	55.8	50.0
德国	47.9	49.6
希腊	30.4	46.2
加拿大	38.8	45.6
挪威	43.3	44.8
葡萄牙	23.8	43.5
西班牙	32.2	43.1
英国	43.0	41.6
爱尔兰	49.2	39.7
冰岛	32.5	38.0
澳大利亚	31.4	36.4
日本	32.0	36.2
美国	31.4	33.3
平均值	42.0	47.3

注：上述数据仅指政府履行职能的一般支出，不包括政府企业的支出。

资料来源：*Facts & Figures on Government Finance*, 31st ed. (Washington, D.C.: Tax Foundation, 1997), table G8.

政府雇员人数

政府规模及其增长的另一个衡量尺度是其雇员人数。如表 2—4 所示，1995年政府全日制雇员（不包括军人）为1950万人，几乎每7个非农业劳动人口中就有一个。1950—1995年的45年间，政府雇员人数的年均增长率为2.8%，是人口增长率（0.6%）的4倍多，高于私人部门雇员的增长幅度（2.1%）。到1992年，政府雇员超过了制造业的从业人数。

表2—4　　　　　　　　　　政府雇员数量

年份	雇员数量[a]（百万）	占人口数量的比例[b]（%）	占所有雇员数量的比例[c]（%）
1970	13 028	9.36	17.3
1980	16 213	9.58	16.9
1990	18 389	9.72	14.6
1995	19 521	9.83	14.8

a. 联邦、州和地方政府的非军事雇员，包括全职和兼职人员。
b. 16岁及16岁以上的非公共机构人口。
c. 仅包括16岁及16岁以上的非农业劳动人口。

资料来源：*Statistical Abstract of the United States*，1990 and 1997（Washington, D.C.：U.S. Department of Commerce）；derived from tables 487 and 624 in 1990 edition, tables 507 and 619 in 1997 edition.

1950—1978年间，联邦政府雇员增长了50%，而其支出增长了400%。萨拉门（Salamon）用"第三方政府"的扩张来解释这一引人注目的现象，即州和其他实体以获取基金或贷款的形式，间接花费联邦资金。[6]

值得指出的是，1982年美国的82 000个政府中，有30 000个没有任何雇员！这些"零雇员政府"一般服务于非常小的社区，主要利用热情的自愿者与附近的大社区谈判，签订服务合同并监督其履行。[7]

2.2　政府增长的原因

政府规模与支出增长的事实毋庸置疑，其原因何在？有人断言，政府支出规模应保持在所需要的高水平上，因为人们喜欢这样的支出水平。这种同义反复易于被人利用，对这一问题的深入考察因而十分必要。

推动政府增长的主要因素有三个：（1）现有的和未来的受益者对政府服务的日益增长的需求；（2）服务生产者对政府服务日益增长的供给；

（3）效率的降低，这意味着同样的服务需要更多的雇员和更多的开支。

服务需求的增长

政府服务需求的增长出于多种原因：人口结构的变化；收入的增长；收入再分配政策；矫正社会病症；规避风险；推动文化发展的愿望；财政幻觉；在营项目的维持。

人口结构变化。通货膨胀、人口增长、国防相关开支的增长是政府规模绝对增长的主要推动因素。但即使把这些因素的影响考虑在内，政府的增长还是相当惊人的。部分原因是由于人口结构的变化，从而导致政府服务需求的增加。举例而言，如果退休人数增加，如果根据通货膨胀不断调整的退休金从一般政府基金而非健全的社会保险基金中支付，即使其他保持不变，政府支出也会增加。

同一现象也出现在地方政府层次：当一个城市的人口结构发生变化，从而导致更多居民依靠政府提供的社会和福利服务时，即使人口规模不变，政府支出也会增加。面临服务需求的增长，与福利相关的政府支出无疑会增长。但这仅仅提供了部分的解释。纽约市政府10年间与社会服务相关的预算支出增长了39亿美元，其中的40%是通货膨胀和服务量增加造成的，60%则出于其他原因，主要是效率的降低。[8]

城市化同样会创造服务需求。伴随城市化进程，人们相互之间的争端会增加，更多的警察由此成为必要。人们需要新类型的政府行动，以便规范并矫正个人行动的负面影响或潜在的负面影响——如控制污染、减少噪声、检测食品和药品、视察饭店、划区以隔离某些活动等。这一切都需要政府支出。

收入增长。人均收入的增长会推动政府开支的增长，因为人们会要求并负担得起更多的政府服务。人们要求更多的教育开支（更多的专门化课程、更好的仪器设备、更豪华的家具和教学设施等）、更大的图书馆和文化设施、更高水平的街道维护和娱乐项目，并乐意为环境保护付出更大的代价。

但相反的现象同时出现。随着收入的增加，人们减少了对政府服务的依赖。他们修建家庭游泳池而不是向公共游泳池捐款；使用私人汽车或搭乘出租车，而不再依赖公共交通；通过加入网球或高尔夫俱乐部的方式安排自己的娱乐，而不是捐款修建公共娱乐设施。他们买书而不是到图书馆借书，安装报警装置、加固锁具或雇佣保安以增加个人安全。

如果对自来水的质量产生怀疑，他们会转向瓶装水。在对这些作用方向相反的因素进行考察后，博赫丁（Borcherding）做出如下估算：本世纪公共开支增长额中，仅有四分之一可归因于居民收入的增加。[9]

收入再分配。有一种理论把政府增长归因于中位收入低于平均收入。顾名思义，这意味着多数选民的收入在平均收入水平以下。因此，"低收入者力图利用政治过程增加其收入……政治家则通过提供福利的方式吸引这些人的选票，从而把净损失强加给收入高于中位数的居民"[10]。当税制是累进性质时，这点不言自明。这一分析的结论是：不论在什么地方，只要多数人可以自由表达自己的意志，政府就会增长，尽管大政府是自由的一大威胁。

这一悲观预期不符合事实。尽管政府急剧增长了，但这一理论所预测的收入再分配并未出现：数十年来，美国20%最高和最低收入群体各自收入在国民总收入中所占的比率相当稳定，近年来收入差距在扩大而不是在缩小。

社会普遍认为，再分配项目应是庞大且日益增长的政府的主要活动领域，包括收入保障、医疗卫生、住房、教育和广义上的福利项目。但当涉及具体项目时，分歧就会出现。联邦政府为孩子入托（日托）支付费用，它是否应为午夜篮球练习提供资助呢？新的人道主义社会项目不断出现，但许多为丑闻所困扰。工人得到了失业保险，但林场工人和学校雇员在法定假期同样获得失业保险。与专业婴幼儿诊所同时存在的，是值得怀疑的、流水线式的健康检查。残疾人享受专门的教育，但致力于高等教育的公立大学同样设有针对残疾人的阅读课程。贫困救济开支巨大，但有的钱并未到那些值得资助的穷人手里，而被一些机会主义者所占有。他们经营着"非营利"的社区项目，其目标和效果不为人知。

满足特殊利益。特殊利益集团——马尼尔·奥尔森恰如其分地称之为"分利联盟"——利用其游说能力影响政府政策，从社会总财富中获取更大的份额。与单纯从事商品和服务的生产相比，这种游说活动获利更多，对社会的危害也更大。

> 游说活动不仅增加规制的复杂程度，而且推动政府规模和范围的扩张。……为特定来源或类型的收入寻求减税的游说者会使税典更长更复杂；力图为特定商品的生产者提高关税的游说者会使贸易规则更复杂——与单一税率或零税率相比。……总得有人管理日益复杂化的规制细则……这会增加官僚和政府的规模。与此同时……

使政府开支和项目服务于特殊利益集团。[11]

矫正社会病症。要求政府采取行动矫正或至少缓解一系列社会缺点的呼声很强烈。这一呼声建立在以下假定之上：(1) 社会在"什么构成社会状况的理想改进"上存在广泛的共识；(2) 人们知道用什么方式能改善社会；(3) 政府完全胜任肩负的任务——政府效力假设。[12]

在政治舞台上，渲染社会问题并倡议有助于"解决"问题的项目无疑会获得奖赏，不论问题的根源多么难以应付。[13]于是，成本高昂的象征性做法司空见惯，如消灭贫困、为缺乏专业技能者提供高薪工作、向不合格者颁发大学文凭等良好愿望。[14]不幸的是，并非所有不良状况都会被政府项目所制服。

规避风险。设立政府项目的目的之一是消解社会风险，如政府在核聚变、太空探索等基础研究领域的大规模风险投资。这本无可非议。但政府常常被卷入到资助从玉米秸或废料中提取乙醚的活动中，政府在这里的角色就值得质疑：一旦走出实验室，产品应具有在市场独立立足的能力。

一些风险本质上是属于个人性质的，但也被强加在政府头上。现实中的例子有：政府为积压或剩余产品的生产者提供市场保证，为管理不善的机构提供银行账户保险，为购买超过其支付能力的住房的人提供抵押保险。这些反映了可以理解的降低风险的要求，但一个无风险的社会只能在墓地找到。生活本身充满风险，不够审慎的风险集体化企图注定要失败。[15]储蓄灾难耗费了纳税人数十亿美元即为例证。

弘扬文化。政府增长的文化推动力在一些国家远高于其他国家，它要求在剧场、电视、艺术上有更多政府介入，以促进社会文化水平的提高。似乎把这些留给私人领域，社会就会流于鄙俗，文化水平就得不到有效弘扬。这种充满贵族气息的观点的问题在于：没有证据能够表明，通过政治渠道任命的文化官员的艺术品位高于私人慈善家。

财政幻觉。推动政府开支增长的另一力量是这样一种幻觉——由于政府不以营利为目标，政府服务必然物有所值。有关市政服务的许多研究（第6章将对研究结果进行归纳）否定了这一判断。研究表明，平均来看，营利承包商提供服务的价格低于非营利的市政机构。[16]

甚至政府官员对政府服务的成本也不甚了了。一项大规模的研究证明，特定市政服务的实际成本，要比市预算中的数量平均高出30%。[17]

普通公民在政府成本方面常被误导。调查表明，由于政府运用巧妙的"财政汲取手段"提高收入同时不引起纳税者的注意,公民经常低估自己的纳税额。[18]公用事业费是相对隐蔽的税收的理想来源。财产税被租金和分期付款掩盖。零售税由零售商代为征收。使成本模糊化的政策能有效赢得选票,同时避免提税的风险。例如,农民从限产项目中得到好处,但其成本是不可见的,因为它由特定农产品的所有购买者分担。与明税和其他可见支付引起的争议相比,公众对这一做法的反应可以说微不足道。

财政汲取的最新手段是政府诉讼,目的是从易受责难的行业获取收入。1998年烟草行业向一些州支付的2 060亿美元即为一例。其借口是,长期无视警告且致病的吸烟者借助政府项目获得医治,烟草行业向州政府付款理所当然。合法产品的销售由此被妖魔化了。(没有人敢于建议,那些放纵不良行为的人应该为自己支付更多的医疗费。)随着高税收在政治上越来越不受欢迎,政府终于找到了新方法获取收入:一个企业集团的产品如果包括香烟,那么该集团任何产品的所有消费者都应为此付出代价。军火工业是黑名单中的下一个打击对象,也许紧随其后的是酿酒业和食品工业。前者无疑与酒后驾车难脱干系,而后者应为所售食品中含有过多的脂肪和胆固醇承担责任。决策权不再属于民主选举的立法机关,政策完全由大众诉讼威胁推动,在法院制定。

财政幻觉的极端形式可在苏联发现。在那里,甚至受过良好教育的人还非常虔诚地告诉外国朋友,他们的纳税额极低,工资中仅有极小部分被扣除。稍作思考就可发现,当每个人都为政府工作的时候,劳动力市场就不会存在,雇员个人所知道的一切就是他带回家的工资——既不知道实际工资,也不知道扣除额。

事实上,这种似是而非的幻觉在苏联屡见不鲜。笔者曾在莫斯科介入一场友好的争论,起因是听到关于苏联"免费医疗"的言论,似乎与美国的医疗制度迥然不同。但我注意到,苏联的医护人员领取工资,建医院的建筑工人和生产医用设备的工人同样领取工资。显然,是苏联人民为此支付成本。服务不是免费的;人们对其成本仅仅处于无知状态,这与"免费"说不是一回事。

财政幻觉的最终结果是促使政府增加服务,人们相信它们是免费的,或至少物有所值。

项目维持。 随着时间和需求的变化,新的项目应该出现,旧的项目应该消失。前一种情况司空见惯,但后一种现象进展迟缓。政客们早就懂得，剥夺一个人的已有利益无异于虎口夺食。马德森·皮里（Madsen Pirie）曾记述了公共浴池在英国得以生存的有趣故事。当关闭公共浴池的建议——出于经济理由且由于需求过少——不时被提出时，几个使用者把自己锁在栏杆上。此事在社会上引起抗议，削减预算的意图受挫，倡议者只得退却。与此相反，如果主张减税和主张小政府的激进分子把自己锁在公共浴池的门上，要求关闭浴池以节省公共开支，他们一定会被视为疯子。[19]类似的公众抗议迫使纽约市长放弃了拆除街道防火警报器的计划，尽管这些警报器陈旧、无用且存在安全隐患——屡发错误警报会延误消防员对真火警的反应。

服务供给的增长

如果说增长了的需求是政府服务的"拉动"力量，生产者供给更多服务的愿望则构成其"推动"力量。

争取选票。当选官员可以从政府增长中获得相当的政治收益。对他们来说，征税并以补贴的形式"施惠"于所有人比不征税要好得多，即使单个公民的状况不会因此改善。这就是说，从政治角度看，理想方案是用财政幻觉所能允许的最隐蔽、最便利的方式收税，然后转换成由当选官员签字的支票，在大选之后寄给每一个公民。

收入的获取常常是隐蔽而又分散的（即由所有人分担），分配则是可见而且集中的（即针对特定的受益者）。詹姆斯·Q·威尔逊（James Q. Wilson）曾对公共项目的成本分担和受益去向做了分析。在绝大多数由税金支付的项目中，要么成本和受益都由一大群人分担或分享，要么成本由多数人分担，而受益集中在小部分人身上。对于寻求公共职位的人来说，两类项目都具有吸引力。[20]

向利益集团献媚的立法者仅看到受益而忽视成本。在一首题为"政客"的打油诗中，奥格登·纳什（Ogden Nash）对这点做了描述：

> 拉取选票他门道儿精，
> 授之于寡而取之于众，
> 却宣称取自少数的每一分钱，
> 都会用于我们大多数人共享盛年！[21]

代议制政府促进了这一结果。公民选举民意代表是为了让他们代表自己管理政府事务。除了对自己影响很大的行动外，大多数公民对政府活动的细节不感兴趣。设想一个投资1亿美元修筑高速公路的议案。对建筑商和建筑材料供应商而言，它意味着大量的合同；对建筑工人而言，它意味着数千个工作机会。当地的公路使用者也会从中获益。对一般纳税者来说，项目的成本每人仅为1美元，他们没有理由关注这一项目。由于对自己几乎没有影响，他对项目知之甚少，对议案也漠不关心。但是，项目的直接受益者却会对议案细节了如指掌（也许他们介入了议案的起草），并竭力促使其通过。立法者了解选民的行为方式，知道如果支持这一议案，下次选举中受益者更有可能投他们的票，而对议案漠不关心的公民也不会因此反对。[22]简言之，政客们利用公共资金购买选票。

政府成本高于收益仅仅在总体层面上获得承认。这往往需要非凡的领袖人物去核算并确认这一事实，动员相关选民采取行动。里根总统有能力发动反对高税收和大政府的群众运动，寻求改进政府绩效的团体、商会和公民团体则可在其中发挥巨大作用。

议员们在选票上得分，不仅靠设立名目繁多的联邦计划和方案，而且靠对这些计划和方案进行解释：

> 法律条文都非常笼统，总得有政府机构把模糊的政策转化为可操作的计划和方案，这一过程使得大量的规则和条例成为必要。……下一步，满腹怨言或满怀希望的选民会向议员请愿，要求他们对官僚的推诿拖拉进行干预。这一过程往往这样结束：议员满怀同情地倾听选民的意见，严厉抨击官僚主义恶习，对官僚的决策实施干预，选民心存感激，议员在选举中又有卓越表现。议员从正反两头获利。[23]

预算扩张。 诺贝尔经济学奖得主詹姆斯·布坎南（James Buchanan）从内部影响角度指出了政府扩张的另一个原因。政府工作的增加和支出的扩大意味着获取高工资、高地位、特权和贿赂的机会更多。[24]政府所管理的组织越庞大，手里掌握的资源越多，政府雇员工资待遇就越高。伴随工作范围扩张的是更大更气派的办公室，更多的助手、汽车和司机，办公室墙壁上更多的重要人物肖像，应邀进入州长官邸和白宫的更多机会，以及相应的其他显示地位的标志。

大公共机构的后果可见之于教育领域。整顿合并小的学区的结果是每个学生对应的管理人员的增加，而且与期望的相反，从业人员的工资更高。在缺乏证据明确教育投入/产出间关系的前提下，法庭决定的教育开支平均化政策（即每个学生享受等额教育经费——译者注）只能把教育总经费增加的好处转给教师和管理人员。[25]

从收入数据中可以找到预算扩张的又一例证：全国中位收入最高的阶层居住在华盛顿郊区，官衔和工资的不断膨胀使得政府工资远高于私营部门对等职位的工资。[26]

预算最大化是政府机构内部的一种巨大推动力量。正如威廉·尼斯卡宁（William Niskanen）精辟分析的那样：所观察到的政府增长，多数可以从这一点得到解释。[27]官僚采取预算最大化行动，并不仅仅出于布坎南所讲的追求个人物质利益的动机，同样出于与公共利益相关的高尚的目的。如果一个公共官员力图提高机构的效能，借助机构膨胀要容易得多，便捷得多，痛苦也少得多。设立新机构、雇用新人、获取更多资金、沿新的方向起步，要比解雇无能者、改变根深蒂固的组织文化和态度、转变管理不善的单位和激励消极疲沓者振作起来要容易得多。简言之，即使最大公无私的公共官员虔诚地认为扩大预算有助于自己更好地为公共利益服务，其最终结果只能是追求预算最大化的官僚机构。

最后一点值得一提：花别人的钱乐趣无穷！政府官员和预算决定者自己不用花一分钱，就可以体验支配税金所带来的兴奋感、权力感和自己举足轻重的感觉，更不用说心怀感激的受益者的奉承溢美之词。

扩大竞选队伍。大政府会带来其他的政治收益。任职者可以利用自己的雇员从事竞选活动，这已成为一个长期的传统。机构规模越大，竞选职员队伍就越大。明目张胆地做当然是非法的，打着"为选民服务或了解民意反馈"的旗号就可以通行无阻。

找问题的精英。我们的社会产生了大批受过良好教育的人，其中许多人在政府部门的确比在私营部门干得更好。[28]许多人具有发现社会病症的非凡能力，例如从罕见的职业风险到无名的濒危鱼种。他们构成了找问题的精英且其队伍不断扩大，力图找到更多的社会问题并为这些问题的解决做无私奉献。[29]这些渲染社会问题并寻求出风头的促进者（"政策促进者"[30]）可能是：在相关领域受挫的专业人员，力图为毫无生气的机构带来活力的官僚，寻求青史留名的立法者，角逐研究资金的科学家，寻求高卖点题材的新闻记者。至于政府是不是解决新发现的问题的合适工具，他们完全不予考虑。[31]

医疗性的国家。随着政府扩张，其合法性日益受到质疑。一个新的使命逐渐出现了：使政府富有同情心并感受人们的痛楚。医疗性的国家由此诞生。[32]新使命不仅为政府向社会新领域和个人生活的扩张提供了动力,而且使其合法化。情感医护行业日渐兴隆,从业人员蜂拥至政府蜜罐,心理咨询专家供不应求。罪犯患有心理变态,他们是孩提经历的受害者。福利政策不仅指向外在行为,而且关注人们的内心世界。在教育领域,医疗性的国家要求一种理想的精神状态——自尊:"富有同情心的政府的工作永无止境。这一工作及其需要的政府介入是无限的。"[33]

指挥和控制政策。许多发展中国家特别是具有殖民地经历的发展中国家认为,民族国家建设需要强有力的集中计划和控制。为数不多的受过良好教育的人被纳入政府以管理经济。西方提供资金——但仅提供给政府,出于便利或所谓的安全感,这种安全感被证明是虚幻的。政府被迫增长并试图管理一切:农场、工厂、矿山、旅馆、公共事业、交通系统和各类经营活动。据认为只有这样才能取得快速的进展。市场机制被视为过于紊乱,缺乏协调,过于缓慢,当然首先是因为对国家领导人缺乏足够的回应,因此不能被赋予配置有限资源的重任。由政府相关部门指挥和控制经济被认为是发展的捷径。不幸的是,历史对这种努力作出严厉的评判:它对发号施令者具有无比的优越性,而对其他人只会带来灾难。国有企业和发号施令者成倍增加,人民的生活水平却停滞不前,甚至下降。

政府垄断。由于种种原因,许多政府机构实际上是垄断运营。[34]首先,作为从事公共活动的组织,政府需要提供本身具有垄断性的服务。其次,为了提高行政效率和完善管理,职能重叠的机构一般会被合并,最后形成的机构会处于垄断地位。最后,地方政府层次的整顿、学校合并、吞并、区域性政府或管理机构的设立、城市扩张等,都会导致区域范围的垄断。[35]

由于缺乏竞争者,垄断机构可以用多种方式滥用自己的垄断地位。[36]例如,它们会千方百计抵制预算的削减。当面临压缩开支的压力时,它们会拿那些最受关注最受欢迎的项目开刀。这被称为"华盛顿纪念碑"策略:国家公园服务管理局建议关闭华盛顿纪念碑——华盛顿最有吸引力的旅游景观,以应付削减预算的压力。

私人垄断者的恶劣招数之一是"搭售",强迫顾客购买不需要的产品和服务。如果拒绝购买,他们就无法从垄断者那里获得真正需要的产品和服务。政府垄断者的行为没什么两样。以城市警察部门为例,"如果需要穿制服的警察巡逻,你就得接受穿制服的警察应答电话和管理停车场"。他们抵制设立一个独立的、低成本的民间组织专门从事停车场的执法活动。其理由既是为了实现警员数量和部门预算的最大化,也是为了表示对为警察资金捐款者的尊重和保持向违规者施惠的权力。

我们经常领教政府的"搭售"策略。路易斯安那州的普拉克明市曾试图强迫其自来水客户同时也购买市政电力。联邦最高法院判决:反托拉斯法禁止此类行为,市政府同样不能脱离法律的约束。[37] 政府垄断地位的最终结果是造成政府规模扩张的压力。

有意的惰性。 从供给角度看,政府规模增长的推动力量不一定是积极的,惰性足矣。爱德华·格拉姆利克(Edward Gramlich)根据理查德·罗斯(Richard Rose)和特伦斯·卡伦(Terence Karran)的研究得出结论:当涉及税制时,"政客们对不作为的偏好胜于作为,更喜欢收入增长的自动方式而非人为方式,喜欢渐进主义而非激进改革……以及其他的惰性行为。这意味着在多数时间和多数地方,政府收入体制处于自动驾驶的位置。经济增长或通货膨胀带来收入,这些收入被花掉,很少有人提出……根本性税制改革和通过通胀指数化征税的合理性等令人不愉快的问题"。[38]

雇员投票。 政府扩张符合公共部门雇员的自身利益。因此,他们比中间选民更有积极性去投票,且投向那些其纲领会扩大政府支出的候选人。除了从政府支出中受益的公民和公司之外,他们毕竟是政府支出最直接的受益者。此外,他们的人数足以影响选举结果。

政府雇员投票的积极性高,他们的投票对选举结果具有举足轻重的影响。据估计,公共部门雇员在总劳动人口中占六分之一的比重,而他们投的票却占投票总数的四分之一强。[39] 人们认为,纽约市政府的雇员每人会影响三个亲朋的选择,总体上控制着 100 万张选票,远远超出市长选举中获胜所需要的票数差额。

公共雇员及其工会的政治影响力决不限于选举投票。竞选资金捐助者和竞选工作人员对候选人有很大的影响。其结果是,选举中的获胜者可以提高雇员工资并由此形成一种心理默契:这种付出终会以政治捐赠的形式得到回报。同时,市政官员对竞选期间雇员的高缺勤率熟视无睹,相信他们正在从事某种高尚的事业。

意识到这一危险,《哈奇法案》明令禁止联邦雇员从事直接的政治活动。但州和地方政府没有类似的法律规定,而且法院判决淡化了《哈奇法案》的效力。出于同样的考虑或至少部分由于这一原因,哥伦比亚特区的居民1961年后才获得联邦选举中的投票权,他们被认为是联邦政府的直接或间接雇员。

追求政府职位。追求政府职位是政府增长的重要原因之一。1990年有101 000人申请纽约环卫局的1 000个工作职位。当问及"为什么这么多人愿意在各种天气状况下收集垃圾和清扫街道"时,一个申请者的回答是:"工资、福利、轻松、安全"。在5年时间里,每个职位的工资和加班费已接近5万美金,而这个职位所需要的仅仅是高中毕业证和大货车驾驶执照。[40]

追求政府职位的典型例子同样发生在纽约市,其时笔者担任第一市长助理。数百个警察职位引来了10万多申请者并参加了公务员考试。数万人通过了考试,但由于岗位有限,被录用者比例很小,其余的人被列为后备名单,职位增加时从中录用。随后发生的事情简直是出荒唐剧:后备名单上的人组成了联盟,游行示威并游说市政官员,要求扩大警察局并雇用更多的警察。

许多发展中国家受制于同样的压力,多数外援被用来创造政府工作职位,许多靠裙带关系获得职位的人整日无所事事。这不是经济发展的有效途径。本人曾在这样的国家工作过,雇员队伍中最多最显眼的是"办公室助理",其主要的职责是清扫办公室、冲咖啡、传递信件,尽管存在完善的电话和传真系统。

服务的过度生产。从供给方面推动政府扩张的另一个因素是服务的过度生产,即服务的供给水平和数量超过了公民的意愿——如果他们了解服务的实际成本并拥有选择权力的话。这点可以通过不同城市居民垃圾收集频率的比较来证明。(在这些城市中,居民对不同水平的服务,选择范围更宽,了解程度也更高。)有的城市直接从税金中支付这一服务,有的则规定家庭直接向私营企业付款并以协商签约的方式获得服务。垃圾收集的频率在第一种安排中明显高于后者。显然,成本与受益的直接联系促使居民作出节约的选择。[41]

效率的降低

政府增长的第三类解释因素是日益增长的低效率:花更多的钱,用更多的人,从事同量的工作。私营部门当然存在同样的问题,但其反应和矫正措施要迅速得多。威廉·鲍莫尔(William Baumol)指出,生产率在有的行业不可能提高。比如,提琴手不能加快节奏或者一天中表演更多的场次，但其待遇会随着工资水平的普遍提高而提高。因此，这一工作的单位成本和同一演出的总成本会随着时间的推移而上升。有的人借助鲍莫尔的推理得出结论，政府的许多活动属于同一类型，生产率不可能提高，所以同量工作的支出会上升。[42]但这一解释对公共领域的有形服务（如警察、消防）来说似是而非，因为这些服务能从有助于生产率提高的技术发展中受益。借助于电话和计算机化的资料储存和追索系统，甚至一对一的服务（如心理治疗）的效率也会提高。以表演艺术中的规律为借口为政府扩张辩护是站不住脚的。

超额雇用。公共服务部门和政府企业往往人浮于事，有时超员百分之数百（参见第 6 章）。典型的例子出现在纽约市——并非纽约的情况比其他政府更糟，相反，它相对开放并易于受到公众的审视。25 年间警员人数从 16 000 名增长到 24 000 名，但警察队伍每年的工作总时数却缩小了。雇员数增加了 50%，完全是由于周工时的缩减、午餐时间和假期的延长、带薪假和病假的增加。此外，州法律要求每班当班警察人数相等，这使人员的无效配置合法化了，因为统计资料表明，很少罪犯在清晨的特定时间段作案。根据这一法定低效率，如果需要大量的警察值夜班（夜间是发案率最高的时段），就必须雇用同量的警察值其他班，即使他们这时无所事事。（这一法律的出台并非由于疏忽，而是应警察工会的强烈要求。）[43]

在纽约教育系统，学生人数在特定的时期保持稳定，教师队伍扩张 50%的事实和为两名教师配备一名辅助人员的做法仅带来班级规模的轻微缩小。相反，教师的上课时数缩减了，一些教师的分内任务交给了辅助人员。但是没有明显证据表明，这样做会带来教师备课质量的改善和教育水平的提高。

官僚职位具有滋生效应。管理工作的互动特性会带来行政事务的扩张。管理者的增加意味着会议的增加，由此产生乘数效应：增加一个周工时为 40 的管理者，实际上会同时创造新的工作量需求，最高可达每周 37.9 工时！这就是说，增加一个管理者可能意味着马上需要增加另一个，直至无穷。[44]

待遇过高。许多研究表明，总体来看，公共部门雇员的工资水平远高于私营部门雇员，幅度可达 41%。[45]这些研究受到了批评，因为研究者没有考虑到部门间工作任务的差别。为了弥补这一缺陷，另一项研究对两个部门中履行基本相同职能的雇员的情况进行了比较。研究表明，在较低层次职位上，公共部门雇员工资高于私营部门，而在较高职位上私营部门雇员的工资高一些。[46]但这一结论值得怀疑，因为它没有考虑每一工时所获得的总体待遇，而这是测定和比较待遇水平的唯一准确的方法。这里的关键是"总体待遇"（它包括工资外的补贴）和"每一工时"（需要对公共部门的假期和病假等进行折算）。劳工统计局（Bureau of Labor Statistics）的研究证明，公共部门工资外的补贴相对较高；联邦雇员享受的补贴比非农私营部门雇员高27％。[47]"公共雇员工会利用其谈判中的垄断地位为其成员谋取物质利益，取得了极大的成功。"[48]"工会对市政雇员总体待遇的影响要大于其对雇员工资水平的影响。"[49]这是一种"工资幻觉"——先前讨论过的需求角度上的"财政幻觉"在供给角度上的对应物——如果对扎扎实实工作一天获得的总体待遇进行科学计算，公共雇员每天的实际收入可达392美元，比其名义收入（265美元）高出48％。[50]

雇员待遇过高导致的低效率在公共交通领域显而易见。由于绝大多数乘客在高峰时间出行，其他时间段需要的司机较少，招聘非全职司机显然合乎逻辑。但这遭到了交通雇员工会的激烈反对，他们成功了。其结果是，纽约交通服务局有些司机早上开车4个小时，中间享受4小时带薪的"中世纪式小憩"，然后"加班"驾驶4个小时。他们工作8个小时但领取14个小时的薪水。[51]这一模式后来被改革了：他们只领取12小时的工资，但工作量相应下降到6个小时！这一比率从纳税者角度看更糟糕，但在一次交谈中，交通服务局副总经理把这作为巨大改进向笔者炫耀。

纽约市几个公共服务行业的劳动产出比表明，州和地方政府雇员的平均生产率水平基本没有变化，有的甚至下降了。[52]

对医疗卫生、教育和福利开支增长的研究证明，实际高待遇和超员雇用带来了开支的大幅增长，而产出水平和服务质量并没有明显的提高。[53]

过度建设。导致低效率的一个因素是政府对资产投资的偏好和对日常维护工作的忽视。这一差别可以用两类活动不同的"可见度"来解释。破土动工和剪彩意味着集会、演讲、照相、上电视、为个人树碑立传和款待潜在捐款者的绝好机会。因此，投资预算会创造政治资本和强化政治关系网。反过来，组织什么样的仪式庆祝排水管道的即时修复比较合适呢？简单的成本受益分析就可以看出资产投资项目的优越性：政客们

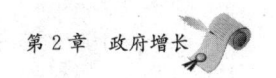

从中获取100%的受益,仅承担3%的成本——假定为此发行的公债为30年期。[54]

总之,尽管低效率并非政府所独有,但效率的降低无疑是导致政府规模和成本扩张的一个重要因素。

2.3 讨 论

上面讨论的三个因素——受益者的需求、生产者的压力和低效率——密切联系,共同创造了一个花钱联盟,推动政府项目的增长。[55] 这一提出、培育、扩展项目的联盟由四部分人组成:受益者及其边缘群体(这一群体期望随着项目的扩张会成为受益者);服务提供者(如筑路项目涉及的建筑公司和建筑工人);政府行政管理者;政治活动家(如担任或寻求政治职位的人,找问题的精英)。联盟中的伙伴遥相呼应,推动这些项目的渐进扩张。随着更多人加入花钱联盟,受益者、生产者和管理者群体急剧膨胀。低效率则起到了推波助澜的作用。

花钱联盟倾向于促进那些庞大而低效率的项目,而不是高效的小项目。由于"大承包商、游说者和政府机关不惜代价推动和保护大型项目",高效的小项目"在竞争中正走向穷途末路"。[56]

证据表明,政府的过度扩张会抑制经济的增长。"随着美国政府的扩张,国内生产总值的实际增长率持续下降。……90年代国内生产总值实际增长仅为60年代的一半,甚至低于动荡的70年代。"[57]

上述影响同样出现在经合组织(OECD)成员国。在23个成员国中,政府支出在GDP中的比重1960年平均为27%,1996年达到了48%,而年均经济增长率由5.5%下降为1.9%。此外,政府支出在GDP中的比重越大,经济增长率的下降速度越快,反之亦然。中国香港、新加坡、韩国、中国台湾、泰国等经济增长最快的国家和地区遵循同样的模式:政府支出在GDP中的比重平均为20%,20年中几乎没有什么变化。[58]

世界银行一项国际比较研究的结论是,过去50年中政府角色的扩张带来了严重的消极后果。"市场失灵"被认为是经济发展和繁荣的主要障碍,政府的责任是矫正市场失灵。然而,规模庞大且角色日益扩张的政府被证明是无效的。发展报告呼吁重新审视政府的角色,即发挥促进者

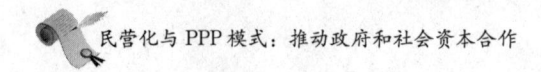

和管理者的作用，更多依靠公民、社区和市场。[59]

政府扩张是公众需求增长和生产者压力的产物，也是低效率的必然结果。如果不加以约束，这些因素会导致不稳定、无法控制的增长怪圈：政府越大，推动政府增长的力量就越强。预算扩张将导致任命更多官员和录用更多雇员。一旦进入角色，这些人会立即着手扩大预算，减少工作量，雇用更多的人，获得高于平均水平的工资，投票支持更多的支出项目，同时鼓动选民和项目受益者为此摇旗呐喊。前景看来凶多吉少：总有一天，每个人都会为政府工作，政府支配国内总产值的所有部分。

但上述简单化推论可能是错误的。政府增长不是畅通无阻的单行道。随着反向平衡力量的日益壮大，政府扩张正在经受强烈反弹：纳税者的抵制运动（如加州1978年革命性的13号提案，它为财产税增长设置了最高限），州政府对地方支出设置的最高限，支出条件的限制，以及限制支出和平衡预算修正案等建议。公众对其代表降低开支的能力或意愿感到绝望，因而直接采取行动即通过13号提案削减政府收入，就像家长用削减零花钱的方法惩治大手大脚的孩子一样。政治领袖有时通过削减开支项目而不是提出新项目来获得支持。在面临财政问题的城市，市政机构的规模被缩减了。削减政府收入，设置税收限度，政府再造和民营化在政治上日益受欢迎。选民否决支出建议，选举节俭的官员并迁离高税收区。里根当选州长和总统得益于其反大政府立场：不让政府继续骑在人民的头上。他调动公众情绪，汇集两党支持，大幅度降低个人所得税，并终结了"税档潜升"（bracket creep）即税收增加高于通货膨胀率的时代（这是有意的惰性的又一例证）。不论是否出自内心，克林顿总统宣告了大政府时代的结束。如表2—2所示，政府增长速度确实在减缓。

同时，公共部门雇员不再团结一致从事推动政府扩张的共谋活动；像其他纳税者一样，他们也感到自己是受害者，付税所换来的是质次价高的服务：13号提案获得44%的家庭的支持，其中包括公共雇员家庭。[60]面临预算拮据，不同政府部门的目标会发生冲突。它们不再联手推动总预算的扩大，而是为在日益缩小的馅饼上获取更大份额而争斗。

随着整体受教育水平和审视能力的提高，公民不再把政府视为公共利益的化身。他们懂得社会工程可能带来非恶意的不良后果，意识到国家界定——更不用说提供——公共产品的能力有限。至于这一反向平衡力量能在多大程度上遏制政府的扩张势头，人们还须拭目以待。

第 2 章 政府增长

注 释

[1] Patrick Fleenor, ed., *Facts and Figures on Government Finance*, 31st ed. (Washington, DC: Tax Foundation, 1997), table A4.

[2] Stephen Moore, *Government: America's #1 Growth Industry* (Lewisville, TX: Institute for Policy Innovation, 1993), 26.

[3] "The Entitlement Cuckoo in the Congressional Nest," *The Economist*, 30 May 1992, 23-24.

[4] Helene Cooper and Thomas Kamm, "Much of Europe Eases Its Rigid Labor Laws, and Temps Proliferate," *Wall Street Journal*, 4 June 1998, A1.

[5] Thomas Kamm, "Continental Shift: Au Revoir, Malaise, Europe's Economies are Back in Business," *Wall Street Journal*, 9 April 1998, A1.

[6] Lester M. Salamon, *Beyond Privatization: The Tools of Government Action* (Washington, DC: Urban Institute Press, 1989), 10.

[7] Alan Schenker, "Zero Employee Governments", *Small Town* 16, no. 7 (September/October 1985).

[8] Charles Brecher, *Where Have All the Dollars Gone?* (New York: Praeger, 1974).

[9] Thomas E. Borcherding, ed., *Budgets and Bureaucrats: The Sources of Government Growth* (Durham, NC: Duke University Press, 1977), 50.

[10] Allan, H. Meltzer and Scott F. Richard, "Why Government Grows (and Grows) in a Democracy," *Public Interest*, no. 52 (Summer 1978): 111-118.

[11] Mancur Olson, *The Rise and Decline of Nations: Economic Growth, Stagflation, and Social Rigidities* (New Haven, CT: Yale University Press, 1982), 69-73.

[12] James L. Payne, *The Culture of Spending: Why Congress Lives Beyond Our Means* (San Francisco, CA: ICS Press, 1991), 28-46.

[13] Charles Wolf, Jr., "A Theory of Non-market Failure," *Public Interest*, no. 55 (Spring 1979): 114-133.

[14] Karen W. Arenson, "To Graduate Sunday, CUNY Students Must Pass Test," *New York Times*, 28 May 1997, B3; Russ Buettner, "CUNY Chief Hits Hostos, Says Many Students Barely Do College-Level Work," *Daily News*, 31 Ju-

ly 1997, 28.

[15] 关于卫生领域风险的精辟讨论，参见 Aaron Wildavsky, "Richer Is Safer," *Public Interest*, no. 60 (Summer 1980): 23-39。

[16] 参见 E. S. Savas, "Public vs. Private Refuse Collection: A Critical Review of the Evidence," *Journal of Urban Analysis* 6 (1979): 1-13。

[17] Morris P. Fiorina, *Congress: Keystone of the Washington Establishment* (New Haven: Yale University Press, 1977).

[18] Richard E. Wagner, "Revenue Structure, Fiscal Illusion, and Budgetary Choice," *Public Choice* 25 (Spring 1976): 45-61. Also, James M. Buchanan, "Why Does Government Grow?" in Borcherding, *Budgets and Bureaucrats*.

[19] Madsen Pirie, *Dismantling the State* (Dallas: National Center for Policy Analysis, 1985), 20-21.

[20] James Q. Wilson, *Political Organizations* (New York: Basic Books, 1973), 330-333.

[21] Ogden Nash, *I'm a Stranger Here Myself* (Boston: Little, Brown, 1938), 193.

[22] Gordon Tullock, "Why Politicians Won't Cut Taxes," *Taxing and Spending*, October/November 1978, 12-14.

[23] Fiorina, *Congress: Keystone of the Washington Establishment*.

[24] Buchanan, "Why Does Government Grow?," 13.

[25] Robert J. Staaf, "The Public School System in Transition: Consolidation and Parental Choice," in Borcherding, *Budgets and Bureaucrats*, 143-146.

[26] Tom Bethell, "The Wealth of Washington," *Harper's*, June 1978, 41-60.

[27] William A. Niskanen, Jr., *Bureaucracy and Representative Government* (Chicago: Aldine-Atherton, 1971), 36-42.

[28] Bethell, "Wealth of Washington."

[29] E. S. Savas, "New Directions for Urban Analysis," *Interfaces* 6 (November 1975): 1-9.

[30] John W. Kingdon, *Agendas, Alternatives, and Public Policies*, 2nd ed. (New York: HarperCollins, 1995), 122.

[31] Nathan Glazer, "How Social Problems are Born," *Public Interest*, (Spring 1994): 42.

[32] James L. Nolan, Jr., *The Therapeutic State: Justifying Government*

at Century's End (New York: New York University Press, 1998).

[33] George F. Will, "The Triumph of the Therapy Culture," *New York Post*, 7 February 1999, 53.

[34] E. S. Savas, "Municipal Monopoly: Uncivil Servants—There Are No Culprits, Only Scapegoats," *Harper's*, December 1971, 55-60.

[35] Robert L. Bish and Robert Warren, "Scale and Monopoly Problems in Urban Government Services," *Urban Affairs Quarterly* 8 (September 1972): 97-122.

[36] 据研究，公共部门垄断权力导致政府规模过度增长的假定没有充分的证据支持，但竞争无疑会减小政府规模，降低政府成本。参见 William D. Berry and David Lowery, *Understanding United States Government Growth: An Empirical Analysis of Postwar Data* (New York: Praeger, 1987)。

[37] *City of Lafayette, Louisiana, and City of Plaquemine, Louisiana v. Louisiana Power & Light Company*, 435 U. S. 389 (1978).

[38] Edward Gramlich, "The Size of Government," *Journal of Policy Analysis and Management*, 8, No. 3 (Summer 1989); Richard Rose and Terence Karran, *Taxation by Political Inertia* (London: Allen & Unwin, 1987).

[39] Thomas E. Borcherding, Winston C. Bush, and Robert M. Spann, "The Effects on Public Spending of the Divisibility of Public Outputs in Consumption, Bureaucratic Power, and the Size of the Tax-Sharing Group," in Borcherding, *Budgets and Bureaucrats*, 219.

[40] Tom Topousis, "Garbage Jobs Are an Offer Many Can't Refuse," *New York Post*, 14 June 1998, 26.

[41] E. S. Savas, *The Organization and Efficiency of Solid Waste Collection* (Lexington, MA: Lexington Books, 1977), 67-78.

[42] William J. Baumol, *Performing Arts: The Economic Dilemma* (Cambridge, MA: MIT Press, 1966).

[43] Savas, "Municipal Monopoly."

[44] Jane Hannaway, "Supply Creates Demands: An Organizational Process View of Administrative Expansion," *Journal of Policy Analysis and Management*, 7, no. 1 (1987), 118-134.

[45] 参见 Sharmila Choudhury, "New Evidence on Public-Sector Wage Differentials," *Applied Economics*, March 1994, 259; Wendell Cox and Samuel A. Brunelli, "America's Protected Class III, the Unfair Pay Advantage of Public Employees," *The State Factor*, April 1994, 1-34; Bradley R. Braden and Stepha-

nie L. Hyland, "Cost of Employee Compensation in Public and Private Sectors," *Monthly Labor Review*, May 1993, 14-21。

[46] Michael A. Miller, "The Public-Private Pay Debate: What Do the Data Show?" *Monthly Labor Review*, May 1996, 18-29。

[47] Bureau of Labor Statistics, "Employee Compensation in the Professional, Administrative, Technical and Clerical Survey," *Industry Surveys*, no. 464 (Washington, DC: 1975).

[48] Madhu S. Mohanty, "Union Premiums in the Federal and Private Sector," *Journal of Labor Research*, 15 (Winter 1994): 73-81.

[49] Giovanni De Fraja, "Unions and Wages in Public and Private Firms," *Oxford Economic Papers*, 45 (July 1993): 457-469.

[50] E. S. Savas, "Analysis of Daily Compensation of Police," unpublished report on police salaries in a suburban town in New Jersey.

[51] Savas, "Municipal Monopoly."

[52] Robert M. Spann, "Rate of Productivity Change and the Growth of State and Local Government Expenditures," in Borcherding, *Budgets and Bureaucrats*, 100-129.

[53] Brecher, *Where Have All the Dollars Gone*? 99.

[54] 这是纽约州前财务部长 Edward V. Regan 的观察结论, 笔者在此表示感谢。

[55] Stuart M. Butler, *Privatizing Federal Spending: A Strategy to Eliminate the Deficit* (New York: Universe Books, 1985), 9-28.

[56] John Noble Wilford, "Space Mission Is Rescued at the Brink," *New York Times*, 4 May 1994, A18.

[57] James Gwartney, "Less Government, More Growth," *Wall Street Journal*, 10 April 1998, A10.

[58] 同上。

[59] World Bank, *World Development Report* 1997 (Washington, DC), 1-6.

[60] Jacob Citrin, "The Alienated Voter," *Taxing and Spending* (October/November 1978): 7-11.

第 2 部分

民营化的理论

第 3 章
物品和服务的基本特征

人类需要许多不同种类的物品和服务。空气、水、食品、衣物和住房是生命的基本必需。一个人只要不是隐居在世外桃源,他就还需要其他物品和服务,如消防和银行服务、教育和养老保险、运输和通信、娱乐、保健和污水处理、剧院和墓地、博物馆和美容院、环境美化和裁缝业、书籍和锁、钱和人造卫星等等。此外,所有超越原始部落阶段的文明社会,都在寻求免受敌人的攻击和来自神灵的帮助,为此它们支持军人和武器制造者来提供前一种服务,资助牧师和道士僧人等提供后一种服务。

这些大量的多样化的物品和服务可以通过两个特征——排他和消费——来进行整理和分类。这些分类的结果确定了政府和社会非政府机构在物品和服务提供中所扮演的角色。[1]

3.1 排他性

如果物品和服务(此后这两个术语将被用做同义词)的潜在使用者没有达到潜在供给者提出的条件,他们就可能被拒绝使用该物品或者被排除在该物品的使用者之外,那么,这些物品就具有排他性。换句话说,这些物品只有在买卖双方达成一致的条件下才能被转手。

但这只是完美的一般情形,即我们在市场上购买的一般商品都明确地具有排他的特性:只有取得杂货商或者理发师的同意,我才能带走所购物品或者享受其服务(这里不考虑盗窃等特殊情形)。实际上,大量其他物品并不具有这样的简单特性——只要被大自然创造或者被其他提供者生产出来，一个消费者就能无偿享用。一个典型例子是海中的鱼，其消费不能被轻易拒绝或排除；渔民们不付费就可以捕捞它们。

但是，排他的实质是一个成本问题而不是一个逻辑问题，其可行或者不可行依赖于执行成本的相对高低。因此，排他性容许有不同的程度。公海捕鱼的排他性是困难的：虽然可以在码头上对商业渔船实施监控，但这要付出很大的努力；监控游艇的捕鱼行为成本更高。另一方面，商店购物时的排他却是非常切实可行的。

对一些物品的清晰分类是不可能的。例如燃放烟花活动，可以通过对现场座位征收入场费的形式实施排他，但许多场外的人也可以观看，尽管其效果没有在座位上观看好。由于圈定足够大的区域简直是不可行的，因此没有人能够完全排除免费观赏行为，除非烟花高度不够。有人可能认为这是两种不同的物品：不付费就无法得到的好座位及不可能完全排他的坏座位。

灯塔提供了一个有趣的例子。灯塔的建造成本高昂，其运营也要耗费大量能源，但它的灯光帮助水手们穿过险象环生的临近海域。这对船员来说是一种有价值的服务，但是他没有付费给灯塔的看守人；他能够免费享用灯塔且没有办法排除他这么做。那么，灯塔的看管者究竟该如何做呢？当他知道一个没有付费的使用者在大海的时候，是不是就该关掉灯光呢？实际上，灯塔也是一种可以排他的物品，其私人拥有和运营在英国持续到 1842 年：对那些使用附近港口的船只收费。[2]确切地说，灯塔服务的无偿使用是不可能被排除的，但港口的无偿使用却可以排除。船只保险公司也能够提供类似的功能，在保险费里附加相关费用来资助灯塔的运转，尽管这不是直接的用者付费。

技术变化可以使得排他更困难或相对容易些。例如，由可以拍下汽车牌照的照相机、电子计算机、电子收费机等构成的系统，使对城市公路征收使用费（排他）成为可能。有线电视系统、人造卫星和录像带等，使对观看电视节目收费成为可能。

3.2 消　　费

物品和服务的其他特征与消费相关。一些物品和服务可以被消费者共同和同时使用，其数量和质量并不会因此减少或降低；其他一些物品却只能被个人而不是共同消费，即如果被一个消费者使用，就不能再被第二个消费者使用。一条鱼和一次理发就是属于个人消费的物品和服务的例子：一条鱼被一个人吃了就不能再被第二个人享用，一个理发师在为一个人理发的时候就不能再为另一个人理发。当然，如果另一个顾客急需理发，其他水平相当的理发师可以为其提供服务，就像为另一位顾客提供一条同样的鱼一样。此外，同一理发师和同一理发椅可以被用来为其他顾客提供短暂服务。但是，这样的事实不可改变：在特定的时间段，这个理发师只能把自己的服务全神贯注于一个顾客，并被其独享。

电视节目与此形成鲜明的对比。我的家人打开自己的电视机欣赏某一节目，这种消费毫不减损他人的消费，成千上万的其他观众亦可同时打开自己的电视机。这一节目可以平等地为许多人共同消费，而且我们的消费行为并不会使节目受损或价值降低。

一条大鱼可以在聚餐时被许多人享用，希望不要因为这点造成混淆。就"共同消费品"一词在这里的含义而言，上述事实并没有赋予该条鱼共同消费品的特征。同理，即使我独自欣赏，电视节目也不会因此成为个人消费物品。

另一个共同消费物品的例子是国防。我从军队获得的保护并没有影响邻居获得同样的保护，他对那种特殊物品的消费不会因我而减损。

共同消费物品和服务的其他例子是公园和街道。一个人对大峡谷国家公园（Grand Canyon National Park）的享用并不能排除其他人对它的享用，它是共同消费物品，城市街道也一样。但在这两个例子中，如果共同消费者的数量超过公园和街道的承受能力时，现有物品的质量和数量就会被严重破坏和减损。也就是说，公园和街道并不像电视节目一样是纯粹的共同消费物品。它们会产生拥挤问题。在一定程度上，它们就像理发一样是个人消费物品。事实上，很少有物品是纯粹的共同消费物品；大多数物品都落在纯粹个人消费物品和纯粹共同消费物品构成的连续体之内，就像落在排他性和非排他性构成的连续体内一样。

3.3 物品和服务的分类

图3—1标示了公共交通领域的服务类型划分，图3—2则涉及水的

供给。排他和消费这两个变量,构成了图的两个维度并且被表示为两个连续的变量,其最大值限定了图表的边界。就像在运输图中表示的那样,排他性从城市街道到高速公路再到收费公路逐渐变得更为可行。从私人汽车到出租车再到公共汽车,消费逐步变得更加具有共同性——这三者都是易于排他的。

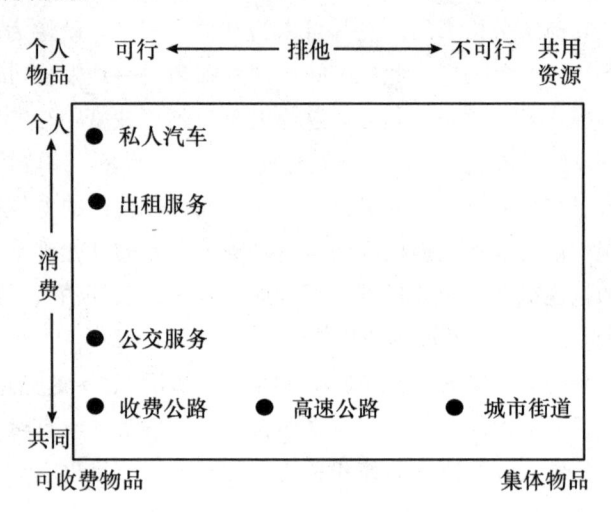

图 3—1 交通服务和设施的排他和消费特征

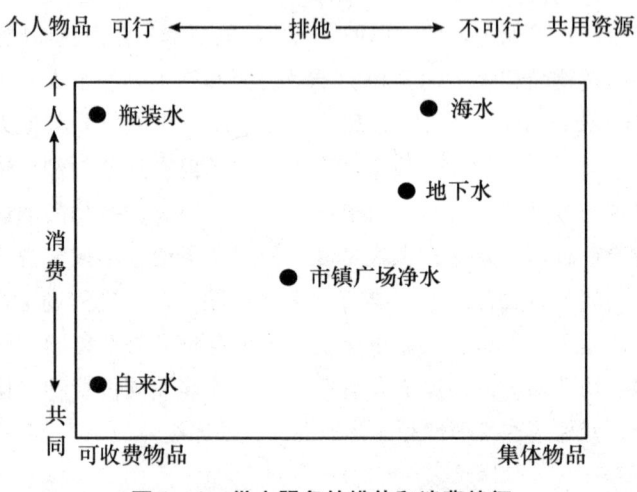

图 3—2 供水服务的排他和消费特征

图 3—3 用同样的基本图式展示其他的物品和服务,通过确立各自在排他和消费方面的位置,对相关概念作进一步解释。显然,服务具体位置在图中的排放加入了主观判断的因素。当然,读者也可以表达自己的看法。

图中的 4 个角显示了 4 种纯粹的形式:(1) 排他完全可行的纯个人

消费品；(2) 排他完全可行的纯共同消费品；(3) 排他完全不可行的纯个人消费品；(4) 排他完全不可行的纯共同消费品。物品和服务的上述理想化的分类是非常重要的。本书中将经常提及这些概念，证明了分类及命名的合理性。在图中，它们分别被称为：个人物品（individual goods，通常被称为私人物品（private goods））、可收费物品（tool goods）、共用资源（common-pool goods）和集体物品（collective goods，通常被称为公共物品（public goods））。"私人物品"和"公共物品"等通常用法这里有意避免使用，这不仅是因为这两个术语太容易引起混乱，而且如第 1 章中所指出的那样，"公共"具有很多的含义。确实，阿伦·怀尔德夫斯基（Aaron Wildavsky）和杰西·马尔金（Jesse Malkin）也建议放弃公共和私人物品的传统区分。[3]对物品进行上述分类具有更重要的原因：物品本身的特性决定着物品供给的条件。

如图 3—3 所示，靠近 4 个角的物品可以被看作个人物品、可收费物品、共用资源或者集体物品，尽管它们都不是纯粹和理想的类型。左上角显示的是个人在市场上购买的普通物品和服务，例如：鞋子、面包、汽车、房屋、理发、干洗、修表等。它们都是纯粹的或者是接近纯粹的个人物品。

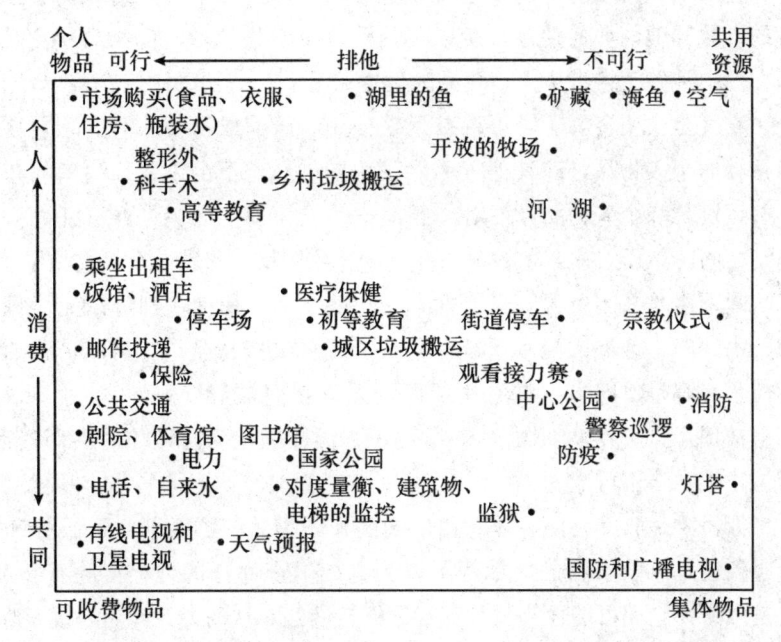

图 3—3　不同物品和服务的排他和消费特征（四个拐角处所示为"纯粹"物品）

图的右下角是集体物品。空气污染控制是所能发现的最纯粹的集体物品。国防是另一种集体物品，但即使它也不是纯粹的，或者说是可能产生拥挤的：当一个军队忙于保卫国家的一部分时，就会疏于另一部分的保卫。治安保护也几乎是纯粹的集体物品，但是任何有限的巡逻力量往往被个人的呼救服务所消费，使得对他人提供服务不可能。正因为这个原因，它被放在国防的左上部位。另一方面，消防服务在过去是可收费物品，甚或在某种程度上是个人物品。19世纪存在私营消防公司，仅仅向预先缴费的个人提供消防服务，这些人的房屋有明显的标记。今天我们认为，如果一幢房屋着火，住在旁边的很多人也会因火势得到控制而受益。此外，对密集建筑群、高层住宅和连在一起的住房来说，消防服务的排他在技术上不可行。变化的环境已经使市区消防转到了集体物品的行列。

纽约城的中心公园在刚建立时也是可收费物品。公园被围墙包围，各门口都有门卫看守并收费。现在，墙和门依然存在，但门卫早已撤销，排他消费不再实施，公园被用为——也被滥用为——集体物品了。国家公园设置了有限的入口，因此也是可收费物品。但坚定分子可以穿过荒野长途步入，公园的排他使用实际上已不可能。由于其质量取决于使用者的人数和他们如何使用，所以与其他可收费物品和集体物品相比，公园在图中被置于接近个人消费品的位置。

空气是共用资源。它可以被无偿使用、压缩或污染，但这时它变成了纯粹的个人物品，即其他人不能享用初始状态下的空气。湖里的鱼处在共用资源和个人物品（可对湖区巡逻并只让那些购买了许可证的人钓鱼）之间；然而，一旦鱼被抓住并且放在鱼篓里，它就是个人物品了。

地下水是共用资源。只要拥有一小块土地，任何人都可以无偿掘取地下水；但一旦进入配水系统，它就变成可收费物品了。河流、湖泊和其他水路都是不同类型的共用资源，无论它们被用于航运、一般水源，还是被用于排废物。如图3—3所示，它们被确定为非纯粹的共用资源，因为排他并非不可能。

像桥梁、收费公路、体育馆、剧院和图书馆一样，下水道服务和电力服务也是可收费物品，尽管不属于有线电视那样的纯粹可收费物品。这是因为，它们可能面临过量需求和拥挤问题，从而导致产品等级下降。

电台和电视台的广播适合集体物品的标准，免费对听众和观众提供服务。它们从广告商——最终是广告物品购买者——那里获得资助。

图 3—3 中把天气预报置于可收费物品一端，一些读者可能会对此产生疑惑。因为对美国人来说，他们是从收音机、电视和报纸上无偿得到天气预报信息的。之所以这样，是因为美国气象局运用公共开支生产并无偿提供天气预报信息。可以设想，气象局可以对气象预报服务收费，由刊登信息的大众媒体购买，就像它们从国际通讯社购买信息一样。另外一种可能是，私营企业可以向大众媒体出售或者免费提供气象信息，推销自己专业化或地区化的预报服务。像天气预报一样，美国海军服务也是用纳税人的钱提供的，但它属于集体物品。这是因为，它的服务不能排他：海军无法选择为谁提供保护服务，国民也无法拒绝它的保护。

公共交通是可收费物品，出租车服务接近于个人物品，而私人汽车更接近于纯粹的个人物品。尽管停车计时收费系统可以使停车成为可收费物品，但鉴于街道容量有限，它不是纯粹的可收费物品。一般而言，街道马路属于集体物品。这是因为，排除通行权十分困难，建造和派人看守路障成本十分昂贵。

就基础教育而言，尽管一个孩子可以被一所学校排除，他也可能在家里受教育，但共同消费在基础教育中仍然不同程度地存在，因此，教育的排他性只是部分的。但就研究生教育而言，接受一个人的申请可能意味着同时拒绝了另一个人，其消费是更加个人化的，因此，高等教育接近于个人物品。基础教育和高等教育的相对位置如图 3—3 所示。

医疗卫生是一个有趣的例子：如果不考虑不同服务的具体内容，就难以对这些服务的特性进行分析。疾病和意外受伤的医疗、选择性和整容手术、维生素缺乏症和代谢失调的治疗等都是个人物品。另一方面，灭蚊、灭鼠和移民控制以控制传染病的进入等，显然都是集体物品。

免疫和传染病治疗——无论喉咙痛还是白喉——乍一看好像满足所有个人物品的标准。这些疾病的患者当然可能被医院拒绝；一旦被接收，他们占据的床位和接受的医疗护理就不可能再提供给其他病人。但是，治疗这些病人会产生一些重要的附带收益即"正的外部效应"，因为可以防止其他人被传染，即使陌生人也不例外——他们和病人共同得到了好处，而且也没有降低后者的利益。这就像消防一样属于集体物品。

以上对大量物品和服务的分类分析足以证明：物品的特性——个人、收费、共用资源和集体——决定了消费者的支付意愿，也不可避免地决定了生产者的提供意愿。因此，物品性质决定了：为提供满意的质量和数量的物品，集体干预是否必要。下面将围绕不同类物品，依次讨论这一问题。

个人物品

个人物品提供上不存在悬念：市场提供它们。产权、可履行的契约和自由市场就是所需要的一切。顾客需要物品；企业确认需求并生产物品，然后以双方都能接受的价格卖给愿意购买者。集体行动在个人物品领域主要限于解决市场失败：确保物品安全（食品、药品、飞机和住房等），诚实报告（关于重量和尺寸、利润率、衣服标签等），贯彻实施合同法和反垄断法，解决外部不经济等。当然，没有人能够付得起所期望的所有物品，很多人甚至贫穷到连最基本的生活必需品都得不到保障。（任何对市场失败的提及都应同时提及非市场失败，即非市场方法的失败，包括政府失败。）[4]

政府有时也提供个人物品，即使市场能够供给这些物品。比如在苏联，所有个人物品都由政府供给。在美国政府也提供个人物品，如养老金。苏联消费品和服务的长期短缺是导致不满的重要原因，也是其解体的主要因素。

可收费物品

像个人物品一样，可收费物品也能够通过市场来供给。因为实现排他是可能的，使用者只有付费，提供者才愿意供应物品。不论其目的是否营利，个人和组织都可能购买或赠与可收费物品，如娱乐设施和图书馆。

然而，有些可收费物品需要集体行动来供给。这些可收费物品被称为自然垄断物品，随着使用者数目的增加，每个使用者所分担的成本将下降。因此，由一个供应者供给该物品将最为经济，例如有线电视、通信网络、电力输送、天然气配送、自来水供应和下水道服务等。集体行动常常被用来创造和鼓励这些垄断，然后对其实施管制，以防止所有者利用其垄断权牟取暴利。

但是，越来越多的经济学家不同意垄断和管制的上述立论。[5]他们举例说，很多曾经被垄断的可收费物品不再具有垄断特征。铁路面临着来自于飞机、卡车、公共汽车和水路运输的竞争。电话通信面临微波传输的挑战，有线电视面临着卫星和录像带的竞争。他们争辩道：如果垄断确实是"自然的"，就不需要通过立法来保护它。此外，即使自然垄断行业也可以引入竞争[6]——在特定时期内,通过竞争性招标把特许权授予特定的企业。集体行动的作用仅在于引进并管理潜在供应者之间的竞争过程。

像个人物品一样,可收费物品在任何情况下都能由市场来提供,但在很多国家它是由政府提供的(通常收取使用费)。这一政府提供模式的替代方案将在第 9 章探讨。

共用资源

与个人和可收费物品不同,共用资源存在供给上的问题。消费这些物品不需要付费,也无法阻止消费。因此,只要收集、获取、采摘或者无偿占有这些物品的成本不超过消费这些物品的价值,它们就将被消费甚至被挥霍,直至枯竭。没有一个理性的提供者会提供这种物品,它们只能靠人或自然的仁慈而存在。对"谁占就归谁"的共用资源实施管理是一个巨大的难题,鲸、老虎、大象等就是活的——准确地说是濒死的——证据。它们正在被消费至枯竭点,尽管它们具有自然更新能力。

市场机制不能提供共用资源,而集体行动却是保护自然资源的有效方法之一。以濒危动物的保护为例,集体行动的形式是通过国际努力,促成消费者之间就限制消费达成自愿协议(这点也适用于南极的保护,它目前属于共用资源)。可叹的是,自愿行动被证明像一根稻草一样难负重任,因为它实施起来太困难了。另一种方法是,当共用资源偏离了自然状态时禁止其销售。(这种办法并非对所有共用资源都适用。)遵循这一策略,鳄鱼皮、虎皮、鸵鸟羽毛和其他濒危物种制品在美国被禁止销售。肯尼亚政府努力禁止象牙和犀牛角的销售。人们设立了各种委员会、管制机构和执法机构解决共用资源中的问题,它们所提供的服务实际上都是集体物品。

就像鲸和老虎等共用资源被当做个人物品消费一样,作为共用资源的一些河流和湖泊被当作有害废物的倾倒场所,从而变成了低质、稀缺和只供部分人消费的个人物品。对共用资源的破坏和水路的污染等使得集体行动成为必要,对污染源如工厂和废水处理设施等的控制机制被建立起来。水污染控制(一种集体物品)实际上是一种新的服务,旨在保证共用资源——无污染水路的持续供给。

月亮是一个共用资源的非常特别的例子。它能够成为原料的新来源,也可作为通信或军事基地。但由于其高昂的使用成本,至少目前它还不需要保护以避免过度消费。然而，随着宇宙探险送入太空的废弃物（成千上万飞行体）不断增加，太空作为一种共用资源状况正在恶化。

上述例子表明了共用资源面临的内在问题：存在枯竭的危险；由于排他十分困难，解决问题的传统方法——提供集体物品（通常由政府机构来实施）——的效果有限。

由于传统方法的不足，一种截然不同的思路正在引起人们的注意：自由市场环境论。它建立在产权和市场机制等概念的基础上。[7]简言之，当一种共用资源被转变为个人物品并被拥有时，对它的维护和有效管理就变得可能了。为了实现财产长期价值的最大化，[大象、荒地或水的]私人所有者会对这些先前属于共用资源的物品实施谨慎管理。同理，如果石油开采权属于一个生产者，一个油田的管理要比十多个拥有者分散开采时更加有效。相反，如果一块土地被"公众"拥有，它就会被视为共用资源，导致过度放牧和破坏——"公用地悲剧"。[8]亚里士多德（Aristotle）两千多年前曾对此做了精辟的阐释："一个物品的共同拥有者越多，它所受到的关爱就越少。"[9]

上述观点略加延伸可以用于海洋渔业。美国虽然拥有很长的海岸线，但市场上的鱼价依然上升很快。由于鱼是无偿的，所以它成为昂贵的食品——这是一个明显的悖论。换言之，作为一种典型的共用资源，它们可以被无偿捕捞。其结果是，捕捞过度，供给枯竭（就像在公用地上的过度放牧），每一条渔船只能捕到很少的鱼。由于缺乏效率，每条鱼的成本居高不下。有人建议，应当像对待近海石油一样，把近海的鱼确定为全体美国公民的财产，建立年度捕捞的科学配额，配额内的捕鱼指标能够被拍卖。通过创造可交换的产权——海渔的私有化——使共用资源变为私人物品，看来能够解决过度捕捞的问题。[10]（见第12章提供的一个保护鲑鱼的例子。）

集体物品

集体物品在组织社会过程中形成一个严重的问题。由于它们的本质，市场在提供这些物品时是失败的，它们被许多人同时享用，也没有办法排除其中的任何一个人。因此，每一个人都得到一种经济激励去做一个"搭便车者"。这就是说，使用它们而不需付费，也不需分担提供它们的辛劳。那么，一个社会怎么才能提供这些物品呢？答案是：通过自愿或强制性的捐款。

集体物品能够通过自愿行动来供给。就像在第 1 章中所分析的自愿社团一样，小集团分享共同的价值观，其社会压力足以保证每一个人为保证集体物品的供给贡献他或她应该贡献的那一部分。志愿者们提供了消防和救护车等服务，通过收取邻居捐款支付其成本。就像全国性广告商提供电视广播一样，慈善团体提供公园，地方商人提供路灯、街道清洁和巡逻保卫等。

但是，一旦志愿行动不能保证集体物品的充分供给时——例如，当社会单位较大且多样化时——就必须通过法律认可的强制贡献来达到，就像税收和义务兵役一样。这就将搭便车者变成了被强制的搭车者。这就是为什么需要政府的原因。人们总是希望是通过民主方式建立政府，因而政府自身也被认为是自愿行动的结果。但是，集体物品并不必然地要求政府供应的认识极端重要，这也是用"集体物品"替代常见却更容易引起误解的"公共物品"的原因。

3.4　集体物品产生的问题

集体物品具有使事情复杂化的特性。它们一般很难测量，也往往只给消费者很小的选择。此外，它们产生了一个基本的问题：在有关集体物品供给的决策中，集体的规模应该有多大？集体应该由哪些因素构成？

集体物品的度量和选择

个人物品的计量、计价和分装出售是相对容易的，而集体物品的处理远非如此简单。有多少个单位的国防应该被购买？警察保卫的购买量又应该有多少？可以计算一个消防队的消防员人数，但却没有一个可靠的方法来测量它们究竟提供了多大量的消防保护。一个人能够指出公园的位置，但可能对它的实际情况知之甚少，而外表和环境却是其本质方面。街道里程是可以被测量的，交通量和凹坑也能被计算出来，但这些事实并不能揭示这种特殊集体物品的重要特征。空气污染控制部门的产品只能通过空气质量来间接地测量，但这也可能受不相干因素如强风的干扰。因为这些原因，通常很难——并非不可能——界定和测量提供集体物品的组织的绩效。这意味着很难确定集体物品的合理供应量，也无法估计它的成本。

集体物品的这一特性意味着个人在消费上几乎无可选择，他们一般只能接受被提供的数量和质量。一个普通市民可能要求警察在自己的家门口站岗，街道每天打扫，他家附近的公园就像皇家花园一样，但是他的声音被淹没了。另一方面，他的纳税额可能增加，但集体物品的供给似乎没有什么变化。不论是那些认为国家处于危险需要更多军队的人，还是认为将大量军事力量掌握在难免犯致命错误的手中会大大危及国家安全的人，对此都不会感到满意，因为在这一问题上他无法进行个人选择。他可以给议员写信表达意见，但对其结果无能为力。

这些特征的另一个结果是：由于不可能直接对集体物品的使用收费，成本支付可能与需求和消费没有关系。因此，必须依靠政治过程来决定应该生产多少物品以及每个使用者该付多少税，而不是依赖市场机制。由于大多数集体物品不是纯粹的因而容许某种程度的个人消费，决定谁将得到它们——物品如何分配——也要委托给政治过程。审视这些个人和集体物品，两者之间的很大不同可归纳在表3—1中。

表3—1　　　　　　　　个人物品和集体物品的特征

特征	个人物品	集体物品
消费	完全个人消费	许多人共同和同时消费
成本支付	与消费相关；消费者支付	不与消费直接联系；集体支付
排除他人使用	容易	困难
物品质和量的测定	容易	困难
生产者绩效的测定	容易	困难
消费上的个人选择权	存在	不存在
物品质和量上的个人选择权	存在	不存在
生产和配置决策	市场过程决定	政治过程决定

集体的规模

有权决定集体物品供给的"集体"到底是什么？它应该有多大？谁或者什么应该被包括进来？显然，这些问题将使我们陷入到有关联邦主义和责任在不同层次政府间合理分配的没完没了的争论中去。人们可能一致同意，应通过某种集体性评估来保证集体物品的供给。但被评估的社区的规模应该有多大？整个国家？一个地区、一个州、一个县、一个市镇，还是一个街道？一个街区的居民，抑或是区里一幢具有共管权的大楼？

公共财政的基本原理之一是集体物品的受益者应该付费，但确认受益者并不那么容易。显而易见，国防使整个国家受益，每个人都应该为此付费。但当考虑到其他情况如地面凹坑时，事情就没有那么简单了。地面凹坑默然等待着粗心的驾驶者：震掉人们的牙齿；破坏汽车的前后平衡；使车轮变形或车轴折断等。当然，地面凹坑的消除将使许多人受益，这是一项集体物品。但是，究竟谁应该为此付费呢？一项推理认为，地面凹坑在全国都存在，因而是一个全国性问题，应该由中央政府来负责，即中央政府通过在全国范围内征税来修整路面。然而这种推理是似是而非的。按照这种逻辑，每一项需求广泛的物品包括街道清扫，都应该由现存的最大的集体机构——中央政府，如果不是联合国的话——来提供。

可以对地面凹坑问题进行更为深入细致的分析。基本原则是由包含绝大多数受益者的最小公共单位来提供这一集体物品。就那些穿越某一城市的道路上的凹坑来说，这个城市是适当的公共物品提供单位，该市纳税人应为此付费。特别要提到的是这项政策对外来者的影响：这些游客从良好的路况中免费获益；但从某种程度上说，由于他们购买了汽油和其他物品，住了旅馆，在饭店里用餐，他们直接或间接地增加了这个城市的财富，因此，这些游客也付了一份街道维修的费用。同理，购买这个城市生产的商品的远方买主也从良好路况中获益，因为运货卡车从工厂通过这个城市的街道时商品没有受到损害。然而他们也为这种受益付了费，因为他们购买的商品的价格中已经包含了由制造商交付的地方税和货车司机的城市保养费了。换句话说，即使在一个小的地方集体组织里，受益者也为集体物品付了费，不管他们身居何处。正是集体物品的不同特性和受益者的不同身份，决定了受益者在物品提供中的不同层次的责任。

集体物品的增长

最近几十年集体物品的大量增长使得供应问题更为复杂。这来自三个原因：首先是某些物品的性质发生了变化，有的是因为技术变化导致了排他性和消费特征的变化，有的是因为环境的变化。城市化使得消防从个人物品变成集体物品即为一例。垃圾清理也是如此，在乡村是个人物品，在城市里却是集体物品。这是因为，如果某人定期收集清理垃圾，他的邻居们都会从中受益；如果他不那么做，大家都将受到损害。

集体物品增长的第二个原因是保护共用资源的需要。空气污染和水污染控制，为保护鲸鱼、老虎和南极等共用资源而进行的谈判和强制性合约，都是新创造的集体物品的例子。

第三个原因是人们通过改变个人物品的性质来创造集体物品，从而将负担转嫁到集体的肩上。举例来说，小镇居民将垃圾扔到路边而不是付费订购垃圾收集服务，由此避开了被称为"垃圾收集"的个人物品，同时却创造了被称为"道路清洁"的集体物品的需求。

但相反的情况也存在。一些集体物品能够被个人物品所替代，至少是部分地被替代。锁、空手道课程、警报系统和家庭灭火器等私人物品，正在部分地替代警察和消防这两类公共物品。通过拥有私人保镖、游泳池和花园，一个富豪能将公共物品变为个人物品。技术进步也可以使其他集体物品变为可收费物品或个人物品。举例来说，在交通高峰时期，可以对汽车通过某一路段实施收费，就像威廉·维克里（William Vickrey）一直主张的那样。[11]

福利物品（worthy goods）

前已提及，美国和欧洲政府增长的最主要原因是这样的社会决定：食品、教育和公共交通和其他社会福利等个人和可收费物品，由于价值如此之大，其消费应该受到鼓励，不管消费者是否有支付能力。其结果是，这些福利物品要么受政府补助，要么政府直接生产并供应给所有公民或符合条件的阶层。如果个人和可收费物品的排他特性没有被利用，即不对这些物品的使用收费或不足额收费，该种物品实际上就被用做共用资源或集体物品了。

有两种不同的方法来审视这种物品性质的转化。其一是坚持基本定义。由于固有的排他性和消费特性（只要供应的技术手段保持不变），个人和可收费物品不能被重新界定，物品的性质也不会轻易转化。现实中的转化仅仅是出于社会选择，即社会通过政府做出决定，完全或部分利用集体资源来提供某些个人物品和可收费物品——福利物品。

另一种看法是，这些个人和可收费物品已经转化为共用资源和集体物品了，即在图3—1到图3—3中，这些物品漂移到了右边。对这种物品类型转变的解释是：（1）当福利物品被消费时，每个人都在某种程度上受益（即存在正的外部效应），因此，它们的消费被认为部分地具有公共性，这导致了它们在表中的位置下移；（2）由于所有的人都需要这些物品，所以物品的排他性被放弃了，它们在表中的位置转移到了右边，由此导致了更多的共用资源和集体物品。这两个观点相得益彰，并且导致了相同的结果。

政治决策者不顾消费者的支付能力和意愿，决定提供福利物品或鼓励福利物品的消费，最终导致了对私人个体和企业的直接补助或者政府直接生产服务。这方面的例子非常多：体育竞技场、露天体育馆、文化中心、博物馆和展览馆等通常都是用税金建立的，其运营也需要纳税人的补助。农业和其他企业得到了政府的拨款和补贴。私人接受福利支付和多种类型的社会服务，如公共住房、医疗卫生、就业培训和日托服务等。

电力、煤气和电话服务等显而易见的可收费物品，早期可能经历了同样的过程。在特定环境下产生了免费提供的需求，使得它们在实践中和集体物品混为一谈。这种特定环境可能由某一冬天英国发生的悲剧事件而引发：两个没有自立能力的老年夫妻仍然独立生活，由于他们未能按时交费而被停了电，最后两人被活活冻死。

不久以前，教育被看作个人物品。排他性和个人消费是其显而易见的特性。由于教育能给接受者提供巨大且明显的收益，所以这种高价值物品能够在市场上获得和出售。但随着时间的推移，一种新观点逐渐占上风：人人受教育，整个社会都明显受益，就像预防接种一样。教育被认为具有重大的积极的外部影响，因此，每个人不但要能免费接受教育，而且在一定年龄段，受教育应成为一种义务。

社会价值转变的一个更好的例子涉及最基本的物品——食品：一种个人物品被确定为福利物品，免费提供给受益者。世界上还存在更纯粹的个人物品吗？诚然，把食品视为一种纯私人物品必然导致一部分人挨饿，因此食品需要集体支付来分配给穷人。但这样的行动究竟应由政府还是由其他社会机构来实施，目前尚存争论。另一种个人物品——住房——同样被看作福利物品，公共住房被不断建造并提供给那些符合条件的消费者。不幸的是，有关公共住房的记录褒贬不一，对它的支持正在减退。处理这种个人福利物品的一种更好的方法——凭单制——将在下一章中讨论。

极端地说，对任何一种个人物品，人们都能够找出或归结出某种共同消费特性，进而由此断言：缺乏者会疏远社会，这将导致社会不稳定，并威胁到每一个人。按照这一逻辑，所有个人物品对他人都有好处或正的外部性，因此都应该用集体支出来提供。甚至整容手术也符合条件，因为我们都希望人人光彩照人而不是丑陋可怕。

但是，这些扭曲性的解释已经产生了不幸的后果。如上所言，所有物品在某种程度上都属于个人消费。当它们享受补贴、定价低于成本或无偿提供时，需求就会上升，随之便要求增加公共支出来保证更多的物品的供给。免费物品可能由此变得非常昂贵。经常出现的情况是，这些物品被混同于共用资源，因此产生了共用资源固有的种种弊端：恣意浪费、随意消费和枯竭的可能性。任何了解学校免费午餐项目的人，都会敏锐地注意到它所滋生的惊人浪费。美国城市夏日免费午餐项目发生的丑闻暴露了同样的问题：大量食品被当作无价值的东西浪费掉。这和苏联曾经发生的事件极为相似：由于定价过低，大量面包被用来喂猪，因为这比传统饲料更便宜。由于处理"垃圾邮件"的定价过低，邮政服务这一不纯粹的可收费物品正在变成被随意消费和浪费的共用资源，就像没有计量的城市供水一样。

美国的医疗卫生同样可以说明这一过程。大多数医疗活动都具有排他性并被个人消费，即属于个人物品。但社会价值的逐渐变化导致了一种信念，即个人的医疗保健具有某种共同消费特性：当一个病人被治好后，许多人会从中受益。医疗保健因此被宣布为公民权利，享受补贴或"免费"提供，导致需求爆炸式增长。在很大程度上，医疗保健变成了共用资源，像海中的鱼一样可以无偿享用。这种发展趋势的最终结果还有待观察。一些人想使医疗保健变成纯粹的集体物品，向所有的人免费提供。这种处方可能比疾病本身更糟糕。另外一些人吸取福利国家政府创造集体物品的历史教训，重新强调医疗服务的个人物品特性，主张强化市场激励来控制成本和保证质量。但其结果究竟如何，还有待继续考察。

人们可以设想一个普遍规律：一旦个人物品和非纯粹的可收费物品享受充分补贴或被无偿提供，即物品的排他特性被抛弃时，它们就被视为共用资源，由此产生共用资源伴随的种种问题。无节制消费此类物品面临的约束仅仅是物品自身的枯竭和获取成本。以医疗保健为例，护士、医生和床位会枯竭，而挂号的麻烦、无休止的排队和填写报销申请的繁杂程序等，构成了免费获取可收费物品的成本。

尽管如此，一般的共识依然存在：一个人道的社会应该提供一定的

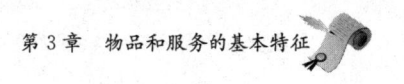

个人物品——诸如食品、住所、医疗和维持基本生活必需的收入等——给那些"值得帮助的穷人"（deserving poor），不论这一概念如何界定。目前围绕这些福利的无休止争论集中在获取资格、帮助的数量、提供方式、社会对受惠者强加的条件等问题上。

政府提供的个人物品和可收费物品的增长可以从政府支出模式的变化中看出来。如表3—2所示，政府在农业补贴、培训就业、社会服务、医疗保健、老人医疗保险制度、收入支持项目、社会安全和交通运输——所有这些物品主要是个人和可收费物品——等方面的开支，2000年约占联邦总开支的57%，比1962年的27%大幅上升。（这里对个人物品和可收费物品的界定很狭窄，所以它们在总开支中的比重实际上被低估了。）集体物品供给是政府的根本目标之一，也是政府存在的一个理由，但现在它已沦为相对次要的活动。这引起了自由主义者和保守主义者的深深忧虑，同时昭示了一个重大问题，即政府在当代社会中的恰当角色问题。

表3—2　联邦政府对个人和可收费物品的开支　　金额单位：1998年10亿美元

职能	1962年	2000年（估计）
农业收入补贴	3.222	7.541
培训和就业	0.189	8.005
社会服务	0.110	17.841
医疗服务	0.528	132.659
医疗补助	0	216.868
失业救济	3.809	28.230
住房补助	0.165	29.174
食品和营养保障	0.275	39.833
其他收入保障	2.338	81.230
社会保障	14.365	412.640
运输	4.290	43.131
总计	29.291	1 017.156
总支出	106.821	1 785.046
以上职能在总支出中的百分比（%）	27	57

资料来源：U. S. *Budget for Fiscal Year* 1999 (Washington, D. C.：U. S. Government Printing Office, 1998), table 3.2, 50—64.

3.5 小　结

界定政府和私人部门的恰当角色的基点是考察现代社会所需要的物品和服务。排他性和消费特性是对物品和服务进行分类的两个重要参照因素。如果提供者能够轻易拒绝某一物品的获取和使用，该物品就具有排他特性。一件衣服具有这样的特性，而大海中的鱼却不是这样。一个物品具有共同消费还是个人消费特性，取决于它能否被许多人共同和同时消费。电视广播是共同消费物品，而一块面包却不是。

可以按照所具备的两个特征的程度对物品进行分类。其结果是四种理想类型的物品：个人物品（拥有排他和个人消费的特征）、可收费物品（排他和共同消费）、共用资源（非排他和个人消费）和集体物品（非排他和共同消费）。表 3—3 简略地概括了它们之间的关系。

表 3—3　　　　　　　　依据内在特性划分的四种物品

	易于排他	难于排他
个人消费	个人物品（如食品、衣服、住房）	共用资源（如海鱼）
共同消费	可收费物品（如有线电视、电话、电力）	集体物品（如国防、治安）

私人物品和可收费物品能够由市场提供，集体行动在其中扮演着较弱的角色，主要是克服市场失败，建立市场交易的基本规则，保证个人物品的安全，规范具有自然垄断性的可收费物品的供应方式等。但集体行动是不可或缺的，用以保证集体物品的供给，还要保证那些社会决定用补贴或集体方式提供的个人物品和可收费物品（实际上变成了集体物品）的供给。为了克服"搭便车"问题，强制也许是必要的。尽管在很多例子中私有产权能担负重任甚至更有效率，集体行动还是常常被用来保护自然共用资源。集体行动的主体可以是私人和自愿组织，不应是政府的专利。

越来越多的个人和可收费物品被确定为"福利"并被用做集体物品或共用资源。实际上，政府的增长主要表现在个人和可收费物品方面的开支的大幅度增长。这些物品现在至少占了联邦政府总开支的 57%，与 1962 年的 27% 形成鲜明对比。换言之，提供具有集体物品内在特性的物品和服务是政府自身存在的主要理由，但在美国，这已不再是联邦政府的主要活动了。

注 释

［1］这些概念及其分类方法主要参考了 Vincent and Elinor Ostrom, "Public Goods and Public Choices," in *Alternatives for Delivering Public Services*, ed. E. S. Savas (Boulder, CO: Westview, 1977), 7-14。

［2］Ronald H. Coase, "The Lighthouse in Economics," *Journal of Law and Economics*, 17, no. 2 (October 1974): 357-376.

［3］Jesse Malkin and Aaron Wildavsky, "Why the Traditional Distinction Between Public and Private Goods Should Be Abandoned," *Journal of Theoretical Politics*, 3, no. 4 (1991): 355-378.

［4］Charles Wolf, Jr., *Markets or Governments: Choosing Between Imperfect Alternatives* (Cambridge, MA: MIT Press, 1993).

［5］Robert W. Poole, Jr., *Unnatural Monopolies: The Case for Deregulating Public Utilities* (Lexington, MA: DC Heath, 1985); Walter J. Primeaux, Jr., "Some Problems with Natural Monopoly," *Antitrust Bulletin* 24, no. 1 (Spring 1979): 63-85.

［6］William J. Baumol, J. C. Panzar, and R. D. Willig, *Contestable Markets and the Theory of Industry Structure* (San Diego: Harcourt Brace, 1982).

［7］A. A. Alchian and R. A. Kessel, "Competition, Monopoly, and the Pursuit of Money," in *Aspects of Labor Economics*, ed. National Bureau of Economic Research (Princeton: Princeton University Press, 1962); L. DeAlessi, "The Economics of Property Rights: A Review of the Evidence," *Research in Law and Economics* 2 (1980): 1; idem, "Property Rights and Privatization," in *Prospects for Privatization* (*Proceedings of the Academy of Political Science*) 36, no. 3 (1987): 24-35; Terry F. Anderson and Donald R. Leal, *Free Market Environmentalism* (San Francisco: Pacific Research Institute for Public Policy, 1991).

［8］Garrett Hardin, "The Tragedy of the Commons," *Science* 162 (13 December 1968): 1243-1248.

［9］*Aristotle's Politics*, trans. Benjamin Jowett (London: Oxford University Press, 1931), Book II, 57.

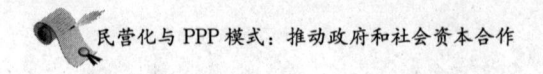

[10] S. Fred Singer, "Free-for-All Fishing Depletes Stock," *Wall Street Journal*, 10 October 1985.

[11] William Vickrey, "Optimization of Traffic and Facilities," *Journal of Transport Economics and Policy* 1, no. 2 (May 1967): 123-136.

第 4 章
提供物品和服务的不同机制

上一章分析了集体行动在四类物品的提供中所扮演的角色。对个人物品、可收费物品和共用资源来说，集体行动的必要性首先体现为管制需求。实际上，管制本身就是保证这些物品满意供应的一种集体物品。

就集体物品而言，集体行动在保证付费进而确保其有效生产方面是必需的。对福利物品来说，集体行动的必要性在于决定以下几个问题：（1）哪些个人和可收费物品能够被视为福利物品；（2）供应的数量；（3）付费方式。可见，集体行动的本质包括决策和筹资两个方面。

集体行动并不意味着政府行动。尽管缺乏政府所拥有的正式渠道和强制手段，社会团体也能够就集体决策和公众集资达成志愿一致。例如，汽车合伙使用者团体就代表着一种非正式的集体活动。游泳池、高尔夫球场、网球场和文化设施等往往是由志愿者团体提供的：喜好相同的人建立一个俱乐部，并通过会员费、入场费或其他方式来解决经费问题。

以上志愿集体行动涉及的是可收费物品，它们的排他是可能的；当排他不可能时，志愿联合行动也能提供集体物品吗？答案是肯定的。一些城市的私人街道，其维护费用就是由房东或邻里协作组织提供的。上述情况下的集体行动也可以通过合法手段强制实施，如要求在房产交易合同中注明，所涉区域房地产的购买者必须加入协作组织并支付相应的费用。住房合作社和住户共有公寓也具有这样的特征。

但集体物品也可能完全志愿供应，且这种供应卓有成效。当集体组织规模较小，成员具有共同的价值和利益时，非正式的社会压力就足以保证每个人贡献他应该贡献的那一部分，也就排除了"搭便车者"。志愿消防队即为一例。大城市刑事案件高发区的住宅巡逻和街道巡逻是另外两种通过志愿行动提供集体物品（即安全）的例子。成员贡献的方式是志愿服务而非资金。

如果受影响的人数量众多且所追求的利益多样化，纯粹志愿行动就不足以保证集体物品的供应。这时有必要建立政府一类的组织，必要时使用强制力获取需要的经费或资产，进而保证集体物品的供应。人们由此变成了"被强制的搭车者"。简言之，政府是做出和执行有关集体物品决策的工具：提供什么样的物品，哪些物品（本质上属于个人物品和可收费物品）至少应部分地通过强制手段保证财政资源，如何分摊这些成本或贡献，如果这些物品不是纯粹的集体物品且容易发生拥挤时如何对其进行分配。

集体物品可以由公共部门雇员直接生产，但其他制度安排也能够提供。举例来说，政府可以从私人企业购买诸如消防和清扫街道等集体物品。正如本章所揭示的那样，甚至那些属于政府"天职"的基本职能，也能够通过多种方式来提供，而不是完全依赖政府雇员。但是，一些特定的职能还是属于政府：制定和执行法律；政府支出；剥夺个人的生命、自由和财产权等。

4.1 服务的提供、安排和生产

有必要区别公共服务中三个基本的参与者：消费者、生产者、安排者或提供者。消费者直接获得或接受服务，他们可以是个人、特定地理区域的所有人、政府机构、私人组织、拥有共同特征的社会阶层（穷人、学生、出口商、汽车制造商或农民等）或者获得辅助性服务的政府机构。

服务的生产者直接组织生产，或者直接向消费者提供服务。它可能是政府单位、特别行政区、市民志愿组织、私人企业、非营利机构，有时甚至是消费者自身。国防部提供国防服务，波音公司（Boeing）也一样。一个县级政府可能提供公共医疗服务。当房客组成的志愿团体在住宅周围巡逻时，它也在提供一种服务。私人企业可以与市政当局签订合同，承担公园树木修剪和草坪维护的任务。一个带着空瓶子到回收中心的人，同时扮演着服务生产者和消费者的双重角色。

服务安排者（亦称服务提供者）指派生产者给消费者，指派消费者给生产者，或选择服务的生产者。安排者通常是政府单位，但也有例外。市政当局、联邦政府、志愿组织或消费者自己等都可能是服务的安排者。

对集体物品来说，生产者可被视为一个集体决策的单位，确认并表达对该物品的需求。正像后文所要指出的，也可能存在共同安排者的情况。

服务提供或安排与服务生产之间的区别是明显且十分重要的。[1]它是整个民营化概念的核心，是政府角色界定的基础。对许多集体物品来说，政府本质上是一个安排者或者提供者，是一种社会工具，用以决定什么应该通过集体去做，为谁而做，做到什么程度或什么水平，怎样付费等问题。举例来说，政府可能通过征税来获取资源，通过付费来保持人行道的清洁，也可能要求财产所有者"各人自扫门前雪"。

当市政府雇用承包商去翻新路面的时候，该城市就是安排者，承包企业就是生产者，而使用这种特殊的集体物品即道路翻新的人就是消费者。当一个县政府与教会团体（生产者）签订合同，让其为就业的母亲（消费者）提供托幼服务时，它就是一个服务的安排者。一个国家奖学金（National Merit Scholarship）获得者是教育服务的消费者，但当他选择一个大学为其提供教育服务时，他又是一个服务的安排者，正如联邦政府作为服务安排者去雇用一个合同工来管理和运转国家实验室一样。

政府可以做出用公共开支来提供某种服务的决定，但不意味着必须依靠政府雇员和设施来提供这种服务。民营化的反对派往往是这样一些人，他们忽视服务提供和服务生产之间的区别，进而错误地认为，如果政府放弃了服务生产者的功能，它自然就放弃了服务提供者的角色。这样，在那些被视为政府"天职"的公共服务领域，民营化往往会遇到更大的阻力。其实，即使实施民营化，政府仍然保留服务提供的责任并为此支付成本，只不过不再直接从事生产。

安排者对集体物品的供应承担重要责任：征收税费、决定服务内容、服务水平、开支水平等，所有这些都无法在集体成员之间完全达成一致。

当安排者和生产者合一时，官僚制的成本就产生了，即维持和管理层级系统的成本。当安排者和生产者不同时，又产生了交易成本，即聘用和管理独立生产者的成本。两种成本的相对值决定了安排和生产功能分开是否值得。[2]

4.2 制度安排

由于服务提供和生产之间的区别，我们可以据此确定公共服务的不同制度安排。但应清醒地认识到：角色划分和责任界定不一定总能做到清晰明确。不同制度安排的原因在于，政府既能作为一个安排者，也可作为一个生产者，私人部门也一样。由此形成制度安排的4种基本类型。根据安排者、生产者和消费者之间的动态关系，可以把这4种类型细分为10种具体形式。表4—1描述了这10种具体形式之间的概念关系。应特别注意的是，在其中的7种安排中，生产者是私人部门。民营化一般运用到其中的一种或几种形式。下面将依次讨论：（1）政府服务；（2）政府出售；（3）政府间协议；（4）合同承包；（5）特许经营；（6）政府补助；（7）凭单制；（8）自由市场；（9）志愿服务；（10）自我服务。[3]

表 4—1　　　　　　　"公共"服务提供的制度安排

生产者	安排者	
	公共部门	私人部门
公共部门	·政府服务 ·政府间协议	·政府出售
私人部门	·合同承包 ·特许经营 ·补助	·自由市场 ·志愿服务 ·自我服务 ·凭单制

注：更详细的分析见表4—11。

有人可能会指出第十一种安排——命令：政府要求私人实体去提供某种服务，但具体形式由接受指令者安排。依据政府指令提供雇员的医疗保险服务就是一个例子。但这种方式在这里不视作一种独立方式，因为在实践中可以通过其他制度安排来实现。

政府服务

"政府服务"这一术语表明，服务是由政府部门雇员提供的，政府同时扮演了服务安排者和服务生产者的角色。这些部门可能是政府的部或局，或是诸如田纳西河流域管理局（Tennessee Valley Authority）、美国铁路客运公司（AMTRAK）等政府拥有的公司。传统上市、县、州和联邦政府等提供这类服务的例子很多。

国家和州拥有的企业提供的服务也被看作"政府服务"，尽管其运作与政府部门明显不同。例如，雷诺汽车厂（Renault）第二次世界大战后不久就被国有化，实际上是法国政府在生产汽车。在希腊和墨西哥，很多企业接受了政府贷款，由于它们无力偿还或不愿偿还贷款（如在马科斯统治下的菲律宾），最后被政府接管。通过这种方式，许多政府偏离了传统角色，开始经营饭店、矿山、工厂、商船队和其他各种商业。在其他地方，意识形态是导致国有化的重要原因。在外国顾问的指导下，发展中国家中的社会主义政府相信，政府拥有企业是发展经济的捷径。在苏联，市政府管理着饭店、面包房、酿造厂、零售店和制造家庭用品的工厂等。[4]国有化导致在纳赛尔（Nasser）统治下的埃及产生了不可思议的结果，一个伊斯兰国家的政府竟生产啤酒和可口可乐。本书的第三部分将讨论这些企业的民营化问题。

政府出售

人们可以从政府机构购买物品和服务。例如，他们可以购买水资源、矿产和森林木材的使用权，可以购买在政府拥有的土地上放牧家畜的权利，可以租用政府的建筑物和土地。纽约市警察局曾以每小时 27 美元的价格将其警员"出租"，为私人在大型公共场所举办的活动提供治安服务。[5]游行活动或摇滚音乐会的组织者，可能要付款给政府进行事后清理。在密歇根，私营汽车公司可以从州意外事故基金中为雇员购买保险（在随后的民营化中，该基金被出售给一个私营保险公司）。[6]在这些例子中，政府和私人企业进行竞争。政府是生产者，个人或组织是安排者。

这里的政府出售与政府为其服务强行收费的行为明显不同。当政府为其供水、供电或公共交通服务收费时，或者当政府强迫私人企业购买政府服务时（如从政府机构购买失业保险），它是直接向消费者收费，因而扮演了服务安排者的角色。但在政府出售中，消费者是服务安排者。

政府间协议

一个政府可以雇用或付费给其他政府以提供公共服务。一个未设高中的地方学区可以把自己的学生送到临近学区的高中接受教育并向该学区支付费用。小的社区常常从一些专门化的政府单位购买图书馆、娱乐设施或消防服务，这些单位由该地区的政府部门共同组织并向政府部门提供服务。县政府常常与市镇政府签订合同，付费给后者以维护穿越市镇的县级公路。州政府也常常和市镇或县政府签订合同，以提供某些社会服务。服务责任在不同行政区域间重新配置和调整，目的在于更好地解决地区性问题并应付日益上升的成本。这些制度安排就是政府间协议，

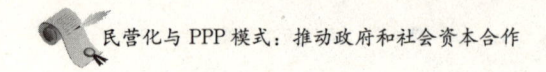

其中一个政府是服务的生产者,另一个政府则是安排者。

公共服务提供的政府间协议方式相当普遍。1992年对美国1 504个市和县的研究表明,政府间协议被应用到了64种常见的地方政府服务中。表4—2所列举的服务项目,运用政府间协议方式提供的超过了被调查单位总数的25%。政府间协议在社会服务提供中的运用最为普遍。[7]

表4—2　　　　　　通过政府间协议提供的市镇和县政府服务

服务项目	选择政府间协议方式的市镇和县所占的百分比
精神健康项目	67
儿童福利项目	63
公共卫生项目	57
监狱/看守所	53
毒品/酗酒治疗项目	52
税级评定	51
公交运输	49
卫生检查	48
无家可归者收容所	40
图书馆	39
医院经营/管理	39
拖欠税款征收	38
飞机场的运营	35
老年服务项目	34
污水收集和处理	33
动物收容所	29
固体废物处理	27
水处理	26
博物馆	26

注:该调查共向4 935个市镇和县级政府发出调查问卷,收回1 504份。

资料来源:根据Rowan Miranda and Karlyn Andersen, "Alternative Service Delivery in Local Government, 1982—1992," *Municipal Year Book* 1994 (Washington, D.C.: International City Management Association, 1994), 26-35, table 3/6推算。

莱克伍德计划(Lakewood Plan)广泛应用了公共服务的这一制度安排。莱克伍德是洛杉矶县下属的一个小城市。1981年,该市从县政府购买了41种不同的服务,其他76个城市也从县政府购买了一种或多种服务。这些城市成立了一个组织——加利福尼亚签约城市协会（Contract Cities Association），以维护它们的共同利益。所有这些城市都购买了选举组织管理方面的服务。其他市场化的地区服务还包括动物管制、紧急救护服务、健康法规的执法、工程服务、消防和治安服务、图书馆服务、下水道维护、公园维护、娱乐服务、税级评定和征税、城市监狱罪犯的医疗服务、人事管理如录用考核和资格评定、起诉、建筑物检查、杂草清除、学校消防安全、移动住宅检查、牛奶质量检查、灭鼠活动、心理保健服务、树木修剪、桥梁维修、道路指示牌的制造与安装、街道清扫、交通信号系统的维护、马路交通指示标志喷涂、交通法规的实施、商业许可证的核发和相关执法活动，以及十字路口交通安全岗的设置等。

合同承包

除政府间协议外，政府也和私营企业、非营利组织签订关于物品和服务的合同。在这些安排中，私营企业是生产者，政府是安排者，它付费给生产者。论及传统公共服务的民营化（区别于国有企业和国有资产的民营化）时，"合同外包"是最经常提到的方式。在合同承包安排中，政府的理想角色是：(1) 公共物品和服务需求的确认者；(2) 精明的购买者；(3) 对所购物品和服务有经验的检查者和评估者；(4) 公平税赋的有效征收者；(5) 谨慎的支出者，适时适量对承包商进行支付。

政府合同承包制度非常普遍。在美国，由于政府雇员很少从事制造、建筑或食品生产，政府使用的大多数有形资产如补给、装备和设备，都是通过合同购买的。即使在敏感的军事装备方面也是如此——尽管一些军火是由联邦兵工厂生产的，但大多数还是从私人生产者那里获得的。在地方，道路、学校和政府办公设施等都是通过合同安排，由私人建筑商提供的。政府部门所用的铅笔、办公桌、消防龙头、制服、食物（为学生、病人和犯人提供）、汽车、枪支、垃圾车和计算机等，都是从私人供应商那里购买的。

除上述物质产品外，城市政府还和私人组织签订直接面向公众的"产出"服务合同，如垃圾收集、救护车服务、路灯维修、马路维修和多样化的社会服务，其中大多数社会服务是由非营利组织提供的。政府也通过签订合同来获得多种多样的"投入"(input)服务，即面向政府部门的辅助性服务，如地面维护、人员监护、秘书和书记工作、洗衣、计算中心管理、内部车辆维修、缩微摄影、照相、打印、申请的处理和内部交通等。

较为特殊的例子也很多。1998年，纽约市将世界闻名的中央公园的管理和维护工作合同外包给一个非营利性组织，该组织在过去20年间显示出卓越的管理能力。[8]美国造币厂（U.S. Mint）也将部分硬币的铸造业务外包了出去。冷战期间，一个私人承包商曾提供过人力操作的远程早期预警系统，以侦察越过北冰洋飞向北美的飞机和导弹。美国政府雇用了一家私营企业，从事西奈半岛埃以停火线的监测和侦察工作，这在传统上是由军事单位实施的。自古以来就存在雇佣军，最近则出现了私营空军，按照合同承担战斗任务。

在英国，1988年的《地方政府法》要求，6种基本的市政服务必须经过竞争性招标来安排，包括生活垃圾收集、街道清洁、公共建筑清扫、车辆保养维修、地面维护和饮食服务等。[9]在丹麦，多数城市和一家私人企业福尔克公司（Falck Company）签订合同以提供消防和救护车服务，大多数人通过这一安排得到了保护。在瑞典，大约有三分之二的居民从私人承包商那里获得消防服务。[10]

一种服务一般可细分为若干组成部分，这些部分可用不同方式来提供。例如，警察服务可分为内部通信、预防性巡逻、交通控制、停车场管理、拖走违章停放的车辆、拘留所的管理、训练课程的讲授、警车保养维修等。[11]在同一地方政府，这些服务的不同组成部分可以通过不同的制度结构来提供：政府服务、政府间协议、私人企业合同承包、志愿服务等。这个问题将在本章后面的部分详细讨论。

公共服务合同承包的一种特殊形式是：政府保留设施和资产的所有权，让私人企业去经营。供水系统、废水处理厂、资源回收工厂、垃圾填埋场、车辆维修设施、停车库、飞机场、医院、竞技场所和会议中心等都是这方面的例子。这和租赁有所不同，因为私营企业不能将所租用的资产用于自己的其他业务，而只是代表政府从事经营并从政府获得相应报酬。

有趣的是，合同承包可能出现负价格（negative price）：私人企业向政府付费以获得从事某项服务的权利。例如，不少城市通过招标方式，由私营企业承担弃置车辆的回收工作，投标书中有的向政府索取报酬，有的则为经营权利向政府付费，这取决于汽车回收品的市场价格。其他可回收利用物品的回收处理也可能遇到类似情况。

合同承包的普遍性。实际上，所有政府都在用合同承包安排公共服务。1987年一项对所有人口超过5 000的市镇和人口超过25 000人的县的调查表明：99%的政府实施过合同外包。[12]（但该调查的回复率仅为19%。）粗略计算，美国至少有200种服务是由承包商向政府提供的，具体可见表4—3。

表4—3　　　　外包给私营企业的市镇和县政府服务

戒毒戒酒、收养服务、空气污染治理、飞机场管理、飞机场火灾和撞机事件处理、飞机场服务、预警系统的维护、戒酒服务、救护车服务、动物控制、建筑、会堂管理、审核	管理咨询、绘图服务、码头服务、公路分界岛的维护、消灭蚊蝇、搬运和储存、博物馆和文化设施
海滩管理、使用费的核算和收取、桥梁管理（建造、检查和维修）、建筑物的拆除、建筑物的修复、建筑物和地面管理（看守、维护和保安）、建筑物和机械的检查、消除贫困、公交系统的管理和运作、公共汽车候车亭的维护	噪声控制、护理服务、营养配给管理办公设备维修、民意调查
自助食堂和饭馆的管理、污水沟的清理、公墓管理、儿童服务费的收集、民防通信、牧师管理、通信设备维修、通信中心管理、堆肥处理、计算机管理、咨询服务、会议中心管理、刑侦实验室、犯罪预防和巡逻、监护服务	辅助交通系统的管理、公园管理和维修、对停车规定的执法、停车场和修车站管理、计时停车管理、停车票据处理、巡查、工资管理、人事服务、照相服务、医师服务、计划编制、管道检查、警备通信、港口和海港管理、印刷、囚犯运送、监外执行囚犯管理、财产获取、公共行政服务、公共卫生服务、公共关系和信息、公共建设工程
数据录入、数据处理、日托、收债、文件起草、吸毒者和酗酒者治疗项目	记录保持、娱乐服务、回收、修复、资源回收、风险管理
经济发展、选举管理、选举监督、电力、电梯检查、应急维修、急救医疗服务、环保服务	校车服务、文秘服务、安全服务、污水处理、下水道维修、人行道修补、雪后服务（清扫、清理、铺沙）、社会服务、土壤保持、固体废物处理（收集、搬运、处置）、街道服务（修建、维修、重铺路面、清扫）、街道照明服务（安装和维修）、测量服务
家庭心理咨询服务、财务服务、火警服务、消防栓维修、火灾预防和控制、食物控制计划、孤儿院管理	
高尔夫课程管理和运作、形象服务、保安服务	征税（税级评定、税单处理、征缴）、网球场维修、测试记分、拖拉服务、交通管制（标记和信号的安装和维护）、政府雇员的培训、过境管理、老年人和残疾人交通、出纳服务、树木服务（栽种、修剪和移动）
健康检查、保健服务、家庭照顾服务、无家可归者收容所的运营、医院管理、医疗服务、住房巡查和有关执法活动、住房供应管理	
工业发展、灭虫灭鼠、制度维护、保险管理、灌溉	公用事业费核征、电表、水表、气表读数
监禁和拘留、看守服务、少年犯罪防治项目	车队管理、车辆维修、车辆拖拉和存放、选民登记
劳工关系、试验室、景观美化、洗衣店、草坪维修、树叶收集、法律事务、法律援助、图书馆管理、颁发许可证、彩票操作	污水处理、水表阅读和维修、水污染治理、水供给和分配、清除杂草、福利管理、雇员赔偿请求
	区域划分和分区控制、动物园管理

表4—4显示的是，在1 504个给予回复的市、县级地方政府（占被调查总数的31%）中，1992年通过与私人营利组织和非营利组织签约方式提供各种公共服务的百分比。[13]这次调查与1982年[14]和1988年[15]两次调查的结论相近。该表也显示了这些地方政府中全部或者部分地用自己的雇员来提供服务的百分比。（有些城市一部分工作使用自己的雇员，余下部分以合同方式外包。例如，依照合同，私人汽车公司在一些线路运营，其他线路由县政府机构运营。）平均来说，每一种服务都会被21%的地方政府以合同方式外包。在健康和人力资源服务栏目中列举的13种服务中，合同外包方式的运用最为普遍，主要承包者是非营利机构，尽管社会服务领域营利机构的竞争性合同外包在日益增长。[16]平均起来，栏目中的每一种服务都被28%的社区以合同方式外包。列在公共工程、运输和辅助服务类别中的35种服务也经常如此，大多数服务都转移到了营利性企业。平均而言，每一种服务都被24%的社区以合同方式外包。

表4—4　　　　合同承包和内部供应的市镇和县政府服务

服务领域	市镇和县政府的比例（%）			
	使用自己的雇员		运用合同承包	
	完全	部分	营利企业	非营利机构
公共工程和运输	57	22	22	2
公用事业	45	6	31	3
公共安全	60	11	15	3
健康和人力资源	28	17	11	17
公园和娱乐	72	19	7	3
文化和艺术	32	19	3	23
辅助服务	65	19	14	1
加权平均	55	18	16	5

注：由于其他安排（如特许经营、志愿行动和补助等）的运用，各栏中的数字合计不等于100%。

资料来源：根据Rowan Miranda and Karlyn Andersen, "Alternative Service Delivery in Local Government, 1982—1992," *Municipal Year Book* 1994 (Washington, D. C.: International City Management Association, 1994), 26-35, appendix推算。

州政府机构也在推行公共服务的合同外包，尽管有关数据来自1997年，且显示格式（见表4—5）与表4—4有所不同。运输、行政事务、一般服务、教养感化和社会服务等是民营化最普遍的项目领域。就461家州政府机构（代表全部50个州）而言，平均每个机构有7.5项服务实施了民营化。这些数据揭示的是所有类型的民营化，不仅是合同外包，但合同外包占了总数的80%。[17]

表 4—5　　　　　　　　　被民营化的州项目

服务领域	州项目数
运输	453
行政事务和一般服务	310
教养感化	295
社会服务	287
自然资源和环境保护	277
精神健康和发育迟缓	219
青少年康复	215
卫生	207
高等教育	190
公园和娱乐	137
教育	101
劳工服务	95
公共安全和州警察	77
国库	63

资料来源：Keon S. Chi and Cindy Jasper, *Private Practice*: *A Review of Privatization in State Government* (Lexington, Ky.: Council of State Governments, 1998), 22-49.

1976 年，美国各级政府花在购买服务上的开支估计有 420 亿美元，包括与私人签订的合同和政府间合同[18]；但到了 1992 年，仅联邦政府在服务方面就签订了 440 亿美元的合同（这和采购有形物品是不同的）。[19]（早在 1977 年，在国防部的诸项活动中被列为工商活动的，如食品服务、洗衣、飞机和车辆维修以及建筑等，如果以人/年为单位计算，大约有四分之一是从私人部门购买的。[20]）由于很难以一个统一的标准确认并分析相关活动，这些数据都只是概数。至于州和地方政府花在服务合同上的资金，目前尚缺乏可靠的统计数据。

合同承包的增长。在 1982 年和 1992 年分别进行的两次调查中（这两次调查内容相似，共涉及 59 种市政服务），有 596 个市镇对调查问卷做了回复。这提供了一个前所未有的机会来测量一个难以测定的参数：民营化的程度。对同一市镇的同一服务 10 年中的变化进行比较可以发现，民营化的平均水平从 12.6% 上升到了 27.8%，即这些城市民营化服务的数量翻了两番以上，上升了 121%。[21] 但这两次调查并不局限于合同承包方式，还包括特许经营、凭单、志愿服务和自我服务等民营化的方式，尽管运用这些安排的市镇的比重低于5%。在这59种服务中，民营化的具体形式也在扩展，即随着市镇利用多样化的形式提供公共服务，民营化安排的具体形式增加了40%。在中等规模城镇中，那些经济相对富裕、财政状况良好的郊区市镇民营化的程度最高。[22]

合同承包的特征。 合同承包的有效实施需要一组条件：（1）工作任务要清楚地界定；（2）存在几个潜在的竞争者，已经存在或可以创造并维持一种竞争气氛；（3）政府能够监测承包商的工作绩效；（4）承包的条件和具体要求在合同文本中有明确规定并能够保证落实。签订服务合同的细节将在第7章中讨论。

在民营化的所有方式中，围绕合同承包的争论最为激烈。论战双方都容易陷入意识形态的误区并妄下论断。支持合同承包的观点可归纳如下：

1. 合同承包更有效率。（1）可以利用竞争力量给无效率的生产者施以市场压力；（2）摆脱政治因素的不当干预和影响（这是大多数政治组织的明显特征），改善管理水平；（3）决策者能够直接感受到管理决策的成本受益，换言之，管理决策与决策者的荣辱直接相关。

2. 合同承包可以使政府获得一些公共雇员缺乏的专门技能；同时，可以突破薪酬方面的限制并摆脱过时的公务员法规的约束。

3. 合同承包有助于对新的社会需求及时做出反应，并使新项目实验更加便利。

4. 合同承包有利于根据需求和资源的变化灵活地调节项目规模。

5. 合同承包可以避免大量资本的一次性支出；它把成本分散在不同时间段，并保持在相对稳定和可预知的水平上。

6. 合同承包有助于实现规模经济，不受政府主管机构规模大小的约束。

7. 把工作任务的一部分进行合同外包，可以为成本比较提供基准。

8. 由于合同承包把通常模糊不清的政府服务成本以承包价格的形式明确化，因而有助于强化管理。

9. 合同承包可以降低对单一提供者（政府垄断部门）的依赖，因此能减轻罢工、怠工和领导不当等对公共服务的负面影响。

10. 合同承包为少数民族企业家创造了机会。

11. 合同承包限制了政府雇员规模。

12. 合同承包激励私人部门不断创新以满足社会需求。

如第11章将要讨论的，确实存在着民营化的反对派，存在合同承包制的反对派。这些人主要是政府雇员工会的领导人和政府机构的中层管理者。他们质疑支持民营化的观点并提出如下警告：

1. 合同承包归根到底更为昂贵。其原因在于：

（1）在承包权的授予上存在腐败行为[23]；

（2）私人部门存在"令人发指的恶毒行为和工作实践"[24]；

（3）承包者可能获取高额利润，但政府是非营利的；

（4）存在政府雇员被临时解雇和失业的成本；

（5）缺乏合格的供应商，由此导致竞争不足；

（6）存在管理合同和监控承包商绩效的成本；

（7）扩展政府服务的边际成本比较低；

（8）成本加定额利润式的承包合同，并不能产生提高效率的激励力量；

（9）政府退出后若竞争不足，会使政府部门在后续合同中完全受承包商的摆布。

2. 合同承包制否定了功绩录用原则，使政府录用中照顾退伍军人的有关法规失效；它挫伤了政府雇员的积极性和士气，使政府部门失去需具备的专门技能，从而削弱政府能力。

3. 合同承包限制了政府应付紧急情况的灵活性。

4. 合同承包会形成对承包商的过分依赖，承包企业雇员罢工、怠工和企业破产会使公众利益受到损害。

5. 合同承包制依赖明细的书面合同，其起草是十分困难的，并且会导致政府失去责任和控制。

6. 合同承包限制了实现规模经济的机会。

7. 把服务委托给私人企业将提高后者的政治权力，进而创造一股游说力量，推动政府开支的增长。

8. 合同承包会导致少数民族社区的高比例失业，他们中许多是政府雇员。

9. 合同承包将导致承包机构自治权的丧失。例如，从长期来看，与私营非营利服务机构合作，将侵蚀这一机构作为批判者和社会良心的角色。

显而易见，很多支持和反对合同承包的观点是相互冲突的：承包者既会由此失去相对于政府的自治权，也会由此不负责任并不受政府的有效控制；合同承包制既有助于又会妨碍规模经济；它既能突破现行公务员法规构成的障碍，又会破坏功绩录用的原则；它既提高也会降低政府的灵活性；它既有助于吸引稀缺人才为政府服务，也剥夺了政府利用这些稀缺人才的能力；它既是有效的，也是无效率的。

一些反对合同承包制的论据也可以用来支持合同承包制。政府雇员罢工和私营部门雇员罢工同样会导致服务供应的破坏。那些担心合同承包会导致责任丧失和权力失控的人们，忽视了政府内部责任机制的缺陷，忽视了政治家们关于不能有效控制政府机构的种种抱怨。

大量学术研究注意到了公共组织和私人组织之间在激励和绩效方面的差异并作出了理论解释。小威廉·尼斯卡宁（William Niskanen Jr.）、格雷厄姆·阿利森（Graham Allison）、托马斯·博赫丁、小查尔斯·沃尔夫（Charles Wolf Jr.）、劳伦斯·贝利斯（Lawrence Bailis）、安东尼·唐斯（Anthony Downs）、哈尔·雷尼（Hal Rainey）、马歇尔·迈耶（Marshall Meyer）、莱尔·菲奇（Lyle Fitch）、彼得·德鲁克、詹姆斯·贝内特（James Bennett）、曼纽·约翰逊（Manuel Johnson）等是其中代表。[25]可以把这些文献中的观点概括如下：

1. 公共部门缺乏追求良好绩效的动力，管理者也不能对人力资源和资本实施有效控制；而在私人部门，一般既可以利用提薪和晋升等胡萝卜政策，又可以利用降职和解雇等大棒政策。

2. 在公共部门，由于资本预算和运营预算一般通过独立程序进行，二者之间平衡协调的机会非常有限。举例来说，很难在增加节省劳力的设备投资的同时削减劳动力。

3. 私人企业一般只有在满足了顾客需求的情况下才能获得发展，垄断性的公共机构即使在消费者不满意的情况下也可能兴旺发达。私人公司经营欠佳时就有可能破产；公共机构经营欠佳时却常常得到更多的预算。公共机构中存在一种悖论：预算甚至会随着消费者不满程度的增长而增长。在这个意义上，犯罪率的上升对警察局是有好处的，住房短缺对住房机构是有好处的，流行病对卫生部门也有好处。

正是由于这些原因，人们希望私人部门能够在服务生产方面做得更有效率，因此"合同外包"将比政府"内部生产"更优越。必须强调指出的是，造成这一差别的原因并不是公共部门雇员不如私人部门雇员，他们至少同样优秀。问题的实质不是公营还是私营，而是垄断还是竞争。

不能否认，合同承包的反对者指出的理由具有合理性。但不论其理论分析怎样有说服力或其支持者怎样深信不疑，这些问题都必须依靠经验证据来解决。这将在第 6 章中提供。

特许经营

特许经营是服务提供的另一种制度安排。排他性的特许是指政府将垄断性特权给予某一私营企业，让它在特定领域里提供特定服务，通常是在政府机构的价格管制下进行。（场域特许使用（concession）是这种安排的另一个术语。）非排他的或混合式的特许方式也是存在的，出租车行业即为一例。把政府设施、建筑物或土地租赁给私营企业从事商业活动，可以被视为特许经营的一种形式。特许与政府颁发食品、酒类、医疗等经营许可证不同，因为在许可证安排中，政府和许可证获得者之间的关系较为简单。用"公私伙伴关系"替代"特许经营"正在成为时尚。实际上，公私伙伴关系泛指政府和私营部门之间的任何协议。

像合同外包一样，在特许经营方式下，政府成为安排者，私人组织成为生产者。两者的区别在于对生产者支付方式的不同：合同外包安排下政府（安排者）向生产者支付费用，而特许安排下消费者向生产者支付费用。

特许经营方式特别适合于可收费物品的提供，诸如电力、天然气、自来水、污水处理、废物转化为能源的装置、电信服务、港口、飞机场、道路、桥梁以及公共汽车等。在法国，城市间的收费公路可以由私营企业投资、建造、拥有、管理和保养，一定年限之后归还给政府。英吉利海峡的海底隧道，就是英国和法国政府提供的一种特许经营。私人收费道路在美国重新出现了。[26] 高速公路沿线、公园、体育馆、飞机场等场所的饮食和其他服务，都是通过特许经营方式安排的。表 4—6 显示了特许经营方式在一些地方政府服务中的运用。

表 4—6　在特许经营安排下由私人企业供应的市镇和县政府服务

服务项目	运用特许经营方式的百分比（%）
天然气经营和管理	20
电力经营和管理	15
商业固体废物收集	14
居民固体废物收集	13
固体废物处置	7

续前表

服务项目	运用特许经营方式的百分比（%）
飞机场经营	6
车辆托运和存放	5
公用事业读表服务	4
救护车服务	2

注：该调查共调查了 4 935 个地方政府，回收问卷 1 504 份。
资料来源：根据 Rowan Miranda and Karlyn Andersen,"Alternative Service Delivery in Local Government, 1982—1992," Municipal Year Book 1994 (Washington, D. C.：International City Management Association, 1994), 26-35, table 3/7 推算。

补助

要鼓励可收费物品和个人物品的消费，政府可以实施补贴。这可能有两种不同方式：补助和凭单。补助是一种政府给予生产者的补贴。补助的形式可能是资金、免税或其他税收优惠、低息贷款、贷款担保等。补助降低了特定物品对符合资格的消费者的价格，他们可以向市场上那些接受补贴的生产者购买更多如无补助他们将无力购买的物品。

在补助安排下，生产者是民间组织（营利或者非营利），政府和消费者是共同的安排者（政府选择特定的生产者提供补助，消费者选择特定的生产者购买物品），政府和消费者都向生产者支付费用。

政府补助的例子很多。几乎每一行业都有一些接受补助或享受减税优惠的服务项目。农产品补贴就是明显的例子。医疗设施和医疗器械行业长期接受大量的政府补助，这使得医疗服务面向更多的人，价格更贴近平民。补助曾被给予私营房地产开发商以建造低价住房，补助也曾给予私营公共汽车线路。文化机构、表演艺术团体和艺术家也接受政府补助，这反映了一种共识：这些服务使公众普遍受益，应该得到补贴。

凭单

与补助一样，凭单是围绕特定物品而对特定消费者群体实施的补贴。所不同的是，补助是对生产者的补贴，它家长式地把消费者的选择权限定为接受补贴的生产者（如果消费者期望享受该补贴），而凭单是补贴消费者，使其在市场上自由选择受补贴的物品。在补助和凭单安排中，生产者都是私营企业。在补助方式中，政府和消费者共同选择生产者；但在凭单方式下，消费者独自进行选择。

凭单安排可以是直接的也可以是间接的。食品券直接发给个人，让他们到食品店去购买东西，这属直接方式；个人选择住房单元，然后由政府机构按月付款给房主属间接方式。凭单安排可能封顶也可能不封顶：可能像食品券或住房凭单一样，只有有限的价值；也可能像老年医疗补贴一样，按照预先确定的比例支付全部医疗费用的一部分；还可能像退伍军人福利法那样，按退伍兵需要支付的大学学费全额支付，这是不封顶的。凭单制度设计中应注意以下问题：接受者的资格、凭单使用的规则、凭单价值和服务成本之间的关系、费用分担或减扣的必要条件、个人是否可以在凭单之外进行补充性支付，以及支付的性质（直接支出、税收扣除，还是税收补贴）等。[27]

向低收入者提供食品，可以像苏联一样，由政府经营食品厂、罐头厂和食品市场；也可以像墨西哥一样，由一个名为CONASUPO的特定政府机构以市场价格购买食品，在低收入地区设立廉价食品店，以低于市场的价格出售食品。另一种替代方式是提供可以在普通食品商店使用的凭单（食品券），从而在食物种植、加工和分配等方面充分发挥市场的优势。这种凭单安排不仅可以节约成本，而且可使接受者更有尊严。他们可以在大家都去的商店购买食品，而不必到一个特殊的商店里去买。实际上，这些商店往往贴着"本店只为穷人服务"的标签。与此相反，CONASUPO不限定目标群体，故能够补贴任何人。（笔者的一位朋友是一位居住在墨西哥城的具有高收入的联合国雇员，过去他就常在那样的政府商店里购买东西。那里也有很多女仆光临，她们乘坐专职司机驾驶的小汽车为主人购买物品。）如果因城市公交系统的运费不足以偿付全部成本而实施补贴，会存在同样的缺点：享受运费补贴的是所有乘客而非特定的目标群体。对低收入乘客的凭单安排更为经济。

在凭单制安排下，消费者有很强的动力去理智消费并讨价还价，因为同样的资金可能购买更多的东西。接受补贴者和没有接受补贴者，其消费行为有明显区别。凭单制的优点已广为人知，州和地方政府对这一方式的使用正在增长。它们被用在食品、住房、医疗服务、运输、幼儿保健、教育、老年项目、家庭护理、救护车服务、娱乐和文化服务、药品和酒精管制等方面。凭单制也被用于对有经验的失业工人进行培训。[28]在司法和环境保护领域，凭单制也有应用，前者如对上缴枪支和假释期间良好行为的奖励，后者如对上缴汽油驱动的割草机和安装小容量马桶的行为的鼓励。[29]

像服务提供的所有安排方式一样，怎样运用和何时运用凭单制有一定的限制。凭单制良好运行的理想条件如下[30]：

1. 人们对服务的偏好普遍不同，且公众认为这些多样化偏好都很合理。

2. 存在多个服务供应者之间的竞争，进入成本很低。因此只要有需求，潜在提供者就能很容易地进入市场。

3. 个人对市场状况有充分了解，包括服务成本、质量、获取渠道等方面的信息。

4. 使用者容易评判服务质量，或者生产者由政府批准并受其监控。

5. 个人有积极性去购买该种服务。

6. 该种服务比较便宜且人们购买频繁，因此，公众能够通过实践来学习。

食品券满足以上所有条件。老年医疗补贴和穷人医疗补贴仅仅满足第一个条件：由于政府机构和医疗协会的管制，服务提供者之间缺乏竞争，消费者对服务的成本和质量不甚了解，消费者评判服务质量困难重重，很少有积极性去购买，且购买行为缺乏经常性。另一种解决穷人医疗问题的方法是，用医疗保险凭单来替代医疗补贴"凭单"，前者比后者能更好地满足上面的条件。保险凭单帮助穷人购买医疗保险，有助于缓解医疗保险面临的成本上升的压力，并使其得到控制。

鉴于消费者的自由选择权应该提倡，凭单方式（补贴消费者）要比补助方式（补贴生产者）更优越，尽管在这两种安排中，受益者的选择权都被限定在特定物品上。没有这些限制的现金补助虽然容许有更多的选择，但具有严重的缺陷：人们消费食品和住房的积极性不足，消费金钱的能力却是无限的。纳税人可能愿意为穷人提供基本的生活必需品，但不愿意把现金补贴交给他们放任自流。此外，那些无享受资格的人更喜欢现金帮助而不是食品券和公共住房。附加限制条件的凭单安排对非穷人来说相对没有吸引力，这可以更好地帮助那些真正的穷人。[31]但在日托服务的凭单安排中，直接支付现金也相当成功。那些被要求工作或接受培训以获取补贴的母亲，可以用补助的现金来雇用家庭保姆。

值得注意的是，这里定义的凭单与俄罗斯和其他后社会主义国家的凭单完全不同。后者是作为确立私有权的一种手段，将原国有企业的股份赠与公民。凭单的这种用法将在第8章中讨论。

自由市场

市场制度是服务安排的最普遍形式。它被用以提供最普通的个人物品和可收费物品。由消费者安排服务和选择生产者,生产者是私人企业。尽管要确定服务并制定安全和其他标准,但政府在交易中的介入程度并不深。举例来说,美国小城镇的垃圾一般是私人收集。为了公共健康的原因,地方政府可能要求所有家庭每周至少收集一次垃圾,但每个家庭都可以选择私人企业去收集处理并为此付费。同样,政府也可能要求一个工厂处理排出的废水,但该工作也可以通过市场方式来完成。

市场安排被广泛用于提供这样一些基本的必需物品和服务:食品、衣物、水、电力、住房、健康医疗、教育、运输、制造品、退休金等。

志愿服务

通过志愿劳动,慈善组织提供了很多人们需要的服务。其他志愿团体也提供许多社区服务,如体育爱好者经营的娱乐项目、邻里协作组织提供的保护巡逻、志愿消防队提供的火灾防护。当然,这些服务也可能由政府机构直接提供。在志愿服务这种安排中,志愿团体扮演了服务安排者的角色,可以运用它们的雇员直接生产服务,也可以通过雇用和付费给私人企业去做。

这些志愿组织可能是现有的,也可能是为特定目的而特别创建的。个人要联合建立这样一个组织的必要条件是:(1)对该服务的需求明确且持久;(2)有足够多的人乐于花费时间和金钱去满足这种需要;(3)团体所拥有的技术和资源允许提供这一服务;(4)对团体的效果明显,且能够提供精神上的满足和激励。这种利益共同体可能按地理区域建立,如建立一个房东或邻里联合组织,以保证安全、提供更干净的街道和更多的娱乐等。也可超越地理区域建立,其目的是提供一些集体消费更可取的福利性个人物品。举例来说,一些具有共同关心的问题的人组成慈善团体,着力解决一些特殊的疾病(例如心脏病、肺病等)和特殊的社会问题(例如家庭计划(family planning)、未婚母亲、收养、滥用毒品等)。这是通过慈善行动实现的民营化。[32]

尽管正式的志愿活动非常普遍,但除志愿消防队外,人们对其范围和广泛性还知之甚少。在美国,志愿者消防队在消防队总数中大约占了90%以上[33],但其消防员只占了消防员总数的一小部分,其原因是大城市的消防部门很大且志愿者很少。需要时，具有广泛目的的现存组织也可能承担特殊服务。例如，很多宗教组织响应纽约市长的呼吁，为城市的街头流浪者提供食品和居住帮助。1999年的一项调查显示，志愿意识在年轻人中间正在上升。[34]私人部门的志愿劳动甚至也能解决全国性的重要事项，如1984年洛杉矶的奥运会和总投资2.65亿美元对自由女神像的修复。

志愿组织的最大优点之一是创新，即创造性地迅速确认并满足地方需求的能力。举例来说，鉴于公立学校存在的种种弊端，知名商业领袖们设立了儿童奖学基金（Children's Scholarship Fund）。它花费140万美元，为35 000名穷人家庭的孩子提供了进入私立或教会学校学习的机会。[35]慈善捐赠是相当可观的：1997年，美国人向正式注册的非营利组织的捐款达到了1 430亿美元，其中有1 090亿美元是个人捐赠。[36]有大量的时间和资金被投入或捐赠给非正式的或不具备法人资格的志愿组织，但具体数据不详。

这里有一个创新性志愿行动促进了公共利益的有趣的例子。在当局的热切渴望下，1980年纽约市通过了一项法律，市政府将不再因路坑或人行道损毁所引起的伤害受到起诉——除非这些路坑的存在事先通报给市政当局。原来对道路状况漠不关心的律师们发现自己的生计受到威胁，于是联合组建了大苹果路面和人行道保护协会（Big Apple Pothole and Sidewalk Corporation）。这一新的民间志愿组织雇用工人巡逻街道，并把发现的路坑等在地图上标出来，然后正式通知市政当局！这些记录已经达到了6 000多页，表明律师们不会很快失业。[37]

虽然有人可能会对此不屑一顾，但律师对自我利益的追求也实现了公共目的。市政府尽管依然为公共道路的维护负责，但它希望避免由于疏于职守而受到起诉。私人路面巡逻行动强迫市政当局在加大投入和支付赔偿之间认真权衡，1997年这项赔偿达到了4 200万美元（其中律师得到三分之一）。[38]因此，正如斯密所预言的：律师在追逐私利的同时也实现了公共利益。

自我服务

物品供应的最基本形式是自助或自我服务。安装警报器预防火灾，锁上房门防止偷盗等是最早的也是最基本的自我服务方式。人们把废纸带到回收中心，自己包扎伤口或自己存钱以保证退休后的生活，都是自助行为。

作为一个自我服务单位，家庭是人们在住房、健康、教育、福利和人力资源等方面最古老也最有效率的服务部门，它为其成员提供了广泛而重要的服务。由于对传统学校不满，一些家庭勇敢地抵抗难以克服的官僚阻力，把小孩留在家中接受教育。从应上幼儿园到12岁的儿童中，大约有2%在家里接受教育。

在美国，每8个就业人员中大约有1个直接照顾老年父母，这个比例预计到2002年将增至三倍。[39]在日本，60岁以上的老人中有70%的人和年青的亲属住在一起；在美国，这一数字仅为6.3%。[40]因此，由政府支持的疗养院和敬老院在日本需求较少。

合作生产（coproduction）和合作提供（coprovision）等术语有时也用来指志愿服务和自我服务，包括市民们志愿贡献时间或者捐钱给公共机构的行为[41]（如县医院的志愿者、自愿捐款给学校购买计算机）。但由于它们指代的行为千差万别，且前缀"co"对自我服务安排而言非常不合适，所以本书避免使用它们，选用了更简单也更具有说服力的志愿服务和自我服务的术语。

基本服务的安排

一些服务可能由上述10种安排中的多种方式来提供。表4—7显示了美国地方政府服务的提供中所采用的多种安排方式。[42]举例来说，公共交通的提供运用了所有10种方式，垃圾收集和教育则运用了其中的9种，甚至连消防这一地方政府主要服务（尽管表中没有显示）中最具单一性的服务，也通过5种不同方式来提供：政府服务、政府间协议、合同承包、志愿服务和自我服务。

表4—7　　　　被用于提供一般城市服务的制度安排

制度安排	教育	治安保护	街道和高速公路	公园和娱乐	医院	住房	垃圾收集	运输
政府服务	传统公立中小学系统	传统警察局	城市公路局	城市公园部门	县医院	公共住房管理局	城市公共卫生部	公交局
政府出售	地方公立中小学接受外区学生，由父母付费	承办者向城市付费雇警察以音乐会维持秩序	表演结束后马戏团向城镇付费以清理街道	公司野餐后组织者向城镇付费以清理公园		商店向城镇付费以收集它们的固体废物		公司因特殊事件雇用市政公共汽车和司机

续前表

制度安排	教育	治安保护	街道和高速公路	公园和娱乐	医院	住房	垃圾收集	运输
政府间协议	学生到邻近的城镇去上学；送出学生的城镇向接受学生的城镇付费	镇从县公安局购买巡逻服务	镇向镇付费以清理位于该镇的县级公路	市加入一个地区的特殊娱乐区	市安排居民到地区医院就诊	镇和县住房管理局签订合同	城市参加地区性固体废物管理局	城市成为地区性运输区的一部分
合同承包	城市雇用私人企业实施职业培训项目	城市为政府建筑雇用私人保镖	城市雇用私人承包商清理街道	城市雇用私人企业修剪树木和割草	县医院雇用企业提供餐饮服务	住房管理局雇用承包商修理和粉刷房屋	城市雇用承包商收集垃圾并向它们付费	校董会雇用汽车公司接送学生
特许经营				企业被授权经营城市拥有的高尔夫球场并且主管收费			城市特许私人企业收集垃圾并向居民收费	政府给公司以排他性权利经营公交服务
补助	私立学校因接收每一位注册学员而接受政府补助				政府补助以扩展非营利医院	对私人企业实施补助以承建和经营低收入者住房	城市征收使用费但补贴老年人和低收入家庭	政府对私人公交公司购买汽车进行补贴
凭单	小学的学费凭单，大学中的退伍军人福利				医疗卡允许持有者在任何地方得到医疗保健	凭单使低收入房客租住任何可接受和支付得起的住房		给老年人和残疾人的交通凭单能够被用于出租车等
自由市场	私立学校	银行雇用私人保安	地方商业协会雇用街道清洁工	商业化网球场和高尔夫球场	私立（营利）医院	一般私人住房	房东雇用私人企业提供服务	小公共汽车市场，汽车租赁服务
志愿服务	教区学校	街区协会组成的市民防止犯罪组织	私人房主雇用企业清理街道	私人网球俱乐部和健康中心	社区的非营利医院	住房合作社	私人房主雇用私人企业提供服务	郊区居民团体组织的汽车合伙使用
自我服务	家庭教育	安装门锁和预警系统，买枪	商人清扫自家商店门口的人行道	家庭游泳池	自我治疗鸡汤、其他传统治疗	自建房屋	住户将垃圾带到垃圾填埋场	自己开车、骑自行车、步行

4.3 复合安排

以上详细讨论的 10 种安排都是其单一形式,它们也可以单独或联合运用以提供服务。具体而言,在提供服务的过程中,可以有效地运用多样化(multiple)、混合式(hybrid)和局部(partial)安排等方式。

多样化安排(multiple arrangements)

在一个特定辖区,可以利用多样化安排的方式来提供特定的服务。例如,印第安纳波利斯的生活垃圾收集处理中,就运用了 5 种不同的安排方式:市政服务、合同服务、志愿服务、自由市场和自我服务。[43] 多项制度安排运用于同一服务并无不妥。相反,鼓励不同服务生产者之间的比较和竞争,其绩效更佳。总之,"冗余(redundancy)是好事"。[44] 这一点将在第 7 章进一步分析。

混合式安排(hybrid arrangements)

除多样化安排即在同一地域运用多种方式提供同一服务外,还有混合式安排。从政府获取营运补贴(如补助)的特许经营公交线路即为一例。补助是混合安排中最常见的辅助形式,它可以用来补贴特许经营、自我服务、自由市场和志愿服务等安排。如上所述,补助可能通过直接支付、低息贷款和税收优惠政策等形式来实现。另一个混合安排的例子是地方政府和两个或更多的幼托单位签订承包合同,然后让有资格的母亲自由选择。这是合同承包和凭单制的混合形式。

局部安排(partial arrangements)

局部安排也被广泛应用。服务常常由彼此独立但又相互联系的一系列活动所构成,不同活动可以通过不同方式来提供。这样,作为一个整体,特定服务的提供可以部分由政府、部分用合同承包、部分用凭单和部分通过自我服务来进行。

复杂的服务既可以从运作角度也可以从功能角度进行划分。例如,从运作角度来看,监狱活动包括饮食、医疗、犯人心理咨询、教育和职业培训、娱乐、设施维护、安全以及工业项目等。所有这些服务都已被合同外包，但囚室建设和犯人监管等主要职能通常还是由政府设立的机构来执行。可见，此项服务也是部分合同方式、部分政府方式的混合。但是，私人承包商承建和拥有监狱，并按照人/天向州政府收费的做法正在增长。

在公共交通服务中，虽然最基本的服务大都由公共机构提供，但如下服务项目也可以分离出来并由私人承包商提供：公路扫雪、汽车救援服务、建筑物维护、保管工作、车身维修、刹车修理、变速箱修理、发动机修理、喷漆等。

服务也可从功能角度来划分，而后使用局部合同方式。例如，政府机构可以自己拥有提供服务所需的固定资产，而把服务本身以合同方式承包出去。（明尼阿波利斯市自己拥有汽车存放场所，却把车辆拖运以合同方式承包给企业，后者使用自己的拖车和劳动力。）反过来，政府机构也可以租用私人建筑和设备来提供服务。第三种方式是由政府机构掌管最基本的功能，而把诸如会计、打印、法律咨询和交通运输等辅助性服务以合同方式外包。还有一种方法是仅把政府服务的经营管理权外包。这一方法已经在公交系统和公共医院中得到应用。这种方式的一种变形是仅把医院或学校辅助服务的经营管理权外包，或把某一设施的经营管理权外包。实际上，医院住院部或学生宿舍主管就是医院或学校合同承包部门的领导。

对于污水处理厂、桥梁和飞机场等资本密集型设施来说，由于安排者、生产者和消费者三者并不能代表所有的参与者，因而其安排错综复杂。这涉及规划部门、拥有者、财政部门、设计部门、建筑商、管理部门、规制部门和风险管理部门。基础设施领域的复杂安排（一般被界定为是合资或公私合作）将在第9章讨论。

4.4　安排方式和物品类型之间的关系

在10种服务提供的制度安排中，哪种安排可以应用于哪种服务呢？对这一问题的回答必须考虑所讨论的服务的内在特性。个人物品可以用任何形式的安排来提供，包括志愿服务（如慈善事业）。在美国，除福利性物品外,个人物品并不通过政府、政府间协议、合同承包或特许经营等方式来提供,虽然原则上可以这样做。在其他一些国家,政府提供个人物品已成惯例。例如苏联,大部分零售商店都由市政机构经营,大部分粮食由国营农场生产(这正是食品供给短缺的原因)。在一些腐败的国家,政府毫无必要地创造排他性特许权,提供接近于基本生活必需品的个人物品,其结果无异于政府认可的强取豪夺。英国对殖民地印度的食盐垄断就是典型的例子,这导致了圣雄甘地(Mahatma Gandhi)的第一次非暴力不合作运动。

与个人物品一样,可收费物品也具有排他性。因此,除自我服务外,它能够被10种安排中的任何一种方式提供。(因为可收费物品能够被共同消费。)

集体物品可以通过政府服务、政府间协议、合同承包和志愿安排等方式提供。但它们不能通过特许经营、补助、凭单制、出售或市场等方式提供。因为所有这些制度安排都要求有效的排他性,但根据定义,集体物品不具备这些特性。

具有共用资源特性的物品是由自然界提供的。但正如我们在第3章中看到的:政府行动实际上也能创造并供应这类物品。这时,可以用政府服务、政府间协议、合同承包、补助或凭单制等方式来提供。在前面的分类中,免费午餐和医疗救助项目被归于政府创造的共用资源物品。志愿安排也能够创造和提供共用资源物品,慈善机构为穷人提供食品和居所即为一例。

表4—8概括了上述情形,显示了可以被用来供应各种不同物品的不同制度安排。该表也清楚地表明:每种物品可用不止一种方式提供。志愿服务、政府服务、政府间协议和合同安排四种方式,可被用于供应四种类型物品中的任何一种。自我服务的使用范围最小,它仅能供应个人物品。

表4—8　　　　　　　　物品类型和安排方式

安排方式	个人物品	可收费物品	集体物品	共用资源
政府服务	X	X	X	X
政府出售	X	X		
政府间协议	X	X	X	X
合同承包	X	X	X	X

续前表

安排方式	个人物品	可收费物品	集体物品	共用资源
特许经营	X	X		
补助	X	X		X
凭单制	X	X		X
自由市场	X	X		
志愿服务	X	X	X	X
自我服务	X			

4.5 不同安排方式的比较

各种安排方式的相对优势和劣势是什么？如果不止一种方式能够被用于提供某一特定服务，那么哪种是最好的呢？为什么？要回答这些问题，必须首先考虑几个重要因素。

服务的具体性（specificity of service）

有些服务能被精确描述并很少产生误解，有些服务却不能——对其具体内容可有不同的解释。那些质量难以测定的服务尤为如此，如日托和其他社会服务。这些服务增加了合同的复杂性，尽管这一复杂性并非不可逾越。

能够被精确描述的服务可以通过任何安排方式来提供。但那些只能笼统界定的服务，就不容易通过政府间协议、合同承包、特许经营、补助等方式来提供，除非服务已经完成。那时，服务安排者可以说："我不能描述它，但我喜欢你所做的，我也愿意购买。"例如，某学区送学生到邻近学区学习，或委托私营企业（如爱迪生教育公司（Edison Project））提供完全不同的教育。[45]

如果一项服务不能被准确描述，任何人或任何安排方式都难以保证其满意供给。具体而言，如果一项服务的具体要求不清楚，也不知道"满意"的标准是什么，政府机构或其他任何组织又怎能满意地提供该项服务呢？在这种情况下，只能通过广泛的监测、严密的控制、消费者对生产者的经常性信息反馈、生产组织中上下层之间的紧密合作、经常的调整和矫正、消费者和生产者之间的持久性对话以协调期望、能力和成就等，才能使该项服务得到满意提供。只有当生产者和消费者之间没有任何第三方存在时，这些条件才能得到满足。满足这些条件的方式包括使消费者成为安排者（例如食品券），或者使生产者成为安排者（例如街区巡逻）。表 4—11 表明，在自由市场和凭单安排下存在前一种情境，在政府行为、志愿服务和自我服务等安排下存在后一种情境。

生产者的可得性（availability of producers）

对一些服务来说，许多生产者已经存在，或很容易鼓励许多生产者进入该领域。另外一些服务则不然，其生产者很少，也很难吸引到更多。其原因或者是需要大量投资，或者存在其他进入障碍。这一因素会影响服务安排方式的选择，因为对合同承包、自由市场和凭单方式来说，只有存在较多生产者可供选择时，才能有效运用。第 7 章将讨论如何提高潜在生产者数量的问题。

效率和效益

服务绩效的三个基本标准是效率、效益和公平。公平将在本章的后面部分讨论，这里先考察效率和效益。

对任何服务提供方式而言，决定其效率和效益的核心因素是竞争。换言之，特定安排方式所包含的竞争程度在很大程度上决定着该种安排的效率。竞争意味着消费者拥有选择权，而公民选择权是民主社会所崇尚的基本原则。如果有足够多的生产者可供选择，那么自由市场、合同承包和凭单制最有利于培育竞争，由此实现经济效率。

特许经营、补助、政府间合同、政府出售和志愿安排也容许一定程度的竞争，尽管其竞争程度比上述三种方式要弱。与这些形成鲜明对比的是，政府服务多以无竞争且不受管制的垄断方式运营（尽管只有极少数是自然垄断），而这种情况下的官僚机构具有无能和无效率的内在特性。它们可以利用其垄断地位，谋求管理者预算和雇员总报酬的最大化，这些预算和报酬可以采取货币和非货币形式。

服务规模

服务的规模一般会影响其效率。不同服务的最佳规模也不相同，这取决于生产过程的技术特征。与拥有许多专业教师、图书馆、视听教学和其他设备的大学校相比，一个只拥有一间教室，一名教师同时管理着12个不同年级的学校，在提供人们所期望的教育方面肯定不会与前者一样有效率。同样，如果只有一个警员的镇警察所同时拥有一个专职调度员、一辆备用警车和一个专职技师，那它肯定是极端无效率的。反过来，规模过大的警察局需要有很多的协调者、多层次的管理者以及大量报告和文秘人员，它也可能非常无效率。某些中等规模的部门可能是效率最高的。

政府服务可能是没有效率的，因为根据定义，该生产单位要求和消费单位具有同等规模，从而无法顾及规模的最优化。如果一个学校系统的最有效规模是为拥有 50 000 人口的社区服务，那么，那些人口分别为 1 000、10 000、100 000 或者 100 万的城市如果拥有各自的学校系统，这些系统显然都是没有效率的。

除政府服务、自助和政府出售外，其他安排方式允许生产者规模独立于安排者规模，进而允许生产者规模最优化，最终实现规模经济。在这一点上，政府间协议比政府服务更具灵活性。但是，由于生产者要么受现有行政区边界的限制，要么受整合不同辖区而形成的新行政区边界的限制，政府间协议并不像合同承包或凭单制那样灵活。在利用规模经济的能力方面，合同承包和特许经营安排最具灵活性。如果生产者的最有效规模小于安排服务的行政区，该辖区就可以被分为两个或更多的独立区域，每个都达到最佳规模。如果行政区范围太小，特许经营者或承包商可以向邻近行政区出售服务，从而实现规模最优化。即使某些特许经营需要在既定的地理区域内进行大量投资（如自来水和污水处理），这一方案也是可行的。

以一个拥有两辆卡车从事居民生活垃圾收集的小镇为例，假设由于规模经济，该服务生产者的最佳规模是 8~10 辆卡车，那么，这个小镇可以和其他邻近的小镇一起，与一个规模适度的私人企业签订服务承包合同，从而能够节省资金。

收益和成本的关联度

如果成本支付和收益感受之间的联系非常直接，会对消费者产生理智消费的经济激励，从而实现高效率。这种直接联系仅存在于个人物品和可收费物品。在自由市场、凭单、补助（某些案例）和特许经营安排中，消费者直接向生产者购买物品，没有任何中介。例如，消费者直接将食品券（凭单）交给食品店，电话用户直接付款给地方电话公司（特许经营）。志愿服务也可能具有这一特性，如住房合作社和乡村俱乐部。

有人也许会说，政府服务中也不存在中介，因为纳税人（消费者）直接付款给生产者（政府）。但是，除非施行使用者付费制度，纳税和消费特定服务这两类行动之间的直接关联度，要比在自由市场、凭单、补助或特许经营安排下低得多。

对消费者的回应性

消费者和生产者之间的直接联系还可以提高服务的回应性，消费者具有选择余地时尤为如此。当消费者成为服务安排者的时候（如在自由市场、凭单、无合同的志愿服务、多样化补助和特许等安排下），这种关系会居主导地位。显然，自我服务也是如此。

对欺骗行为的免疫力

乍看起来，几种安排都特别容易受腐败行为的侵蚀，这不仅败坏道德，而且提高服务成本。承包和特许权的授予、补助的支付等极易受行贿、共谋和索贿等腐败行为的影响。凭单制也容易受各种各样的欺骗行为的侵扰，伪造、盗窃、出售和非法收购食品券就是典型的例子。这些安排方式的反对者常常抓住这一点与政府服务（包括政府间协议）的显著优点相比较。第11章将对这个问题做详细讨论。其结论是：此种情形是对称的，无论私人部门还是公共部门都不可避免。

经济公平

不同制度安排向消费者提供公正和公平服务的能力是否各不相同？这个问题可分为两个独立的问题：经济方面的公平和种族、宗教信仰或其他方面的公平。这里先讨论前一种公平，后一种公平将在随后讨论。

多数人认为市场机制本质上是公平的，因为所有人都被同样对待（原则上），且同一物品每人须支付同样的价格。另外一些人则认为市场机制在本质上是不公平的：由于收入分配的不平等，富人和穷人不可能购买同样的东西。后一种观点显然是把公平等同于平等。他们认为，自由市场、志愿和特许经营安排同样是不公平的，因为获取服务的能力取决于人们的收入，像购买自来水、电力、交通或娱乐时那样。但其他有组织的安排方式（除自我服务外）也面临同样的问题。补助、合同承包、

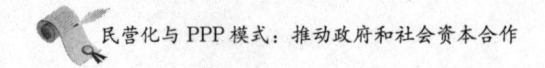

政府间协议和政府服务等，都可以被政府机构用来按照公平的方式分配服务。凭单制度也一样，其设计目的就是使获取服务的机会平等。

97　　这一点很重要。很多以对穷人不公平为由反对民营化的人错误地假定：民营化要求纯粹的市场安排。例如，他们设想了一个可怕的前景：不论穷富，每个家庭都必须由个人直接付费，才能使他们的孩子接受教育。正如我们所看到的，根本不是这回事。集体物品可以通过财政支付的合同承包方式来提供；赠与穷人的个人物品和可收费物品也能通过凭单制来提供。两种方式都为社会所期望的再分配留下余地，所不同的仅仅是物品和服务再分配的便利程度。

种族公平

除了经济再分配，公平的另一种重要维度是不分种族、肤色或信仰而平等对待。民营化是否导致了对少数民族的歧视？这个问题可分为两个更具体的问题：不同安排方式对少数民族就业产生了什么样的影响？它们对少数民族所享受的服务的影响又是什么？

对就业的影响。 在美国，联邦政府、很多州和地方政府是社会组织中最早取消歧视性雇用做法的部门。它们一般雇用较多的少数民族雇员，相对较多的少数民族雇员因晋升和资历被安置在报酬较高的职位上。（1980年，全部就业黑人中有27.1%在政府工作，白人中只有15.9%。[46]）因此，对少数民族雇员来说，民营化从表面上看会导致更高比例的失业和更少的工作机会。

这些担心是没有理由的。首先，民营化可以在私营部门创造工作机会，私人企业同样受就业机会平等法律的约束，能够使它们像州和地方政府一样严格遵守法律条文和法律精神。实际上，私营企业在这个方面可能做得比地方政府更好：国会豁免了自己遵守雇用平等法律的义务，在雇用国会雇员时不必坚持"弱势群体保护行动"（affirmative action）。总之，对这个问题的主要研究表明：那些从市政部门分流出来的少数民族雇员被私人承包商雇用了，其受雇比率和在市政部门的比率大致相同。[47]

98　　其次，并非所有的政府都实行无歧视雇用。全世界很多政府都被特定的种族、语言、宗教或宗族团体所把持。实际上，单个政府机构常被视为某一集团的私有物品。虽然在美国，这种做法违背官方政策且日渐衰落，但在一些较老的东部城市，还可以看到其痕迹。在其他一些国家，上述做法往往成为没有公开的官方政策，能被普遍领会。（例如在东南亚，民营化被视同于"华人化"，因为很多私人企业家是华人。）

笔者在美国发现一个案例，市政服务向合同承包的转变对少数民族实际上带来了更公平的创业机会。承包商新录用的雇员，其构成与当时的城市人口结构非常接近，而政府机构中的雇员构成却只反映了较早的城市人口结构，因为一些较早的移民团体主导着公务员队伍。

关于少数民族就业问题的第三点也是最后一点涉及创业机会。民营化给少数民族集团中的佼佼者提供了创业和致富的好机会。市区的少数民族社区在这方面有独特的优势。很多市政服务仅仅要求适量资本和一些简单技术，也不需要专业培训。这些特点对少数民族社区中潜在的男女企业家很有吸引力。他们可以创立企业，以合同承包或特许经营方式提供市政服务。在纽约，来自加勒比的黑人移民从事运输服务以改善少数民族社区的运输状况，但市公交部门竭尽全力限制其经营，最终把他们挤出了这一领域。使此类经营合法化并整合到城市公交运输系统中去不失为良好的公共政策且应长期予以提倡[48]，但迄今为止难以实施，原因在于市政运输雇员联盟对市议会的影响力。[49]

政府鼓励少数民族成员创业的政策措施包括，招标项目中预留一定比例给少数民族创办的企业，或要求主承包商把一定量的业务转包给少数民族拥有的企业。尽管其出发点（即改善少数民族集团的经济条件）值得赞扬，但这些"预留式"限制措施带来了一系列问题，如假企业、资产的账面交易、做假账、虚报等，以及一些虽未违反法律条文但违反法律精神的行为。这些以配额为基础的方式因其歧视性在法院和立法机关受到挑战，其生存受到了怀疑。

通过民营化，以市场（而非配额）为基础为少数民族提供创业机会的可能性已被柏斯复兴公司（Bedford-Stuyvesant Restoration Corporation，纽约布鲁克林少数民族社区的一个经济开发公司）所认识。该公司创立了一个立足当地、以邻里为基础、属地方所有的公司来竞标市政服务，但由于政府雇员工会对合同承包制的强烈反对，竞标计划不幸夭折。根本原因是，后者的政治权力远大于少数民族社区所拥有的政治权力。

尽管屡遭挫折，少数民族企业在美国随着民营化仍大量产生。货运业就是一个通过市场化为少数民族企业家创造商机的好例子。多年以来，如果一个人想从事卡车货运，他必须事先证明进入该行业是一种"公共必需和便利"。（其实，最好的证明方法是允许一些人进入，看看他们能否生存下去。）结果是，虽然卡车货运业的低投入和低技能使之非常适合于黑人企业家，但由于管制的影响，黑人企业家一直被排除在该行业之外。20世纪80年代初期，随着货运业管制的放松，这种情形有所改变。尽管作用有限，但放松管制趋向于将这一活动从受限制的特许经营转变为一种市场安排，使黑人不再处于事实上被排除的状态，因此黑人从事这一行业的人数增加了两倍。[50]

总之，不论采取何种安排，对少数民族成员就业机会的影响基本相似。在这点上，与其他任何一种安排相比，政府服务似乎既不会多得分也不会失分。何况，就像第11章将要说明的，通过合同承包实施公共服务的民营化并不必然导致就业岗位的丧失。

对服务的影响。现在在讨论问题的另一方面，即这些安排是否会给少数民族造成低水平和低质量的服务。这并不是杞人忧天。法院发现，密西西比州有一个小镇，其居民区的种族分野比较明显，以税收支付的市政服务如路灯、下水道和街道路面等中，对黑人的歧视非常严重。虽然该镇居民中60%是黑人，但是：(1) 所有现代化的路灯都安装在白人居住区；(2) 所有朝向未铺设街道的房屋中，由黑人居住的占了98%；(3) 黑人住房中19%没有下水道，而白人住房中只有1%。[51]这三种分配不公的服务都是由地方政府直接供应的。

显而易见，如果一个政府把对部分公民的歧视作为一项不公开的政策，它可能凭借合同承包、补助、凭单制或其他任何政府可以插手的安排方式来实现这一目标。但有时，合同承包能够减少歧视，作者本人对一座城市居民垃圾收集服务的研究说明了这一点。过去，当市政部门不能按时完成日收集工作时，它常常遗漏掉黑人居住区，这些区的政治影响力微不足道。当该市把这一服务以合同方式外包后，这种现象再也没有发生。承包商井然有序地完成了每天指定给它的任务，如果需要还会加班，丝毫不考虑不同居住区的政治影响力。

像所有纳税人一样，少数民族的自身利益与公共基金的使用效率密切相关。然而，鉴于少数民族的收入平均水平低于社会的中位值，他们与那些较富裕的群体相比，更依靠政府提供的服务，更依赖那些被集体化了的私人物品。因此，那些能导致更高质量或更高成本收益比的服务安排方式（它们可以使政府得到更多的钱），都可能使少数民族获得更大的益处。

总之，凭单制对低收入和少数民族群体具有特别的好处，因为它赋

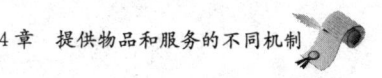

予他们更多的选择权。在低收入群体中，住房凭单和日托凭单已经被广泛采用，黑人群体特别喜欢用凭单方式实现对子女的教育。[52]就公平就业而言，任何安排方式下少数民族群体的境遇没有明显的差别；但论及服务公平时，少数民族群体却能从凭单制或任何一种更有效的方式（如合同外包）中获取更多的收益。

对政府指导的回应性

公共服务可以被用做一种工具来实现政府的其他目标，如区域经济发展。将军事基地建在特定地区即为一例，它是议员为选民争取地方建设经费的传统方法之一。政府服务、补助和合同承包等安排方式可服务于同样的目的。

与人们的想象相反，直接的政府服务并不能保证政治家的有效控制或指导。私营部门人才被任命为政府机构领导后，常常对此深感惊讶：他们对所主管的机构很少拥有实际控制权！造成这种结果的原因有：僵化的公务员规则、强有力的政府雇员工会、缺乏灵活的传统等。这也是那些踌躇满志的改革先锋屡遭失败和尴尬的主要原因。

一般而言，一个政府机构影响私人组织的行为要比影响另一个政府机构的行为更容易。[53]这方面的例子不胜枚举。对城市住房督察来说，劝说私人房东改善条件要比劝说公共住房管理局更为容易而有效。波士顿房管局（Boston Housing Authority）被判接管，主审法官指责房管局"管理不善、懈怠、无能和不负责任"。他总结道："如果波士顿房管局是一个私人房东，他肯定早已破产或被投入监狱，或两种情况都可能出现。"[54]与此类似，美国管理与预算局（U. S. Office of Management and Budget）主任曾说过：如果联邦证券委员会（Securities and Exchange Commission）拥有对联邦预算文件的审查权，国会议员和管理层"可能都会被投入监狱"。[55]

田纳西河流域管理局的事例也证明了这一点。虽然环保局施加了种种压力，但管理局在排放空气污染物方面依然我行我素[56]；它还被指责向原子能委员会（Nuclear Regulatory Commission）提交错误报告，掩盖其核电站事故的严重性。[57]政府机构不受法律约束的最典型例子是邮政服务局（Postal Service）的一个案例。两个议员对其有关航空邮件和特快专递服务的虚假广告深感失望，他们称之为欺诈并要求进行调查。联邦贸易委员会（Federal Trade Commission）拒绝这样做，其理由是它不能对另一个政府机构进行调查。[58]

从上述带有轶闻性的事例中难以得出肯定的结论,但有一点很明确:就对政府指导和控制的回应性而言,甚至政府服务也不比其他安排更具有优势(志愿服务和自我服务当然除外)。

政府规模

从雇员人数看,在政府服务安排下当然政府最大,而在自由市场、特许经营、志愿服务和自我服务安排下政府最小。合同承包、补助和凭单制要求政府支出,但要求相对少的政府雇员,因为后者仅仅是管理服务而非生产服务。另外,如果后三种安排比政府服务更有效率,它们就趋向于限制政府支出,尽管与特许经营、自由市场、志愿服务和自我服务等安排相比,这一作用相对有限。

凭单制和补助安排要求的政府雇员人数很少,却可能花费大笔的政府支出。例如,食品券(凭单)支出已经达到了每年300亿美元,住房补助则已经创造了2 500亿美元的债务。

小结

从上面讨论的各种因素来看,不同的服务安排方式具有不同的特征。这些不同点被概括在表4—9中。当分析证明对某一因素而言,所有安排方式都具有相同特征的时候,这一因素就被排除在该表之外。因此,该表仅仅显示了各种安排方式之间重要的不同点。在表中,两个加号(++)表示该种安排的该种特征十分明显,空白则表明其缺乏。如果该种服务的该种特征不太明显和较微弱,就用一个加号(+)表示。显然,这些都是主观评判。

表4—9   不同安排的操作特征

要素特征	政府服务	政府出售	政府间协议	合同承包	特许经营	补助	凭单	自由市场	志愿服务	自我服务
处理具体性差的服务	++						++	++	++	++
要求多个生产者				++			++	++		
提高效率和效益		+	+	++		+	++	++	+	

续前表

要素特征	政府服务	政府出售	政府间协议	合同承包	特许经营	补助	凭单	自由市场	志愿服务	自我服务
实现规模经济			+	++	++	++	++	++	++	
成本收益的关联度		+	+	++	+	++	++	++	++	++
对消费者的回应性		++			++	+	++	++	++	++
对欺骗行为的免疫力			++						++	++
促进收入的再分配	++		++	++		++	++		+	
对政府指导的回应性	++		+	+	+	+				
限制政府雇员规模				++	++	++	++	++	++	++

虽然是主观评判，但仍可从表中得出一些基本印象。如果仅仅从加号的多少来看（一种令人难堪的过分简化的方法），凭单制度和市场制度几乎具备了所有积极的特征，而政府服务、政府出售和政府间协议具备的最少。这是表中数值平均化的结果，即各种因素的权重相同。如果对促进收入再分配、提高效率和限制政府规模等因素赋以不同的权重，其结果会有所不同。如加进其他因素和改变表中所列因素的权重，则会得到另外一张表。这项练习留给读者去做。

不论读者对表4—9的修正多么缺乏专业水准，他都可以结合表4—8综合考虑，决定每一类物品的最佳安排方式。市场和凭单安排是提供个人和可收费物品的最佳方式，凭单和志愿安排是提供共用资源的最佳安排方式，合同承包和志愿安排则是提供集体物品的最佳安排方式。

在集体物品和共用资源提供方式中，对志愿安排给予高度评价是很自然的。毕竟志愿安排是自治的一种形式，且一般可实现最大限度的公民参与。民主政府根植于公民之间的自愿社会契约。

4.6 民营化

在10种安排中,有7种安排的生产者是私营部门:合同、补助、凭单制、特许经营、自由市场、志愿服务和自我服务。在其余的3种安排即政府服务、政府间协议和政府出售中,政府是生产者。安排是一个静态概念。民营化是一个动态概念,其最简单的含义是把政府扮演生产者角色的安排转化为私人生产者唱主角的安排。其反面就是国有化、"政府化"或"非民营化"。

我们还可以对民营化做更为复杂的考察。表4—10以递降方式排列了各种安排,最具有民营化特征的安排被置于最顶端。自由市场、志愿服务和自我服务安排的民营化程度最高,因为其中政府介入最少。特许经营排在第二位,这是因为,尽管纯粹的特许形式下不需要政府直接支出,但政府是一个安排者。下面依次是凭单制、补助和合同承包。在这些不同的安排方式下,市民的自由选择权依次下降,政府支出则依次上升。(在补助或凭单安排中,政府一般只支付成本的一部分;但在合同安排中,政府要支付全部成本。)再下面是政府出售。尽管政府出售中政府是一个生产者,但它要依赖市场激励。最后,政府间协议被置于政府服务的上方,这是因为,政府间协议涉及具体界定和购买某项服务,从而更具市场导向。

表4—10　　　　　　　　服务安排的层级结构

（按民营化程度和对市场力量的依赖度划分）

安排方式
私营部门生产者
自由市场、志愿服务、自我服务
特许经营
凭单
补助
合同承包
政府生产者
政府出售
政府间协议
政府服务

这种层级排序很有用，它允许更精细的区分。在表 4—10 中，从某种低层安排向高层安排的移动就是民营化，因为它意味着更多依靠社会民间组织——特别是市场——而减少对政府的依赖。这正是第 1 章提出的民营化的定义。

把政府服务向政府间协议或政府出售的转化称为民营化有点不合逻辑，但它确实意味着更多地依赖私营部门和市场机制。从市场到补助（如政府补贴）的转化是民营化的反面，因为这意味着更少地运用市场力量，虽然在两种情况下服务供应者都是私营部门。同样，克林顿总统的计划——学生从事社区服务后可以获得大学奖学金（凭单）——是民营化的对立物和国有化的一种形式，因为它意味着更多的政府介入。换言之，年轻人自主择业为挣得接受大学教育所需费用的做法失效了。相反，他们被剥夺了在劳动力市场选择工作的自由，如果想得到凭单，他们必须从事政府认可的工作。

民营化的主要转变形式包括：

● 从政府服务转到合同承包、补助、凭单、特许经营、志愿或市场安排。

● 取消补助（对生产者的补贴），代之以凭单、志愿或市场安排。

● 尽可能放松对特许经营的管制，取消价格控制和进入障碍，允许通过市场安排来满足人们的需要。

人们可能会加上第四种形式（它一般不被视为民营化）：对政府提供的个人物品和可收费物品实施使用者付费制度。如果使用者同时被赋予在政府和私人供应者之间选择的权力，这就是政府服务向政府出售的转变，后者更具市场导向。随后各章将详细讨论这里列出的第一类转变，因为实践中它是最重要的民营化形式。

4.7 公私伙伴关系

我们可以从三种意义上使用公私伙伴关系这一术语。首先是广义界定（这多少有点夸大），指公共和私营部门共同参与生产和提供物品和服务的任何安排。合同承包、特许经营、补助等符合这一定义，但本书一般使用这些安排方式更具体、更确切的名称。其次，在此处和本书的其他地方，它指一些复杂的、多方参与并被民营化了的基础设施项目。最后，它指企业、社会贤达和地方政府官员为改善城市状况而进行的一种正式合作。[59]在第三种情形下，公司已经超越了其在市场中的通常角色，介入到学校、就业培训、市区复兴、城市再开发等领域。政府也不再限于征税员和传统市政服务提供者的角色，变成了一个不动产开发者、商业信贷者，如此等等。宗教和非营利组织的领袖利用他们的道义号召力和与社区的密切关系参与这种合作。尽管讨论这个大话题很重要，但却超出了本书的范围。

4.8 小 结

供应物品和服务的集体行动要求政府或志愿团体做出一系列决策：提供什么服务？服务的水平如何？怎样支付服务成本？必须将服务的安排（提供）和生产（供应）区分开来。有10种不同的制度安排可用于提供物品和服务：政府服务、政府间协议、政府出售、合同承包、补助、凭单、特许经营、市场、志愿服务和自我服务。政府、私营部门和消费者在这些安排中扮演着不同的角色。表4—11标出了这些安排的不同点和各自的特征。由于这些基本安排方式可以通过多样化、混合和局部安排等进行组合，因此可供选择的服务提供方式多种多样。

表4—11　　　　　　　　公共服务提供的制度安排

服务安排	安排者	生产者	谁支付成本？
政府服务	政府	政府	政府
政府出售	消费者	政府	消费者
政府间协议	政府（1）	政府（2）	政府（1）
合同承包	政府	私营部门	政府
特许经营（排他）	政府	私营部门	消费者
特许经营（非排他）	政府和消费者	私营部门	消费者
补助	政府和消费者	私营部门	政府和消费者
凭单制	消费者	私营部门	政府和消费者
自由市场	消费者	私营部门	消费者

续前表

服务安排	安排者	生产者	谁支付成本？
志愿服务	志愿消费者团体	志愿消费者团体	N.A.
有合同承包的志愿服务	志愿消费者团体	私营部门	志愿消费者团体
自我服务	消费者	消费者	N.A.

注：政府（1）和政府（2）指两个不同的政府。
N.A.＝不适用

这些安排在提供4类物品方面的适用性是不同的。总体而言，有7种安排方式适用于各类物品的供应；集体物品的选择余地最少——仅有政府服务、政府间协议、合同承包和志愿安排4种方式。个人物品可以选择任何一种安排方式。

我们可以用以下几个重要标准来评价不同的安排方式：（1）服务的具体性；（2）生产者的可得性；（3）效率和效益；（4）服务规模；（5）成本收益的关联度；（6）对消费者的回应性；（7）对欺骗行为的免疫力；（8）经济公平；（9）种族公平；（10）对政府指导的回应性；（11）政府规模。

在这些特征上，不同安排方式差别很大，没有一种安排是十全十美的。每种安排都有许多有利的特性但缺乏其他特征，每种安排都有各自的优点和缺点，这取决于如何应用。每种服务的有效提供方式不止一种，规划新服务或审视现有服务时应充分认识到这一点。服务供应方式的选择应该基于理性而非灵感。

基于上述标准和主观价值判断，可以对不同安排进行排序。对个人和可收费物品来说，自由市场和凭单安排是最好的；对共用资源来说，凭单制和志愿安排是最好的；对集体物品来说，合同承包和志愿安排是最好的。

民营化意味着以政府高度介入为特征的某种制度安排向较少政府介入的另一种制度安排的转变。从政策角度看，最重要的民营安排方式包括自由市场、特许经营、合同承包、凭单制和志愿服务。就政府生产的私人物品和可收费物品而言，可以通过撤资或退出并允许市场提供等方式实现民营化。政府还可以通过凭单制推进福利性物品的民营化，通过合同承包和鼓励志愿行动推进集体物品的民营化。

本书第3部分继续详细讨论政府服务和政府企业民营化的途径。

注　释

[1] Vincent Ostrom, Charles Tiebout, and Robert Warren, "The Organization of Metropolitan Areas: A Theoretical Inquiry," *American Political Science Review* 55, no. 4 (1961): 831−842.

[2] Oliver E. Williamson, "Transaction-Cost Economics: The Governance of Contractual Relations," *Journal of Law and Economics* 22, no. 2 (1979): 233−261.

[3] 这种分类法最先出现在 E. S. Savas, "Solid Waste Collection in Metropolitan Areas," in *The Delivery of Urban Services: Outcomes of Change*, ed. Elinor Ostrom (Beverly Hills, CA: Sage, 1976), 201−229。

[4] E. S. Savas and J. A. Kaiser, *Moscow's City Government* (New York: Praeger, 1985).

[5] "Rent-a-Cop Program: The Best Protection Money Can Buy," *New York Times*, June 29, 1998, B1.

[6] Michigan Department of Management and Budget, *Privatization in Michigan*, August 1992.

[7] Rowan Miranda and Karlyn Andersen, "Alternative Service Delivery in Local Government, 1982—1992," *Municipal Year Book* (Washington, DC: International City Management Association, 1994), 26−35, table 3/6.

[8] Douglas Martin, "Private Group Signs Central Park Deal to Be Its Manager," *New York Times*, 12 February 1998, A1.

[9] Peter Young, "Privatization Experience in Britain," in *Privatization for New York: Competing for a Better future*, Report of the New York State Senate Advisory Commission on Privatization, ed. E. S. Savas (Albany, NY: 1992), 288−304.

[10] Robert L. Bish and Robert Warren, "Scale and Monopoly Problems in Urban Government Services," *Urban Affairs Quarterly* 8 (September 1972): 97−120.

[11] Elinor Ostrom, Roger B. Parks, and Gordon P. Whitaker, *Patterns of Metropolitan Policing* (Lexington, MA: Lexington Books, 1976).

[12] *Privatization in America* (Washington, DC: Touche Ross & Co., 1987), p. 3.

[13] Miranda and Andersen, "Alternative Service Delivery in Local Government."

[14] Carl F. Valente and Lydia D. Manchester, *Rethinking Local Services: Examining Alternative Delivery Approaches* (Washington, DC: International City Management Association, 1984), xiv, xv.

[15] *Service Delivery in the 90s: Alternative Approaches for Local Governments* (Washington, DC: International City Management Association, 1989).

[16] "Welfare, Inc.," *The Economist*, 25 January 1997, 55–56; *Social Service Privatization*, Report GAO/HEHS-98-6 (Washington, DC: General Accounting Office, October 1997); Robert Melia, "Public Profits From Private Contracts: A Case Study in Human Services," Pioneer Institute White Paper, Boston, MA, June 1997.

[17] Keon S. Chi and Cindy Jasper, *Private Practices: A Review of Privatization in Government* (Lexington, KY: Council of State Governments, 1998), 13.

[18] Barbara . J. Nelson, "Purchase of Services," in *Productivity Improvement Handbook for State and Local Governments*, ed. George Washnis (New York: Wiley, 1978).

[19] *Public-Private Mix: Extent of Contracting Out for Real Property Management Services in GSA*, Report GAO/GGD-94-126BR (Washington, DC: General Accounting Office, May 1994), 2.

[20] *Subcommittee on Employee Ethics and Utilization*, House Committee on Post Office and Civil Service, Hearings on Contracting Out of Jobs and services, Serial No. 95–97 (Washington, DC: Government Printing Office, 1977), 29.

[21] Jeffrey D. Greene, "How Much Privatization? A Research Note Examining the Use of Privatization by Cities in 1982 and 1992," *Policy Studies Journal*, 24, no. 4, (1996): 632–640.

[22] Jeffrey D. Greene, "Cities and Privatization: Examining the Effect of Fiscal Stress, Location, and Wealth in Medium-Sized Cities," *Policy Studies Journal*, 24, no. 1 (1996): 135–144.

[23] *Passing the Bucks: The Contracting Out of Public Service* (Washington, DC: American Federation of State, County and Municipal Employees, AFICIO, 1983).

[24] Joyce Purnick, "Mayor Warns on Union Rules at Javits Center," *New York Times*, 2 November 1985.

[25] William Niskanen, Jr., *Bureaucracy and Representative Government*

(Chicago: Aldine/Atherton, 1971); Graham T. Allison, "Public and Private Management: Are They Fundamentally Alike in All Unimportant Respects?" in *Current Issues in Public Administration*, 2d ed., ed. Frederick Lane (New York: St. Martin's, 1982); Thomas E. Borcherding, "Competition, Exclusion and the Optimal supply of Public Goods," *Journal of law and Economics* 21 (1978): 111-132; Charles Wolf, Jr., "A Theory of Non-market Failures," *Public Interest*, no. 55 (Spring 1979): 114-133; Lawrence N. Bailis, "Comparative Analysis of the Delivery of Human Services in the Public and Private Sectors," manuscript, Heller Graduate School, Brandeis University, 1984; Anthony Downs, *Inside Bureaucracy* (Boston: Little, Brown, 1967); Hal Rainey, "Public Agencies and Private Firms: Incentive Structures, Goals and Individual Roles," *Administration and Society*, August 1983, 207-242; Marshall W. Meyer, "'Bureaucratic' versus 'Profit' Organizations," in *Research in Organizational Behavior*, vol. 4 (Greenwich, CT: JAI Press, 1982), 89-125; Lyle C. Fitch, "Increasing the Role of the Private Sector in Providing Public Services," in *Improving the Quality of Urban Management*, ed. Willis D. Hawley and David Rogers (Beverly Hills, CA: Sage, 1974), 501-559; Peter F. Drucker, "Managing the Public Service Institution," Public Interest, no. 33 (Fall 1973): 43-60; and James T. Bennett and Manuel H. Johnson, "Tax Reduction without Sacrifice: Private-sector Production of Public Services," *Public Finance Quarterly* 8, no. 4 (October 1980): 363-396.

[26] Steve Steckler and Lavinia Payson, "Infrastructure," in *Privatization for New York: Competing for a Better Future*, Report of the New York State Senate Advisory Commission on Privatization, ed. E. S. Savas, (Albany, NY: 1992), 186-214.

[27] C. Eugene Stuerle, "Common Issues for Voucher Programs," Conference Papers, Conference on Vouchers and Related Delivery Mechanisms: Consumer Choice in the Provision of Public Services, Brookings Institution, Washington, DC, 2-3 October 1998.

[28] "Vouchers Would Lift Federal Job Training," *Wall Street Journal*, 29 June 1998, A1; Burt S. Barnow, "Vouchers for Government Sponsored Targeted Training Programs," *Conference Papers*, Conference on Vouchers and Related Delivery Mechanisms: Consumer Choice in the Provision of Public Services, Brookings Institution, Washington, DC, 2-3 October 1998.

[29] Paul N. Posner, et al., "A Survey of Voucher Use," *Conference Papers*, Conference on Vouchers and Related Delivery Mechanisms: Consumer

Choice in the Provision of Public Services, Brookings Institution, Washington, DC, 2-3 October 1998.

[30] Gary Bridge, "Citizen Choice in Public Services: Voucher Systems," in *Alternatives for Delivering Public Services: Toward Improved Performance*, ed. E. S. Savas (Boulder, CO: Westview, 1977).

[31] David T. Ellwood and Lawrence H. Summers, "Is Welfare Really the Problem?" *Public Interest*, no. 83 (Spring 1986): 57-78.

[32] 关于这一概念的更广泛的讨论见 R. Q. Armington and William D. Ellis, More: *The Rediscovery of American Common Sense* (Chicago: Regnery Gateway, 1986)。

[33] Donald Fisk, Herbert Kiesling, and Thomas Muller, *Private Provision of Public Services: An Overview* (Washington, DC: Urban Institute, May 1978).

[34] *New Millennium Project, Part I: American Youth Attitudes on Politics, Citizenship, Government and Voting* (Lexington, KY: National Association of Secretaries of State, 1999), 16.

[35] "$140 Million Private Fund Offers Private School Tuition for Poor," *New York Times*, 30 September 1998.

[36] Ann E. Kaplan, ed., *Giving USA: The Annual Report on Philanthropy for the Year* 1997 (New York: AAFRC Trust for Philanthropy, 1998).

[37] Elizabeth Kolbert, "A Map to Suing the City, or 6 000 Pages on the Sidewalks of New York," *New York Times*, 20 April 1998, B1.

[38] 同上。

[39] Sue Shellenbarger, "More Children Start Making Plans Early to Care for Elders," *Wall Street Journal*, 8 July 1998, B1.

[40] "Harper's Index," Harper's, May 1986, 11.

[41] James M. Ferris, "Coprovision: Citizen Time and Money Donations in Public Service Provision," *Public Administration Review* 44, no. 4 (July/August 1984): 324-333.

[42] E. S. Savas, "Public Policy, Systems Analysis, and the Privatization of Public Services," in *Operational Research' 84*, ed. J. P. Brans (New York: Elsevier, 1984).

[43] E. S. Savas, *The Organization and Efficiency of Solid Waste Collection* (Lexington, MA: Lexington Books, 1977), 34.

[44] Rowan Miranda and Allan Lerner, "Bureaucracy, Organizational Re-

dundancy, and the Privatization of Public Services," *Public Administration Review* 55, no. 2, (March/April 1995): 193-200.

[45] Jacques Steinberg, "Edison Project Reports Measurable Progress in Reading and Math at Its Schools," *New York Times*, 17 December 1997, B8.

[46] *Alternative Service Delivery Systems: Implications for Minority Economic Advancement* (Washington, DC: Joint Center for Political Studies, April 1985). 没有找到更多最新数据。

[47] 同上。

[48] E. S. Savas, Sigurd Grave, and Roy Sparrow, *The Private Sector in Public Transportation in New York City: A Policy Perspective* (New York: Institute for Transportation Systems, City University of New York, 1991), 163-166.

[49] Hector Ricketts, "Roadblocks Made Just for Vans," *New York Times*, 22 November 1997, A15.

[50] Walter E. Williams, *The State Against Blacks* (New York: McGraw-Hill, 1982), 113-119.

[51] E. S. Savas, "On Equity in Providing Public Services," *Management Science* 24, no. 8 (April 1978): 800-808.

[52] James Brooke, "Minorities Flock to Cause of Vouchers for Schools," *New York Times*, 27 December 1997, 1.

[53] James Q. Wilson and Patricia Rachal, "Can the Government Regulate Itself?" *Public Interest*, no. 46 (Winter 1977): 3-14.

[54] Michael Knight, "Boston Housing Authority Placed in Receivership," *New York Times*, 26 July 1979, A12.

[55] Peter T. Kilborn, "Knowledge Is Clout," *New York Times*, 10 July 1985, A14.

[56] Robert F. Durant, Michael R. Fitzgerald, and Larry W. Thomas, "When Government Regulates Itself: The EPA/TVA Air Pollution Control Experience," *Public Administration Review*, 43 (May/June 1983): 209-219.

[57] Ron Winslow, "TVA Misled U. S. Regulators on Severity of Nuclear Plant Mishap, Staff Study Says," *Wall Street Journal*, 24 August 1984.

[58] Ronald Kessler, "The Great Mail Bungle," *Washington Post*, 9 June 1974.

[59] Perry Davis, ed., *Public-Private Partnerships: Improving Urban Life*, Proceedings of the Academy of Political Science, Volume 36, Number 2 (1986).

第 3 部分

民营化的实践

第 5 章 民营化的原因和形式

我们已经审查过民营化的理论基础,现在我们提出几个实际问题:实行民营化的原因是什么?即什么问题导致民营化作为潜在的补救措施出现?民营化的目标是什么?民营化的核心要素是什么?民营化取得成功需要什么理想的政策环境?民营化的形式有哪些?怎样对民营化过程实施有效管理?

5.1 民营化的原因

对政府的不满和政府活动频繁出现的问题使得民营化成为可能的矫正方法。当然,对不良政府绩效的抱怨在世界范围内司空见惯,而且许多牢骚和嘲讽已成为传统和文化的组成部分,但仍有足够的证据证明这种不满是正当的。

民营化的必要性:症状与诊断

绩效不佳在政府服务和国有企业中有相同的表现形式,正是这些症状导致了对民营化的呼唤和其他深层次改革。不论政府机构、政府活动、国有企业还是政府资产,只要具备下列任一特点,都将是实行民营化的对象。

- 无效率,人浮于事,生产率低下;
- 产品和服务质量低劣;
- 营利性政府企业持续亏损和债务增加;
- 缺乏管理技能或足够的管理权限;

- 对公众缺乏回应性；
- 设备维护质量低下；
- 资本投入不足；
- 过度的垂直一体化；
- 管理方法或产品过时，缺乏营销能力；
- 目标多样化且相互矛盾；
- 机构使命缺乏相关性甚至误导；
- 资产未充分利用或使用效益不佳；
- 存在违法经营行为；
- 存在盗窃和腐败现象。

之所以出现上述弊病，主要原因是政府活动是由垄断者实施的，它们缺乏有效利用资源和节约的动力，且不会因绩效不佳受到惩罚。当然有一些政府机构做得很好，但上述问题——许多问题是相互联系的——在许多政府活动中俯拾皆是。诚然，这些现象在民营部门同样存在，但民营部门经营不善要么被兼并要么破产，而政府部门经营不善不仅不会被兼并，而且可能获得更多的预算——期望借此提高其绩效，尽管这种做法往往是徒劳的。下面对各种弊病分别加以说明。

无效率。关于政府机构低效率、人浮于事、生产率低下等不良绩效的例证，我们将在下一章做系统论述，届时我们将对公共部门和私营部门以及公共部门民营化前后的不同绩效进行比较。政府企业低效率的一个典型例子是德国电信（Deutsche Telecom）——德国电信行业的垄断经营者，该公司的雇员/顾客比是美国公司的两倍。传统政府服务的低效率在固体垃圾收集业最为明显。许多研究表明，由政府垄断的垃圾收集行业所付成本比私营承包者高出30%～40%。[1]

质量低劣。公共供水系统水质低劣在发展中国家不幸已司空见惯，但1996年人们发现，华盛顿特区的水质对人的健康也构成威胁。波士顿房管局——一个为穷人提供住房服务的市政机构——被判接管，主审法官用"无以形容的恶劣条件"，从而使住户蒙受"无法估量的痛苦"等语言，指责房管局主任"管理不善、懈怠、无能和不负责任"。

这家机构为居民提供的住房"往往是天花板漏水；基础服务如供热、供水、供电经常中断；窗户常常是热天打不开，冷天关不上；房间里老鼠和虫子到处爬；房子周围垃圾成山，野狗成群出没……"。[2]

亏损和债务。尽管一些国有企业并不以收支平衡或赚钱为目标，但它却是许多其他国有企业的目标。然而,即使在营利性国有企业中,亏损或负债往往是常规而非例外情况。这是世界范围内民营化的最重要的推动力。形成这种现象的原因主要是缺少真正的经济责任。换言之,政府机构和国有企业面临软预算约束,它们通常可以利用政治压力获取更多的补贴。[3]

在成千上万个亏损事例中,阿根廷国有航空和铁路运输系统可谓典型。在实行民营化之前,它们每天各亏损100万和500万美元。[4]在美国,政府曾向联合铁路运输公司——1976年由一些破产的货运公司组成——注入70亿美元。1987年以公众认股形式出售该公司时,联邦政府仅获得16.5亿美元。在私营企业的经营下,该公司迅速发展,10年之后就以近100亿美元出手。市政场馆和会议中心通常亏损,不能获取经济收益以弥补修建它们时付出的高昂成本。纽约市有一经营赛马的市属公司,设立的目的是为公立学校筹集资金。但在交纳标准税费之后,该公司的收支基本持平——据说它是世界上唯一不盈利的赛马经营公司。出现这种情况的主要原因是什么呢?人员录用主要靠裙带关系,雇员待遇过高而工作量不足,从那些有政治背景的业主手中高价租用房产和其他设施。[5]

缺乏管理技能和权威。政府部门管理技能缺乏的主要原因有两个:一是选拔人员时只注重政治资格;二是同私营部门相比,政府部门高层管理人员的薪水相对较低。[6]即使是优秀的管理者,也往往因为公务员条例的重重限制裹足不前,或者是被出于政治考虑而单方面安排的劳动合同剥夺了奖优罚劣的权力。(一个传奇故事:成吉思汗用不及纽约市公务员数量一半的军队征服了亚洲,他在管理方面的自由裁量权比当今的行政主管大得多——可以把波斯奖励给一个将军,也可以砍掉一个表现拙劣的人的脑袋。)

缺乏回应性。公共服务缺乏回应性的典型事例发生在阿根廷。在国家电信公司民营化之前,装一部电话平均要等待17年的时间。[7]

设备维护质量低下,资本投入不足。车辆的保养维护出自运营资金,而购买新车出自资本预算,购买新车比保养维护旧车更容易。因此,当发现有些市政部门居然有40%的车辆"无法正常使用"时,人们不应感到惊奇。这意味着车辆购置的数量远远超过了履行职责的需要。但另一方面,由于资本投入不足而无法及时购置急需的资产和设备的情况时有发生。笔者曾遇到一个公共部门的负责人,他恳求上级拨款购买装运垃圾的卡车。市议会的答复是：本年度只拨款购买警车，下年度购买消防车，因为这两类服务远比市政服务重要。

过度的垂直一体化。这个词可以用来描述计划经济体制下的通常行为：国有企业为员工提供住房、医疗、度假地；为员工的子女提供学校、娱乐设施，有时甚至直接生产和提供食品、蜂蜜、香肠（就像我参观过的乌克兰一家电子厂所做的那样）。作为纽约市的第一副行政长官，我发现我们的公园管理部门正在以高于市场价数倍的成本生产野餐桌椅和游乐设施。这也是一个过度垂直一体化的例证。上述第一世界和第二世界的例证在第三世界同样存在。巴基斯坦国际航空公司有一个为其提供空中食品的家禽养殖场。人们感到纳闷，养鸡与飞行之间是否存在管理技术的可转移性。

产品过时和营销能力的缺乏。电子厂的蜂蜜和香肠很可口，不幸的是生产的录音机却过时了。随着部分社会主义国家的解体，企业家开始从东亚进口现代化的电子产品，过时的录音机毫无销路。营销能力在原社会主义体制下并不重要，因为短缺是家常便饭，工厂完全按照中央计划机构的指令进行生产，消费者需求无关紧要。

目标多样化且相互冲突。匈牙利一家国有农场的负责人值得同情和可怜，因为他被赋予了多样化且相互冲突和矛盾的目标：（1）在东部开办一个养猪场以推动当地的经济发展——尽管饲料必须花高价从西部购进，且猪肉的主要市场在西部；（2）大量雇用工人以解决当地的失业问题；（3）经营的结果必须是盈利。类似的例子是要求在某地建铝厂，但该地与铝矿和铝产品市场却相距千里之遥。[8]这种荒唐情况在美国也存在，政府实验室的选址往往依据相互冲突的目标，如推动当地经济发展并提供高质量的科研产品，却完全无视在当地招募和留住优秀科学家很困难这一现实。再举一个别的例子。在纽约有一些为无家可归者提供的临时住所，人们对恶劣条件的抱怨促使市政府实施民营化，即与非营利组织签订承包合同。结果是居住条件如此舒适，新来者不想离开！我们的目标到底是吸引另有居所的居民，还是为无家可归者提供适当的临时住所呢？[9]

机构使命之间缺乏相关性甚至造成误导。公司和国有企业的设立是为了满足特定的需要，但它们的行动往往被误导——特定需要要么不再存在，要么早已得到满足，机构本身已失去存在的意义。它们之所以能够生存，完全是惰性、顽固的官僚势力和受益者诸因素综合作用的结果。

尽管电力使用在美国早已普及，但美国的乡村电力发展局（Rural Electrification Administration）一直在运行。类似的例子还有农产品市场管委会，其设立的目的据说是保持物价稳定和保障食品供应。作为"生命超过使命"的机构的典型，该委员会引起公众注意的唯一场合是下令销毁成千上万吨水果，以防止价格下跌。在加拿大，1996年，一农夫被判拘押5个月，因为他没有把大麦卖给加拿大谷物当局，而是驱车两英里穿越边境在美国出售。[10]

市场管理机构在非洲起的作用极坏。种种荒谬的管理机制是饥荒的重要原因：市场管理委员会被赋予了购买和出售特定农产品的排他性权利，而其他政府机构则垄断了向农民销售诸如种子、化肥等投入品的权利。为了取悦城市居民并赢得他们的政治支持，它们通过强行压低农产品价格的方式维持食品价格的低水平，同时高价销售农业生产资料。（居住集中的城市居民在政治上显然比分散的农民更有影响力。）可预料的结果是：赔钱的农民转向了自给自足的农业经济——生产粮食完全为糊口而非到市场出售，最终导致城市的饥荒。

资产未充分利用或使用效益不佳。政府机构倾向于占空地和空置的建筑，期望借此扩大项目规模。（"我们能这样做，因为我们仅有这些地方！"）美国的精神健康设施即为一例，在专门从事心理医疗的机构数量被削减后，许多资产被弃置不用。

公正地说，许多问题是政客强加在公共部门管理者头上的。当政府为了挽救就业岗位而接管失败的私营企业时，这种事情就会发生。政府借口"挽救就业岗位"而实施的行为往往会引起更多更持久的灾难。对那些实施"使用者付费"制度的公共服务来说，政府可能控制收费价格甚至完全取消收费以"使公众支付得起"，结果是该服务资源枯竭并直接导致短缺和绩效下降。美国城市的公共汽车服务就可以说明这一问题（采用凭单制可以达到相同的目标，公众能支付得起，也更有效）。政府承担一些大型的高风险、结果不确定且回报周期长的投资项目如空间探测也许是正当的，但由于这些项目带来了众多的受益人，政府在它们变成沉重的负担甚至毫无成功希望时也乐于继续实施。美国的合成燃料公司（Synthetic Fuels Corporation）是另外一个例子，它完全建立在国家将面临能源短缺这样一个错误判断之上。

存在违法经营行为。政府机构的行为有时是违法的或者对其他机构而言是违法的。例如，纽约州电力局（New York State Power Authority）

的原子能电厂经常违反安全标准,仅在 1992 年就被联邦原子能管理委员会罚款 50 万美元。[11]田纳西河流域管理局也经营原子能发电厂,它被指责提交错误报告,掩盖事故的严重性并误导公众。[12]

盗窃和腐败。这一问题在公共部门和私营部门当然都存在,但公共部门此类问题一旦被曝光,它就会成为民营化的动力。利用国有企业中饱私囊并为亲信谋取私利是菲律宾前总统费迪南德·马科斯(Ferdinand Marcos)倒台的主要原因,也是新政府实行大规模民营化的重要原因。

在政府一些不寻常的行为中可以发现另外一种腐败行为,如美国西部在联邦土地上围捕野马的做法。土地管理局(Bureau of Land Management)的官员和职员被指责非法把马匹运到屠宰场而敛财。[13]这些马匹本应经过拍卖程序,其收入应进入政府财政而不是私人腰包。

特里·安德森(Terry Anderson)和简·肖(Jane Shaw)报道了一个类似的案例,我们可以从中吸取重要教训。西雅图曾有一个有名的城市公园雷文纳公园(Ravenna Park),正是公有制导致了这个公园的毁灭。19 世纪后期,私人组建了该公园并使它成为冷杉树的保护地。它对公众开放,每天吸引 8 000 到 10 000 的游客,一张门票仅相当于今天的 3 美元。25 年之后,城市宣布公园归市政府所有并确定为公共公园。在随后的 14 年中,所有巨大的冷杉树都消失了,显然它们是被公园职工砍掉并非法出售了。今天,这里成为刑事案件高发区,原先最大的冷杉树(直径达 20 英尺)生长的地方成了水泥网球场。当公园归私人所有时,拥有者会顾及公众对公共公园的需求,懂得组建并保护好公园以获取经济收益。一旦公园为公共所有,公共部门雇员——他们没有所有权,因而与公园没有长期的利害关系——会认为砍树烧柴更合算。[14]这个故事告诉我们,私人所有权可以实现公共目标,而公有制却未必。亚里士多德两千多年前曾对此做了精辟的阐释:"一个物品的共同拥有者越多,它所受到的关爱就越少。"[15]

政府推行民营化的原因:调查结论

社会调查获得的信息有助于解释政府推行民营化的原因。1992 年曾就推行民营化的原因对美国地方官员做过一次问卷调查。调查对象为人口超过 10 000 的城镇和人口超过 25 000 的县的行政长官,共涉及 4 935 个地方政府;这次调查共收回 1 504 张答卷,回复率 31%。[16]表 5—1 表明,试图削减机构内部支出是实行民营化的主要原因(占回答者总数的

90%）；财政方面的外部压力是实行民营化的第二个原因（占总数的53%）。换句话说，实行民营化是为了节省支出。一项较早些的调查发现，基础设施状况恶化也是民营化的一个重要原因。这就是说，基础设施的建设或更新十分必要，市政当局把民营化当做满足该需要的手段，尽管面临预算拮据问题。[17]（在1992年的调查中没有提供这一选项。）

表 5—1　　　　　　　　地方政府热衷民营化的理由

原因	该理由被提及的百分比
试图削减机构内部开支	90
外部财政压力	53
私营部门的建议	23
政治气候	23
州/联邦的要求（政府间财政拨款附加条件）	20
对负债的关注	18
公民团体	8
其他	7

资料来源：改编自 Rowan Miranda and Karlyn Andersen "Alternative Service Delivery in Local Government, 1982—1992", in *Municipal Yearbook* 1994 (Washington, D.C.: International City-County Management Association), 26—35, fig. 3/1.

　　1992年对美国州政府官员的一项调查涉及实行民营化的原因。问卷回答者来自29个州的158个机构。所有这些机构都采取过或几乎都采取过合同外包、设施民营化和资产出售这三种民营化形式。像地方官员一样，州政府官员也认为节省开支是实行民营化的主要原因。其他原因（仅在排序上略有区别）包括高质量的服务、执行迅速和提供那些用其他方式无法提供的服务。实行合同外包的另一个主要原因是为了避免劳资纠纷问题。[18]

　　1997年对州政府官员进行的一项调查问及民营化活动不断增加的原因。答案从多到少依次是：（1）节省费用；（2）对民营化的有力政治支持；（3）增加工作灵活性，减少官僚作风；（4）提高效率；（5）缺乏人才和管理技能；（6）推动创新；（7）提高服务质量。[19]

民营化的目标

　　政府实行民营化应该有具体的目标。解决本章开始所列的各种问题是实行民营化的一般目标，但是还有其他一些相关或重叠的目标。下列

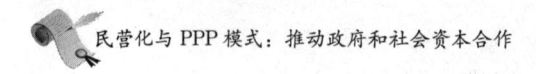

目标中有一些对发展中国家最为恰当。

- 减少政府开支；
- 通过出售资产并向出售后的资产征税来增加收入；
- 减少政府债务，如通过债务和股权交换；
- 提供政府通过其他途径不能提供的基础设施或设备；
- 为一些高技术活动引进专门技能；
- 快速发起或扩展服务；
- 减少政府在经济和其他方面的干预；
- 减少政府的社会角色（建立和强化市民社会）；
- 促进经济发展；
- 经济的非集中化和资产拥有权的普遍化；
- 表明坚持经济自由化的态度，增强商业信心；
- 加速资本市场的发展（通过设立和出售股份）[20]；
- 吸引国内外投资，鼓励流动资本回归；
- 满足国外贷款方的要求（包括诸如世界银行这样的国际团体）；
- 提高人民生活水平；
- 获得公众支持（通过去除官僚制的弊病）；
- 奖励政治同盟者；
- 削弱政治对手（如工会）。

虽然上述所有目标都是值得追求的，但有一些却相互矛盾。此外，追求的目标和民营化对象的性质会影响到民营化方式的选择。例如，通过竞争程序把垄断经营的国企原封不动出售给单个买主且很少附加经营限制，这种做法有利于政府收入的最大化，但在公众看来，它既不能扩大所有权，也不能提高效率，而且不一定能吸引随后的投资。在巴拿马，我反对政府出售国有电信公司的方案，因为它虽然有利于政府积聚大量资金，但会立即引起价格上涨。与此相反，巴西政府非常明智地把价值300亿美元的国有垄断电信公司分成12份——3个地区性公司、8个移动通信公司和1个长途电话公司，这12个公司总价值达200亿美元。与原封不动出售垄断企业相比，出售竞争性业务无疑会大大减少政府的收益，但毫无疑问公众将会从低价中受益。具有讽刺意味的是，左派政党反对这样做，其理由是这样售价太低。[21]

玛格丽特·撒切尔推行民营化计划的长期目标是改变人们的态度，使之认同自由市场经济制度，脱离潜进的社会主义。首要的近期目标则是扩大持股者在英国民众中的比例。这一目标通过多种途径来实现：向公众出售股份，而不是预先确定资格，在此基础上通过竞争性招标把企业出售给私营公司；发动大规模广告攻势，鼓励公众投资购买股票；折价将公司股份卖给雇员；设定单个个人购股数量的上限；股票定价低于其市场价值。（所有这些意味着，民营化的实施成本会提高，而政府收入会相对降低，因而与民营化的另一个目标——政府即期收益最大化——相冲突。）但撒切尔在实现自己的目标方面十分成功：短短13年，她使联合王国成年公民中直接持股者的比率从9%增加到25%。[22] 撒切尔的中期目标是使民营化方向不可逆转，即防止工党上台执政时摈弃民营化战略，同时削弱工会的力量，她认为工会力量过于强大是引起英国衰落的根本原因。在这些目标上她也取得了成功。98%以上的公共部门雇员拒绝工会和工党要求其抵制认购的号召，以优惠价购买了公司股票。后来，当工党发誓将新近民营化的企业重新收归国有时，遭到了加入工会但持有股份的工人们的激烈反对，工党只好退却并承诺再不这样做了。

在玻利维亚，民营化的目标是促进经济发展，甚至不惜以放弃政府收入为代价。出售企业的资金（占股份总额的一半）留给新近民营化的企业，但公众仍然从两方面获益：一是买主按照出售协议追加的大量投资；二是政府可以出售剩余股份并用以资助建立退休保障体系。[23]

利用民营化来奖励政治同盟的例子发生在俄罗斯，民营化的方式对银行十分有利，而金融寡头是腹背受敌的叶利钦总统的强有力的支持者。民营化作为奖励政治同盟的手段的荒唐例子发生在尼加拉瓜。桑地诺民族解放阵线当政后不仅实施企业国有化，而且把政敌拥有的土地、房产和汽车等收归国有。在新一轮自由选举中落败向民主选举的新政府交接权力之前，该阵线匆忙实施民营化，把国有资产无偿赠送给自己的支持者！

从民营化对象（如联合铁路运输公司）的角度来看，民营化意味着许多绝佳的机会：更新和重塑企业文化、战略和组织结构；在各个经营环节强化成本意识；采取有效政策措施优化配置公司资源，包括撤资；更具市场导向并采取市场定价规则；放弃对补贴的依赖；从资本市场融资；也许由此获得在国际市场扩展的机会。[24]

竞争：民营化成功的关键

任何民营化努力的首要目标是（或者说应该是）将竞争和市场力量

引入公共服务、国企运营和公共资产利用过程中。我们强烈反对私营部门垄断并试图打破限制竞争的垄断组织。1890年的《谢尔曼反托拉斯法》，1914年的《克莱顿反托拉斯法》，司法部下设的反垄断机构和各州的公用事业委员会，都在保护公众免受垄断——私人垄断——组织的损害。（现行规章制度的批评者宣称，它们更有可能是在保护垄断而非鼓励竞争。）众所周知，如果缺乏竞争和自由选择，公众利益就会受到损害。但在公共部门我们却反其道而行之，偏偏依靠垄断机构来提供公共服务，经营那些生产集体物品的最重要的公有企业。我们义无反顾地创造和维持这些垄断机构，所依据的只是一种天真的假设：如果垄断者是公共机构，它就会自然而然地为公共利益服务。此外，我们经常从避免重复性浪费的错误观念出发反对竞争。人们常常在这样一种幻觉中生活：只要政府承担供给者角色，完全依靠单一供应者将是提供核心公共服务的最佳途径。但是，公共垄断者与私营垄断者的行为不会有什么区别，其原因并非垄断组织的雇员特别贪婪和腐败，而是因为在相同的大环境的激励下，人们必然作出相同的反应。所以，垄断机构具有低效、无能和缺乏回应性的天然倾向。

由于上述基本假设没有受到批判和审视，所以当探讨改善公共服务的途径时，人们往往着眼于政府本身，包括改善公共行政、职前教育、在职培训、公务员制度改革、绩效预算、计划—项目—预算系统（PPBS）、零基预算（ZBB）、电脑、定量方法、组织结构重组、组织发展、敏感性训练、激励系统改进、目标管理、生产力提高计划、劳资合作委员会、全面质量管理、流程重塑，如此等等。所有这些曾经或者将来还会有效，但它们未能意识到（当然更谈不上着力解决）政府垄断这一最根本的结构性问题，而这恰恰是政府服务绩效不佳的最主要原因。一旦意识到这一点，在解决政府机构绩效不佳问题时，人们就不会一味追求新的流行的管理技术，不会仅仅求助于道德呼吁、表示义愤或指责个人。必须借用市场力量，打破公共部门有意或无意建立起来的垄断机制。

公共服务中引入竞争要有意识采取一些战略措施，创造服务中的自由选择机会，完善竞争环境，在公众中培育接受和支持多样化选择的态度。[25]服务供给中的自由选择是极端重要的。完全依赖单一的供应者，不管它是政府部门或者是私人企业，都是很危险的。如果没有选择和灵活性，公共服务的最终消费者——公民——会遭受无尽的盘剥和伤害。

政府服务也应该提供选择权。这是因为，如果选择变成了强制，那么公民与公务员之间的关系会发生根本性转变，公务员就不再是公仆了。

公共服务的选择权提供了这样一种形式的保险：几个组织提供相同的服务，如果其中一家未能履行职责，经常受罢工影响，或者低效无能、缺乏回应性、服务质量低劣或价格过高，那么公民可以转向另一个供应商。此外，把公共服务的政策制定——决定提供什么类型、什么质量及多少数量的服务——与服务的生产和供应过程分离开来，可以给消费者（公民）更多的手段，省却了费力控制单一官僚机构（这一机构决定公民得到什么服务，得到多少，服务如何生产，公民支付多少费用）的麻烦。

类似的垄断权力会导致严重后果。当一种服务直接由财政支持而不经过定价和公民选择过程时，很难有一个有效的方法来判断公众对这种服务的支持程度，除非经历很长的时间。通常情况下，拥有选择权的顾客会寻找能满足其个性化需求的供应商。在选择权被剥夺的情况下，公民就不可能表达他们对服务的偏好，投票并不是公民偏好沟通和表达的有效机制。在缺少顾客选择的情况下，所谓的"公仆"拥有一个垄断的市场，缺乏动力去倾听虚幻的顾客的声音。公共服务的控制完全取决于相关利益集团的政治影响力。

竞争可以采取同一制度安排下鼓励不同生产者竞争的形式，也可以通过不同的制度安排来培育。例如，美国一民间咨询委员会呼吁情报分析中引入竞争，削弱中央情报局（Central Intelligence Agency）的垄断地位。虽然法国政府无意终止电视台的国家垄断，但面对法国广播电视管理局"无能、轻率、政策缺乏连贯性、浪费惊人"等公众抱怨，它只好采取把三个频道分别建成完全独立、相互竞争的政府机构的形式来平息众怒。[26]随后，有两家民营电视台获得经营特许权，对三家政府电视台中的一个实施民营化的方案也已出台。[27]

促进政府机构间竞争的一个别具一格并给人以启迪的案例来自解体前的南斯拉夫。斯洛文尼亚首府卢布尔雅那市（Ljubljana）需要市政规划服务，它通过正式招标方式，不仅向本市的城市规划部门，而且向邻近的克罗地亚首府萨格勒布市的城市规划部门发出投标邀请书。一个美国观察员评论道：在任何地方，他从来没有看到政府雇员像卢布尔雅那市政规划者那样卖力工作。把本市的规划工作外包给同行其他竞争对手无疑是一种莫大的耻辱，他们努力工作就是为了避免蒙受羞辱。[28]

美国政府间协议中的竞争已经发挥作用。提供公共治安服务的县警察局长意识到，社区可以组成自己的警察部门取而代之，因此他必须提供成本收益比很高的治安服务。出售诸如学生贷款机构等政府资产和企业将把这些实体推向市场。它们将面临竞争并具有一定的竞争优势。

民营化的理想政策环境

企业和资产的民营化远远不够。民营化是一种手段而非目的。为取得预期目标，必须创造一个适宜的政策环境，特别是那些放弃社会主义而实行市场经济的发达国家、发展中国家和后社会主义国家。民营化应该成为整个经济体制改革的一部分。理想政策环境的构成要素与竞争性市场经济的构成要素基本相同：

- 市场定价，不存在价格控制或补贴；
- 个人拥有产权并可以行使所有者的权利；
- 不为竞争者设置市场准入障碍，不存在保护主义；
- 公平、系统和独立的法制体系，确保法律适用和执法平等，包括税法和合同法。
- 政府在提供贷款和外汇时公正而不徇私情；
- 政府在出售原材料和采购时不徇私情；
- 基于市场的利率，政府提供贷款时没有优惠；
- 在统一劳工法和民营化协议的框架内，民营化企业拥有雇用和解聘雇员的自由；
- 在民营化协议框架内，民营化企业有重组或改变业务的权利；
- 政治稳定；
- 货币稳定，通货膨胀受到控制。

毋庸置疑，上述理想政策环境不可能全部存在，虽然香港在回归中国之前的状况最为接近。除非同时实施经济自由化，国有企业民营化不可能取得重大经济效果。[29]

后社会主义国家的民营化进程迅速而又管理不善，但它们正在缓慢而艰难地确立市场经济所必需的制度和法律。许多国家还在建设一些西方人习以为常的基本要素，如产权法、合同法、公司法、税法、反垄断法、劳动和社会保障法、破产法、银行法、信息披露要求、会计规则、独立的规制机构和独立的司法系统。

5.2 民营化的形式

民营化可以通过许多不同的技术和方法来实现。因此,不同国家和不同情境中讨论民营化会产生混淆和争论。人们使用许多概念来表述民营化,如公私伙伴关系、合同外包、非国有化、非政府化、非国家化、股份化、政府撤资等。这些都是民营化的同义词。其他词如公司化、商业化、市场化等既可以用来指民营化,也可以泛指使政府企业在市场环境下运营的一切努力。其中某些概念在英语中显得蹩脚,但在各国自己的语言中却很自然。另外一些词不够确切。例如,市政府出售所拥有的企业或资产不能被称为"非国有化"。是否应称之为"非市政化"?

上一章从静态分析角度归纳了提供公共物品和服务的10种制度安排。本章其余部分则从动态分析角度,讨论如何从依赖政府的制度安排向更多依靠私营部门的制度安排过渡。本节提供了一种系统分类,其中包括笔者观察到的政府服务、政府职能、政府企业和政府资产的民营化的所有方式。这种分类同时还具有简单明了的优点。[30] 随后各章将依次详述政府服务(第7章)、政府企业和资产(第8章)、基础设施(第9章)民营化的具体过程。

政府服务活动、政府企业和国有资产的民营化方式通常可分为三大类:委托授权、政府撤资和政府淡出。每一类又包括几种具体的方式。表5—2对这些做了总结。下面依次进行讨论。

表5—2 民营化的形式

委托授权	合同承包	部分服务
		全部管理
	特许经营	场域特许使用
		租赁
	补助	
	凭单	
	法令委托	
政府撤资	出售	给合资企业

续前表

委托授权	合同承包	部分服务
		给私营业主
		给公众
		给雇员
		给使用者或消费者
	无偿赠与	给合资企业
		给公众
		给雇员
		给使用者或消费者
		给原来的拥有者（归还）
		给特定的群体
	清算	
政府淡出	民间补缺	
	撤出（卸载）	
	放松规制	

委托授权

委托授权是民营化最常用的方式，它需要政府的积极行动。委托授权有时又称部分民营化，它要求政府持续而积极的介入，因为国家依然承担全部责任，只不过把实际生产活动委托给民营部门。委托授权通常通过合同承包、特许、补贴（补助或凭单）、法律授权等形式来实现。

合同承包。政府可以通过与营利或非营利性民间组织签订承包合同的形式实现某一活动的民营化。这是美国民营化最常见的方式，见于联邦、州和地方各级政府。合同承包并非新鲜事物：美洲大陆就是 500 多年前西班牙女王伊萨贝拉以合同方式雇用的私人探险家发现的。在英国，竞争性合同外包（招标）是对某些地方政府服务的强制性要求。

地方政府运用合同承包方式提供直接面向市民的服务，如固体垃圾收集、路面修护、街道清洁、积雪清除、树木维护等。这些第 4 章已详细讨论。各级政府部门经常通过合同承包获取辅助服务，如数据处理、贷款处理、建筑和工程、培训、视听服务、食品服务、雇员身体检查、邮件和文件处理、图书馆、洗衣店、设备维护、物品存储、运输，以及车辆维修等。美国最常见的 64 项市政服务中，平均有 23% 以合同方式外包给私营部门。[31] 州政府业务中，平均有 14% 合同外包给私营部门。[32] 地方政府的 200 多项服务由合同承包商提供。不论哪个党上台执政，合同承包方式在州和地方政府都急剧增长。[33] 根据 596 个城市的可比数据，1982—1992 年间，合同外包增长了 121%。[34]

虽然合同外包一般要求政府向承包商付费，但这并非必然现象。在发展中国家，政府越来越多地将农村灌溉系统的管理权交给用水者协会（农民合作组织），后者在灌溉系统维护上表现出较政府部门高得多的效率。实际上，用水者协会签订维护合同时并没有得到报酬，其最大的回报是水资源的稳定供应。[35] 公共服务的竞争性合同承包制将在下一章详细讨论。

特许经营。特许经营是民营化的另一种形式。在特许制下，政府授予某一私人组织一种权利（通常是排他性权利）——直接向公众出售其服务或产品。民营部门通常为此向政府付费。特许有两种具体形式。一种形式涉及公共场域（public domain）的使用，包括领空、街道、地下空间、电波波段等。广播电视、航空、公共汽车和出租车公司以及公用事业单位（如电力、天然气、水、电话）在开展商业活动时都使用这些公共场域。这种安排通常称为"场域特许使用"。公私合作实施的基础设施建造、扩建或升级等项目都是特许经营，多数采取场域特许使用的形式。这些将在第 9 章详细讨论。

特许的第二种形式是租赁，即私营企业租用政府的有形资产从事商业活动。这种形式后社会主义国家经常使用，但很可能具有过渡性质，直至这些资产被出售。（其他方式包括向公众免费赠送股份和放松规制。前者已做讨论，后者将在后面讨论。）

租赁和场域特许使用之间并不存在本质差异。有人对两者做了这样的区分：租赁制下所有者（政府）承担资本投资责任，而在场域特许使用安排下，使用权获得者（特许证拥有者）承担资本投资的责任。这一区分对某些民营化项目很重要，但对基础设施民营化的意义不大，正如第 9 章将要看到的那样。

特许经营和合同承包都应在一个开放、透明、竞争的环境里进行。

补助。委托授权也可以通过补助的方式来实现。与亲自承担一项活动不同，政府通过提供补助来安排私营企业从事该项活动。在美国，补助方式被用于公共交通、为低收入者提供住房、远洋运输以及其他数不清的工作。补助与合同承包的区别在于：补助通常仅涉及最一般化的要求（如提供公共交通服务、建造住宅并以低于市场的价格出租、开展某一研究、推动艺术发展），而合同承包通常对某一服务提出非常具体的要求（如周四和周五上午 7:00—9:00 清扫某条南北向街道的西侧）。

凭单制。政府可以通过向合格的服务对象签发凭单的方式，实现先前由国家提供的服务的委托授权。与补贴生产者的做法（如补助）不同，凭单是对合格的消费者提供的补贴。如第 4 章所描述的，凭单制被用于食品、房屋、教育、医疗、保健、日托及运输等公共服务的提供。凭单接受者在市场上购买上述物品和服务时，可以用凭单弥补资金的不足。第 10 章将进一步讨论凭单制在教育和社会服务中的运用。

法令委托。委托授权民营化方式的第五个也是最后一个形式是法令委托，即政府把提供某一服务并承担相关成本作为对私营企业的法定要求。在美国，失业保险就是法令委托的一个历史悠久的例子：私人雇主为其雇员提供这一福利。由于民营化意味着方向上的变化，因此，像补助、凭单、特许经营和合同承包一样，只有当法令委托导致政府作用的减少时，它才可以被称为民营化。在美国，如果政府直接经营的社会保障系统被一种强制性的个人退休账户所取代，这就是法令委托形式的民营化。反过来，如果基于市场的医疗保健变成了一种法定要求的雇主向雇员提供的福利，这就成为民营化的对立物，因为它增加而不是减少了政府的作用。许多人认为，美国有一种新的发展趋势：政府不再直接提供服务，而是通过对私人雇主增加法定要求的方式创立新的社会服务项目（如家庭休假、残疾人照顾、就业培训）。当然，其最终的经济效应是相同的：公众以支付高物价的方式间接为这些服务付费，而不是通过纳税方式直接支付。

撤资

撤资意味着放弃一个企业、某一职能或某一资产。像委托授权一样，撤资需要政府采取直接、明确的行动。与委托授权不同的是，撤资总体上说是一次性工作。企业可以作为一个继续经营的实体被出售或赠与他人，也可以采取清算的方式，即关闭并出售剩余资产。在国有企业数量庞大的地方，撤资一词常常被"非国有化"概念所取代。第 8 章将对撤资过程做进一步详细讨论。

出售。表 5—2 显示了以出售方式实现撤资的 5 种具体方法：（1）建立合资企业（后面还会讨论）；（2）将企业出售给私人买主，就像处理纽约市的维斯达旅馆那样。(该旅馆原属于市政府,后被卖给一个著名的旅店连锁企业。)(3)将股份卖给公众,就像1987年处理美国联合铁路运输公司那样。(4)将企业出售给管理者或雇员,就像处理英国国有卡车货运公司那样。[36] (5)将企业或资产出售给使用者或顾客。例如,将国有土地出售给牧民或林场工人,把农村电网或供水设施出售给当地使用者合作社。在阿根廷,一个为企业服务的铁路货运线路被出售给了客户团体。

据估计,美国各级政府拥有的不动产价值4万亿美元。[37] 政府出售不再需要的土地、建筑、设备和其他资产司空见惯,这也有助于防止政府部门的盲目扩张。最近,纽约市政府卖掉了两个广播电台和一个电视台。[38] 在联邦政府层次,自《田产法》颁布以来最大规模的民营化发生在克林顿时期:政府出售了国有的铀浓缩厂、氚处理厂、电力营销机构和油田。

国有企业可以不完全地出售:大部分、一半或小部分。可以建立合资企业,私营企业通过注入资本和提供技术获得一半股份,并掌握企业运营的控制权;私人投资保留在企业,政府并不直接从资本投入(即掌握的一半股份)中获取回报。不论采取合资还是其他形式的安排,不论保留还是放弃多数股份的所有权,政府必须放弃对企业的控制;否则,出售只能被视为集资行为而非民营化。出售也可以分步进行,即在一段时间内售出一部分股份,就像日本、德国出售国有电信公司所做的那样。

无偿赠与。撤资并不必然要求出售一个企业,无偿赠与也是撤资的形式之一。例如,可以将企业无偿赠送给雇员、使用者或消费者、公众、原所有者,也可以赠送给符合资格的特定群体。我们可以把合资视为无偿赠与的例子,因为国家将其股份转让给一个新创立的实体,并且不因此索取回报。但把合资视为部分出售更合逻辑,因为国家仍然是部分所有者。

把企业无偿赠与雇员的一个例子发生在英国。政府拥有的英国铁路公司下属的英吉利海峡轮渡服务被赠给了管理者,由此终止了国库对该服务的无休止的补贴。[39] 纽约市立医院民营化的方案之一是,将这些医院无偿转让给新成立的居民代表委员会(即医院的使用者),这些委员会立足社区,具有地方性和非营利性特征。美国空中交通控制系统(air-traffic-control system)的民营化方案是将资产及其职责无偿转让或出售给机场使用者团体。[40]

由于公众对水质和供水量的抱怨，肯尼亚政府供水部门将部分系统转让给乡村用水者协会；邻里相互合作，出资出劳力挖坑掘井，铺设供水管道，自己管理，提高了供水质量。因为消费者是所有者，系统运营实施自我管理，政府规制机构不再需要。

将国有企业转让给公众的新奇案例发生在加拿大。某省属不列颠哥伦比亚资源投资公司（British Columbia Resources Investment Corporation）的出售方案引起了一场激烈而旷日持久的政治争论。为阻止出售，反对者质疑售价。出售方案的倡议者处于两难境地：如果价格过低，他们会受到随意处置公众财产的指责；如果价格过高，交易就难以成功。省长灵机一动，提出了如下观点：这一公司归根到底属于人民，人民为获得所有权已经付过一次费，为什么要他们再付一次呢？可以无偿转让给他们！尽管事件复杂曲折，这一大胆举动终以向本省居民发放股票的形式成功实施。[41]

国有企业无偿转让或以象征性价格出售给公民是后社会主义国家民营化的重要策略[42]，这相当于归还曾被没收或充公的原业主的资产。在阿尔巴尼亚和海地，我们可以见到将国家企业股份赠送给特定群体的例子。

清算。最后，撤资还可以通过关闭经营不善的企业来实现。这就是说，如果企业作为一个继续经营的实体难以找到买主，或者扭亏增盈无望，可以卖掉其资产。这可以称为民营化，因为企业资产重新进入市场，可望得到更好的利用。在后社会主义和发展中国家，成千上万的企业以清算形式实现了民营化。

淡出

如表5—2所示，除了撤资和委托授权，民营化还可以通过政府淡出来实现。与要求政府积极行动的前两种方式不同，淡出是一个消极和间接的过程，即政府逐渐被民营部门取代。换言之，随着市场发展越来越能满足人们的需要，国家逐渐走向消亡。淡出也被称为以消损的形式实现民营化，或者从贬义上说偷偷摸摸民营化。[43]尽管人们常常意识不到，但淡出也是民营化的一种极其重要的形式，可以以相对少的政治争论和冲突有效实现民营化。

政府淡出可以通过民间补缺、政府撤退和放松管制等形式来实现，它在很大程度上依赖地方的创新意识和企业家精神。可以通过向迄今为止一直无偿提供的政府服务和产品收取费用的办法加速淡出过程，这样既可以弄清政府提供的成本，也可以吸引私营部门的竞争者。

民间补缺。当公众感到政府产品或服务无法满足其需要，而私营部门意识到并采取措施满足公众需要时，这个过程可以被认为是民间补缺式政府淡出。补缺式淡出符合民营化定义，即更多依赖民营部门，更少依靠政府来满足公众的需要。公众逐渐转向民营部门获取服务。随着服务规模的扩大，如果政府提供的产品和服务继续被公众忽视，或者政府在服务提供中的角色相对缩小，民营部门扮演的角色就会越来越大。简言之，消费者放弃接受政府提供的服务。这方面一个最常见的例子是，由于政府提供的公交服务被认为不尽如人意或不能满足需要，民营公交服务日益增长。定点服务出租车、通勤车、小公共汽车等非正式、半合法或从技术上讲不合法的公交服务在全世界城市中不断涌现。美国许多大城市还可以看到教育领域的补缺式淡出：即使收入有限的父母也大批让孩子退出公立学校，注册于不断扩展的私立学校或者在家中接受教育。

私人保安服务的出现是民间补缺式淡出的另一个例子。在美国，由于传统治安保护不能满足需要和公众对治安状况的不满，私人保安和民间巡逻队规模不断扩大。虽然后者没有完全取代前者，但在美国，警察队伍的增长主要发生在私营部门：到1990年，私人警察的数量已占美国警察总量的四分之三。[44]

世界范围内一个共同的现象是，私营公司开始提供政府无法满足的基础设施服务。在一些贫穷的发展中国家，民营部门正在投资、建造、拥有和经营道路、桥梁、自来水系统和污水处理厂。[45]发达国家也是这样，最明显的例子是连接英法的英吉利海峡海底隧道。这些有的是纯粹的私人投资（特许经营），有的则因复杂的公私合作安排而涉及一定程度的公共资金。这些将在本书的后面讨论。

政府撤退。民间补缺对政府来说可能是一种无意识的行为，政府也可以通过限制国有企业增长或缩小其规模并让私营部门进入相关领域的方法，有意识地实现撤退或"卸载"。[46]这种做法也叫"灭绝式（by distinction）民营化"。[47]描述这一过程的另外一个词是"封冻法"，即听任国有企业开工不足，资源闲置，经过一段时间走向衰亡。这有利于避免劳工问题引起的动荡。[48]一个泰国官员称这种做法为"苗圃式"民营化（"Bonzai approach" to privatization）。政府停止给国有企业提供补贴，从而限制其扩展。停止输送营养，剪除冒头的枝条，鼓励民营部门的竞争者进入和增长，最终占领整个领域。这些被修剪的国有企业就像被忽视或生病的苗木一样，最终被取代。

在莱索托这个山地王国，国有汽车公司一直提供货运和客运服务，但长时期没有购置新车，而旧车不断退役。民营汽车公司逐渐取代了这一公司，它们购置了大批新车，包括市内公交车、长途旅游车、载重卡车。当我访问这个国家的时候，国有汽车公司只有66个雇员和25辆车，市场狭小且面临大量亏损。我提出的建议是清算，即出售所拥有的土地、建筑物和库存物资，完全退出这一领域。

政府撤退往往伴随着民间补缺。在英国，随着预算削减和公共医疗服务质量和能力的下降，私营医疗服务系统重新出现，人们渐渐转向私营部门获取服务。[49]

卸载或撤退可以通过政府与私营供应商之间的正式合作来实现。当公共部门不便继续承担某一职责并被私营供应商取代时，这种情况就会发生。例如，私营公司可以为无家可归者居留所提供内部治安服务。这是一个很棘手的任务。但双方约定，如果这些私人保安求助，正规警官应立即提供帮助。[50]一些国家授予校园保安和其他治安人员拘捕的权力，并且给予这些私人警察管理雇主财产区域附近街道的权力。人们鼓励非营利机构像博物馆、动物园、歌剧院、图书馆和社会服务机构等更多依赖私人捐助或慈善家，而不是指望政府的财政资助。免交财产税的非营利组织可以免费享受市政固体垃圾收集服务，而交税的私人公司不能免费享受这一服务，这是极不正常的。

政府从业已确立的公共服务中撤退并不容易，这需要建立新的政治共识，取代最初促使政府介入这一领域的旧的共识。然而，对现有政府服务的不满可以导致这种新共识的出现。这并不一定带来激烈的意识形态斗争，所需要的只是鼓励业已存在的力量的发展。在这一点上，就业成年人中照顾老年亲属的有关数据很有启发意义。对美国一个大保险公司的雇员进行的研究显示，在30岁以上的全日制雇员中，对年长亲戚和朋友提供经常性照顾的占28%，每周平均为此花费10.2小时，其中有42%的人每天都接触年长者。[51]这一调查结果最值得注意的地方在于，传统的家庭照顾模式被延续下来，即使那些在外从事全日制工作的人也能坚持这一模式。如果政府采取措施奖励、鼓励和促进这一做法（如在税收、分区政策和建筑条例等方面做相应的调整），这方面的政府服务需求就会大大减少。

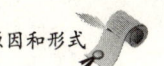

城市和乡村社区中按地域建立的集体组织也会导致政府的撤退。一个新的基层政府正在美国出现：规模小到一栋楼大到一个社区的协管区、邻里组织、市民协会、商业环境改善区等等。我们可以称之为微型集体、微型政治实体[52]或利益共同体社区[53]。它们正在提供一系列集体物品，包括街道和公园的清洁和维护、积雪清除、垃圾清理、志愿救护车服务、消防和巡逻服务、提供花木和吸引人的街道设施（如指示牌、垃圾桶、长椅、遮雨棚、街灯和自动售货机等）。[54]这些地方的市政服务大大减少了。除了改善社区生活质量外，这些组织还有助于重建迫切需要的社区意识，恢复因长期荒废而生疏的公民技能。民众缺乏这些公民技能，民主就不可能长久维持。

这些集体组织最好在地域明确划定的成熟社区建立，社区成员收入水平相近，对用这种机制提供服务具有共识。社区领袖的领导作用很必要，地方政府的鼓励性姿态也很重要。后者可以采取对放弃市政服务的社区的居民实施退税的方式。这会给地方政府带来一些管理方面的小问题，但许多社区正在这样做，如休斯敦和密苏里的堪萨斯城。在堪萨斯城，房产业主协会可以选择放弃市政垃圾收集处理服务并由此获得一定比例的房产税退税。业主与私营公司签订合同，获得更高水平的服务。

鼓励自治协会创立并保证其活力的另一种办法是将其作为特殊核定区域，给予税收方面的权力。纽约州已有这方面的立法。[55]除培养成员的公民技能外，这些微型组织的另一个优势是，成员可以选择贡献劳动而非贡献资金。在实物交换的时代，人们可以用谷物和牲畜交税。在市场经济条件下，人们必须用现金交税。面向志愿组织的政府卸载恢复了纳税者用实物（即他们的劳动）交税的自由。地下经济中的"账外收入"就有了相应的"账外税"，即用实物交税以换取集体物品。

这样一来，尽管政府在增长，但卸载行为同时发生。当政府无法继续提供价格适宜、质量上乘的集体物品时，尤其是在那些面临财政压力的城市，不满的市民就会组织起来弥补市政服务的不足。补缺往往与公民行动、放弃市政服务、市政服务中的政府撤退同时发生。志愿团体获取他们所期望的服务，把服务与地方需求和偏好更好地结合起来，由此行使了对周围环境质量的直接影响权。

放松规制。国有企业和政府活动得以继续存在的重要原因之一是，它们享有垄断地位，不允许民营部门进入并参与竞争。如果放松规制有助于民营部门挑战政府的垄断权甚至取而代之，它会促进民营化。在美国,随着规制的放松,竞争性私人公司递送的快件和包裹量急剧增长,抢占了美国邮政服务局(U. S. Postal Service)的市场份额。美国邮政服务局宣称拥有头等信件的排他性经营权并极力保护其特权,同时禁止竞争者使用客户的邮箱设施。但是,有关规制受到抨击,总统民营化委员会建议予以取消。[56]在危地马拉,估计60%~80%的信件由250家左右的私人公司投递,人们认为它们比政府邮局更可靠。涉及不得遗失的重要信件,据说政府机构也使用私营邮递公司。[57]

放松规制的另一个合适对象是日托服务。有史以来,父母一直是安排亲戚、朋友和邻居来照看他们的小孩,充分考虑到了受托人的品格特征和小孩的生活环境。然而近年来,日托服务已成为扩大政府介入和财政支持的对象。其结果造成了一个日趋复杂的规制体系,涵盖服务提供者的资格、护理人员的数目和类型、设施特性及设计要求等方面的规定。一个心存疑虑而愤慨的日托经营者在华盛顿特区规划委员会的发言值得引用:"你们真的在告诉我,不能在一个有大量职业母亲的中产阶级社区开办日托服务,却可以在繁华商业区的两个脱衣舞酒吧之间建立一个日托中心?"[58]不管用心多么好,这些条条框框必然产生一个不可思议的结果:按照有关规定和标准,大多数家庭和居住条件将被政府宣布为不适合小孩生活。事实上,这种情况正在改变:随着凭单制的引入,父母可以向任何日托机构付费并得到服务。

在许多国家,多年的政府规制形成了难以逾越的官僚障碍,甚至导致经济停滞。赫尔南多·德索托(Hernando de Soto)曾举例说明,经由复杂烦琐的官方程序开办一个企业或建造一幢房屋在秘鲁需要浪费多少时间:289天才能注册一家工业企业,26个月才能拿到运营执照。非正式经济(如"黑市")比官方机构具有更高的生产率。[59](令人沮丧的是,在纽约获取一个营业执照甚至更难!)[60]德索托极力倡导非规制化、非官僚化和权力非集中化。《经济学家》简明地总结了发展中国家的状况:"糟糕的政府是第三世界国家贫困的主要根源,而减少政府干预则是最有效的解决之道。"[61]

在国有机构享有农产品购销垄断权的国家,放松规制可使私人市场得到发展并且代替国有机构。以索马里为例,民营企业家被准许购销农产品后不到三年,以前拥有农产品购销垄断权的国营公司的市场份额从100%降到不足5%。[62]

通过废除那些禁止私人产权的法律,进而鼓励企业家和市场机制发挥作用，后社会主义国家复兴了濒临崩溃的国民经济。"市场化"是描述这一过程的另一个词，其目标是迫使企业面对市场约束，从而提高经济效率。放松规制的最终结果是建立需求驱动、市场导向的制度安排，满足尚未满足的社会需求。

总的来看，中国的实践提供了以淡出方式实现民营化的最好例子。第一步是1978年农业领域的放松规制。只要农民按照土地承包合同向国家上交粮食，他们在承包的土地上就可以行使所有者的一切权利。农业生产力得到大幅度提高，与过去集体农业经常因天灾人祸导致饥荒的状况形成鲜明的对比。农民由此增加的财富和随后的进一步放松规制，直接促成了以制造业为主的乡镇企业的大量涌现，对中国经济的增长繁荣做出了巨大的贡献。虽然一些人质疑这种情况是否可以称为民营化，但这与企业员工持股的民营化方式相类似。20世纪90年代，这个社会主义国家又以停发工资、迫使员工离开濒临倒闭的企业另谋生路的方式，终止了对国有企业的财政支持；这就是政府撤退。与此同时，它还鼓励民营企业的形成与发展，而不像过去那样严格禁止。这就是放松规制。下岗工人在日益繁荣的民营部门找到工作或开始独立经商。由于强有力的控制，这个进程并没有带来严重的社会动荡。

民营化方式的比较

民营化的每一种方法都有其优点和缺点。表5—3（引自丹尼尔·波塔什（Daniel Potash）[63]）概括了表5—2所列的各种方法的主要特点。从中可以看出，最容易的做法是出售或无偿赠给使用者或消费者团体，但这一方法应用范围有限，且并非总是最佳方案。最有利的选择，即那些最有可能实现前述民营化目标的选择，往往会引起激烈的反对。第11章将讨论这些障碍。

表5—3　　　　各种民营化方法的优点与缺点

方式	优点	缺点
合同承包	提高生产率；节约成本；透明	可能招致工人的反对
场域特许使用	利于吸引民间知识、技术和资本；节约成本	可能招致工人的反对
租赁式特许	利于吸引民间知识和技术；节约成本	可能招致工人的反对
补助	比直接由政府供应成本低	需要政府持续投入；过程不够透明

续前表

方式	优点	缺点
凭单制	给接受者更多选择自由；节约资金；没有腐败	需要政府持续投入
法令委托	把所有成本强加给民营部门	把所有成本强加给民营部门；掩盖了政府的角色
出售给合资企业	利于吸引民间知识、技术和投资；政府可获取一些收入；政府可保留部分所有权	不够透明
出售给私人买主	利于吸引民间知识、技术和投资；政府可获得收入；	可能招致工人的反对；可能找不到买主；透明度较低
出售给公众	受公众欢迎；透明；增加政府收入	只适用于低风险情境；企业不能获得新投资
出售给管理者或雇员	可保留运营经验；受雇员欢迎	企业不能获得新投资、新知识和新技术
出售给使用者或消费者团体	受公众欢迎；利于解决存在的问题；可消除公共资金的浪费；政府可获取收入；过程透明	
无偿赠给合资企业	利于吸引民间知识、技术和投资；政府保留部分所有权	政府不能从中获取收入
无偿赠给公众	受公众欢迎	政府保留经营管理权；政府不能获取收入；无法吸引民间投资和知识
无偿赠给雇员	受雇员欢迎	政府不能获取收入；无法吸引民间投资和知识；对公众不公平
无偿赠给消费者团体	受公众欢迎；有利于解决存在的问题；可消除公共资金的浪费；透明	政府不能获取收入
无偿退给原所有者	公平	政府不能获取收入；公众不欢迎？
清算	利于解决问题；获得一些收入	会招致工人的反对
民间补缺	一种精妙的实施办法	会招致短期内的公众抱怨
政府撤退	可以渐进实施	会招致公众抱怨
放松规制	好政策	操作复杂；易遭既得利益集团的反对

5.3 民营化的案例

运用上述一种或多种方法，成千上万个民营化方案正在实施。下面两个案例试图说明，即使看上去简单直接的民营化事例，也可能出现一系列问题，需要综合运用多种方式实施。

综合多种方法的民营化

我们可用一个案例说明如何综合运用多种方法推行民营化：某一第三世界国家首都的公共汽车服务系统。这个城市有 100 万居民，其公交系统由下述部分构成：

1. 拥有市内普通（大型）公共汽车排他性经营权的国有公交公司。它承担了付费乘客中三分之一的客运量。所有的公共汽车破旧不堪，维护不佳，其中许多车辆大小与其运营线路不相适应。（车型不适应的原因在于，车辆是依靠外国援助购置的，购买援助国产品是提供援助的前提条件，而援助国只生产一种型号的公共汽车。）这些公共汽车在位于市中心的一家新建的大型车场里停放并接受保养维修。

2. 线路固定的出租车服务系统。这些车辆为个人所有，在划定的六条线路上提供公交服务，只要有空位，乘客可以在沿途任何地点上下车，交付固定金额的费用。只有轿车承担这项服务，小型巴士和大车不允许运营。然而，这些出租车承担了付费乘客中三分之二的客运量。

3. 民营公共汽车公司。它们拥有大型客车，但经营范围被限制在城市间的客运服务、包租服务（例如旅游团）和校车服务。

国有公交公司本已常年亏损，随着成本高昂的大型车场的建成，它又面临花费巨额资金购买新车队以取代年久失修、破烂不堪的旧车的紧迫任务。此外，人们对公交公司的服务普遍不满意。由于上述原因，考虑到国有公交公司很可能继续无效地消耗国家资源，加上该国政治领袖意识到民营部门可能做得更好从而减轻政府的沉重负担，这个国家决定对公交系统实施民营化。

大量的政策问题立刻出现：国有企业是否应原封不动出售？如果不合适，那么应对它做哪些结构调整？应该用哪种或哪几种方式实施该企业的民营化？哪些管制应该撤销？如果需要，哪些新管制措施应予加强？考虑到政府想在偏远的人口稀疏地区保持公交服务的愿望，用什么方式能更好地实现这一目标？假定保持低票价的政治需求是国有公交公司严重亏损的首要原因，那么，票价是否应该受到控制？是否应继续对城市公交提供补贴？所有乘客是否都应享受补贴？如果选择性提供补贴，那么针对哪类乘客？如何提供即用什么机制提供这些补贴？本市公交服务民营化的最佳方式是什么？

理想的民营化计划包含下列因素：以拍卖方式出售汽车；以竞标和协议投标方式出售或租赁新建车场，买主或租赁者也许是由私营公共汽车和出租车公司组成的集团；对国有公交公司实施破产清算；解除进入管制，允许民营企业使用各种车辆从事公交服务；通过竞争招标，把特定时间段主要线路的排他性经营特许权授予某一公司（以避免主要线路上的恶性无序竞争），同时实施以利润为基础的价格管制；通过竞争招标，把偏远且人口稀疏地区的线路外包出去（实际上给这些线路以补贴）；制定涵盖驾驶员资格、车况检查和强制性保险等方面的安全规制；以凭单方式（即优惠票价）在特定时间段对学龄儿童和年长者提供补贴；其他靠市场价格机制。如果把一定数量或所有在营汽车赠给现任司机，同时辅以特定时间段在特定线路上的特许权，那么，民营化就能获得现任司机的积极支持。

值得注意的是，这一方案几乎囊括了表5—2所列的民营化的所有形式：出售、无偿赠给雇员、清算、合同承包、租赁、特许经营、凭单制以及通过撤退和放松规制实施的政府淡出。

补缺、放松规制和特许经营

笔者在乌克兰的亲身经历表明了补缺、放松规制和特许经营是如何导致民营公共汽车服务业诞生的。根据美国与乌克兰签署的一项援助协议，我于1993年8月到达乌克兰的敖德萨，为市政服务民营化提供咨询。作为纽约市的前"副市长"（这是俄语对本人先前职务即市长助理的称呼），我很容易与敖德萨的副市长取得了联系。他是一个思想开放、精力充沛的人。

当我说明自己的任务是为市政服务寻求民营化机会时，他对我进行了热情的鼓励，并安排我会见了许多城市和地方官员。我很快发现，由国家交通部提供而在各省运营的公共交通服务严重不足，因为我在许多站牌下看到有 200 多名乘客在等车。通过与普通公民和政府官员的交谈,我更确信我的观察的准确性,并发现人们对这些服务普遍不满意。然而,某周日下午我和副市长在第聂伯河畔他的一幢别墅里喝梅子白兰地酒聊天时,我提出由民营公司提供公交服务的想法,他显得十分疑惑,反问道:"谁会傻到愿意在敖德萨经营公交服务呢?"尽管如此,他仍建议我起草一个通告在当地报纸发布,看看是否有人回应。他翻译了我的草稿,并促使市议会通过了此项通告,将其刊登在当地 4 家俄语和乌克兰语报纸上。这个通告简单申明,敖德萨市议会对民营公司经营公交系统感兴趣,请有意者前来索取信息。

最终有八个人参加了会议。其中有的拥有大型客车,经营从当地到保加利亚和伊斯坦布尔的购物和旅游,有的是国有企业的班车驾驶员,专门接送雇员上下班但车辆利用不足。在整个过程中,该市的一个市政雇员提供了非常有价值的帮助。他长期关注该市的公共交通问题并收集了大量资料,但由于市政府在公交问题上没有决定权,他的工作长期受忽视,甚至被斥责为毫无用处。后来他成为一个不可或缺的知识源、观念创新者和改革的热情支持者。[64]

经过广泛讨论,会议为经营者确定了 4 条线路(实质上是特许线路)供其运营。双方议定,这些经营者不享受政府补贴,但可以按市场价收费,而其票价是政府公交服务票价的 50 倍!(社会主义时期的公交车票只能收回 2% 的成本。)此外,向市政府上缴 3% 的特许经营费,用以支付市政公交调度员的所有费用。

第一辆民营公交车开始运行的时间是 1993 年 11 月,也就是距副市长同意我的建议整整三个月。尽管还不习惯公交车票价过高,公众对此项服务仍非常满意,感谢市政官员为民众提供了这项新的十分必要的服务。(这是一个政治家的梦想:政府没有在服务上花一分钱,却得到了公民的高度赞赏。)

国有公交公司很快意识到,民营公司对其长期拥有的垄断权构成了严重威胁。它试图用各种方法破坏这个刚刚起步的方案(如用编号非常接近——50A 而不是 50——的公交车沿私营路线运行,但票价低很多),同时设法改进自己的服务(如从其他城市借用新的公共汽车)。然而,市政府对国有公交公司失望之极(多年来市政府一直要求其提高服务质量,甚至购买客车送给国有公交公司,但总是收效甚微),因此支持民营化计划。各方经过谈判最终达成协议,数量不断增加的私人公交车进入正常运营。政府在两个至关重要的方面促进了改革：（1）对可能被援引来禁止私营公交服务的国家法律做创造性解释——把私营公交车视为出租车处理，从而实际上取消了规制。（2）保证经营者的燃料供应：如果他们不能通过自己的途径获得燃油，政府将以市场价卖给他们。（当时乌克兰普遍燃料短缺。）市政府的这两项措施，加上保护私人经营者免受心怀敌意的国有公交公司的干扰和破坏，对民营化方案的成功实施起了主要作用。

1994年1月敖德萨市公交民营化计划开始实施6个星期后，我重访乌克兰，与继任者和一个乌克兰交通专家一起进行了一个星期1 400公里的闪电旅行，参观了尼古拉耶夫、扎波罗热、顿涅茨克、哈尔科夫等城市。我们与这些城市的市长会面，解释了我们在敖德萨的活动，引起了他们的极大兴趣。同时，乌克兰电视台对敖德萨市公交民营化计划做了极为有利的报道。这是我们认真策划的宣传活动的一部分。

民营化方案的效果如此明显且为众人所知，有关思想像闪电一样席卷了整个乌克兰。1995年8月，正是我同副市长见面两年之后，一个包括贸易联合会在内的民营公交行业在乌克兰诞生了。它由52家私人公司构成，在75个城市里运营着1 700辆公交车。在乌克兰建立一家汽车装配厂的计划已经成型。与此同时，汽车修理、整形和车体广告等辅助行业迅速发展。国有公交公司在市场中吸取了教训：提高了常规服务的票价，从票箱收回了成本的一大部分，每年大约节省1 000万美金，减少了对公共资金的无效消耗，公众要求更多政府服务的呼声大大减弱。与此同时，大约有5 000个新工作岗位被创造出来，公众开始享受更优质的交通服务。民营公交服务范围、成本节约和新就业机会有望持续增长。简言之，在以前运作失调、服务水平严重不足的政府垄断领域，一个民营公交服务行业崛起。三年后，乌克兰另一个主要城市的市长获连任，其主要原因就是他将民营公交服务引进到该市。

在这一案例中，成功的主要因素包括：
- 高层官员对外国专家引进的公交民营化新思想持开放态度；
- 市里有一个新观念的领头人，即负责公交的市政官员；
- 政府服务能力不足和人们对更多、更好的公共服务的需求；
- 企业家愿意承担风险；
- 市政府创造性地解除管制，同意民营公司进入该领域；
- 市政府授予特许经营权；

- 市政府以保证燃料供给和保护民营公司免受国有垄断者损害的形式，对新兴的幼稚行业提供了保护和扶持；
- 大力的宣传和对成功的广泛报道；
- 笔者的继任者与政府官员密切合作，对整个方案的实施做了有效的指导。

然而，我们也可以从中获得很多教训。曾有一段时间，民营汽车公司贿赂国有公交车司机，使他们在其运营路线上消失，以便自己搭载更多的乘客。它们给予的现金超过了这些车辆的车票收入，司机按照正常的运营收入上缴国有公司之后，还可以留下相当部分作为取消运营的回报。国有公司即使运用最基本的管理监督手段本可以避免这种腐败行为。这一事件表明：合理的民营化需要优良的管理、有效的腐败防范机制和对特许经营者的监督（政府运作也一样）。

5.4 民营化过程的管理

民营化与其说是经济行为，不如说是一种政治行动。需要持久不懈而又循序渐进的策略手段推进民营化，包括深入研究以获取内部支持，开展公关宣传以获取外部支持，推行税收改革以鼓励民营化，加强立法以扫除障碍，建立强大的利益相关者联盟以支持民营化。瓦解反对派联盟有时也是必要的，例如，将计划民营化的国企股份出售或赠给该企业的员工。[65]

政府必须组织和管理整个过程。下面是有关这一重要任务的简要的管理指南[66]，有关要点将在第 7 章（关于合同承包）和第 8 章（关于政府撤资）进一步详细讨论。

1. 对民营化要有坚定的政治决心，确保整个政府都理解这一点。这是最重要的要求，否则，民营化过程注定会失败。
2. 整个过程需要明确的责任分工，因为这是一个复杂过程，需要权威、资源、有识之士，且经常需要咨询专家。
3. 对民营化项目设定清晰的目标。因为存在许多可取但又相互冲突的目标，对这一步骤必须给予足够的关注。仅靠直觉是远远不够的。
4. 选择合适的民营化形式。从前面提到过的不同形式中选择一种或几种，或者精心设计一个多种形式的有机结合体。方式选择必须建立在对下述因素仔细分析的基础上：行业状况和发展趋势、别处的经验、政治因素、雇员关系、可能引起的竞争程度、财政状况、可能实现的经济收益和其他收益估计，以及民营化的目标。

5. 进行必要的立法改革。民营化可能需要新的法律来保护私人投资者，要允许公共服务的合同外包、自然资源等国有资产的出售或基础设施长期的特许使用权。

6. 为民营化过程设定清晰、透明的程序：竞争性招标、通告、标价和竞标者公示、监督等。第 8 章将对招标问题做详细讨论，这里仅简要说明一下，良好程序的主要标志包括：用公开公平的标准来审核投标者资格并选拔获胜者，设置合理的时间表，确定有关经营绩效、支付额和未来投资要求（如果适当的话）的明确标准。

7. 聘用职业评估专家评估待售资产和企业的价值。可以使用很多方法进行评估，例如打折现金流、清算价值、替换价值、账面价值或者比较价值；但归根到底，最有效的尺度是通过拍卖、招标、股份公开出售等竞争过程确定的市场价格。政府往往对困难企业和不良资产的价值抱有不切实际的过高期望。一般而言，越难找到买主，就越容易获得公众对企业民营化的支持。

8. 公平对待现有雇员。这点将在第 11 章详细论述。

9. 消解"民营化会伤害穷人"的担心。这个话题也将在第 11 章讨论。

10. 为公众普及民营化方面的知识，从而获得公众的支持。不管其理解多么肤浅，必须让公众明白何为民营化，为什么必须实施民营化，民营化期望解决的问题和长、短期效果，如何推行民营化，以及民众从中将获得什么收益。

5.5 小　结

一些共同特征有助于确认民营化的对象。民营化目标多样化且相互排斥，所以必须认真选择。但是仅仅民营化还不够，要达到预期目标，还需要适宜的政策环境。

撤资、放松规制、淡出共包含了20种不同的技术，可用于服务、企业和资产的民营化。每种技术都有自己的特征、优点和缺点。它们构成了一个令人注目的工具库，供公共官员选择和使用。民营化实施指南在广泛实践的基础上得到了发展。竞争是民营化成功的关键要素。

注 释

[1] E. S. Savas, "Public vs. Private Refuse Collection: A Critical Review of the Evidence," *Journal of Urban Analysis* 6 (1979): 1-13; Barbara J. Stevens, "Comparing Public-and Private Sector Productive Efficiency: An Analysis of Eight Activities," *National Productivity Review*, Autumn 1984, 395-406.

[2] Michael Knight, "Boston Housing Authority Is Placed in Receivership," *New York Times*, 26 July 1979, A12.

[3] Michael P. McLindon, *Privatization & Capital Market Development: Strategies to Promote Economic Growth* (Westport, CT: Praeger, 1996), 14.

[4] Manuel Tanoira, "Will Reality Force the Hands of Argentina's Peronists?" *Wall Street Journal*, 9 June 1989, A11.

[5] Ann E. Kaplan, "Off-Track Betting in New York City," in *Privatization for New York: Competing for a Better Future*, ed. E. S. Savas, Report of the New York State Senate Advisory Commission on Privatization, 1992, 266-287.

[6] Michael A. Miller, "The Public-Private Wage Debate: What Do the Data Show?" *Monthly Labor Review* 15 (Winter 1994): 73-81.

[7] 这一数字基于笔者在布宜诺斯艾利斯进行的多次访谈。

[8] Hugh Pope, "Helter-Smelter: Why Tajikistan Has an Aluminum Plant," *Wall Street Journal*, 2 July 1998, A1.

[9] Lynette Holloway, "Shelters Improve under Private Groups, Raising New Worry," *New York Times*, 12 November 1997, B1.

[10] Anthony DePalma, "On Canada's Prairie, a Farmers' Rebellion Flares," *New York Times*, 3 January 1997, A4.

[11] Matthew L. Wald, "Power Authority, Facing New Fines, Dismisses Its President," *New York Times*, 8 June 1993.

[12] Ron Winslow, "TVA Misled U. S. Regulators on Severity of Nuclear

Plant Mishap, Staff Study Says," *Wall Street Journal*, 24 August 1984.

[13] Doug McInnes, "Inquiry to See Whether Officials Helped Sell Protected Horses for Slaughter," *New York Times*, 17 December 1995.

[14] Terry L. Anderson and Jane S. Shaw, "Grass Isn't Always Greener in a Public Park," *Wall Street Journal*, 28 May 1985.

[15] Aristotle, *Politics*, trans. Benjamin Jowett (Oxford, England: Oxford University Press, 1905), Book II, chap. 3.

[16] Rowan Miranda and Karlyn Andersen, "Alternative Service Delivery in Local Government, 1982—1992," in *Municipal Year Book* 1994 (Washington, DC: International City Management Association, 1994), 26-35.

[17] *Privatization in America* (Washington, DC: Touche Ross, 1987).

[18] Irwin T. David, *State Government Privatization* 1992 (Bethesda, MD: Apogee Research, Inc., 1992).

[19] Keon S. Chi and Cindy Jasper, *Private Practices: A Review of Privatization in State Government* (Lexington, KY: Council of State Governments, 1997).

[20] McLindon, *Privatization & Capital Market Development*; Ira W. Lieberman and Christopher D. Kirkness, *Privatization and Emerging Equity Markets* (Washington, DC: World Bank, 1998).

[21] Diana Jean Schemo, "Politics or No, Brazil Plans to Sell Telebras," *New York Times*, 20 June 1998, D2.

[22] Matthew Bishop, John Kay, and Colin Mayer, *Privatization & Economic Performance* (Oxford, England: Oxford University Press, 1994), 299.

[23] Jonathan Friedland, "Bolivia Is Selling Off State Firms to Fund Its Citizens' Future," *Wall Street Journal*, 15 August 1995, 1.

[24] Richard M. Hammer, H. H. Hinterhuber, and J. Lorentz, "Privatization —A Cure for All Ills?" *Long Range Planning* 22, no. 6 (1989): 19-28.

[25] 关于这点的进一步讨论，请参见 Public Service Options, Minneapolis, MN, and those of the Public Services Redesign Project at the Hubert H. Humphrey Institute, University of Minnesota, Minneapolis。

[26] Nan Robertson, "France Divides State TV Network into Rival Units," *New York Times*, 4 July 1974.

[27] "En Garde: The Battle of French Television Has Begun," *Business Week*, 24 February 1986, 50.

[28] 与哈佛商学院戴维·伯奇教授的私人通信，1973。

[29] Nicolas van de Walle, "Privatization in Developing Countries: A Review of the Issues," *World Development*, 17, no. 5 (May 1989): 601–615.

[30] E. S. Savas, "A Taxonomy of Privatization Strategies," *Policy Studies Journal* 18, no. 2 (1990): 343–355.

[31] Miranda and Andersen, "Alternative Service Delivery in Local Government," table 3/5.

[32] The Council of State Governments, *State Trends & Forecasts* 2, no. 2 (November 1993).

[33] E. S. Savas, *Privatization: The Key to Better Government* (Chatham, NJ: Chatham House, 1987).

[34] Jeffrey D. Greene, "How Much Privatization?" *Policy Studies Journal*, 24, no. 4 (1996): 632–640.

[35] Irrigation Management Transfer, *Proceedings of the International Conference on Irrigation Management Transfer*, Wuhan, China, 20–24 September, 1994 (Rome: International Irrigation Management Institute, UN Food and Agriculture Organization), 1995.

[36] Cento Veljanovsky, *Selling the State: Privatisation in Britain* (London: Weidenfeld and Nicolson, 1987), 136–139.

[37] Ron Lobel and Jay Brown, "Privatization Promises to Build Military Family Houses Better, Faster, Cheaper," *Council Insights*, National Council for Public-Private Partnerships, May 1998.

[38] Clyde Haberman, "Sell WNYC? Not So Fast, Critics Say, as Sale of TV Station Still Awaits FCC Approval," *New York Times*, 22 March 1996, B3.

[39] Madsen Pirie, *Dismantling the State: The Theory and Practice of Privatization* (Dallas, TX: National Center for Policy Analysis, 1985), 50.

[40] E. S. Savas, "Is Air Traffic Out of Control?" *New York Newsday*, 9 June 1995; Robert W. Poole, Jr., "Privatizing Air Traffic Control," (Los Angeles, CA: Reason Foundation) February 1995.

[41] T. M. Ohashi and T. P. Roth, *Privatization Theory and Practice* (Vancouver, BC: Fraser Institute, 1980), 3–105.

[42] Ira W. Lieberman, et al., *Mass Privatization in Central and Eastern Europe and the Former Soviet Union* (Washington, DC: World Bank, 1995).

[43] Fuat Andic, "The Case for Privatization: Some Methodological Issues," in *Privatization and Deregulation in Global Perspective*, ed. Dennis J. Gayle and Jonathan N. Goodrich (New York: Quorum Books, 1990), 35–47.

[44] *Private Security and Police in America*, Hallcrest Report II (Washington, DC: National Institute of Justice, 1991).

[45] *The Economist*, "Building the New Asia," 25 May 1996, 65.

[46] E. S. Savas, *Privatizing the Public Sector: How to Shrink Government* (Chatham, NJ: Chatham House, 1982), 118.

[47] Roberto Salinas-Leon, "Between Mercantilism and Markets," in *The Privatization Process*, ed. Terry L. Anderson and Peter J. Hill (Lanham, MD: Rowman & Littlefield, 1996), 192.

[48] Van de Walle, "Privatization in Developing Countries."

[49] Sarah Lyall, "For Britain's Socialized Health Care, a Grim Prognosis," *New York Times*, 30 January 1997, A1.

[50] Marcia Chaiken and Jan Chaiken, *Private Provision of Municipal and County Police Functions*, report prepared for the National Institute of Justice (Cambridge, MA: Abt Associates, 1986), 5-7.

[51] Glenn Collins, "Many in Work Force Care for Elderly Kin," *New York Times*, 6 January 1986, B5.

[52] *Cities within Cities: Business Improvement Districts and the Emergence of the Micropolis*, Staff Report to the Finance Committee, Council of the City of New York, 8 November 1995.

[53] Stephen Barton and Carol Silverman, eds., *Common Interest Communities: Private Governments and the Public Interest* (Berkeley, CA: Institute of Governmental Studies Press, 1994).

[54] Heather Mac Donald, "BIDs Really Work," *City Journal* 6, no. 2 (1996): 29-42.

[55] *The BID Manual: Establishing and Operating a BID* (New York: NYC BIDs Association, 1995).

[56] President's Commission on Privatization, Privatization: *Toward More Effective Government*, (Champaign, IL: University of Illinois Press, 1988.)

[57] Carroll Rios de Rodriguez, "Pushing the Envelope: Guatemala's Private Delivery Services," Regulation, Winter 1998, 41-48.

[58] Robert L. Woodson, "Day Care," in *This Way Up: The Local Official's Handbook for Privatization and Contracting Out*, ed. R. Q. Armington and William D. Ellis (Chicago: Regnery, 1984), 159.

[59] Hernando de Soto, *The Other Path* (New York: Harper &c Row, 1989).

[60] "Let the Vans Roll," *Wall Street Journal*, 14 July 1997, A14.

[61] "Growth Beats Poverty," *The Economist*, 26 May 1990, 15.

[62] Charles Taylor, "Policy Environments and Privatization," *Proceedings of the AID Conference on Privatization* (Washington, DC: Agency for International Development, February 1986).

[63] Daniel A. Potash, "Pay-As-You-Go Privatization," *World Cogeneration* 9, no. 3 (May/June 1997): 17.

[64] 项目进行到这一阶段时本人回到了美国,我的同事——聪明、充满活力而又不知疲倦的杰弗里·马丁接替我的工作,出色地完成了任务。

[65] For another formulation of this prescription, see Stuart M. Butler, *Privatizing Federal Spending: A Strategy to Eliminate the Deficit* (New York: Universe Books, 1985).

[66] Based in part on Dennis A. Rondinelli, "Privatization and Economic Transformation: The Management Challenge," in *Management for Privatization*, ed. Joseph Prokopenko (Geneva: International Labour Office, 1995).

第 6 章
民营化的效果

纯粹由于务实主义原因，民营化日渐流行并在全世界不断发展。如果实施得当，民营化能够带来更高的生产率和更好的经济绩效。对竞争性合同承包和撤资的大量研究，为民营化的有效性提供了无可辩驳的证据。对以合同承包方式实现民营化的公共服务——主要是市政服务——的系统研究大量存在且极为广泛，主要原因是这些服务在不同城市甚至不同国家都非常相似，包括固体垃圾收集、公交运输、自来水供应、公园、车辆和街道的保养维护等等。因此，这些研究可以跨区域进行，经过归纳整合形成有价值的研究成果。与此不同的是，每个国有企业都不相同且在不同的体制下运行，每个国家都只有一个国有航空公司或电信公司。这使得对这些国有企业的撤资研究很难得出一致的结论。但是，有关国有企业撤资的几个重要案例研究已经完成，下面将予以讨论。本章首先对有关合同承包的主要研究结论进行讨论和评价，然后通过公共企业和私营企业对比，归纳出有关撤资效果的证据。

6.1 公共服务的合同承包

美国、加拿大、英国、德国、日本、瑞士等国运用公共官员调查、对比研究、跨部门计量经济模型等方法，对合同承包进行了大量研究。这些研究表明，在服务水平和服务质量保持不变的前提下，将管理与监督合同实施的成本计算在内，合同承包平均节省约 25％的费用。[1] 三类不同的研究方法所取得的结果高度一致且相互印证。当然，这并不意味着合同承包必然带来费用的节省（需要对单个案例进行独立考察），但节省的可能性的确非常高,可行性研究因此非常重要。在英国,合同承包不单是一种建议,而是一项法定要求:地方政府不能年复一年地运用自己的雇员履行市政服务功能。根据第 7 章提到的 1988 年的地方政府法,必须对许多地方公共服务实施竞争性招标,外部公司可以与公共部门竞争。

对公共官员的调查

合同承包的应用越来越普遍且不断增长,这一事实表明,公共官员总体上对它是满意的。调查结果印证了这一直觉估计。两项对政府官员的早期调查表明,大约 60% 的被调查者认为合同承包要比由公共机构直接提供成本低,至少持平。被调查官员中有五分之四的人认为,合同承包服务的质量,至少与公共机构直接提供时一样好。[2]

稍后在新泽西州的大规模调查覆盖了州所属全部六个县和随机抽取的六分之一的市镇。调查发现,政府官员对合同承包非常满意:61% 的官员表示非常满意,28% 的官员表示基本满意,只有 8% 的官员表示不满意,其余 3% 的官员没有发表意见。节省费用(提及率为 41%)和克服公共部门自身缺陷(如专业知识缺乏、设施不足、资本投资需求太高等,提及率 30%)是官员支持合同承包的主要理由。[3]

1987 年进行的一项全国性调查为支持合同承包提供了更多的证据。在用合同承包制提供服务的美国地方政府中,有四分之三认为节省费用是合同承包的一个优势。在 450 个回复者中,有 11% 的被调查者认为合同承包能节省 40% 的费用或更多,41% 的人认为合同承包能节省 20% 多的费用,80% 的人则认为至少能节省 10% 的费用。[4] 在澳大利亚的好几个州,接受调查的政府官员表示合同承包节省了 16%~19% 的费用,但官员回复率很低,人数从 49 人到 116 人不等。[5]

1995 年对美国 100 所最大的城市做了调查。在回复的 66 个城市中,82% 对民营化表示满意或非常满意,其余 18% 持中立态度;没有一个城市对民营化表示不满。被问及为什么推行民营化时,54% 的人回答是为了减少费用,30% 的人回答说是为了提高服务水平。他们报告说,在四个主要服务领域——公共工程/运输、公共安全、居民服务、公园及娱乐中,民营化使服务水平平均提高了 25%。调查者得出的结论是:"在大多数美国大城市,民营化作为一种有效的公共服务提供方式日益受到青睐"[6]。

人们可以也应该超越政府官员对合同外包的积极态度，认真审视有关合同承包的系统研究和比较研究成果。毕竟，合同承包式民营化也可能是一种暂时的时尚，与过去许多提高生产率的妙方一样昙花一现。此外，如果涉及他们自己倡议实施的民营化项目，政府官员的回答不可避免带有主观性。

前后对比研究

迄今为止大量的定量研究无可争议地表明，与政府内部机构相比，合同承包从总体上看服务成本更低，服务质量至少毫不逊色。这一结论源自两类研究：前后对比研究和跨部门对比研究。

目前最普遍的研究方法是在单个地域进行前后对比，把承包商提供的服务的成本和质量与先前政府提供时的成本和质量进行对比。这种对比研究正大量进行。它们易于操作，也可以随事件发展自然进行。

但是，这类研究是有缺陷的。第一，在单个案例中，很难把合同承包所产生的影响和其他同时发生的变化（如指导方针的变化和运行环境的变化）的影响严格区分开来。第二，这类常规的比较研究有时不够系统或专业。第三，对有关事件的报导会不可避免地出现偏差：当一项服务被合同外包之后，人们会报导这一事件；但当政府内部研究机构得出结论，认为合同承包成本将会更高而服务水平与质量并不能相应提高时，维持现状的决定很少会被报道。（当然，正如质量低劣的研究也会导致错误的合同承包决策一样，有时质量低劣的研究也会导致对合同承包的错误的拒绝。）这种简单对比的第四个缺陷是，把运营多年的政府内部提供的服务与承包商首次承担的服务进行比较。普遍存在的一种忧虑是，第一次赢得合同可能得益于人为压低价格，其目的是首先占领市场，之后价格不可避免会上升到一个高水平。（这种行为被称为"投低球标"；实践证据并不支持这一假定，且如下章要讨论的，投低球标行为不难防范。）第五，很容易引用反例（比如，一个合同承包者被取代，政府接管并重新使用内部机构提供服务）对这一简单对比提出质疑。

大规模研究。 尽管人们已经认识到上述可能存在的缺陷，但也不应该忽视研究所得出的证据。难道在这么多地区所做的大量研究都错了吗？表 6—1 概括了一些有价值的大规模研究的结论。

表 6—1　　　　　　　　　前后对比研究结论概要

合同承包实施机构 [研究的来源]	合同数目	承包前的成本 （百万美元）	成本节省 的百分比（%）
洛杉矶县，1979—1987 年 [洛杉矶县审计长]	651	268	32
洛杉矶县，1979—1989 年 [洛杉矶县审计长]	812	701	28
美国国防部，1980—1982 年 [同上]	285	1 128	31
美国国防部，1983—1984 年 [同上]	131	132	33
美国国防部，1978—1986 年 [美国审计总署]	1 661	2 270	27
美国国防部，1978—1994 年 [海军分析中心]	2 138	4 768	31
伦敦旺兹沃思区，1978—1987 年 [政策研究中心]	23	174	27
GSA 公共建筑服务，1992 财政年度 [美国审计总署]	576	N. A.	25
西澳大利亚州，1993—1994 年 [悉尼大学]	891	324	20

洛杉矶县审计局对 8 年来该县签订的 651 项承包合同进行了审查，这些合同涉及数据转换、路面维修、护理服务、饮食服务、洗衣和保安服务等领域。承包合同总额达 1.82 亿美元，与以前由政府内部机构提供所需的 2.68 亿美元成本相比，节省了 8 600 万美元。也就是说，由政府机构内部提供的成本比合同承包价高出 47%，或者反过来说，合同承包节约成本 32%。共有 2 700 个政府职位被裁减，占县政府雇员总数的 3.6%。[7] 随后，洛杉矶县更为积极地推广它的民营化计划。两年后进行的一项研究概括了该县 10 年的经验：共有 812 项承包合同，合同总额 5.08 亿美元，节约成本 1.93 亿美元，节约 28%；4 700 个政府职位被裁减，占县政府雇员总数的 6%，且真正失业的只有一少部分人。[8]（报告没有提及有关承包服务的相对质量，以及合同承包的组织、管理与监测成本。）这项研究特别令人注目，因为主持这些研究的县政府官员是独立

选举产生的，而非管理合同承包的县政府机构的一部分。

应美国国会的要求，国防部报告了其商业服务采用合同承包形式前后的对比情况。该研究覆盖了两年间签订的所有285个辅助服务的承包合同，涉及数据处理、饮食服务、视听服务等内容。研究表明，与目前的竞争性合同外包相比，这些工作由政府机构内部提供时成本高出45%（因此，合同外包节省费用31%）。[9]对第二年签订的131个承包合同的研究表明，承包合同总额8 750万美元，节省费用4 390万美元。也就是说，由政府机构内部直接提供成本高出50%，合同外包节约成本33%。[10]（该研究没有给出也没有提及关于服务质量的比较数据及关于合同承包的组织管理和监测费用。）这些研究只涉及那些采用了合同承包方式的案例，也许存在一些服务项目，若实施合同外包难以实现费用的节省，因此没有实行合同外包。因此，人们不能从上述洛杉矶采用了合同承包方式和联邦政府的研究中得出这样的结论：所有由政府内部提供的服务都要比合同外包多花28%～50%的费用。

美国审计总署（GAO）核查了1 661项成本对比研究（包括上面讨论的416项研究），这些研究涵盖了国防部承担的25项主要商业职能。这些研究对先前由内部直接提供时的成本与竞标价和面临民营化威胁时内部机构的低报价做了比较，发现原成本要比最终赢得合同的报价高出37%的费用，竞争过程省了6.14亿美元（27%）的资金。[11]这一研究随后扩展到另外8年间的2 138项承包合同。扩展后的数据表明：在16年的时间里，竞争带来的资金节省平均提高到31%。[12]和洛杉矶县的情况一样，这项研究是由一个独立机构进行的。

表6—1中所列的另三项研究得出了类似的结论。伦敦旺兹沃思区在其市政服务中引入了竞争机制，大约三分之一的承包合同被内部机构赢得，其余三分之二被私人承包商赢得，总共节省费用27%。[13]美国审计总署对服务总局（U. S. General Services Administration）下属的公共建筑服务中心的建筑物管理与维护服务进行了对比研究，发现合同外包平均节省费用25%。[14]悉尼大学的竞争性招标与合同承包研究小组对西澳大利亚州的研究发现，与承包前相比，合同承包平均节省费用20%。[15]

表6—1最令人注目的地方在于，不管是在美国、英国还是澳大利亚，其结果非常相似，即合同承包节省的资金在20%～33%之间。然而，英国的情况还不十分清楚：官方认为强制性竞争招标平均节省资金仅6%，但怀疑者称，承包合同中的服务质量要求有所提高（从而使成本的可比性降

低），同时强制性竞争招标的威胁迫使政府内部机构降低成本，这使得外部承包商的成本优势难以充分显示出来。[16]一种促使内部机构和外部承包商竞争的更为直接的机制是"管理者参与的竞争"，这将在下章讨论。在这里所提到的研究中，存在一个基本假定：负责任的官员在比较内部成本和合同标价后总是选择最低的，而不会偏袒照顾内部机构的雇员。

对公交系统的研究。 表6—2概括了合同承包前后城市公交服务的情况。在美国，公交服务实行合同承包可省的费用比表6—1所列其他市政职能要大得多。其主要原因在于，联邦政府依据《都市公共交通法》提供的资金提高了公共交通的运营成本。

表6—3概括了其他关于公交服务的研究结果。这些研究并非严格意义上的前后对比研究，但仍具有启发意义。它们印证或强化了一个一般结果：私人公交服务成本远低于公共交通服务，公交服务的合同承包方式比公共交通具有更高的成本收益比。佩里（Perry）和巴比特斯基（Babitsky）的研究发现，成本加固定费的支付方式成本收益比较差，这与下一章将讨论的有关合同承包的建议是一致的。

表6—2　　　　公交系统合同承包的前后对比研究

公交系统	合同承包带来的费用节约（%）
哥本哈根[b]	22
丹佛[b]	33
休斯敦[a]	37
印第安纳波利斯[b]	22
伦敦[b]	46
拉斯维加斯[b]	33
洛杉矶1988[a]	38
洛杉矶1989[a]	48
迈阿密[a]	29
新奥尔良[a]	50
圣迭戈[a]	44
斯德哥尔摩[b]	32

a. E. S. Savas, "A Comparative Study of Bus Operations in New York City," Report No. FTA NY-11-0040-92-1, Federal Transit Administration, U. S. Department of Transportation, 1992.
b. Wendell Cox et al., "Competitive Contracting in Public Transit: Review of the Experience," 1996 Public Transportation Assessment, Supplemental Report, Legislative Transportation Committee, State of Washington, 1 February 1997.

表 6—3　　　　　　　　公共和私营公交服务的对比

研究者	研究性质	研究结论
莫洛克、维顿 1985[a]	美国、英国、澳大利亚的 5 项重要研究	私人承包商提供服务的成本比公共部门低 50%~60%。
莫洛克、莫斯利 1986[b]	对 31 个公交系统的调查	合同外包给私营部门平均节约成本 29%。
佩里、巴比特斯基 1986[c]	民营、成本加固定费的合同承包、国营三者之间的比较	民营效率明显高于其他两种形式。
蒂尔等 1987[d]	864 个公交系统的比较研究	对规模较大的公交系统而言,民营比公共部门经营成本低 44%。对拥有 250 辆以上汽车的公共交通公司来说,合同外包给拥有 25 辆以上的私人公司会节省 36%~50%的费用。
舍洛克、考克斯 1987[e]	对 567 个民营公交系统的调查	1970—1983 年间,民营公共汽车公司每英里的运营成本降低了 3%,而同一时期公营公交系统的成本增加了 52%。公交服务的平均成本民营部门要比公营部门低 32%。
沃尔特斯 1987[f]	5 个大城市公交系统的比较研究	私营承包商总体上比公营公司运营成本低 50%~65%,它们一般向国库交纳相当数量的税金。

　　a. Edward K. Morlok and Philip A. Viton, "The Comparative Costs of Public and Private Providers of Mass Transit," in *Urban Transit: The Private Challenge of Public Transportation*, Charles A. Lave, ed. (Cambridge, Mass.: Ballinger Publishing Co., 1985), 233-253.
　　b. Edward K. Morlok and Frederick A. Moseley, *Potential Savings from Competitive Contracting of Bus Transit*, Report R-UP8851-86-1 (Washington, D.C.: Urban Mass Transportation Administration, April 1986).
　　c. James Perry and T. Babitsky, "Comparative Performance in Urban Transit," *Public Administration Review*, 46, no. 1 (January/February 1986): 57-66.
　　d. Roger F. Teal et al., *Estimating the Cost Impact of Transit Service Contracting*, Report CA-06-0220 (Washington, D.C.: Urban Mass Transportation Administration, December 1987).
　　e. Norman Sherlock and Wendell Cox, *The Potential for Optimizing Public Transit through Competitive Bidding* (Washington, D.C.: Urban Mass Transportation Administration, March 1987).
　　f. A. A. Walters, "Ownership and Efficiency in Urban Buses," in *Prospects for Privatization*, Steve H. Hanke, ed. (New York: Academy of Political Science, 1987), 83-92.

跨部门研究

　　前面讨论的承包前后对比研究为竞争性合同承包提供了有力的支持。然而,为了寻求更有说服力和更具决定性的证据,我们必须求助于另一种研究方法,即运用全面系统、跨部门对比和计量经济学方法,对不同区域内随机选择的内部服务和合同承包服务进行比较研究。这类研究不仅费时且成本高昂，实施起来相当困难。但自 1975 年以来，许多此类研究已经完成，为公共服务合同承包的效率提供了大量具有决定性的证据。这些研究范围广泛，涉及固体废物管理、街道清扫、街面修护、交通信号维护、公交交通、后勤服务、监护服务、树木维护、草地维护以及感化教养等领域。简言之，与通过竞争招标选择的承包商相比，政府内部机构提供这些服务的成本要高出三分之一。在所有这些研究中，合同承包的管理与监测费用都包括在内。研究还发现，市政机构和承包商的服务质量相同。[17]另一项重要研究发现，没有证据表明承包商的高效率是以牺牲质量为代价的。[18] 表 6—4 提供的数据来自范围最为广泛的研究。严格地讲，这些研究并没有显示民营化的效果；它们只是对随机选择的不同地域的同一服务的结果进行了比较，其中一半选择了公共机构提供的服务，另一半选用了私人承包商提供的服务。

表 6—4　　　　　跨部门比较研究

职能领域	承包商节省的费用（%）
固体垃圾收集	25
修筑街道	49
路面清扫	30
监护设施建设	42
交通信号灯维护	36
树木修剪	27

资料来源：Barbara J. Stevens, "Comparing Public- and Private-Sector Productive Efficiency: An Analysis of Eight Activities," *National Productivity Review* 3, no. 4 (Autumn 1984): 395–406.

对其他服务的研究

约翰·希尔克（John Hilke）对多项对比研究结果进行了归纳和总结。[19]其主要发现概括在表 6—5 中。

表 6—5　　　　公共服务提供机制的其他比较研究

服务领域	研究结论
空军基地内的维护保养服务	合同承包降低成本 13%，减少雇员 25%；同时，配件提供效率和飞机可使用率有所提高。
航空客运服务	民营航空公司比国营航空公司的效率高 12%~100%。
机场运营	引入市场竞争的机场运营成本低 40%。

续前表

服务领域	研究结论
财产税评估	民营评估公司的成本低50%，而且更准确。
清洁服务	政府内部机构提供的服务成本高出15%~100%。
日托服务	由于教师和职员人数减少，工资水平较低，私人日托节约费用45%。
讨债	民营讨债服务更快捷，成本低60%。
消防服务	消防服务合同外包节约费用20%~50%。
林地管理	就单位产出的劳工成本而言，公共机构是民间机构的2倍。
住房服务	政府机构比私营承包商多花费20%。
保险索赔处理	私营保险商处理相似申请的成本要低15%~26%。
洗衣服务	私人机构的成本比公共机构的成本低46%。
法律服务	合同承包更快捷，成本减少50%。
军队后勤辅助服务	因较高的生产率和较低的工资，合同承包降低了成本，但随着时间的推移，合同承包的成本会上升。
车辆维修保养	由于更高的生产率，合同承包花费较少。
疗养院	合同承包的疗养院平均每天节约成本45%。
停车场	因非工资福利减少和人员调配灵活，合同承包降低了成本。
公园和娱乐	民营化节省费用20%~30%。
工资单和数据处理	一项研究没发现区别，另一项研究则发现，合同外包后处理质量有所提高，费用节省了15%。
邮政服务	合同承包商在信件传递服务方面节省费用66%，在窗口服务方面节省费用88%。
印刷服务	就商业性印刷服务而言，私营部门成本低33%。
监狱管理	民营部门修建监狱的成本低45%，管理监狱的成本低35%。
铁路	民营铁路的维修效率比公营铁路高70%；随着竞争的引入，公营铁路的运营效率在提高。
治安服务	私人保安服务节省成本50%以上。
船只维修与保养	与海军舰船的维修保养成本相比，私营部门船只维修保养成本平均低80%。
屠宰场	由于生产能力过剩和人浮于事，公共机构的花费明显高于民营部门。
汽车救援	合同外包节约成本40%。
天气预报	在提供相同水平的服务条件下，私营部门的成本低35%。

这项调查总结了 100 多项独立研究的成果，所覆盖的服务范围广泛，包括军事基地的辅助服务、财产评估、疗养院的运营、各类申请的处理、邮政服务、道路修护、拖车服务、林地管理、屠宰场和天气预报。大部分研究是在美国进行的，但也包括来自德国、加拿大、澳大利亚和丹麦的研究成果。美国的研究涉及联邦、州、县和市镇各级的公共服务。与前面详细介绍过的研究相比，这些研究在深度和质量上参差不齐，一些研究只是简单的个案性的前后对比研究。不过，由于其数量大且范围广，这里值得一提。通过研究我们发现，民营化实现的成本节省从 20% 到 50% 不等。

合同承包为什么有效

政府服务通常成本高而质量差，其原因并不是政府部门雇员的素质比私营部门雇员差。问题的实质不在于公营还是私营，而在于垄断还是竞争。在提供低成本、高质量的物品和服务方面，竞争往往优于垄断，而大多数政府活动又毫无必要地以垄断方式组织和运营。实施得当，民营化会给政府官员和广大公众更多自由选择的机会，这种自由选择能够推进竞争，而竞争又能带来更多成本收益比高的公共服务。因此，民营化意味着在公共服务的提供中取消垄断，引进竞争。只要促进竞争的程序健康有效，公众就会从竞争中受益。

从总体上说，合同承包能提高生产率的主要原因在于单位时间内单个雇员产出量的提高，而不是工资的降低。一项全国就业政策委员会（National Commission for Employment Policy）主持的研究"没有发现私人承包商有降低工资的显著倾向"[20]。这个发现得到了伊利诺伊州市政服务民营化调查的印证：在那些了解承包商支付的工资水平的官员中，78% 的官员认为承包商支付的工资与政府工资水平相当（占 40%），或高于政府工资水平（占 38%），只有 10% 的官员指出承包商支付的工资低于政府部门。[21] 其他福利方面的情况比较复杂，但总体而言私营部门要低一些，差别较大的领域包括退休保险金、带薪假和病假。[22] 到底是私营部门福利过低还是公共部门福利过高，这当然是一个价值判断的问题。但在 1993 年，费城市长爱德华·伦德尔就休假天数问题同市政雇员工会展开了一场论战：市政雇员一年享受 18 个带薪假日，包括国庆！但那些在私营部门工作的纳税人一年却只有 9 个带薪假日。市长认为纳税人向市政雇员支付过多的福利毫无道理。

在对市政服务进行广泛的研究后,巴巴拉·J·史蒂文斯(Barbara J. Stevens)得出结论:就工资水平、服务质量和其他福利成本而言,市政部门与承包商之间不存在显著的统计上的差别。[23]导致可观察到的成本差异的因素归纳在表6—6中。承包商(1)为其雇员提供的带薪假机会少(带薪假天数少,缺勤付薪如无限期病假的情况少);(2)尽可能利用短工或低技能工人(表中没有显示);(3)更倾向于让管理人员同时负责设备维护和员工事务;(4)更乐于赋予一线管理者雇用和开除员工的权力;(5)更倾向于使用激励机制;(6)更少采取劳动密集型策略(即利用更多的资本性生产设备);(7)员工队伍更年轻,工作年限更短;(8)相对来说工人多管理者少,即"兵多官少"。史蒂文斯得出如下结论:

> 在大多数公共机构中,诸如清晰准确的任务界定、明确的工作标准和责任追究等原则并没有像在多数私营企业那样得到严格落实。这一区别似乎是公共机构和私人部门之间存在巨大的成本差异的主要原因。[24]

表6—6　市政部门与私营承包商之间的管理政策差异

管理政策	市政部门	私营承包商
全部成本中直接劳工成本所占的百分比(%)	60.2	49.0
资本性设备数量	4.54	5.42
雇员工会化的市镇所占的百分比(%)	48.1	20.0
雇员的平均年龄	36.1	32.1
雇员平均工作年限	8.12	5.83
雇员每年享受的带薪假天数	14.0	10.1
雇员年均缺勤天数(正规假期除外)	12.85	8.84
一线雇员与部门主管之间的管理层级数	1.91	1.51
管理者能解雇工人的市镇所占的百分比(%)	16.0	53.7
用书面形式惩戒员工的市镇所占的百分比(%)	72.5	33.8
对雇工实施正面激励的市镇所占的百分比(%)	12.3	26.9
设备使用者承担保养责任的市镇所占的百分比(%)	48.1	92.5
召开职工大会的市镇所占的百分比(%)	81.5	53.8

资料来源:Barbara J. Stevens, ed., *Delivering Municipal Services Efficiently*: A Comparison of Municipal and Private Service Delivery (Washington, D.C.: U.S. Department of Housing and Urban Development, Office of Policy Development and Research, 1984).

表6—7和6—8分别列举了街道清扫和固体垃圾收集的有关数据。从中我们看到,竞争性合同外包极大地提高了生产率。在新泽西州的纽瓦克所进行的街道清扫研究是在精心选择的两个城区间进行的。正如表6—7第一行所显示的那样,这两个地区的街道同样脏(或同样干净),每英里清扫的垃圾都是0.19吨。然而,该表表明这两个地区的生产率完全不同。承包商每个雇员每班清扫的街道长度大约是政府雇员的2.5倍,其结果是政府服务的成本比承包商高出162%,即84美元对32美元。[25]

表6—7　　　　公共部门与承包商街道清扫效率的比较

效率衡量标准	市政部门	私营承包商
每英里清除的杂物的吨数	0.19	0.19
每个清扫者每班清除的吨数	1.2	2.9
清除每吨杂物的平均成本	$449	$179
每个清扫者每班清扫的英里数	6.5	16.3
清扫每一英里的平均成本	$84	$32

资料来源:Report on Street Cleaning, Director of Engineering, Newark, N.J., 16 March 1994.

表6—8　　　　公共部门与承包商固体垃圾收集情况的比较

	蒙特弗农 (纽约州)	东奥兰治 (新泽西州)
制度安排	市政部门	合同外包
人口	70 000	74 000
面积(平方英里)	4.3	3.8
年均收集量(吨)	41 973	39 312
每周收集的次数	3	3
待清理垃圾存放地点	人行道	人行道
垃圾车周均倒班次数	63	39
车均随员人数	4	2
周均人天数	237	78
每人每天平均清理吨数	3.40	9.67
生产率指数	1.00	2.84
户均垃圾清理成本	$39.00	$29.14

资料来源:Barbara J. Stevens and E. S. Savas, "An Analysis the Feasibility of Private Refuse Collection and Disposal in Mount Vernon, New York," report submitted to the Mount Vernon Urban Renewal Agency, January 1977.

表 6—8 揭示了政府部门和私营承包商在垃圾收集方面存在的巨大的生产率差别。蒙特弗农和东奥兰治两个城市都位于纽约大都市地区，相距仅 21 英里，在人口、面积、年固体垃圾收集吨数和服务水平（收集频率和位置）上非常相近。然而，实际运营中存在如此巨大的差别：市政部门每车配备人员 4 人，而承包商仅需 2 人；市政部门垃圾车每周倒班次数 63 次，而承包商仅 39 次。这些差别造成的结果是：就每人每天收集垃圾的吨数而言，承包商的生产率是市政部门生产率的 2.84 倍；市政部门垃圾收集成本比承包商高 34%，即市政部门户均 39 美元，而承包商仅 29.14 美元。

这里所说的政府生产率较低的原因可以被视为直接原因。正如前文所述，缺乏竞争是最根本的原因。当政府机构直接从事这些工作时，它通常是以垄断方式运行的；当政府机构被迫同承包商竞争时，其生产率就会有所提高，甚至与承包商的业绩水平相当。[26] 这些将在第 7 章讨论。

罗恩·米兰达进一步研究和考察了合同外包对美国市镇总支出水平和市政雇员总数的影响。他发现，因市镇政府组织形式的不同，合同外包的影响有所不同：在市政委员会/经理制市镇中，合同外包明显减少了政府开支和市政雇员人数；而在市长/市政委员会制市镇中，情况却不是这样。换言之，在市政委员会/经理制市镇中，特定服务合同外包节省的费用被用来减少了市政总开支和市政雇员数量；但在市长/市政委员会制市镇中，合同外包节省的费用被花在了别的方面。[27] 这当然不是什么错误。印第安纳波利斯市斯蒂芬·戈德史密斯（Stephen Goldsmith）市长曾制定过一项明确的政策，积极推行市政服务的私营化所节省的资金全部用于改善基础设施和公共安全。[28]

简言之，合同承包总体上要比政府直接提供服务效率高，但这并不意味着合同承包制在每一个案上都能体现出优越性。事前认真研究和权衡潜在的收益，选择适当的服务领域并在竞争条件下审慎推行合同外包，签约以后进行有效监测，都是成功的关键。这一不言自明的道理得到了西蒙·道姆博格（Simon Domberger）和戴维·汉舍尔（David Hensher）的经验印证：他们发现承包商的选择程序与合约实施机制对合同承包制绩效具有至关重要的影响。[29]（第 7 章将详细描述如何有效推行合同外包。）正是由于上面提到的原因，竞争性合同承包形式的民营化在全世界广泛流行。

6.2 固体垃圾收集服务的民营化

仔细审查世界上研究最多的市政服务——固体垃圾收集——是十分有益的。20 世纪 70—80 年代许多大规模研究的实施，为合同外包的效率、效益和公正性提供了大量令人信服的证据。这一服务的民营化已成定论，研究者对有关争论已不感兴趣。不仅在美国，而且在欧洲、南美和中东，固体垃圾收集的合同外包已成普遍现象。1992 年，美国有 38% 的市镇利用合同承包制处理生活垃圾[30]，其中大城市中采用类似方法的占 50%。[31]

效率

对固体垃圾收集在不同制度安排下的效率的比较研究详尽而又全面，这些研究既包括美国、加拿大、英国、瑞士、日本等国的全国性调查研究，也包括康涅狄格、加利福尼亚和美国中西部诸州的地区性调查研究。其中 10 项主要研究是由政府研究人员和学者实施的，时间跨度为 12 年。[32] 如表 6—9 所示，研究结论高度一致且相互印证。审查这些研究可以得出这样的结论：虽然具体幅度从 14% 到 124% 不等，但市政垃圾收集要比合同承包平均多花 35% 的费用。发现没有区别的唯一一项研究样本很小，且局限于密苏里州的一个县。（其他两项小规模研究分别覆盖 24 和 26 个市镇，其中一个发现没有区别[33]，另一项研究发现市政服务效率更高。[34] 但是，由于这两项研究没有把合同外包和自由市场安排区别开来，其结论缺乏相关性。[35]）

最为全面系统的调查（分别由萨瓦斯独自进行，萨瓦斯、史蒂文斯、比兰尼联合进行，以及史蒂文斯单独进行）[36] 把主管部门前期准备、招标、监督承包商、合同管理等方面的成本计入合同外包的总成本中。他们得出的结论是：市政部门垃圾收集的成本比合同承包涉及的总成本高出 35%。在这些调查中，市政垃圾收集部门以垄断方式运营，而非以管理者参与的竞争方式运营。

表6—9 生活垃圾收集的市政和民营安排的对比研究

研究者	研究地点	报告年份	数据覆盖年份	调查的市镇数	分析的市镇数	市镇规模	资料获取手段	是否区别自由市场与合同承包	是否区别收集成本与处置成本	研究结论
萨瓦斯、史蒂文斯	美国	1975	1974	439	315	2 500~720 000	实地访问、信函和电话访问	是	是	对人口5万以上大城市而言，市政垃圾收集成本比合同承包价格高出29%~37%；效益方面不存在明显区别。
青珀、奎格利	康涅狄格	1976	1972—1974	N.R.	101	1 100~158 000	信函和电话访问	是	是	市政垃圾收集成本比合同承包价格高出14%~43%。
基钦	加拿大	1976	N.R.	142[a]	48	10 000以上	信函和电话访问	否[b]	N.R.	市政垃圾收集成本普遍高，合同承包更经济。
鲍米尔恩斯弗雷	瑞士	1977	1970	112	103	5 000~423 000	信函	否	N.R.	公共部门直接经营比民营平均成本高。
柯林斯、唐斯	圣路易斯县	1977	N.R.	53	53	500以下~65 000	实地访问	是[c]	是[c]	没有发现明显的规律。
皮托维克、贾菲	美国中西部	1977	1974	149	83	25 000~180 000	实地访问和信函	是[b]	是[c]	私营承包商的成本比市政系统成本低，市政部门收集成本比合同外包价高15%。
滨田、青木	日本	1981	1980	N.R.	211	N.R.	N.R.	是	是	市政部门垃圾收集成本比合同承包高124%。

158

续前表

研究者	研究地点	报告年份	数据覆盖年份	调查的市镇数	分析的市镇数	市镇规模	资料获取手段	是否区别自由市场与合同承包	是否区别收集成本与处置成本	研究结论
麦克戴维	加拿大	1984	1982	N.R.	109	10 000以上	信函和电话访问	是	是	公共部门垃圾收集成本比合同承包高出40%~50%。
史蒂文斯[d]	洛杉矶	1984	1983	20	20	10 000~200 000	实地访问	是	是	市政部门垃圾收集成本比合同承包高出42%;工作质量上不存在差别。
道姆博格等	英国	1986	1983—1985	610	610	N.R.	市政报告	是	是	市政部门成本比竞争性合同承包高28%。

注释：N. R. =未注明

a. 基欧报告的调查范围覆盖所有人口1万以上的市镇,1970年加拿大类似市镇共有142个。

b. 麦克戴维报告说"几乎所有私人公司以合同方式运营",这点可能适用于基欧的研究。

c. 虽然麦维没有明确说明,但看来是这样。

d. 指洛杉矶标准统计区域。

资料来源：改编自 E. S. Savaes, "Public vs. Private Refuse Collection: A Critical Review of the Evidence", Journal of Urban Analysis 6 (1979): 1–43.

政府部门的生产率与承包商相比明显低下：完成同量的工作要用更多的人，雇员缺勤而领取工资的现象更为频繁，使用低效的车辆，因此每个工时服务的居民户数更少。[37]美国研究得出的这些结论同样适用于加拿大[38]和英国[39]。

政府部门收集垃圾要比竞争性合同承包多花35％的费用，虽然就政府的预算开支而言这一数字意义重大，但两种安排之间的差别远不止这些。我们应该考虑以下因素：垃圾收集合同承包的成本包括管理费用（占总成本的4.4％）和合同承包价格（占总成本的95.6％）。[40]承包价可进一步分为利润、税和提供服务的实际成本。也就是说，私营公司要付各种费和税——地方营业许可证费、车辆注册费、资产税、燃料税、所得税等，但政府部门却不交纳以上税费。据估计，美国企业交给联邦、州和地方政府的税费占其营业收入的15％。当然，这些税费最终反映在产品的价格中。这样，当一个居民向政府交付135美元购买市政垃圾收集服务时，他或她仅仅得到该项服务。但当居民支付100美元从承包商手中购买相同的服务（通过政府作为采购机构）时，他或她不但能获得承包商的垃圾收集服务，而且还能获得价值14.34美元（即承包价95.6美元的15％）的额外收益，即通过税收返还给居民的、未察觉到的其他政府服务。把这些因素考虑在内，对居民来说，市政服务的成本实际上比合同承包高58％$\left(\frac{135}{100-14.34}\right)$。

进一步核算是有必要的。在讨论了服务外包的税收效应后，现在来考察其利润效应。几家主要废品处理公司的年报显示，其利润约占营业收入的10％（在本例中应为9.56美元）。由此可以断定，扣除承包商利润的因素，市政机构从事这一工作的成本比私营公司高88％$\left(\frac{135}{95.60-14.34-9.56}\right)$。概括起来：

1. 在服务质量相同的前提下，如果市政部门直接从事垃圾收集服务而不是合同外包，预算部门要多支付35％的资金。

2. 把居民从承包商那里间接获得的税收收益考虑在内，如果市政部门直接从事垃圾收集服务而不是合同外包，每个居民要多支付58％的费用。

3. 市政部门从事同样工作的成本比承包商高88％（考虑税收效应和利润效应），换言之，市政机构的资源利用效率要低得多。

到此为止，本节一直在比较政府服务和合同承包的效率。那么，自由市场和特许经营安排的效率又如何？正如第 4 章所讲的那样，两者在美国是普遍存在的。在自由市场安排下，居民自主选择私人公司。由于缺乏邻接经济效应（economies of contiguity）且收费成本高，可以预料市场安排下的垃圾收集成本要高于合同承包。承包公司在特定区域内收集所有住户的垃圾，这比自由市场安排更有效率——承包制下单位面积内的客户较多，而自由市场安排下不同的公司可能要在同一街区收集。在某一社区行使法定收集权——每户居民都必须接受这一服务——的特许经营公司实现了邻接经济性，因而类似于承包公司（就这点而言也类似于市政机构）。但是，收费问题构成了特许经营和自由市场安排的一个重要成本因素，而承包公司不必承受向每户居民邮寄账单的成本和欠费损失，它给政府主管部门发一个账单，后者实施一次性总支付。[41] 合同承包对生活垃圾收集而言是最有效率的一种安排，管理者参与的竞争是理想的合同承包程序。

效益

承包经营比市政服务显然更有效率，但这会不会以牺牲服务质量为代价呢？一项旨在研究不同安排机制的效益问题而对美国住户进行的一项全国性大规模调查回答了这一问题。调查者随机选择了 82 个城市，从中又随机选择了 8 166 个居民家庭，分别进行电话采访。私人垃圾收集服务即自由市场安排获得最高评价，93％的回答者评价为良好或优秀，市政服务和承包服务获得此类评价的分别为 90％和 89％。从公共政策的角度看，"三者之间的差别太小以至无关紧要……因此，选择哪种安排方式应取决于效率"[42]。

公正性

合同承包至少和市政服务同样公正，甚至可能更公正。第 4 章已经提到，公正性的一个重要方面是服务的公平分配和提供。由于承包服务和市政服务都由政府财政支付，在这点上两者没有区别。然而笔者注意到：当车辆出故障或因员工缺勤（两者在市政服务中相当普遍[43]；市政遗漏的概率比承包公司高 10％[44]）造成延误时，市政机构不会用支付加班费的方式确保如期完成收集任务，其典型的做法是把贫穷居民区（其居民多为少数民族，缺乏政治影响）的收集工作推迟到第二天。事实上，市政服务是歧视性的和不公正的。相反，实施合同外包的城市要求承包商严格履行每日收集计划，否则要进行罚款。因此，承包商把全市垃圾收集作为一个整体性工作来履行，而不是视为一系列影响力各不相同的政治区域。

我再举一个在第 4 章已提到的有关公正性的个人观察。一个从市政收集转到合同外包的城市在承包合同中加入了一项本地化条款，要求承包商的劳动力结构必须与本市人口的种族结构相匹配。这一种族就业平等条款在该市卫生部门从来没有实现，而承包公司轻而易举地实现了。

就服务质量和就业机会而言，合同承包比政府服务对少数民族团体更公正。

反竞争行为

如果不谈及行业内的违法活动，对私营部门在垃圾收集业的角色的讨论将是不完整的。多年来报道的大量事例尤其是有关几个大城市的事例，引起了广泛的关注。问题牵涉到反竞争行为：垃圾运输业的几家私人公司图谋分割顾客群或经营区域，有时出现经营者对竞争者实施威胁或采取暴力行为。由于成功终结了纽约市垃圾收集行业的黑手党主导，市长鲁道夫·朱利安尼（Rudolph Giuliani）赢得了全国的赞扬，由此引入的竞争使当地公司的成本减少了 30%～40%。[45] 与美国一些地方的传言相反，类似的反竞争行为并不限于某个种族，而且也不限于美国。

垃圾收集行业不无道理地指出，当某个业者违法时，整个行业会受到不公平的诋毁，而银行家、股票经纪人、医生和律师违法时，其行为却往往被视为孤立事件，就如同在其他行业中实施价格共谋被看做个案一样。

事情还不止于此。在所有文化中，垃圾收集传统上被视为地位低贱的职业。新工人往往来源于有限的劳动力后备军，即家庭成员、朋友、其他同等级或同村人员。例如，在印度这种工作主要由贱民干，在埃及是哥普特教徒，在美国东北部是意大利南部移民，在南加利福尼亚是亚美尼亚移民，在芝加哥是荷兰移民，在奥地利是来自南斯拉夫的阿尔巴尼亚人，在德国则是土耳其人。成员之间由此形成了紧密的社会关系网，他们易于就如何以友好、合作、非竞争方式履行这份艰辛且令人讨厌的工作达成一致。然而，不论这种组织形态的发展怎样自然和无辜，其结果在局外人看来可能是一种妨碍贸易的共谋行为。

美国的垃圾收集行业在技术、规模、先进性和组织方式方面，发生了很大的变化。夫妻店、只有一辆车的微型公司和家庭企业几乎全部消失了，就像传统社交方式已经消失一样。这一行业还在迅速发展变化。从遵纪守法的角度看，全国各地早已形成共识，垃圾收集行业与其他行业没有什么两样。垃圾收集服务（或者说一般市政服务）因存在腐败的可能性而不应合同外包的观点过于僵化。

小结

来自大量权威研究的确凿证据显示，合同承包安排是最有效率的。承包服务比特许经营或自由市场安排效率高，比市政服务效率更高，服务质量与市政服务相同，公正性至少不亚于市政服务。如果把政府服务看作永久垄断，把自由市场安排看作持续竞争，合同承包则是具有阶段性竞争特点的临时性垄断，它对垃圾收集而言是最佳选择。

对目前实施市政垃圾收集服务的市镇来说，最好的办法是把市镇分成几个区域，分别实行竞争性招标，对象包括市政部门和私营公司。该策略能确保最大限度的竞争，并防范承包商之间可能的共谋。[46]任何人口超过10万的城市可以分成若干至少拥有3万人的区域，从而实现垃圾收集服务上的规模经济效应。[47]

6.3 国有企业的政府撤资

全世界范围内都在出售国有企业。1997年的销售总额达到1 570亿美元，其中发达国家（经合组织成员国）占1 020亿美元，发展中国家占550亿美元。后者的撤资正在加速：与1996年相比，全世界国企销售额平均增长70%，而发展中国家销售额增长了170%。[48]这种活跃程度表明撤资被视为一项好政策，事实证明了这一点。

如前所述，公共机构和承包商的绩效比较是相对容易的，因为市政服务和辅助服务在各国普遍存在且内容基本相同，因此许多比较研究已经完成。然而，正像对民营化概念的确切解释互不相同一样，国有企业之间的差别也很大。因此，政府撤资如从国有电信企业撤资的实际结果，甚至在两个相邻的国家也可能完全不同。

许多研究比较了私人公司和国营公司的经营绩效。例如，在澳大利亚国有和私营航空公司的干线运营之间做过一项很有意思的比较。前者由政府直接经营，后者以特许经营方式运营。两家公司飞行线路相似，服务的城市相似，使用的飞机相似，而且报价相同。被用来比较的有 3 条效率指标：雇员人均货物运输吨数、雇员人均载客量以及雇员人均营业收入。结果在 3 条指标上私营公司都显示出更高的效率：以 10 年的平均数计算，私营公司的 3 个效率指数分别是国有公司的 204%、122%、113%。对连续 16 年数据的全面分析显示，私营公司每年在各项指标上都优于国有公司。[49] 然而，对加拿大国家铁路公司（Canadian National Railroad，国有）和加拿大太平洋铁路公司（Canadian Pacific Railroad，私营）的研究没有显示出效率上的明显差异。这归因于两家铁路公司彼此竞争，从而运营结果相似。[50]

安东尼·博德曼（Anthony Boardman）和艾丹·瓦伊宁（Aidan Vining）、罗伯特·米尔沃德（Robert Millward）和戴维·帕克（David Parker）、约翰·希尔克等人分别对此类研究结果进行了总结归纳。[51] 然而，更为突出的是几项对国有和私营商业性公司绩效的大规模比较研究。这些将在下面介绍。

竞争环境下国有和私人公司的比较

博德曼和瓦伊宁研究了美国之外的 500 家最大的制造业公司和矿业公司，其中有 419 家私人公司、58 家国有企业和 23 家混合公司（即私人和国家共同拥有）。由于研究期间没有一家企业实行民营化（或国有化），所以这不是对民营化效果的研究，而是竞争环境下公共、私营以及混合公司的比较，即不同所有制的比较。主要研究结果极具意义：（1）私人公司比国有或混合公司盈利能力强（投资回报率高出 14%），效率高（资产周转率高出 27%）；（2）所有权结构也很重要，而不仅仅是竞争；（3）与私营公司相比，国有企业和混合公司的绩效同样糟糕。[52] 可以看出，私人控制而不仅仅是私人投资，才是良好绩效的关键；出售国企少数股份的做法虽然很普遍，但它是集资而非民营化，可能无法带来大的改善。

当然，美国也存在政府企业，人们对其中一些进行了考察和研究。对美国四个政府公司（铁路客运公司、邮政服务局、田纳西河流域管理局和民营化前的联合铁路运输公司）的一项研究发现，它们在控制成本和提高生产率方面比私营企业明显逊色。[53] 另一项关于所有权效应的研究详细考察了100多家印度尼西亚的国有和私人公司，包括金融、农业、零售、交通以及其他部门。研究表明，私营公司比国有企业有较高的利润空间和较低的经营成本。[54]

对撤资前后垄断企业的研究

世界银行对12家国有垄断企业进行了民营化前后的比较研究，这些企业包括五家公用事业公司、四家航空公司、两家其他交通企业和一家博彩公司，分布在英国、智利、墨西哥和马来西亚四个国家。研究所使用的方法是非实际情况的比较，即把实际结果与假设企业仍然是国有时的推断结果进行对比。研究中用复杂的计量经济分析方法考察了对受益人包括工人、投资者、公民和所有者的影响。研究结论如下：撤资导致的净利润达到撤资前销售总额的26%。此外，3家公司的雇员因工资提高或所获股票增值生活得到改善，另外9家撤资企业工人的状况没有恶化，因为他们能找到其他全职工作或获得丰厚的解雇费。[55]

另一项研究考察了阿根廷的5家国有垄断企业的民营化，它们是电话、电力、天然气、水资源和废水处理以及能源企业。[56] 初步结果表明，民营化大大改善了政府的财政状况，在私人经营下，公司的财务状况和生产绩效得到改善，众多利益相关者从中受益。

政府财政状况的改善源于多种收入：出售企业获得的资金、企业民营化后交纳的税费、企业产出增加后多交纳的增值税、政府取消的民营化前对4家亏损企业的补贴。每家公司的财务状况都有所好转，总体上5家企业每年盈利20亿美元而不像以前那样亏损20亿美元。运营质量和生产率明显提高：4年内电话线路增长63%，职工人均线路比翻了一番多，公用电话数量猛增143%，国际通话量几乎翻了一番，在两个特许经营地区国内长途电话不间断完成率从30%分别上升到93%和99%。电力方面，员工人均产出以及人均顾客量都翻了一番多。天然气供给量增长了11%。水生产能力提高了22%，水损失率从40%减少到合同目标的25%，供水范围扩大了10%，下水道覆盖范围扩大了8%。对价格的影响尚不清楚，有些价格上涨，有些价格下跌，并且政府取消了某些补贴。大约27%的工人失业，他们从可观的解雇费（相当于10 000美元）和其他补救措施中获得了补偿。留下来的员工则从重新协定的劳动合同和额外的培训中获益。[57]

对撤资前后竞争行业企业的研究

和早先讨论的国有垄断公司相反,本研究考察从事竞争性商业活动的前国有公司在撤资前后的绩效。所研究的 61 家公司来自 32 个行业和 18 个国家(6 个发展中国家和 12 个工业化国家)。研究者发现撤资后发生了几个重要的积极变化:利润增长了 45%(以销售利润率计算),销售额增长 27%,效率(员工人均销售额)增长 11%,投资增长 45%,股息增长 96%,就业增长 6%。鉴于国有企业人浮于事的普遍看法,最后一个数字令人吃惊,但三分之二的公司在政府撤资后雇员数量增加了,只有三分之一的公司出现下降。对此的解释是 45% 的投资增长:私人业主抓住机会扩张业务,从而增加了雇员。研究者还注意到,销售额、利润、股息的增长并不是来自价格的上升。[58]

另一项研究考察了 1980—1992 年间 21 个发展中国家中政府全部或部分撤资的 79 家公司的财务和经营状况。[59] 样本包括在竞争性和非竞争性市场中经营的公司。研究发现,这些新近民营化的公司在获利能力、经营效率、资本投资、股息派发及就业方面有显著增长。这和上一段的研究结论相似。该研究中就业量也增加的事实(可从约三分之二的公司中观察到)则支持了如下假说:投资越多,效率越高,产出和就业量也就越大。

对前社会主义国家企业的研究

对 7 个前社会主义国家(保加利亚、匈牙利、捷克、波兰、罗马尼亚、斯洛伐克和斯洛文尼亚)6 300 家公司的研究涉及民营化公司和政府继续控制的公司。民营化后运营 4 年以上的公司——从保加利亚的 8% 到捷克的 89%——的生产率增长比国有公司高 3~5 倍。研究者据此推断:"民营化是国有企业重组的关键。"[60]

然而,民营化公司可能在民营化之前就具有某些国有企业缺乏的优势,这些优势使得民营化的实施更容易,日后取得的成功更大。换句话说,这些公司开始就具有较好的基础,因此对它们的研究受到选择偏差的影响。这种批评同样适用于前面讨论的博德曼和瓦伊宁的研究,因为许多国有企业曾经是因经营失败而被接管的私人公司。

另一项研究避免了这种局限性。该研究调查了波兰、匈牙利和捷克的大约 160 家中等规模制造业公司(100~1 500 个雇员)撤资前后的变化。这些公司中大约一半仍由政府拥有，另一半在1990年、1991年或1992年陆续民营化。与国有公司相比，撤资三年后，民营化公司就业人数增长28%，销售额增长77%，员工人均销售额增长40%。罗曼·弗里德曼（Roman Frydman）等人发现："正是这种堵漏增收的能力把私有（不是员工所有）公司同国有企业明显地区别开来……总体上看，我们发现外部人（非管理层亦非员工）拥有的公司在大多数业绩指标上优于内部人所有的公司，员工所有制是最无效率的（事实上比国有企业还缺乏效率）。"[61]一系列研究显示了一种发展规律：随着转轨期最初的下降，企业民营化后就业量总体上会增长。

撤资的国别研究

有关各国民营化项目的研究资料非常丰富。[62]这里试举两例以说明大规模研究的结论。

英国。英国民营化项目的主要评估结论可概括如下：

1. 引入竞争机制的部门，其绩效显著提高。
2. 有关行业在民营化进程中忽视了引入竞争。
3. 以标尺比较（yardstick comparisons）为主要形式的模拟竞争，其效果与真正的竞争相比相形见绌。
4. 即使在竞争有限甚至缺乏竞争的行业，民营化后的效率也有明显提高。
5. 政府和工会的势力明显削弱。
6. 规制部门取代政府成为唯一强有力的外部力量，但规制缺乏效率，效果不明显且成本高昂。
7. "廉价出售公共资产"的说法大都毫无意义。[63]

因为公司更多关注盈利，民营化常常导致大规模的裁员。但留下来的雇员的工资和其他部门的雇员相比基本持平。然而，由于自由化及竞争者进入等原因，在市场力量减弱的部门，雇员的相对工资水平也有所下降。[64]

对英国公用事业民营化的另一项研究对以下观点提出了挑战：盈利增长是因为消费者为质量差的服务支付更高的价格。按实际价格计算，民营化以来天然气价格下降23%，电信价格下降50%以上，民用电价格下降12%，商用电价格下降25%。民营化之前，居民电话的按期安装率只有74%，民营化后达到了95%。[65]

英国电力系统民营化的分析结果表明：消费者、股东和政府获得的净收益相当于价格水平下降了 3.2%～7.5%，或相当于 40% 的资产回报率。[66]

一项涉及范围更窄、针对英国供水系统民营化的研究重点讨论了就业问题。国有垄断公司民营化后被分为 10 家自来水公司，职工总数明显下降。民营化前 10 年，工人约有 60 700；民营化时约为 49 500；民营化后 10 年只有 37 500，比民营化前 10 年下降 32%，比民营化时下降 22%。在英国，民营化之前大量裁员（本例中为 18%）的现象比较普遍，反映了管理层取悦新的私营董事会的愿望。[67]

墨西哥。截至 1992 年，墨西哥政府对 361 家国有企业实行了民营化。其中 218 家非金融企业的数据足以对企业民营化后的绩效和民营化前 4 年的平均绩效进行对比：盈利能力提高 40%，单位成本下降 18%，产出增长 54%。与其他研究不同的是，就业下降 20%，但在岗工人的境况明显改善：蓝领工人的工资提高 120%，白领提高 78%。在增加的利润中，33% 源于裁员，大部分（52%）来自效率的提高，只有 15% 来自提价。[68]

6.4 小　结

有充分的证据表明，只要实施得当，民营化能大大改善绩效，不管其形式是合同承包（广义上包括特许经营）还是撤资。效率的提高和效益的增进已成定律。尽管民营化的单个案例各具特色，但我们仍能作出一些合理的概括。总体上看，合同承包通过提高生产率从而降低了成本，即同量工作由数量较少但报酬更高的工人完成。撤资总体上改进了绩效，同时，随着成功的公司业务的扩展，就业量随之增加。

注　释

[1] E. S. Savas, ed., *Privatization for New York: Competing for a Better*

Future, Report of the New York State Senate Advisory Commission on Privatization (Lauder Commission), January 1992, 4–7.

[2] P. S. Florestano and S. B. Gordon, "Private Provision of Public Services," *International Journal of Public Administration*, 1 (1979): 307–327; P. S. Florestano and S. B. Gordon, "Public vs. Private: Small Government Contracting with the Private Sector," *Public Administration Review*, 40 (1980): 29–34.

[3] *Alternative Methods for Delivering Public Services in New Jersey*, Eagleton Institute of Politics, Rutgers University, New Brunswick, NJ, 1986.

[4] I. T. David, "Privatization in America," *Municipal Year Book* 1998 (Washington, DC: International City Management Association, 1988) table 5/2.

[5] Industry Commission, *Competitive Tendering and Contracting by Public Sector Agencies*, Report no. 48 (Melbourne, Australia: Australian Government Publishing Service, 24 January 1996), 506.

[6] Robert J. Dilger, Randolph R. Moffert, and Linda Struyk, "Privatization of Municipal Services in America's Largest Cities," *Public Administration Review*, 57, no. 1 (January/February 1997): 21–26.

[7] County of Los Angeles, *Report on Contracting Policy in Los Angeles County Government*, 1987, 40.

[8] John C. Goodman, Office of Chief Administrative Officer, County of Los Angeles, paper presented at the Third National Conference, Privatization Council, Washington, DC, 11 June 1990.

[9] Office of Federal Procurement Policy, *Enhancing Governmental Productivity Through Competition* (Washington, DC: U. S. Office of Management and Budget, 1984).

[10] J. P. Wade, Jr., *Report to Congress: The DOD Commercial Activities Program*, 11 April 1986.

[11] *Federal Productivity: DOD Functions with Savings Potential from Private Sector Cost Comparisons* GAO/GGD-88-63FS. (Washington, DC: General Accounting Office, 1988).

[12] Sam Kleinman, "DOD Commercial Activities Competition Data," (Alexandra, VA: Center for Naval Analyses, 1996).

[13] Paul Beresford, *Good Council Guide: Wandsworth*, 1978—1987 (London: Centre for Policy Studies, 1987).

[14] *Public-Private Mix: Extent of Contracting Out for Real Property Management Services in GSA*, GAO/GGD-94-126BR (Washington, DC: General

Accounting Office, May 1994), derived from table I. 5.

[15] S. Farago, C. Hail, and S. Domberger, "Contracting of Services in the Western Australian Public Sector," Graduate School of Business, University of Sydney, October 1994.

[16] Lawrence L. Martin, "Public-Private Competition in the United Kingdom: Lessons for U. S. Local Government?" *State and Local Government Review* 29, no. 2 (Spring 1997): 81-89.

[17] Barbara J. Stevens, "Comparing Public and Private-sector Productivity Efficiency: An Analysis of Eight Activities," *National Productivity Review*, 1984, 395-406.

[18] Simon Domberger, C. Hall, and E. Ah Lik Li, "The Determinants of Price and Quality in Competitively Tendered Contracts," *Economic Journal* 105, no. 433 (November 1995): 1454-1470.

[19] John Hilke, *Competition in Government-Financed Services* (Westport, CT: Greenwood, 1992).

[20] National Commission for Employment Policy, *The Long-term Implications of Privatization* (Washington, DC: Government Printing Office, 1989).

[21] Robin A. Johnson and Norman Walzer, "Privatization in Illinois Municipalities," Office of the Comptroller, State of Illinois, Springfield, 1997.

[22] National Commission for Employment Policy, *Long-term Implications*.

[23] [24] Stevens, "Comparing Public and Private-sector Efficiency," 545.

[25] Director of Engineering, "Report on Street Cleaning," Newark, NJ, 16 March 1994.

[26] E. S. Savas, "An Empirical Study of Competition in Municipal Service Delivery," *Public Administration Review* 37 (1977): 717 - 724; Ronald W. Jensen, "Public/Private Competition: The Phoenix Approach to Privatization," testimony before the House Subcommittee on Small Business, Hearing on the Impact of Deregulation and Privatization, Washington, DC, 3 June 1987.

[27] Rowan Miranda, "Privatization and the Budget-Maximizing Bureaucrat," *Public Productivity & Management Review*, 17, no. 4 (Summer 1994), 355-369.

[28] Mayor Stephen Goldsmith, *The Twenty-first Century City* (Washington, DC: Regnery Publishing, 1997), 134.

[29] Simon Domberger and David Hensher, "On the Performance of Competitively Tendered Public Sector Cleaning Contracts," *Public Administration*, 71 (Autumn 1993): 441-454.

[30] Rowan Miranda and Karlyn Anderson, "Alternative Service Delivery in Local Government, 1982—1992," *Municipal Year Book* 1994 (Washington, DC: International City Management Association, 1994), 26-35.

[31] Dilger, Moffert, and Struyk, "Privatization of Municipal Services."

[32] E. S. Savas, "Public versus Private Refuse Collection: A Critical Review of the Evidence," *Journal of Urban Analysis* 6 (1979): 1-13; Peter Kemper and John M. Quigley, *The Economics of Refuse Collection* (Cambridge, MA: Ballinger, 1976); Harry M. Kitchen, "A Statistical Estimation of an Operating Cost Function for Municipal Refuse Collection," *Public Finance Quarterly* 4, no. 1 (January 1976): 56-76; Werner W. Pommerehne and Bruno S. Frey, "Public versus Private Production Efficiency in Switzerland: A Theoretical and Empirical Comparison," in *ComparingUrban Service Delivery Systems*, ed. Vincent Ostrom and Frances P. Bish, Urban Affairs Annual Review, vol. 12 (Beverly Hills, CA: Sage, 1977): 221-241; John N. Collins and Bryan T. Downes, "The Effects of Size on the Provision of Public Services: The Case of Solid Waste Collection in Smaller Cities," *Urban Affairs Quarterly* 12, no. 3 (March 1977): 333-347; William M. Petrovic and Bruce L. Jaffee, "Aspects of the Generation and Collection of Household Refuse in Urban Areas," Institute for Real Estate and Applied Urban Economics, Graduate School of Business, Indiana University, Bloomington, Ind., 1977; K. Hamada and S. Aoki, "'Spinning Off' in Japan: The Upsurge in Privatization," in *Cutback Management: A Trinational Perspective*, ed. G. G. Wynne (New Brunswick, NJ: Transaction, 1983); James C. McDavid, "The Canadian Experience with Privatizing Residential Solid Waste Collection Services," *Public Administration Review* 45 (1985): 602-608; Stevens, "Comparing Public and Private-sector Productive Efficiency"; S. Domberger, S. A. Meadowcroft, and D. J. Thompson, "Competitive Tendering and Efficiency: The Case of Refuse Collection," *Fiscal Studies*, 7, no. 4 (November 1986): 69-85. 另参见 John D. Donohue, *The Privatization Decision: Public Ends, Private Means* (New York: Basic Books, 1989) 60-70。

[33] Werner Z. Hirsch, "Cost Functions of an Urban Government Service: Refuse Collection," *Review of Economics and Statistics*, 47 (February 1965): 87-92.

[34] William J. Pier, Robert B. Vernon, and John H. Wicks, "An Empirical Comparison of Government and Private Production Efficiency," *National Tax Journal* 27, no. 4 (December 1974), 653-656.

[35] Savas, "Public versus Private Refuse Collection."

[36] E. S. Savas, "Policy Analysis for Local Government: Public vs. Private Refuse Collection," *Policy Analysis* 3, no. 1 (Winter 1977): 49–74; E. S. Savas, Barbara J. Stevens, and Eileen B. Berenyi, "Solid Waste Collection: Organization and Efficiency of Service Delivery," *The Policy Cycle*, ed. Judith V. May and Aaron B. Wildavsky (Beverly Hills, CA: Sage, 1978), 145–165; Stevens, "Comparing Public- and Private-sector Productive Efficiency."

[37] Savas, "Policy Analysis for Local Government"; Barbara J. Stevens, "Service Arrange-ment and the Cost of Refuse Collection," *The Organization and Efficiency of Solid Waste Collection*, ed. E. S. Savas (Lexington, MA: Heath, 1977), 121–138; Barbara J. Stevens, *Delivering Municipal Services Efficiently: A Comparison of Municipal and Private Service Delivery* (Washington, DC: Office of Policy Development and Research, Department of Housing and Urban Development, June 1984).

[38] James C. McDavid, "The Canadian Experience with Privatizing Residential Solid Waste Collection Services," *Public Administration Review* 45 (1985): 602–608.

[39] John Cubbin, Simon Domberger, and Shirley Meadowcroft, "Competitive Tendering and Refuse Collection," *Fiscal Studies*, 8, no. 3 (August 1987): 49–58.

[40] Stevens, *Delivering Municipal Services Efficiently*.

[41] Savas, "Policy Analysis for Local Government."

[42] "Customers Rate Refuse Service," *Waste Age* 12 (November 1981): 82–88. 这篇文章基于 Donald Sexton, "Effectiveness, Equity and Responsiveness of Solid Waste Collection Services," Center for Government Studies, Graduate School of Business, Columbia University, 1979. 一项对美国图森（Tucson）地区的研究发现，人们对市政服务和自由市场安排下的民营服务的质量觉察不到什么差别。这项研究参见 Julia Marlowe, "Private Versus Public Provision of Refuse Removal Service: Measures of Citizen Satisfaction," Urban *Affairs Quarterly* 20, no. 3 (March 1985): 355–363。

[43] Stevens, *Delivering Municipal Services Efficiently*, 182.

[44] "Customers Rate Refuse Service."

[45] Selwyn Raab, "Cheaper Trash Pickup with New York's Crackdown on Mob Cartel," *New York Times*, 11 May 1998, A17.

[46] Savas, "An Empirical Study"; idem, "Intracity Competition between

Public and Private Service Delivery," *Public Administration Review* 41 (1981): 46-52.

[47] Stevens, "Service Arrangement."

[48] "Privatisation," *The Economist*, 21 March 1998, 125.

[49] David G. Davies, "The Efficiency of Public versus Private Firms: The Case of Australia's Two Airlines," *Journal of Law and Economics* 14 (April 1971): 149-165.

[50] Douglas W. Caves and Laurits R. Christensen, "The Relative Efficiency of Public and Private Firms in a Competitive Environment: The Case of Canadian Railroads," *Journal of Political Economy* 88, no. 5 (1980): 958-976.

[51] Anthony E. Boardman and Aidan R. Vining, "Ownership and Performance in Competitive Environments: A Comparison of the Performance of Private, Mixed, and State-Owned Enterprises," *Journal of Law and Economics* 32 (April 1989): 1—33; Robert Millward and David M. Parker, "Public and Private Enterprise: Comparative Behavior and Relative Efficiency," in *Public Sector Economics*, ed. Millward, Parker et al. (New York: Longman, 1983), 199-263; Hilke, *Cost Savings from Privatization*.

[52] Boardman and Vining, "Ownership and Performance."

[53] Paul W. MacAvoy and George S. McIsaac, "The Performance and Management of United States Federal Government Corporations," in *Privatization and State-Owned Enterprises*, ed. Paul MacAvoy, et al. (Boston: Kluwer, 1989), 77-142.

[54] Richard Funkhouser and Paul W. MacAvoy, "A Sample of Observations on Comparative Prices in Public and Private Enterprises," *Journal of Public Economics* 11 (1979): 353.

[55] A. Galal, L. Jones, P. Tandon, and Inge Vogelsang, *Welfare Consequences of Selling Public Enterprises* (Washington, DC: World Bank, 1992).

[56] [57] Hafeez Shaikh, et al., *Argentina Privatization Program: A Review of Five Cases* (Washington, DC: World Bank: 1996), 155-179.

[58] William L. Megginson, Robert C. Nash, and Matthias Van Randenborgh, "The Financial and Operating Performance of Newly Privatized Firms: An International Empirical Analysis," *Journal of Finance* 49, no. 2 (June 1994): 403-452.

[59] Narjess Boubakri and Jean-Claude Cosset, "Privatization in Developing Countries-An Analysis of the Performance of Newly Privatized Firms," *Public Pol-

icy for the Private Sector, no. 15 (December 1998): 37-40.

[60] Gerhard Pohl, Robert E. Anderson, Stijn Claessens, and Simeon Djankov, *Privatization and Restructuring in Central and Eastern Europe* (Washington, DC: World Bank, 1997).

[61] Roman Frydman, et al., "Private Ownership and Economic Performance: Evidence from Transition Economies," C. V. Starr Center for Applied Economics, New York University, September 1997.

[62] See, for example, Roman Frydman, et al., *The Privatization Process in Russia, Ukraine, and the Baltic States* (London: Central European University Press, 1993); Andreja Bohm and Vladimir G. Kreacic, eds., *Privatization in Eastern Europe* (Ljubljana, Yugoslavia: International Center for Public Enterprises in Developing Countries, 1991); V. V. Ramanadham, *Privatisation in Developing Countries* (London: Routledge, 1989); Geeta Gouri, ed., *Privatisation and Public Enterprise: The Asia-Pacific Experience* (New Delhi: Oxford and IBH Publishing, 1991).

[63] Matthew Bishop, John Kay, and Colin Mayer, "Introduction: Privatization in Performance," in *Privatization and Economic Performance*, ed. Matthew Bishop, John Kay, and Colin Mayer (London: Oxford University Press, 1994), 2.

[64] 同上书, 348。

[65] Keith Boyfield, *Privatisation: A Prize Worth Pursuing?* (London: European Policy Forum, 1997).

[66] David M. Newbery and Michael G. Pollitt, "The Restructuring and Privatization of the U. K. Electricity Supply: Was It Worth It?" *Viewpoint*, Research Note 124 (Washington, DC: World Bank, September 1997).

[67] Ian A. Crossley, Donald Brailey, and Susan Melamud, "Privatization: What Can the U. S. Utilities Learn from the English Experience? How Can We Apply Those Lessons to the American Environment?" Proceedings of the Third Annual Water Industry Summit, Shoreham Hotel, Washington, DC, May 1996.

[68] Rafael La Porta and Florencio Lopez-de-Silanes, "Benefits of Privatization: Evidence From Mexico," *Public Policy for the Private Sector*, No. 10 (June 1997).

第 7 章
公共服务的合同承包

竞争招标——主要通过委托授权实现民营化——在美国是最常见的民营化方式,在英国则成为对市政服务的强制性要求。如第 4 章指出的那样,许多服务可从私人企业购买。政府官员和大多数公众普遍承认:在适当条件下,私人承包可以提供更好更便宜的服务。第 5 章对此进行了详细的叙述并列出了支持这一论点的论据。根据对 596 个美国城市的调查,1982—1992 年间,民营化水平增长了 121%,有 28% 的服务通过合同承包形式实现了民营化。[1]

竞争招标并不必然导致公共服务的民营化。如果公共机构在与私人企业的竞争中获胜,竞争招标会导致内部合同。把民营化概念应用于公共部门的内部合同显然有失严谨。在本章中,"民营化"应被理解为竞争招标,包含"合同外包"和"内部合同承包"两种可能结果。新术语"管理者参与的竞争"(managed competition)正在被越来越多地用来描述这一实践。

罗伯特·普尔(Robert Poole)虚构了一个加州城市的有趣情境,20 年中该市所有公共服务都通过合同外包形式实现了民营化。[2]故事由消防服务的合同外包开始,它源于该市遭受一场严重火灾时所有消防员却在举行罢工。根据普尔的精彩描绘,该市警察局长遭到起诉并被判有罪,于是公共安全服务被承包给县公安局。在很短的时间内,街道、公园、车辆维护先后被承包给民营企业,紧随其后的是建筑质量监审、污水处理和自来水供给。随后,民营保安取代了县警察局。下一步,该市把港口、海滩、停车场的经营权卖给了民营企业主,把公园经营权出售给当地的居民协会。最后连市政厅也被出售了,只留下三个政府职员,租用一间小办公室监督合同的履行。(其他州的学者和官员蜂拥而至,考察该市如何以最小的人均成本实现如此高的增长率,同时保证充分就业。该市还向前来取经的人收费。)小说中的例子并非遥不可及:有 40 000 人口的加州拉米拉达市曾把 60 多个服务项目承包给民营企业,仅有 55 个公务员。[3]印第安纳波利斯市市长斯蒂芬·戈德史密斯则声称,只需一个市长、一个警察局长、一个规划署长、一个采购部长和几个合同监察员,就可以治理整个城市。为此他与自己的工会发生了纠纷。[4]

7.1 签约过程

表 7—1 描述了竞争性招标过程涉及的基本步骤,它与第 5 章的操作指南一致。尽管讨论的是合同外包而不涉及内部合同承包,但立约过程是相似的。下面将依次讨论这些步骤[5],其中有些步骤是可以同时进行的。

表 7—1　　　　　　　　　服务合同的立约步骤

1. 考虑实施合同外包
2. 选择拟外包的服务
3. 进行可行性研究
4. 促进竞争
5. 了解投标意向和资质
6. 规划雇员过渡
7. 准备招标合同细则
8. 进行公关活动
9. 策划"管理者参与的竞争"
10. 实施公平招标
11. 评估标书和签约
12. 监测、评估和促进合同的履行

考虑实施合同外包

虽然组织中的任何人都可以提出对某项服务实施民营化的建议,但对这一想法的认真考虑必须来自高层领导如市长或州长:他们提出这一想法,实施必要的行动,激励管理者接纳这一想法并付诸实践。民营部门的特定任务小组可对这样的领导提供必要的帮助[6],与民营化专家或推行过民营化的同级政府官员接触也能收到类似效果。决策必须基于现实考虑而非意识形态的偏好。

公共服务的合同承包并不意味着承认失败或放弃政府责任,尽管反对者可能这样认为。垃圾管理（这一领域合同承包和其他形式的民营化相当发达）方面的经验可以为我们提供有益的启示。政府并不是对固体垃圾撒手不管，正相反，它强化了管理。政府日益转向民营部门，依靠它们来做以下事情：高效率地回收垃圾，以对环境无污染的先进技术填埋垃圾，用技术上先进的资源回收设施提取能源和可循环物以及处理有危险的废料。公共部门保留了自己的责任，但职责的履行主要依靠私营部门的专业技术和优势。

合同承包带来了典型的委托—代理问题。这一现象——所有权和经营权的分离——出现于工业革命之后。所有者（委托人）目标与经营者（代理人）目标可能不一致。代理人追求的可能是更多的工资和其他收益，为此不惜牺牲所有者的利润。这实际上是一个控制方面的问题。代理人往往比委托人拥有更多的信息，这使得控制问题更加复杂化。所有者因此必须承担三项成本：(1) 为激励代理人追求委托人的目标而付出的成本；(2) 获取信息的成本和为减少代理人投机行为而付出的监督成本；(3) 未能防范的代理人的投机行为带来的损失。[7]

政府中的委托—代理问题会出现在三个层面上。首先，作为委托人的公众必须控制其代理人——选举产生的政府官员。但公众并没有共同的目标，不能用一个声音说话，而且缺乏有效表达其多样化意愿的能力。其次，政府官员（以委托人的身份行事）必须对其代理人——官僚实施有效控制。由于公共部门普遍存在的"内部服务保护"，这一任务比在私营部门更困难。最后，政府作为委托人必须对其代理人（承包人）进行控制，促使承包人以最小的成本实现组织目标，降低风险，并且鼓励创新和高效率。

在处理和解决合同承包的一些技术性问题之前，必须首先考虑一些政策性问题[8]：是否需要制定新法律以便为公共服务的合同承包提供立法保障？对公共基金或其他税收收入用于服务的承包，现行法规是否存在限制？是否应对雇员进行立约、项目筹备、监督、履约评估等方面的培训？有竞争力的承包者是否愿意投标？怎样保证招标过程公开、公正？包括内部公务员相互排挤在内的人事和劳动关系问题是如何影响最终结果的？立法机构和社区是否会相互配合？合同承包的理由是否足以使这一政治努力成为必要？

对特定政府机构来说，通过合同承包形式实施民营化必须满足以下六个条件：

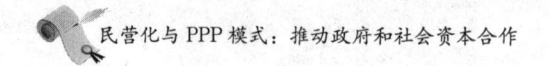

1. 领导者掌握新观念，倡议行动并提供激励。
2. 有效管理者乐于将这一倡议付诸行动。
3. 财政拮据或其他原因迫使机构重新审视其履行职能的方式。
4. 合同承包有可能带来资金节省和其他收益，同时不降低服务水平和质量。
5. 合同承包具有政治可行性，即充分考虑公共雇员和受益人的影响力。
6. 特定事件使得机构无法维持现状，于是变革不可避免。

像组织中推行任何巨大变革一样，政治领袖必须物色一名强有力的管理者并给予全力支持，依靠他来引导争论并推销新的观念。[9]这名管理者可任首席执行官助理、财政主管或职业行政经理。受民营化直接冲击的单位的领导很少支持本部门的民营化。相反，由于所处的位置，他们会带头反对或悄悄破坏民营化进程。支持民营化的商业团体可能成为坚强的同盟军，但有些小的商业利益团体会反对民营化，例如那些目前与民营化的目标部门保持良好关系、也许已是该部门供应商的小利益团体。

詹姆斯·M·费里斯（James M. Ferris）对合同外包的决策进行了深入研究。[10]他认为，一个常年处于财政困境中的政府部门可能成为民营化的理想对象，因为潜在的资金节省是一个激励因素。但根据笔者的经验，节省资金的需要和可能性固然重要，但很难说是实施民营化的充分条件。需要特定事件推动合同外包被广泛接受，这些事件通常来源于高层或其他政府机构。比如，由于其糟糕的卫生状况，县医院可能受到州主管部门撤销资质的警告。法院可能以环境恶化为由，下令关闭某一垃圾填埋场。这些行动要求相关政府机构立即回应，医院、垃圾处理部门的民营化可能是解决问题的最佳途径，或是阻力最小的途径。

其他促成民营化的突发事件包括由公共雇员罢工引起的公众的强烈不满。这方面一个略有不同但很有意思的例子是圣路易斯市医院发生的情况。该医院通过签约方式从当地的医学院聘请医生。由于护理人员忽视或拒绝照顾病人，医生被迫承担护理员的职责。部分出于这一原因，签约医生开始罢工。该市实施合同外包之后，护理人员成为私营企业的雇员，问题迎刃而解。

另有一类能促进民营化的事件是突然急需大笔计划外资金以购买设备、仪器和新技术。亚特兰大的水坝决堤最终使该地区供水系统实现了民营化。新的医院、监狱、供水系统、污水处理厂、货车队、公厕排污或现代计算机系统都是此类资金需求的最好例子。政府部门往往利用民营化建设新设施和购进新设备，而不是提高税收或借贷。甚至保险费的大幅度提高也会成为民营化的推动因素。政府官员会利用这些机会建立政治共识，使民营化具有政治可行性。

如果以上条件获得满足，民营化可能成为最终的选择。但其实施过程不会一帆风顺；正如第 11 章所讨论的，挫折和阻挠不可避免。民营化的倡议者不能因此退却。在一些案例中，合同承包出乎意料地顺利。对这些案例的决策过程进行的研究表明，政治领袖完全有能力克服变革的阻力。[11]

表 7—2 是斯蒂芬·戈德史密斯任印第安纳波利斯市市长时，该市两个污水处理厂（每个厂的日污水处理量为 12 500 万加仑，约为 475 000 立方米）的维护和经营实施合同外包的过程和时间表。这一民营化案例的独特之处在于：政府认为这些厂的经营状况良好；政府雇用私营咨询公司进行了经济可行性研究，结论是民营化带来的开支节省不会超过 5%。但戈德史密斯市长坚持认为，如不进行市场检验（即竞争招标），永远无法知晓到底能节约多少成本。该厂的管理与运营最终实现了民营化，其结果令人吃惊：成本节约了 44%；污水处理质量提高；雇员人数减半；事故发生率是全国污水处理厂事故平均发生率的十分之一；虽然雇员民营化前后属同一工会，但雇员抱怨次数一年内由 38 次减少到 1 次。[12]

表 7—2　　　印第安纳波利斯市污水处理厂的民营化进程

1993 年 5 月	市长组建评审委员会（6 名成员由市长提名，2 名来自市政厅）
1993 年 5 月	委员会向 28 家公司发出表格，了解资质和投标意向
1993 年 6 月	委员会审查回复的公司，从中精选出 5 个，包括目前的经营者
1993 年 7 月	该市投入 15 000 美元聘请顾问，帮助目前的经营者筹划投标
1993 年 7 月	向 5 家具备投标资格的公司发文，征集建议和规划
1993 年 7 月	5 家公司分别组团考察污水处理厂
1993 年 8 月	5 家公司提交规划并报价
1993 年 8 月	委员会聘用了 1 名技术顾问和 1 名财务顾问
1993 年 9 月	3 家公司落选，包括目前的经营者，其报价为一年 2 700 万美元（当时的实际运营成本为 3 300 万美元）；其余两家公司的报价为一年 1 700 万美元，5 年合同期内价格不变
1993 年 10 月	两家初选获胜公司分别向委员会作了详细报告
1993 年 10 月	评审委员会考察了两家公司承包的其他工厂的运作情况
1993 年 11 月	评审委员会投票一致选出最后获胜者
1994 年 1 月	获胜者正式接管工厂

选择拟外包的服务

部分或完全满足下列条件的公共服务是民营化的理想候选目标。[13] 在正式的分析中,应该给下列条件赋以不同的权重。

- 实施合同承包不存在法律障碍或受现有合同的约束;
- 该服务领域易于进行竞争性招标,而且风险较小;
- 服务本身具有"硬性"特征,易于列出详细的质量要求或标准;
- 服务具有相对独立性,与多种服务相互交织的部门相比,这一部门在合同承包制下易于管理;
- 服务具有地域可分割性,可以分别签订承包合同,从而形成竞争环境;
- 该项服务的民营化在其他地区已有成功先例;
- 有经验丰富、乐意且负责任的投标者对该服务感兴趣——可通过查电话簿来了解;
- 可以大量聘请兼职员工,这样可以节约大量成本,而这在政府机构不容易做到;
- 该服务领域存在节省余地,即人浮于事,管理混乱,或者需要机构重组和改造;
- 面对大量的公众抱怨;
- 该服务领域雇员和工会的阻力易于克服,雇员的合理要求能得到满足;
- 服务民营化不会遇到强烈的政治抵制;
- 民营化后必需的内部专家能够留任,监督承包者绩效的力量能够保持。

必须设置民营化的明确界限,即明确哪些具体活动应纳入承包合同。这点可以固体废料收集为例加以说明:服务承包者的具体职责是什么?垃圾收集仅针对居民家庭还是包括商业机构?仅涉及大型居民楼还是只限于6户以下的小居民楼?要不要进行垃圾分类?是否只收集可回收利用的废料?是否收集大块废料如废弃的电器或床垫?如果要收集,多长时间收集一次?是否只在春季和秋季收集?庭院垃圾和落叶是否属于职责范围?人行道上的垃圾箱呢?

基础设施的民营化会出现同样的问题:如果合同承包涉及水处理厂的维护和运营,必要的设备更新如何处理?主供水道的维护由谁负责?

读表和收水费由谁负责？谁来经营水质监测化验室？所有这些问题都必须在合同中详细列出。

进行可行性研究

一旦明确某一服务为民营化（或管理者参与的竞争）的可能对象，下一步就是可行性研究，确定是否值得这样做。正如笔者一再指出的，合同承包的主要目的之一是大幅度节约成本。因此，必须审视现行成本并确立成本底线，为随后的合同定价提供参照。机构内部目前的工作质量也必须进行评估，如考察民众抱怨、评估部门绩效、实施民意调查等。

可信赖的成本比较并不像看起来那么容易，实际操作中存在一系列需要避免的严重问题。第一个最严重也最常见的错误认识是："政府服务成本低，因为它不以营利为目的"。这一谬见目的在于抵制民营化，连美国众议院议长也曾持有这个论调。[14]不幸的是，这一论调暴露出对经济的严重无知。对利润的追求会导致高效率，公众从中获得的收益要远高于经营者的利润。第 6 章的大量例子令人信服地说明，平均来看，营利性民营企业承包经营的公共服务，其定价要低于非营利政府机构的运营成本。

另一个常见的错误是，在核算政府机构内部经营成本时过于依靠公布的预算数据。预算文件的问题在于，它们不是作为成本核算报告设计的，仅仅依据长期形成的传统并具有流水账的性质。一项涉及 68 个不同地域的详细研究表明，用公认的成本核算程序和标准衡量，政府服务的实际成本比官方预算反映出的名义成本高出 30％。在这种情况下，如果仅依靠预算数据比较政府服务和私营承包商的成本，必然得出错误的结论。除非成本比较科学得当，否则最后的决定很可能倾向于政府生产者。[15]所需要的是以活动为基础的成本核算，它综合并记录了与某一特定活动有关的所有成本。

以下是导致政府机构运行成本被低估的几个主要因素，必须把它们全部考虑在内，才能对政府机构的运营成本有一个正确的估价：

1. 常规运营预算中没有包括设施、设备和交通工具等方面的资本支出。

2. 相关的运营成本中很少考虑资本的利息支出。政府部门应为固定资产和土地的使用支付利息，其利率与政府借贷支付的利率相同。

3. 诸如汽车燃油等成本往往出现在后勤部门而不是具体运营部门的

预算中，设施维护的劳工成本也是这样。

4. 其他福利，包括支付的退休基金，往往被列入人头费。

5. 如果退休基金储备不足，政府必须承担将来需要全额支付的法律义务，即使当前预算没有为此列出专项资金。

6. 从其他机构借调或临时雇用劳力的成本可能不在特定活动的成本之内。

7. 特定活动会使用建筑设施，其运营和维护成本可能没有列入活动成本内。

8. 所用土地和建筑物的机会成本应列入部门的成本；豁免的财产税也应计算在内。

9. 为应付民事责任而支付的保险费、消防保险支出、内部保险项目中支付的赔偿费等，应该按照适当比例列入成本。

10. 尽管存在争议，行政和咨询机构的一般支出也应按照适当比例分摊入活动成本[16]；虽然这些成本不会因合同承包的实施而完全消失，但行政主管的精力会因此转向其他职责进而改进其绩效，合同承包的功绩不应被抹杀。

监狱的民营化展示了政府成本低估的另一个侧面。司法部（Department of Justice）律师的开支列入司法部的预算，但在监狱管理当局（Bureau of Prisons）面临司法诉讼时，许多司法部的律师专职为其辩护，而这部分开支没有计入监狱的整个运营成本；相反，民营企业在经营监狱时，必须自己聘请律师并承担成本。因此，必须揭示类似的隐性开支并计入总成本。

政府雇员反对民营化时另一个常犯的错误是，他们仅仅估计出特定活动单元的成本，并武断地推出总成本。本人曾经遇到这种情况，涉及的是街道指示牌安装的合同外包。市政部门主管反对这一方案，他估算竖立每块路标的时间是10分钟并计算出相应的劳动费用，加上路标制作成本等，由此推断出路标的单位成本为15.27美元，与民营企业每块路标30美元的投标价形成明显对比。

主管的上述估价暗含一个假定，他的部门每年竖立12 000块路标（10分钟1块，1小时6块×2 000小时/年）。实际上，这个机构每年竖立2 000块路标，平均每小时1块。仅计算制作和劳务成本，每块路标的实际成本就达46.57美元。由此可见，虽然投标时民营企业的报价是政府内部成本估算的两倍，但其实际成本比政府部门节省了三分之一。为防止类似错误，必须进行精确的分析。目前已有政府部门内部运营成本的计算指南和内容清单。[17] 表7—3 就是一个这方面的例子。

表 7—3　　　　　　　　　内部运营成本计算样表

职位名称	雇员数量	精力投入（%）	折算为全职雇员的数量	年工资额	成本
工资支出					
部门主管	1	50	0.5	$50 000	$25 000
一线管理人员	2	100	2.0	40 000	80 000
司机	25	100	25	30 000	750 000
劳工	50	100	50	25 000	1 250 000
秘书	2	100	1.5	28 000	42 000
文书	2	100	2.0	18 000	36 000
小计					$2 183 000
其他福利支出					
社会保障					$153 000
退休基金、工作服、保险					619 000
小计					$772 000
其他营运支出					
车辆运营和维护					$350 000
办公开支					13 000
民事诉讼保险、利息					102 000
外包的服务和杂费支出					18 000
小计					$483 000

分摊的成本

机构人员	工资福利	其他支出	精力投入（%）	净成本
首席执行官	$130 000	$20 000	2	$3 000
财会、出纳和预算人员	90 000	10 000	2	2 000
文书、律师和其他	245 000	15 000	3	7 800
小计				$12 800

设备开支

设备类型	数量(1)	购价(2)	使用率（%）(3)	前三项加总 1×2×3	折旧费（以8年计）
卡车	20	$100 000	100	2 000 000	$250 000
铲车	2	36 000	100	72 000	9 000
轿车	1	15 000	50	7 500	938
小计					$259 938
总计					$3 710 738

在推行联邦政府职能民营化的早期努力中，服务的实际成本是一个

争论的焦点问题。1976年以前，为了比较政府部门和合同承包的成本，联邦公务员的退休福利被认为占总薪水支出的7%。1976年对这一低得令人难以置信的数字进行了重新核算，其结果占总薪水支出的24.7%。联邦雇员费尽心力反对这一接近现实的估计，一年后终于成功地把这一数字（而不是他们享受的福利）降至14.1%。随后这一比例又升至20.4%，1979年和1983年的数据是26%。[18]

竞争性合同承包的目的应该是在既定数量和质量的前提下，把成本降至最低限度。成本包括生产成本（合同标价），一次性的交接成本和政府合同管理成本，如筹备和谈判的行政开支、监测成本、非预期情境下修正原始合同的成本、解决争端的成本。

上述成本中的绝大多数都可以预测估算。[19]生产成本可从潜在投标者那里得出，虽然这不是真正的投标价且比后来的正式投标价要低一些，但它确实提供了成本节约余地的大致轮廓。我们还可以依据实施了合同外包的其他地区的情况估算成本。合同的准备成本和监督承包商绩效的成本也可以估计出来（以笔者的经验，公共工程合同履行的监督成本一般是合同标价的1%～7%）。承包者的工作质量可以从他在其他承包项目中的表现来评估。交易成本[20]、政治成本、交接成本都应被考虑在内，尽管它们并不是完全能够量化的。加上在前几个阶段所获得的信息，我们完全可以决定该部门是否适合竞争招标。

促进竞争

合同承包的合理实施将创造竞争并使其制度化，而这正是鼓励良好绩效的核心因素。比较理想的是数名投标者参与的真正的竞争性招标。当几个合格的投标者势均力敌、难分伯仲，很难在其中做出抉择时，与合格承包商协议定标不失为一个解决办法，但这必须是在初轮审查确定合格承包商之后。对监狱、医院、社会服务和专业服务的合同承包来说，协议定标也许是理想的方法。对于不同类型的服务，各州法律对竞争招标的具体要求有所不同（非常有趣的是，目前的经验显示，竞争招标和协议定标最后确定的价格并无明显差别[21]）。单一来源的采购不是一个好办法，但在有些情况下难以避免，例如上级政府提供资金支持。

服务招标面临的障碍之一是没有足够的投标商。这在发展中国家是一个突出问题，发达国家尤其是较小的国家也存在。民营企业有时会认为，主管部门拟议的招标缺乏诚意，仅仅是对付雇员工会的一种谈判策略。造成投标商缺乏的另一个原因是政府有拖延付账的坏名声。可以理解，在过去的世纪，公共部门建立起一套烦琐、耗时、高成本、官僚化的分权制衡体系，旨在确保政府采购价格公平并防止腐败，其结果必然是定标、订购和付账过程中的拖沓迟缓。准备招标说明书并把它发放给列入合格者名单的投标商，回收并分析密封的标书，确定与谁签合同，准备并签发购买清单，接收货物，几个不同的机构再去确认货物的确已送达防止假购现象，确认适当的货物已按时送达目的地并完好无损，收到并核查收据之后授权付账，然后再经过反复核对，最后财务部门才勉勉强强送出支票，这往往是在数月之后。

这种繁文缛节的结果是，许多潜在投标商因不愿意和政府打交道而不参加投标，而那些参与投标的公司往往要价很高，以补偿拖沓造成的损失和麻烦。[22]本来为了降低成本和提高竞争力的战略却起到了相反的效果：竞争力降低、成本提高。公平、公开、诚信和高效等，是吸引潜在竞争者的最好方法。

对地域分散的服务来说，吸引投标商的一个办法是把合同分为几个部分，每个服务区域保持一定的经济规模。如果一种服务在地理上不适于再细分，可以把它分为几个小的职能领域。文秘和数据处理可按照这种方式进行分割。实际上，把几个服务捆绑在一起的大合同会产生排斥竞争的效果。良好的政策应该是：提供数个小合同，但又不牺牲规模经济；给投标商以充分的准备时间；广泛宣传招标；给投标商以充分的信息；签约分散化，避免对某一供应商的过分依赖，给相当比例的合格投标商以机会，鼓励失败者次年再来投标；调整合同期限，保证每年都有一定数量的服务项目公开招标，以维持潜在供应商对投标的兴趣；对投标者制定较低的签约总数上限；公平处理问题，及时付账，使投标商愿意保持商务关系。

许多潜在的投标商会以为，由于具有在特定地域的特定活动方面的知识和经验，在营承包商拥有无与伦比的优势。这一想法使他们不敢参与投标。应把"在营优势"减少到最低限度，正如费城对街灯维修实行合同承包时所做的那样。在营者必须提供他的详细经营情况，如维修车辆的数量和型号、经营线路、时间安排、人力投入、需要替换的各类灯泡的估计数等。招标主管部门应该把这些列入招标文件。

另一个阻碍潜在竞争者投标的因素是，招标者要求投标商提供一些与合同无关的详细和敏感的商业信息。总的来说，没有必要要求投标商提供诸如利润、薪金、雇用人数等详细资料。

社会服务的合同承包已习以为常，但由于种种原因，往往缺乏竞争。[23]不通过竞争招标而把服务承包给本社区的非营利机构，可以说是地方政治恩赐的一种最新表现形式。当合同只限于那些非营利组织包括宗教组织时，配额制就会伴随而来，如把孩子分配到天主教、新教、犹太教教育机构。无论用心多么良好，这种实践都不可能为那些真正需要服务的人提供最有效率、最有效益、充满爱心的照顾。

如果特定服务以场地为基础如老年人活动中心或无家可归者的庇护所，这一服务提供中的竞争有时会非常有限。拥有所需设施的在营承包商可能具有其潜在竞争对手无法超越的竞争优势。这时，如果政府向潜在竞争者提供一些公有设施的租用权（以一定的价格），在营承包商的竞争优势就会受到一定的削弱，从而导致更多的竞争。另一种途径是在标书中明确规定，如果在营承包商在竞标中失败，他必须以合理的价格向获胜者租借设施。比如，标价可分为两个部分——设施租赁费和服务提供费，定标依据两类价格之和。低价获胜者可以从以下两种方式中选择：或者自己安排所需设施，或者按照所有者投标中的标价租赁其设施。

了解投标意向和资质

政府机构经常会为招标文件应包含的内容感到困惑：应该规定哪些条件？合同的范围有多大？什么特色能吸引投标商？什么又会使投标商望而却步？如此等等。最好的方法是向潜在投标商宣布某一部门正在考虑民营化，并向他们发放"投标意向征询表"。然后召开一个招标讨论会，邀请所有潜在投标商在一个透明、公开的气氛中讨论招标问题。每一位参加者都可能寻求对自己有利的东西，从而与会者作为一个整体可能会产生一些片面意见，但这一过程非常有益，它使政府部门得以了解许多非常有价值的信息，从而使招标成功的可能性大增。

如果要民营化的是一个综合性的业务如基础设施或国有企业管理承包等，最好从一开始就进行资格审查，把竞争限制在合格公司范围内。这时就应发放"资质征询表"，公司在回执中阐述自己的经验和条件。对收到的资质征询表的审查至关重要，因为这将决定哪些公司有资格进入投标的下一个步骤（在复杂的案例中，下一步要向公司发放"规划书征询表"而不是"投标邀请函"）。在此基础上可以召开招标讨论会，就像"投标意向征询表"签发以后一样。

规划雇员过渡

正如一再指出的那样，民营化和管理者参与的竞争面临的最大问题是如何处理剩余雇员。不论是外包给民营企业还是内部承包，裁员都不可避免。内部承包者能低价中标，完全是以精干高效的雇员队伍为前提条件的。解聘、重新安排岗位、提前退休、转聘到私营企业、岗位空缺时优先聘用、一次性支付等，都是处理此类问题较常见的办法。这些将在第11章详细讨论。这一问题必须在招标过程的前期妥善处理，因为由此形成的一些具体规定（如保留员工）投标商必须遵守，因此这些约束和限制应该在招标文件中就予以明确。

准备招标合同细则

为达到预期目的，所规定的条件必须清楚、全面，合同用词必须准确、没有歧义。这看起来似乎不言而喻，但笔者曾看过一份清扫街道的合同，竟然没写明街道的名称和清扫的频率！合同细则必须用普通的语言。要鼓励投标商参加竞标，绝不能让他们面对长篇累牍、艰深晦涩的文件，以至于必须聘请律师和会计师。许多潜在的投标商能够把工作做得很好，但一般规模比较小，缺乏政府自认为无所不在的、精密复杂的官僚机构。[24] 投标商不可能对拙劣的招标邀请做出回应，即使有回应，误解也不可避免。例如，某一联邦机构试图把洗熨业务合同外包，但不知道或不能告诉潜在投标商需要熨烫的衣物到底有多少。[25] 没有这些信息，潜在投标商怎样核算价格并进行投标呢？

合同细则应该避免不必要的限制。一些机构起草的细则远超出绩效标准的陈述范围，其中详细规定了承包商应如何去做。比如，公共工程承包合同中经常出现一些误导性的细则，规定承包者使用某种交通工具，每一辆货车上应配几个工作人员，向员工支付多少薪金。再如，辛辛那提的一个废旧汽车场在招标细则中写道，"在至少两年内，中标者必须留用现有员工，维持目前的职位和薪水，并向他们提供与目前水平相当的福利"。由于这份合同有效期只有三年且雇员工资是成本的主要部分，因此，如果按照合同经营，根本无法节约成本。显而易见，这些细则越过了管理者的权力，与承包所追求的目标背道而驰——有时候可能是民营化的反对者有意而为。细则草拟者的实际目的是使合同外包和政府经营的成本一样高，最终阻止民营化和变革，这无疑是合同承包的障碍之一。

对招标的直接破坏也时有发生，如在细则中安放"定时炸弹"。笔者曾见过这样的例子：新奥尔良某部门的领导极不情愿但迫于上级压力不得不推行合同承包，他在标书中规定的质量要求低于社区通常享受的水平。民营企业承包后自然按照合同规定提供服务，因此引起了民众的极度不满。不明就里的承包商惊愕万分，当选官员处境尴尬，部门领导的报复心得到满足——反正他已接近退休。

合同承包的其他障碍包括：对某些服务来说，起草合同细则非常困难；在配套资金的使用方面可能会面临法律限制。比如，接受联邦政府项目资助的地方政府，可能用经常支出作为地方的专项配套资金。如果这一项目被合同外包给私营部门，这种安排就不一定能为联邦审计署所接受。

在讨论了招标合同细则宜详尽准确之后，我们必须承认，尽管详尽准确值得提倡，但当面临环境的突然变化时，详尽本身会成为问题，而一些笼统、含混的提法反而会成为优点。此外，不恰当地追求合同的严密、具体，可能为按照特定投标商条件"量体裁衣"的做法开了方便之门，实际上为贿赂和勒索提供了机会。

为那些可以切实看到或感受到结果的"硬"服务起草合同细则，要比为诸如社会工作者提供的"软"服务起草细则容易。这就是为什么"硬"服务多采取合同承包形式，而部分"软"服务采取凭单制的原因。然而，即使是前者有时候也很难说清楚。比如，铺设路面是一项适合竞争招标的服务，但维护路面、填补路坑却不一定，因为有关路坑出现的具体地点、频率和修复后的使用寿命等信息许多城市都无法提供。缺少这些信息，怎么能把合同写得清楚呢？对于"填补该条路上所有出现的路坑"或更宽泛的"维护道路使其避免出现路坑"之类的招标要求，明智的民营企业不会作出合理响应，因为就"避免出现路坑"的任务而言，他难以在重新铺设路面和填补各个路坑之间作出合理的权衡。最后，由于确认特定的路坑存在技术上的困难，在"每一个坑"的基础上签订合同等于自找麻烦。

约翰·马林（John Marlin）为65种不同的市政服务提供了示例性的合同细则[26]，包括服务的数量、质量和典型的产出。但其中失之偏颇的地方是，他建议把资源投入包括在合同细则中。事实上，政府机构拟定的合同只须规定产出，投入组合应该留给承包商决定，以鼓励服务提供中的开拓和创新。合同还应该明确质量标准以及违约赔偿责任。表7—4

是建筑物清洁服务质量标准的合同细则范例；表7—5则是得克萨斯州休斯敦市公共汽车服务承包合同中的违约赔偿细则。

表7—4　　　　　　　　　清洁服务合同质量标准

任务	标准
1. 每天清理垃圾箱并更换垃圾袋	1a. 清理时不得溢撒 1b. 清理所有指定的垃圾箱 1c. 按监管员制定的时间表完成工作
2. 每天清扫办公室家具和窗玻璃上的灰尘	2a. 清扫时不能弄乱其他物品 2b. 自觉履行职责 2c. 按监管员规定的时间表完成工作 2d. 打扫后的家具和玻璃看起来必须干净
3. 每天清洁脸盆、马桶、便池、镜子，更换厕纸、肥皂、拖布，对厕所实施一次消毒处理	3a. 自觉履行职责 3b. 按监管员规定的时间表完成工作 3c. 洗手间外观整洁，空气清新 3d. 洗手间很少出现缺手纸、肥皂等现象 3e. 卫生间使用者的抱怨减小到最低程度
4. 向监管人员汇报管道和电灯等问题	4a. 出现问题及时向监管人员汇报，一般应提供细节
5. 清洁饭厅柜台、桌椅、电器设备	5a. 自觉履行职责 5b. 按监管员规定的时间表完成工作 5c. 饭厅柜台、桌椅、电器设备没有污斑，外观清洁
6. 每周对办公家具进行一次清洗、上蜡/抛光	6a. 自觉履行职责 6b. 按监管员规定的时间表完成工作 6c. 办公家具整洁光亮
7. 每周对墙、窗玻璃清洗一次至齐肩高	7a. 自觉履行职责 7b. 按监管员规定的时间表完成工作 7c. 墙、玻璃外观整洁干净
8. 每周对光亮的设施抛光一次	8a. 按照操作规则实施抛光 8b. 按监管员规定的时间表完成工作
9. 开楼门、开灯、检查锅炉和电梯确保其正常运行，必要时清理便道，按照规定的时间升国旗和市旗，运走垃圾	9a. 按监管员规定的时间打开楼门 9b. 对办公楼和设施的检查要彻底全面 9c. 确保便道畅通整洁 9d. 设施运转不正常和发生其他重大问题时及时汇报 9e. 自觉履行以上职责
10. 每月彻底清洗地板一次并打蜡	10a. 自觉履行职责 10b. 按监管员规定的时间表完成工作 10c. 地板清洁光亮

表 7—5　　得克萨斯州休斯敦市公共汽车服务承包合同细则

服务的具体内容：具体到各条线路，包括班次和各个班次的起始时间

价格基础（标价）：按工作小时算（即运送乘客的小时数）

合同有效期：3 年

违约处罚：100 美元/天，如果没按规定的时间表发车
　　　　　100 美元/天，如果公共汽车维护水平低于目前的标准
　　　　　100 美元/天，如果乘车人数报告、事故报告、运营情况与合同要求不一致的报告等延迟提交
　　　　　50 美元/天，每次出现如下情况：
　　　　　　　汽车内部或外部没有清洗
　　　　　　　内部或外部损坏没有维修
　　　　　　　空调没有正常运转
　　　　　　　司机没有穿制服
　　　　　　　没有计算乘客人数
　　　　　　　没有收取乘车费
　　　　　　　司机在车上吸烟、喝酒、吃东西

保证金：需要投标价的 2% 作为投标保证金；合同标价的 5% 作为运作绩效保证金

以三个月为一个计算期，如果承包者的服务准时率低于 94%（准时为规定时间的 5 分钟以内）的合同标准，每个月将从合同支付额中扣除：

服务准时率	扣除比率
低于 90%	每月扣除 1%
90%～91.9%	每月扣除 0.5%
92%～94%	不予扣除

以三个月为一个计算期，如果承包者载客过程中每 100 000 英里发生 1.9 起以上事故，每个月将从合同支付额中扣除：

事故次数	扣除比率
3 起以上	每月扣除 1%
2.5～2.9 起	每月扣除 0.5%
1.9～2.4 起	不予扣除

资料来源：1990 年休斯敦市政局就通往得克萨斯医疗中心的公共汽车服务拟定的招标书。

有的公共服务需要使用寿命很长的设备或固定资产，这将为此类服务的合同承包带来挑战，虽然挑战并非无法克服。一个只有 3 年合同期的承包者怎么会购买能使用 20 年的设备？最直接的解决办法是签订的合同期与资产的寿命相同，但这又无异于赋予承包者长期垄断经营的特权。

另外一种解决办法是制定一个合理的折旧率，如果合同期满后现时经营者没有再次中标，那么设备将按照折旧后的价格出售给新的中标者。还有另一个解决办法，由政府来拥有使用寿命较长的固定资产，以一定的价格租赁给成功的投标商，租赁的价格要在招标书中写清楚。适用这一方法的包括修车厂、饭店、收费公路上的加油站、公园或露天体育场中的可收费设施。

由私人建设和拥有复杂设施（如资源回收厂、污水处理厂、监狱）的合同承包会面临多层面的复杂问题：法律问题[27]（包括反托拉斯法[28]）、金融问题[29]、保险问题[30]等。这些需要专家来处理，以免出现延误和非预期后果。关于基础设施建设的合同承包将在第9章详细讨论。

至于合同规定的付款方式，有很多办法可以激励良好的绩效并应付不确定因素。成本加固定费用处于付费方式的一端，固定价格则处于另外一端。[31]前者初看起来能实现最低价格，但它并没有激励高效率，反而会成为抑制效率的因素。这种方式只适合于那些从一开始任务不十分明确、合同细则不准确、变数较多的服务类型。为军用设施提供辅助服务可能出现这种情况。这一付款方式的一种变形是成本加一定费用，即合同规定一个付费的上限，政府在此限度内决定付费的实际额。固定价格在合同条款明确具体、服务变数小的情况下适用。作为合同付款方式的一种中间形式，对那些高度复杂、首次实施且具有一次性特征的服务项目，为促进政府主管部门与承包商之间建立起一种有效的非正式合作，在固定价格之外可给承包商一笔额外费用，这是政府主管部门在单方面对承包者的表现进行评估并认为其表现良好之后给予的。[32]但是，这必须有反腐败措施加以保障。激励或处罚措施可以包括在合同中，以保证按时、在预算内完成任务。表7—6概括地描述了不同付款方式的主要特点。[33]

根据服务的特点，单位计价或小时计价也许比较适当。单位计价适用于街灯和交通信号灯的维护——每一盏灯付多少钱；对清除积雪来说，每工时付多少钱也许是最好的选择；而公交车的运行则可以以英里为单位进行换算。

承包期内的通货膨胀补贴应在合同中予以考虑，但要以官方数据为基础来计算；承包商运营成本的上升不是调整价格的充分理由。例如，当面临罢工威胁时，有的承包商会与他的雇员一起要求提高标价，以应付"非预期的"工资上涨。私营企业的雇员工会有时可能成为一种中介，促成企业间的非竞争局面或招标过程中的共谋。总体说来，防止这些问题出现的最好办法是，如果可能的话，让其中一部分工作交给政府机构，而另一部分由承包商来做。

在少数情况下，承包商和政府机构之间会发生争执。合同文件中应明确争端处理程序，当承包商对合同的某些条款理解不同或不同意主管部门的处罚时，可以按照程序处理。

表 7—6　　　　　付款的不同方式

	固定价格（FFP）	固定价加奖励（FPPA）	成本加固定费用
特点	固定价格，不根据承包者的业绩进行调整	固定价格外加对优秀绩效的奖励，承包者的绩效由主管部门评估	服务提供的实际成本加上预先确定的资金，可能给按时完成者某种奖励或设定成本上限
适用范围	简单功能或服务；有关要求准确具体，服务提供中变数不大	与固定价格的适用范围相似，但要求较高的绩效水平	功能和任务不够准确具体；服务范围可能发生变化；要求更高的绩效水平
优点	对政府来说风险较小，易于管理；有利于控制成本	对政府来说风险较小；利于政府和承包商之间建立良好的关系；有利于控制成本；激励良好绩效	省却制定详细合同细则的麻烦；在一定程度上利于控制成本；具有规模经济效应
缺点	要求制定详细准确的合同细则；限制了承包商的灵活性；可能导致牺牲质量以避免亏损	与固定价格相似但在确定奖励额时会发生困难；存在不公和腐败的风险	政府承担的风险较固定价格高；必须监测并核实承包商的成本；不利于促进效率的提高
应用的局限性		承包商需要良好的成本核算系统；仅适用于协议招标	如果客观的绩效评估可能实现，没有必要使用这一方法

资料来源：改编自 Douglas K. Ault and John B. Handy, *Smarter Contracting for Installation Support Services* (Bethesda, Md.: Logistics Management Institute, May 1986)。

进行公关活动

对民营化的强烈反对必然会出现，不管它来自公共雇员工会、试图避免竞争的私人公司，还是担心失去特权的特殊利益集团。在这些反对面前，合同承包制的提倡者不得不建立支持者联盟。[34] 这一联盟可以包括寻求优良政府的公民团体、对劣质服务不满的社区群体、满腹牢骚的纳税人、私人供应商的商会及其他商业团体。就像第4章所提到的，各种少数民族企业家组织可能特别有效，因为民营化尤其是市政服务民营化为其成员提供了非常适合的商业机会。第11章将列举反对者的主要观点并对此进行讨论。

开展富有进攻性的公关活动应该通过大众媒介、公共集会、广告等形式，利用一切出现的机会。民营化的概念必须清晰表达，解释为什么它对政府有价值以及公众为什么会受益。公关活动应在反对派积聚力量并形成气候之前进行。第8章将介绍发展中国家有效运用的公关策略。

策划管理者参与的竞争

如果合同承包涉及的主要问题是成本，政府官员就应该让公共机构与私人公司公开竞争某项合同，而不是一开始就决定与私人公司签约。理想的方式是，政府机构和任何外部投标者同时应邀投标并应答同样的标书。这被称做"管理者参与的竞争"（managed competition）——一种正在被更多人接受的战略。然而，对于长期合同（比如超过5年）或需要大量资本支出的项目（如废水处理厂），这一方式难以有效利用，因为要求公共机构兑现投资承诺不现实。同样，如果民营化的主要目的是为了获得某种缺少的能力，或者一个新项目必须马上动工，管理者参与的竞争也不能采用。

管理者参与的竞争较之纯粹的民营化具有几个优势，因为它（1）促使政府机构的运营管理者与雇员一起面对一个共同的对手——私营部门；（2）如果公共机构获胜的话，能提高雇员士气并建立起社区支持；（3）减少了私营公司之间相互串谋的可能性；（4）促使私营公司开出更合理的价格——如果它们相信招标出自诚心，而不是为在劳工谈判中击败公共雇员工会实施的一种谈判策略。

虽然管理者参与的竞争被引入很多原由政府垄断的公共服务领域，但私人公司还是经常抱怨竞争不公平。理由如下：

1. 公共机构竞标时没有涵盖全部成本。如前所述，必须审慎行事，确保政府机构投标时的完整定价。一般需要设立独立机构（如管理或预算办公室），核实政府机构的竞价，确保涵盖全部成本，不存在隐性的政府补贴。

2. 对私人供应商有绩效要求,而公共供应商则无须承诺。在管理者参与的竞争中,如果合同被给予政府内部的单位而该单位在随后的工作中未能达到合同条款的要求,将会导致什么后果?比如说,该单位开出的价格低于其一贯成本,声称将会采用高效率的工作方法,但实际上它并没有改变其工作方法而成本仍旧居高不下,或者其工作质量不佳没有达到合同所要求的业绩标准。出现这些情况怎么办?私人公司必须交纳一份运作绩效保证金,而要公共雇员工会同样做不切实际,虽然这很公平。于是"损失分担"被提出来了,即损失由中标机构的雇员分担。但这同样是不现实的,因为政府雇员既无法承担风险,也不可能因工作业绩不佳而受到惩罚。解决这种状况的最好方法就是密切监督工作过程,每周一次或每月一次观察合同中的承诺是否被兑现。如果没有兑现,这种安排就应放弃,转而把合同交给在竞争中出价最好的外部公司。纵使承包权交给了内部单位,为保持竞标的有效性,应支付给外部公司适当数目的费用,促使其保留候补地位。(这样做也是对内部单位有效履行合同的一种鞭策。)

3. 私人供应商若中标,风险由其自身承担,但承担风险所带来的价值却丝毫不记在他们头上;若公共机构胜出,其经营风险却由行政辖区而不是参与投标的公共机构承担。必须给予私人公司承担风险所获得的价值,或者反过来,公共机构必须把这种价值计入它的投标价格。例如对环保工作来说,私人部门要严格遵守环境保护条例,否则必须交付罚金。如果公共机构没有遵守,交付罚金的是纳税人而不是中标机构本身。如果风险巨大,公共机构规避此风险又十分必要,那么这项工作就不适用管理者参与的竞争,而应留给私人投标商。另外一种做法是,把保险成本加到公共机构的竞价上,就像圣迭戈废水处理厂经营权推行管理者参与的竞争中所做的那样。[35]

4. 私人公司必须交税和遵守有关规定,而公共部门却被豁免。[36]私人公司所交的税款应当从其竞价中扣除,或相应税额应计入公共部门的竞价中。

5. 公共机构有时被特许推迟出价,直到民营竞标商完全出价,甚至被允许参照私人公司的出价而调整自己的价格。这不是管理者参与的竞争,而是缺乏管理的竞争。[37]除非这些偏袒措施被解决,合同承包终将失败。因为这样的话,不会有任何私人投标商愿意响应,辖区服务水平的改善只能求助于内部垄断集团的慈爱和良心。内部机构的竞价必须与所有其他投标价同时提交并同时公布，而且事后不得做任何调整。任何其他做法显然都是不公平的。与此相反，公共雇员工会常常抱怨，在他们对程序毫无经验时就希望他们参与竞争性投标是不公平的。他们确实需要培训以弥补经验的不足，但这种培训不应由纳税人提供资金，而应该把它当做地方服务，由所在的上级工会如联邦、州和市政雇员工会〔AFSCME（American Federation of State, County, and Municipal Employees）〕来提供。公共机构准备标书过程中的咨询费用如果由公共财政负担，这笔开支应计入机构的投标价。

如果公共和民营部门在同一区域同一时间提供同一种服务（换言之，合同承包采取多样化安排），竞争将会更有效，公众的受益会更大。例如蒙特利尔、明尼阿波利斯、凤凰城、新奥尔良、堪萨斯城、纽瓦克和俄克拉何马市的生活垃圾处理服务，已经采用了类似的制度安排。它们以合同承包形式让私人公司负责几个城区，其余城区由市政部门包干。竞争的结果是提高了运营效率，成本明显低于全国平均水平。在明尼阿波利斯，市政官员努力营造一种竞争气氛，介绍私营部门雇员的一些先进做法，鼓励市政员工学习借鉴，最终使他们达到私人公司的业绩标准。[38]

无序竞争也可能出现。我熟悉得克萨斯州埃尔帕索市的一个案例。在那里，市政机构与私营公司竞争，向当地企业推销其集装箱化的商业废物回收服务。这种做法取得了暂时的成功，因为其要价更低廉。然而，它的实际成本却高于它的要价。私人公司须为垃圾填埋场付费，而市政机构却不必。另外，私人公司还要支付名目繁多的其他税费，而市政机构却被豁免。这种竞争显然不公平。归根结底，是全体市民在为市政机构的客户支付补贴。实际上，市政当局曾因歧视性和掠夺性定价而被推上法庭。

在公平竞争的情况下，公共机构的工作业绩可以被当做衡量私人机构工作业绩的参照尺度，反之亦然。如果私人部门呈现出竞争精神衰退的迹象，政府可以扩大其内部机构的工作范围和规模，并相应地缩小下一个合同的范围。实际上，大幅度缩减工作范围的威胁，不论对公共提供商还是私人提供商都是最有效的牵制。保持一种应付紧急事件的能力——如果其中一方没有能力或不愿意履行职责（如出现罢工或设备失效），能够马上安排另一方接手工作——同样对双方都有牵制和约束作用。蒙特利尔把这个方法用至完美：如果承包商没能在它所承包的地区按时回收废弃物或清除积雪，一个预先精心制定的市政干预成本核算表就用于对承包商实施处罚。市政干预的威胁和少数情况下出现的实际干预——每几年仅有一两天——足以保证该市的50多个承包商的优良业绩。另外，市政内部机构只承担了10%的工作量，这本身意味着城市当局可以随时用一个承包商来代替这些机构的工作。

英国引入了政府机构日常工作的强制性竞争招标制度。1981年通过的一项法律要求，负责道路维修的公共机构必须同私人公司竞争获得合同，其收入和支出必须分立账户，使用政府拥有的设施和固定资产必须按预先确定的比率上缴费用。自那以后，英国的道路养护状况取得了很大的改善。[39] 1988年撒切尔执政期间通过的地方政府法案中，强制性竞争招标成了对地方政府的法定要求。地方当局再也不能简单地利用自己的雇员继续提供市政服务，市政服务必须经过竞争招标，市政部门雇员必须与私营公司雇员进行竞争。这项法律最初涉及的服务工作包括废物回收、街道清扫、公共建筑物清洁、交通工具保养、地面养护以及食品供应。政府内部部门赢得大部分的竞争，但这是在裁员20%～30%的情况下才得以实现的。最近的评估表明，成本平均已节约了20%。[40]

实施公平招标

招标程序会影响投标商的数量和质量。除了前面讨论过的因素外，还需注意以下几项准则：

1. 对招标说明书（又称投标邀请书或招标计划）做尽可能广泛的广告宣传，确保宣传超过在专门报纸上刊登一条声明这一最低要求。可从行业协会、电话名册、行业出版物及其他地区经验等信息来源获取企业名单，然后逐一邮寄招标说明书。

2. 从竞标消息发布之日到正式竞标，要留出充分的时间供投标商进行准备。

3. 要举办一个竞标商讨论会，解答竞标商提出的种种疑问。会议之后，编写一份问题与解答摘要，分发给相关团体。

4. 如果投标商按照邀请书的要求提交了投标书（如从事基础设施建设），那么就要组成一个内部工作组。这个工作组要尽可能结合外部咨询机构的力量，用明确的标准和统一的评分规则对标书进行评估、打分和划分等级。如果在评估后出现的最佳提案不只一个，那么就要根据标价或通过与相关投标商协商的方式，最终确定优胜者。

5. 避免在招标书中出现过多的标价。如果提出了太多的标价组合（例如：第一年的标价、第二年的标价、第三年的标价及其他标价组合），针对各个标价组合，可能就会出现几个"最低出价者"。以这种方式来选择"最低出价者"，无疑会增加偏袒的可能性并产生许多负面影响，减损评标过程的公正性。精明的潜在投标商会看到其中的问题，从而不屑参与投标。（笔者曾以专家身份参与了一个诉讼案件的审理，招标说明书中竟要求122种不同的标价组合。）

6. 避免以不适当的理由否决各竞标商的投标，然后与其中一位协商签约。这会极大地损害本地区未来投标邀请书的可信度。要警惕竞标过程之后的腐败行为，例如用扣留合同、拖延实施等方法，索要好处以"加快进程"，或者竞标结束之后又提出新的条件。

7. 当其中一个竞标商出现失误（例如缺少一份必备文件）时，不能让其重新提交标书。只要有完全符合要求的投标书被公开，就应该立刻进行评定，否则会出现明显的不公，进而鼓励竞标商故意提供不完整的材料，等其他竞标商出价之后再调整自己的标价。我们可以设想一个可能的情境：所有的竞标商都在同一间屋子里，当宣布出价最低的竞标商后，又会有一个竞标商跳起来说："上帝啊！我把装提案的信封交错了！我想交的是这一份！"这个信封里的出价要比已宣布的最低出价还要低。当后来的这个出价被合理地否决掉时，竞标商会说他的出价是最低的，并且还会指责否决他的出价的评委收受了贿赂。他还扬言要把该项指控向媒体透露。可怜的评审官员该如何是好？市长（州长等）将面临着一个艰难的选择：是支持规范的程序并为此支付较高的价格，还是找出受贿官员并开始重新竞标，从而避免背上浪费纳税人金钱的罪名？

8. 在投标邀请书中明确最后签约的时间。在签约和合同实施之间留出充分的时间，给中标商以准备的时间。

9. 通常可以设投标保证金和运作绩效保证金，以确保投标的严肃性和履约的有效性。如果竞标商中标后拒绝接受，投标保证金将被没收；如果承包商在履行合同期间出现了较大的问题，运作绩效保证金将被没收。保证金可以用支票方式。运作绩效保证金额度不应过高，因为这会不必要地增加合同成本，其金额足以支付重新安排工作的成本就可以了。[41]此外，运作绩效保证金过高也会产生负面效应，即会起到排挤小投标商的结果。最好把运作绩效保证金视为一份保险单，其金额最终由招标当局间接支付。

应该成立一个合适的委员会进行评标。委员可来自行政首长办公室、预算办公室、服务项目的主管部门、劳工办公室或者立法机构。如果招标项目复杂且选择标准不仅仅是标价最低,那么这些特殊要求必须在招标文件中写明。表7—7是一个标书评价表的样本。

表7—7　　　　　　　　　标书评价表样本

因素	权重	得分	加权分值
公司资质			
相关的经验	3	10	30
公司声誉	3	10	30
承担工作的雇员的素质	4	25	100
技术水平			
达到或超过要求	4	25	100
工作计划明晰	4	10	40
与其他竞标商相比的成本	2	20	40
总分		100	
加权总分			340

注:各因素的权重和最高得分是事先给定的。每位评标者独立打分并计算加权分值。在该表中,此标可能的最高分为340。

资料来源:J. T. Marlin, ed., *Contracting Municipal Services* (New York: John Wiley & Sons, 1984), 78.

评估标书和签约

当掌握了政府内部机构目前提供服务的全部成本,且投标商(包括内部机构)的投标书已经收到时,就可以对成本进行比较。表7—8列举了比较时应考虑的因素。

表7—8　　　　　　　　　内部机构和承包商的成本比较

内部机构成本	合同外包成本
直接运营成本(薪水、补贴、其他福利、供应品、原料、设备维护费、租赁费、办公费、其他)	投标价格(资本支出、利润、运营收益)
+分摊费用总计(监督费用、部门费用分摊额、政府费用分摊额、中心服务费用分摊额)	+不可避免的分摊费用
+资本支出(包括折旧)	+部分可避免(semi-avoidable)的分摊费用(可逐渐减少的开支)
+固定资产使用费(土地、房屋等)	+一次性接管支出(启动费、休假开支、提早退休费等)

续前表

内部机构成本	合同外包成本
＋目前的监督费（如果未包括在标书中）	＋合同管理和监督费用
＋外部承包者承担的风险成本应计入内部投标者的成本	－交纳的税款
－运营收入（收费等）	－出售政府资产的净收益
内部机构提供服务的成本	该服务合同外包的成本

资料来源：根据 David L. Seader, "Implementing Managed Competition: Service Selection/Cost Comparison," in *Proceedings of the Annual Conference of the National Council for Public-Private Partnerships*, St. Louis, Mo., 15–17 October 1997 整理。

  有人争辩道，内部机构提供服务的成本仅是边际成本，或称可变成本、可避成本、"退隐"成本。在表7—8中，这是直接运营成本、资本支出、通过合同外包可以避免的费用的总和。其理由是，合同外包也不能降低表中的费用分摊成本。运用可变成本计算有利于内部机构，但却低估了服务的真实成本。运用包括费用分摊的全部成本概念，可能使外部投标者的成本看起来较低，但合同承包后却会增加政府的总成本。笔者认为最好的办法是立足于全部成本，又考虑表中的各项成本要素。民营化后，费用分摊的成本可能不会有大的变化。这是因为，虽然人事管理和工资管理的成本会下降，但准备招标书和招标过程的管理需要支付成本。可以认为，随着运营管理责任的减少，政府雇员可以集中精力履行剩余的工作，进而改善绩效。这一点原则上可以归功于合同外包。表中区分了不可避免的分摊费用（如市长的薪水）和部分可避免的分摊费用（如人事部门员工的薪水）。后者将会逐渐减少，因为随着合同承包后雇员人数的减少，人事部门员工也会减少。

  监督承包商的绩效也需要成本。以笔者的经验，全面系统地履行监督职能的开支一般占合同价格的2%~7%。目前由内部提供的服务已经支付了监督成本。如果没有支付而对外部承包商将实施严格的监督，那么，这一成本应在严格监督带来的质量改善中得到反映，成本比较中应考虑这一因素。

  风险和固定资产的收费问题将在"管理者参与的竞争"部分讨论。营运收入来自购票费、使用费等，这取决于服务的内容。如果实施合同外包，政府可以通过出售不再需要的设备（车辆等）获取收入。如表7—8所示，这会降低合同承包的成本。

  联邦政府为合同承包规定了一个成本节约的门槛比率：只有人事方面的预期节约超过10%，有关服务才可以合同外包；同时，若政府机构期望承担由承包商从事的服务,它必须表明自己如何把人事方面的开支降低10%,把设施和设备方面的开支减少25%。有关规定还要求,承包商向联邦交纳的税款在定标时应予以考虑;这实际上构成了一个折扣,并会导致政府净成本的降低。10%的门槛并未得到严格遵守,笔者曾见过提议的节约比率在0~30%之间,前者来自一个商业集团,后者则来自纽约的公共雇员工会,其目的在于阻止民营化。

税收问题的处理。税收的适当处理非常重要,也是一个经常使人迷惑的问题。民营企业经常交纳各种税费,而政府部门则不用。民营化的反对者有时公开宣称,政府机构的成本低,正因为不用纳税。这是错误的论调。如果该机构不向政府缴税,纳税人则必须通过其他名目缴纳同等数额的税。公民的总税赋不会只因为许多服务继续由政府机构承担而减少,虽然这正是上述错误论调"合乎逻辑"的解释。承包商向政府缴纳的各种税费构成了对民众的惠馈,理应从标价中减去,从而使私人承包商和政府内部承包之间有一个正确的比较。(上述错误论调中包含的一丝真理也许是,承包商向联邦政府交纳的税款是对全美国人而不是对当地居民的惠馈。如果所涉及的是地方政府的服务,这一点会对主管部门的决策产生影响,因为继续由政府机构提供服务,意味着其他地方的纳税者在为本地的服务提供补贴。)

第6章以固体废料处理行业为例对此进行了分析。收入的15%缴了税,那么这15%就应该从标价中扣除。这一因素在表7—8中也可看出。解决了所有这些问题,就可以对表7—8中两类承包的底线进行比较,从而决定是否对外承包。决策时可以设立门槛比率,也可以不设立。

社会福利成本。民营化的反对者可能把这一因素作为反对的理由。例如,为了阻止联邦职能民营化,公务员代表会指出:社会保障基金严重不足,由于民营企业员工退休会增加政府在社会保障方面的开支,这一部分成本也应计入投标价格,从而两种经营方式的成本才能有正确的比较。他们还会要求把联邦雇员的失业救济加入投标价格,因为每个人都有可能失业。但他们错了。相反地,对每一个承包商留用的工人,其失业救济应该从合同价格中减去。[42]

一些人认为,民营化的必然结果是同样工作需要更少雇员,失去工作的政府雇员将要领取救济金或食品券,或去无家可归者收容所,从而"吃掉地方财政的社会保障资金"。因此这部分开支也得计入合同价格。[43]本人反对这种观点。如果"失去工作"的"花费"要考虑在内的话，另一个事实也必须考虑在内：民营化产生一个高效率、低成本的政府，其结果必然是公民个人手中留下了更多的钱，这些钱能"创造"更多的就业岗位。

"低球标"（low-ball bids）。许多人表达了对这一问题的关注。所谓"低球标"，指企业为了中标而给出最低报价，促使政府对其产生依赖性，续约时再大幅抬高要价。这是一个麻烦的假定，而且有时确实发生。但经验证明，这不是常有的事，而且即使有，也有应对措施。

第6章对有关经验研究的结果进行了回顾和概括，事实并不支持"低球标"理论。研究中的有些案例属于第一次签约，根据这一理论会产生投"低球标"问题。绝大多数续2~3次甚至更多，应该出现这一理论所预言的大幅度抬高要价问题。（实际上，在随机抽出的合同样本中，只有个别属于新合同，正如笔者进行的大规模研究证明的一样。[44]）但是，研究证明，合同价格平均起来比政府机构提供服务的成本要低很多。既然多数合同已经成熟到了"后低球标"的阶段，上述事实又如何解释呢？

"低球标"理论与事实明显不符，因而很难站得住脚。这一理论的提倡者接受与合同续签有关的经验证据，但又转而争辩另一个问题——在最初的签约之前，投"低球标"的承包商会要求调整价格、改变条件或要求额外收益。[45]这一担心对一次性招标来说合乎情理，但不适合连续招标。

得出"低球标"问题并不普遍的结论后，并不意味着对这一可能性置之不理。稍作思考可以发现，只有在投标商确信中标后不可能面临竞争的情况下，低球标问题才会出现。主管部门运用前面提到的促进竞争的手段，就可以打消承包商的企图。如果服务的特性决定了合同承包不可避免地产生私人垄断，主管部门应确保这一垄断只是暂时的，将来的竞争难以避免。当然，一旦合同签订，当前的承包商会熟悉有关工作，从而获得对其他未来投标者的竞争优势。主管部门可以使这一合理优势最小化，从而降低其他投标商的进入门槛。主要措施是在随后的招标中提供尽可能多的运营方面的信息，包括工作计划、时间安排、人力水平、产出数据、绩效资料等等，这些前文已提及。有的情况下，内部机构投低球标——即人为压低标价，期望靠隐性补贴弥补亏损——的危险至少和承包商一样大。

质量与绩效。成本只是所要考虑的问题的一部分。投标者的资质、按质量和绩效细则履行职责的可能性、过去的履约记录等都应该给予充分的考虑。在几个投标者都有能力达到既定绩效标准的情况下，应该把合同授予出价最低的合格投标者。对那些担心出价最低者不能有效履行合同或必然以牺牲质量为代价的人，宇航员尼尔·阿姆斯特朗（Neil Armstrong）参加太空行走庆祝活动后在纽约市政厅前的讲话值得回味："乘坐每一个部件都由出价最低的竞标者制造的宇宙飞船往返太空，其感觉真是妙不可言。"当然，这里强调的是良好的合同细则和有效的质量控制。

监测、评估和促进合同的履行

合同承包要求监测和促进合同的履行，即建立系统的程序来监测承包商的绩效，比较承包商绩效与合同规定的绩效标准，切实落实合同的条款。严格的监测很有必要，但可能会流于微观控制或管理；过于松散的监测则会导致服务质量的下降。两者之间须保持适度平衡。除正常监测外，还应根据具体职责选择适当的时间段（如合同到期重新招标之前），进行详细的评估。

一名合同承包管理者应该负责合同的管理并处理与承包商的关系，两者之间不应是对立关系。监测的目的是在合理价位上获得良好的服务，而不是故意找茬。合同承包管理者的职责如下[46]：

- 确保承包者按要求提供许可证、保证金和工作保险。
- 保证服务的提供，检查工作并指导承包商改正令人不满意的地方。
- 监测工作绩效，确保其符合预算、计划表和安全规定。
- 确保承包商的报告及时、完整。
- 核查承包商领款单的准确性和完整性：
  ——如果合同采用固定价格，确保按照工作的实际进度支付等比例的资金；
  ——核实设备、劳力和物资供应方面的费用是否和合同一致；
  ——核查是否需要罚款或扣押保证金。
- 核查承包商是否向供应商和二级承包商付了费。
- 若必要时提议对合同范围进行修改。

有时主管部门在合同中规定了详尽的绩效标准，但却没有实施监测，实际上等于放弃了自己的职责。例如，纽约市对街灯维修承包商制定了严格的绩效标准，要求接到报告10天内必须将其修好，否则将以天为单位进行处罚。这是一个非常合理的标准，但遗憾的是，纽约市没有正式记录，对承包商是否达标一无所知。后来，这个城市采取了一种较好的方法，即建立坏灯报告的电脑自动追索系统，辅之以随机性实地考察，与此同时，按灯的数量把城市划分为大致相等的8个区，设定了每个承包商的承包上限，即两个区。

再如，直到1997年纽约市才最终修改了与某教学医院的合同。根据原合同，这所医院向一家市医院提供医生。30多年来，市政府一直根据合同支付费用，而不审查具体的执行情况。新合同中设立了具体的绩效标准，如特定群体中女性病检查的次数，不达标就要处以罚款。新合同中还规定了生产率标准，如每位专家诊治病人的数量，并实行多劳多得。而在原合同中，不论诊治病人的多少，市政府给的酬劳都是一样的。[47]

服务监测包括投诉状况的监测、承包者工作记录的审阅、定期的实地考察（如在建筑工程的关键阶段时）、不定期的巡视（如对社会服务机构）、接到客户投诉后的视察、阶段性的抽样调查和评估等多种形式。其内容涉及卫生清洁的彻底性、树木修剪的质量、公共汽车服务的准时性及新铺道路的状况等。关于表7—5中的公共汽车服务的标准，监测工作的主要形式是审阅承包商的工作记录和实地检查。不太频繁但比较详细的评估涉及民意测验、深入研究和成本比较等形式。对于成本比较，如果事先慎重地确定了比较基准，可以和以前的绩效情况进行比较；如果几个承包商分担工作，可以对各自的运营情况进行比较；如果内部机构承担了部分工作，也可以进行内外的比较。

有的时候，对某些活动（如垃圾的收集处理、街灯的维护）的监测并不需要全职人员，可以让市民去承担，如退休人员或家庭主妇。[48]对投诉进行监测十分重要且无须什么费用，因为服务质量问题一旦出现会立即以投诉的形式反映出来。根据历史经验，合同监测的一个关键是，保证居民向政府主管机关投诉而不是向承包商投诉。如果做到这些，完整的绩效记录很容易就能形成且成本很低。遗憾的是，一些主管机构忽视了这一点，把承包商的电话作为监督电话公布出去，而不是主管机构的电话。它们认为直接向承包商投诉省却了中转环节，因而效率更高，但事实证明这样做是非常短视的。

民意测验已经发展成为监测公共服务满意程度的一种有用工具。哈里·哈特里（Harry Hatry）就此写了大量论文并设计出一套可行的调查方法。[49]虽然不适于据此决定处罚，但它对改进承包商的服务和未来合同细则的科学化十分有利。

聘用反对民营化的政府雇员或参与竞标但未获成功的公共机构的工作人员做监测员是一个错误，尽管他们对业务十分熟悉。对承包商恶意的吹毛求疵或提交明显有偏见的报告几乎是不可避免的。在英国，强制性竞争招标是由上级管理机构实施监测的。这是迄今最理想的制度安排。

在新泽西的纽瓦克，笔者综合运用多种监测方式，比较了市政承担和承包商承担的废物收集处理工作的绩效。比较分析涉及双方的成本，包括政府处理投诉的费用和监测费用。与此同时，还通过随机电话采访和问卷进行了民意调查。街道的干净程度由经过培训的检查员评定。对从业的市政雇员和承包商的雇员进行了实地考察，其工作绩效（每小时停车收集的次数、每小时收集垃圾的吨数等）直接记录在案。

合同履行情况的监测要求事先的认真规划，明确监测什么，如何监测，对监测者进行适当的培训，确定记录和分析的适当格式和方法。这需要承包商准备并提供各种报告，招标书中对此应明确。

监测工作本身也可以采用合同外包。布宜诺斯艾利斯环保局与一家国际公司签约外包清洁服务，同时与另一家工程公司签约委托其进行监测工作（这家公司又与笔者签约，就监测方法提供咨询）。

7.2 小　结

公共服务的合同承包广为人知并得到广泛应用。其实施的条件包括：(1) 存在有效的政治领导；(2) 机构内部存在积极倡导者；(3) 政府面临财政拮据，不得不重新审视目前的实践；(4) 具有节约大量成本的可能性或其他重要价值；(5) 行动具有政治可行性；(6) 特定事件打破了现状，要求变革。民营化的主要反对力量来自公共雇员工会，他们最担心的是失去工作和难以维持高于市场的工资和福利水平。摆在桌面上的主要反对理由是：合同承包会带来腐败；以营利为目标的私人承包商不可能像他们一样关注公共利益。经验丰富的政治家能够动员各种力量，克服不合理的阻力，并能够运用各种技巧，缓解合同外包对现有雇员的影响。

可以采用各种方法吸引潜在投标商参与竞争，合同内包可以作为合同外包的补充。合同内包涉及"管理者参与的竞争",即政府机构在公平、平等的基础上与私人企业竞标。在可行的情况下应对同一任务进行划分,由几个承包商或内部机构分别承包,从而确保有效的竞争、便于监测比较、避免可能的串谋行为、保证服务的确定性。

合同细则必须清楚、全面,因为它将影响竞标的数量、质量和合同承包的最终效果。但是,过于详细可能被用来破坏合同外包,或者对特定投标商施惠。招标程序会影响结果,不论影响是好是坏。此外,对内部承担者和外部承包商的成本进行比较必须慎之又慎,因为其中存在许多陷阱。"低球标"问题并不普遍,出现了也容易对付。

合同一旦生效,必须进行系统的绩效监测。监测手段包括对投诉的监测、民意测验、实地观察和测定、工作记录的检查等。在如何推行民营化方面已经积累了大量的经验,有关操作技术方面的知识也已经大量存在。这些有助于增强政府官员的信心,从而向民营化方向迈进。[50]

注　释

[1] Jeffrey D. Greene, "How Much Privatization? A Research Note Examining the Use of Privatization by Cities in 1982 and 1992," *Policy Studies Journal*, 24, no. 4, (1996): 632–640.

[2] Robert W. Poole, Jr., "Looking Back: How City Hall Withered," in *Cutting Back City Hall* (New York: Universe Books, 1980).

[3] "La Mirada: A City with a Different View," *Government Executive*, May 1981, 47–48.

[4] Stephen Goldsmith, *The Twenty-First Century City: Resurrecting Urban America* (Washington, DC: Regnery, 1997).

[5] 也可参见 H. Edward Wesemann, *Contracting For City Services* (Pittsburgh: Innovations Press, 1981) 以及 John T. Marlin, *Contracting Municipal Services: A Guide For Purchase from the Private Sector* (New York: Wiley, 1984); John A. Rehfuss, *Contracting Out in Government: A Guide to Working with Outside Contractors to Supply Public Services* (San Francisco, CA: Jossey-Bass, 1989); Simon Domberger, *The Contracting Organization: A Strategic Guide to Outsourcing* (Melbourne, Australia: Oxford University Press, 1998);

John A. O'Looney, *Outsourcing State and Local Government Services* (Westport, CT: Quorum Books, 1998)。

［6］Ronnie LaCourse Korosec and Timothy D. Mead, "Lessons From Privatization Task Forces: Comparative Case Studies," *Policy Studies Journal*, 24, no. 4, (1996): 641-648.

［7］Philip K. Porter and James F. Dewey, "The Political Economy of Privatization," in *Restructuring State and Local Services*, Arnold H. Raphaelson, ed. (Westport, CT: Praeger, 1998), 71-89; Owen E. Hughes, *Public Management and Administration: An Introduction*, 2d ed. (New York: St. Martin's Press, 1998), 12-14.

［8］Weseman, *Contracting for City Services*, 31-35; Rehfuss, *Contracting Out in Government*, 67.

［9］*Privatization: Lessons Learned by State and Local Governments*, GAO/GGD-97-48 (Washington, DC: General Accounting Office, March 1997).

［10］James M. Ferris, "The Decision to Contract Out: An Empirical Analysis," *Urban Affairs Quarterly* 22, no. 2 (December 1986): 289-311.

［11］Eileen B. Berenyi, "Privatization of Residential Refuse Collection Services: A Study of Institutional Change," *Urban Interest* 3, no. 1 (Spring 1981): 30-42.

［12］基于若干城市的有关文档和报告。

［13］选自 Lawrence L. Martin, "Selecting Services for Public-Private Competition," *MIS Report* 28, no. 3. (1996)。

［14］Martin Tolchin, "Congress Wary on Plan to Sell Assets," *New York Times*, 6 February 1986, B16.

［15］E. S. Savas, "How Much Do Government Services Really Cost?" *Urban Affairs Quarterly* 15, no. 1 (September 1979): 23-42.

［16］同上。

［17］Wesemann, *Contracting for City Services*, 35-47; Marlin, *Contracting Municipal Services*, 19-25.

［18］U. S. Office of Management and Budget, Circular A-76 (Washington, DC: Government Printing Office, 29 March 1979).

［19］Steven Globerman, "A Framework for Evaluating the Government Contracting-Out Decision with an Application to Information Technology," *Public Administration Review* 56, no. 6 (November/December 1996): 577-586.

［20］Oliver E. Williamson, "Transaction-Cost Economies: The Governance of

Contractual Relations," *Journal of Law and Economics* 22, no. 2 (1979): 233-261.

[21] Franklin R. Edwards and Barbara J. Stevens, "The Provision of Municipal Sanitation Services by Private Firms: An Empirical Analysis of the Efficiency of Alternative Market Structures and Regulatory Arrangements," *Journal of Industrial Economics* 27, no. 2 (December 1978): 133-147.

[22] 有关论点见 Gregg G. Van Ryzin and E. Wayne Freeman, "Viewing Organizations as Customers of Government Services," *Public Productivity and Management Review*, 20, no. 4, (June 1997): 419-431。

[23] Mark Schlesinger, Robert A. Dorwart, and Richard D. Pulice, "Competitive Bidding and States' Purchase of Services," *Journal of Policy Analysis and Management* 5 (Winter 1986): 245-263.

[24] Charles A. Lave, "The Private Challenge to Public Transportation—An Overview," in *Urban Transit: The Private Challenge to Public Transportation*, ed. Charles A. Lave (San Francisco: Pacific Institute, 1985), 16.

[25] John Contney, statement, U. S. House of Representatives, *Hearings on Contracting Out of Jobs and Services*, Part II, *Subcommittee on Employee Ethics and Utilization, Committee on Post Office and Civil Service*, Serial no. 95-29 (Washington, DC: Government Printing Office, 1977), 74-75.

[26] Marlin, *Contracting Municipal Services*, 46-49.

[27] James C. Dobbs, "Rebuilding America: Legal Issues Confronting Privatization," *Privatization Review* 1 (Summer 1985): 28-38.

[28] Stephen Chapple, "Privatization of Pollution Control Financing: Antitrust Implications," *Privatization Review* 1 (Summer 1985): 48-59.

[29] Harvey Goldman and Sandra Mokuvos, "Financing: Privatization from a Banker's Perspective," *Privatization Review* 1 (Summer 1985): 39-47.

[30] Lawrence Dlugos and Howard B. Whitmore, "Lessons Learned from Resource Recovery: Insuring Privatization Projects," *Privatization Review* 1 (Summer 1985): 16-23.

[31] James L. Mercer and Edwin H. Koester, *Public Management Systems* (New York: AMACOM, 1978), 177-185.

[32] Raymond G. Hunt, "Award Fee Contracting as a J-Model Alternative to Revitalize Federal Program Management," *Public Administration Review* 45 (September/October 1985): 586-592.

[33] Douglas K. Ault and John B. Handy, *Smarter Contracting for Installation Support Services* (Bethesda, MD: Logistics Management Institute, May 1986.)

[34] Stuart M. Butler, *Privatizing Federal Spending: A Strategy to Eliminate the Deficit* (New York: Universe Books, 1985), 57-62, 108-118, 155-165.

[35] 同上书, 13。

[36] William D. Eggers, "Competitive Neutrality: Ensuring a Level Playing Field in Managed Competition," Reason Public Policy Institute, Los Angeles, CA, October 1997.

[37] Ron Jensen 创造了这一恰当的名词。

[38] E. S. Savas, "An Empirical Study of Competition in Municipal Service Delivery," *Public Administration Review* 37, no. 6 (November/December 1977): 717-724.

[39] Brian E. Cox, *Evaluation of the U.K. System of Incentives for Efficiency in Road Maintenance Organisation and Possible Lessons for Developing Countries*, Report to the Transportation Department (Washington, DC: World Bank, 31 October 1985).

[40] Richard W. Stevenson, "Britain Is Streamlining Its Bureaucracy, Partly Privatizing Some Work," *New York Times*, 16 April 1995.

[41] Bennett C. Jaffee, "Contracts for Residential Refuse Collection," in *The Organization and Efficiency of Solid Waste Collection*, ed. E. S. Savas (Lexington, MA: Heath, 1977), 153-168.

[42] James M. Pierce, statement to Subcommittee on Employee Ethics and Utilization, House Committee on Post Office and Civil Service, *Hearings on Contracting Out of Jobs and Services*, Serial no. 95-97 (Washington, DC: Government Printing Office, 1977), 41-43.

[43] Jonas Prager and Swati Desai, "Privatizing Local Government Operations," *Public Productivity & Management Review*, 20, no. 2 (December 1996): 185-203.

[44] Savas, *Organization and Efficiency*.

[45] Prager and Desai, "Privatizing Local Government Operations."

[46] Rehfuss, *Contracting Out*.

[47] Esther B. Fein, "In Columbia Pact, New York City Ties Pay to Hospital Productivity," *New York Times*, 8 January 1997, A1.

[48] Wesemann, *Contracting for City Services*, 83.

[49] Harry P. Hatry et al., *How Effective Are Your Community Services? Procedures for Monitoring the Effectiveness of Municipal Services* (Washington, DC: Urban Institute, 1977); see also Kenneth Webb and Harry P. Hatry,

Obtaining Citizen Feedback：The Application of Citizen Surveys to Local Governments (Washington, DC：Urban Institute, 1973).

［50］Rehfuss, *Contracting Out in Government*；O'Looney, *Outsourcing State and Local Government Services*.

第8章
政府撤资

政府企业（GOE）是政府拥有的独特的法人实体，具有独立于其主管政府部门的核算系统，从事涉及物品/服务生产的商业、工业、金融等活动，并期望从中获取其收入的相当部分。[1] 资产是被动的物质实体如土地和建筑物，与企业明显不同。土地可能被闲置，也可能被用于种植、放牧、采矿或者林业。

作为民营化的主要方式之一（其他包括委托授权和淡出），撤资是政府企业和资产民营化的主要方法。正如第5章所讨论的，它采取出售、转让、清算等具体形式。在美国联邦、州、地方各级政府，在发达国家和发展中国家以及后社会主义国家，政府撤资正在广泛实施。

与其他国家相比，美国的政府企业相对较少，但政府撤资的例子并不鲜见。联邦政府出售了联合铁路运输公司[2]、位于印第安纳波利斯的海军航空兵设备中心（生产尖端电子产品，被休斯电子公司收购）[3]、建筑贷款保险公司[4]、学生贷款联社[5]等。美国历史上最大规模的国有资产出售发生在1998年，涉及金额36.5亿美元，对象是海军石油储备——位于加利福尼亚的巨型油田和天然气田。[6] 政府还出售了国家氦4储备[7]和美国浓缩铀公司（为核电厂提供燃料铀）。[8] 有人呼吁出售田纳西河流域管理局和其他四个电力局，包括伯尼韦尔电力局、西南电力局、东南电力局、西部地区电力局，所涉及金额可能高达450亿~620亿美元。[9] 政府计划减少其在国际卫星组织（包括国际通信卫星组织[10]和国际海洋卫星组织[11]）中的角色，其中许多是国际协议赋予美国的义务。

州一级政府撤资的例子如纽约州出售长岛铁路货运业务，该铁路是主要由政府经营的程控铁路。纽约还出售了大量闲置的心理医疗设施（20个这样的设施占地10平方英里），它们是因非制度化运动①被弃置不

---

① 改革或消除某一机构的公共机构性质的运动。——译者注

用的。[12]密歇根出售了它的意外事故基金———一种工伤事故赔偿保险业务，售价2.55亿美元。

在地方政府，一些不多见的撤资案例也发生在纽约。市政府将电视台以2.07亿美元出售给了道琼斯和国际电话电报公司[13]，将两家电台以2 000万美元的优惠价卖给了听众资助的非营利基金会[14]，将联合国商城饭店以8 500万美元的价格卖给了总部设在香港的一家连锁公司[15]。它还在寻求一个非营利组织，以出售其拥有的最后一块仍在接纳墓葬的公共墓地。[16]与此同时，纽约和新泽西港务局（Port Authority of New York and New Jersey）将位于世贸中心的维斯塔饭店卖给了马里奥特（Marriott）国际连锁饭店[17]，售价1.415亿美元。上述这些都不是政府的核心职能。

政府在从事着多样化的商业活动，有些活动简直令人不可思议。例如，埃及是一个名义上禁酒的伊斯兰国家，但政府却拥有并经营酿酒厂（它还拥有和经营可口可乐工厂）。在美国，政府拥有高尔夫球场、电台、公墓、饭店、成人书店和实际上的色情场所。政府介入这些活动是基于以下原因：(1) 希望（这一希望经常落空）借此促进经济发展并提供就业机会；(2) 出于社会主义意识形态的考虑；(3) 对现存民营企业实施国有化（埃及啤酒和可口可乐厂即为一例）；(4) 挽救濒临破产的私营企业，以防止失业增加（美国铁路客运公司就是这方面的例子）；(5) 接管无力或不愿偿还国家贷款（马科斯统治下的菲律宾就是这样）的私营公司（美国政府因此拥有了成人书店和色情场所）；(6) 出于传统习惯；(7) 对自然垄断行业或政府规制形成的垄断行业实施控制。

由于其他国家国有企业和政府商业职能大量存在，政府撤资相应更广泛。在撒切尔夫人执政时期，英国主要采取向公众出售股份的形式，实现了大量国有企业的政府撤资。这包括英国燃油公司（1979）、英国飞机制造公司（1981）、英国石油公司（1982）、有线和无线公司（1983）、美洲豹公司（1984）、英国电信公司（1984）、英国天然气公司（1986）、英国航空公司（1987）、劳斯莱斯公司（1987）、英国机场管理局（1987）。[18]随后还有其他影响更深远的撤资活动，如出售自来水管理局（1987）、电力局（1990）、英国铁路（1994）。[19]民营化普遍性的另外一个例子是，英国工党政府正在考虑推行伦敦地铁民营化[20]，而这是由先期执政的保守党倡议的。[21]1979—1991年出售国有企业涉及的金额，达到同期年均国内总产值的11.9%。在工业化国家中，新西兰的政府撤资最为激进，1987—1991 年出售金额达到同期年均国内总产值的 14.1%。[22]

国有企业在许多发展中国家的经济中扮演着更重要的角色，这是"国有企业是发展经济的捷径"这一社会主义观念的遗产。1980 年，发展中国家中国有企业产值在国内生产总值中占的份额平均为 10%，从巴拉圭和尼泊尔的 3%，到赞比亚和加纳的 38%。[23] 但国有企业经常阻碍而不是促进经济的发展。因此，为克服第 6 章列出的国企的种种弊病，许多国家实施政府撤资就不足为奇了。尽管确切数字尚无统计，但据世界银行对 87 个国家的调查，1987 年已有 1 269 个国有企业完成了政府撤资，其中 80% 发生在发展中国家。[24]

在后社会主义国家则有完全不同的情况。这些国家的国有资产平均约占 GDP 的 85%，比例最高的捷克在社会主义制度瓦解前占到 97%（苏联占 96%）。[25] 而在解体后，这些国家的国有经济通过大规模的私有化方式完成了迅速的撤资。这些将在下面进行探讨。

8.1 撤资的方式

表 8—1 是表 5—2（第 5 章）的延伸，它详细列出了撤资的具体方式及其特点。

表 8—1　　　　　　　　国企的政府撤资与政府资产出售

出售	出售方式	出售给民营企业	拍卖	
			协议出售	
		出售给公众	公开发售股票	
		出售给雇员	雇员集资认购	
		出售给消费者	消费者合作社购买	
	出售范围	部分出售	政府拥有多数股份	政府控制
				私人控制
			股份对半	私人控制
			政府拥有少数股份	私人控制
		整体出售	一步到位	
			分步分阶段实施	
	购买者	国内		

续前表

出售	出售方式	出售给民营企业	拍卖	
		国外		
		国内外混合		
无偿赠与	给合资企业			
	给公众			
	给雇员			
	给使用者或消费者			
	给原来的拥有者（归还）			
	给特定的群体			
清算				

出售

不动产的政府撤资——出售政府拥有的土地或大楼——是一个简便且有诱惑力的民营化方式。这有几点原因：（1）会带来销售收入；（2）这些不动产由此被重新列入征税范围，从而增加政府税收；（3）节省了拥有和维护的相关费用；（4）可以消解将资产转移给下级政府或非营利组织的社会要求或压力；（5）防止政府机构任意占用资产。

以出售方式实现从企业撤资可以采取多种具体方法：拍卖或协议出售给私营公司（熟悉有关行业的战略投资家）；向公众公开出售股份（"股票发售"）；允许管理者/雇员集资认购；出售给使用者或消费者合作团体。

从范围上看，可以整体出售给战略投资家，也可以部分出售，从而形成事实上的合资企业——其中政府股份可以占多数，也可以占少数，或者对半。关键是让私营合伙人拥有控制权，从而把他们的管理、资金、经验、技术和市场能力注入企业。公开向个人而非公司出售股份也可以采取部分出售方式，即分批分阶段实施，最终实现全面撤资。德国和日本就采用这一方式，实现了国有电话公司的政府撤资。[26]然而，如果政府依然保持对企业的控制，这就说不上真正的民营化，改革的结果仅仅是增加了政府的收入。如果对企业价值的评估很困难，政府担心由此招致低价出售国企的公众指责，分批分阶段出售倒不失为一个好办法。早期出售的股票经过私营部门经营后，市场会为其确定适当的价位，随后的股票出售价格会更接近其市场价值。

购买者的身份从政治上看往往很重要。许多国家存在"恐外症",特别是那些具有殖民地历史的国家。国有企业和政府资产是被外国人还是自己的同胞购买,这是一个人们严重关切的问题。然而,当地企业和本国公民往往缺乏融资的实力,更谈不上增加投资以改善企业经营。解决这一问题的常用方法是限制外国投资者购买股份的额度,即使企业的实际控制权交给外国投资者。例如,外国投资者拥有40%的股份,其余60%保留(至少暂时保留)在国家手中或出售(或无偿赠与)给公众,但经营权由外国投资者行使。另一种方法是所谓的"金股",即政府拥有的股份足以在关键问题(如重新出售企业、出售企业资产、关闭企业、改变经营业务)上行使否决权。稍后将详细讨论出售企业和资产的过程。

无偿赠与

如第5章和表5—2、表8—1所示,政府可以将所有权转让给公众、雇员、使用者或消费者、原来的所有者、或其他特定的社会群体,也可以通过转让企业股份使其成为一家合资企业。

历史上规模最大的政府资产无偿赠与的例子发生在美国。1862年颁布的《田产法》准许每一符合基本要求的西部居民获得一块土地。40年间,近8 000万英亩土地被无偿赠送给60万农民。[27]

在后社会主义国家,无偿赠与对实现大规模民营化十分必要,它可使大量国有企业(资产)尽快转移到私人手中。这为企业和资产重组、资本市场发展和向市场经济的快速过渡奠定了基础。

对于这些国家民营化过程中面临的基本问题,波兰所有制改革部长贾纳斯·伊万达斯基(Janusz Lewandowski)曾于1991年做了这样的总结:"民营化就是将无人拥有、也不知其价值为几何的企业出售给身无分文的人民"[28]。大规模民营化在东欧国家和前苏联地区各国的必要性是显而易见的。以波兰为例,如果采用英国的个案处理方法,实现8 500家国有大中型企业的政府撤资需要700年。对拥有25 000家国有企业的俄罗斯来说,这一过程需要2 000年。

迈克尔·麦克林登(Michael McLindon)指出,大规模民营化有三种实现方式:(1)以个案为基础的快速撤资,比如民主德国的情况。这是一种特殊的出售方式,购买者大多是联邦德国公司,它们并没有支付任何成本,唯一条件是留用现有雇员一到两年并保持当时的工资水平。这种独特且代价高昂的方式是两德统一过程的一个组成部分。(2)国企股份向公众的间接转让,即通过中介投资或互助基金。(3)国企股份向公众的直接无偿转让,主要形式是凭单或所有券(ownership voucher)。[29]

国企股份向公众的无偿转让不失其公平,因为在社会主义体制下,人民为国企建设支付了成本,"人民"是名义上的所有者。这种方式解决了市民手中资金缺乏的问题,方便快捷,省却了企业价值预评估环节,避免了通货膨胀的压力,而且可以实施部分出售并允许市场的发展和市场价格的逐步确立,然后出售其余的股份。

所有券可以是允许交易的,也可以是禁止交易的;可以有名义价值,也可以没有;可以发给所有的人,也可以仅发给18岁以上的人,或者某一日期前出生的公民,如此等等。各国政策有所不同。在俄罗斯,雇员和管理者可以获得所有券总量的51%(作为获得支持的必要代价),在摩尔多瓦是20%,而在捷克斯洛伐克则低于10%。

作为一种有形凭证,所有券简单明了,它使公民获得了从未享有的证券拥有权。不同的处理方式和拍卖方式得到应用,从俄罗斯的简单方式到捷克斯洛伐克的较为复杂的方式,都是这方面的例子。[30]

从几个方面看,大规模民营化取得了巨大的成功。捷克斯洛伐克6 000家国有企业中的四分之三在两年内实现了民营化;俄罗斯25 000家国有企业中,14 000家实现了民营化,近4 000万俄罗斯人成为股份持有者。[31]大规模民营化的性质可以有各种描述,但视之为国民对国有企业的征用不失其恰当性。

以无偿赠与方式实现大规模民营化的最大弊端是,企业的管理体制及其在社会主义时代显露的内在缺陷没有改变[32],因为它的所有权过于分散,所有者无法实施有效控制。还有人指出,无偿转让股份根本不可能建立市场经济——人民对他们名义上拥有的国有企业缺乏关心,对无偿获得的股份同样不会看重。

向管理者和雇员无偿赠与的一种恶劣方式是自发民营化或自我民营化。在前苏联地区各国和其他后社会主义国家,这一过程无异于内部人对国有企业的赤裸裸的盗窃。这被称为"显贵资本主义",显贵即社会主义时期国有企业的管理者。

清算

在下列情况下,国有企业的破产清算或国有资产出售是比较通用的撤资方式:(1)建立国有企业的最初目的不复存在;(2)私人投资者对企业的继续经营不感兴趣；（3）债权人可能启动法律程序保护自己的权益；（4）企业有形资产（如经营场地）的价值超过了其经营业务的价值；（5）国有企业的部分出售有利于资源的重新配置和有效利用，从而促进经济的整体发展。

有些国家的破产法不能应用于国有企业，这有待进一步发展完善。如果政府期望某些资产用于特定的用途，这一限制条件必须明确化并附之以相应的执行和核实程序。当然，这些限制条件会减弱资产的吸引力，从而给出售过程带来不利影响。鉴于市场价格不易确定（定价不完全基于国有企业的盈利能力），出售应该采取公开竞标的方式。[33]

综合方式

综合运用上述方式实现某一企业（资产）的政府撤资的例子并不鲜见。例如，同时将股份出售给私营公司和公众，无偿赠与雇员或以优惠价格出售给雇员；或者同时将股份卖给合资企业和公众。综合方式通常要确定各类团体的股份持有额度，其目的是减少阻力和赢得公众支持。

8.2　撤资的策略

先增加对企业的投入再实施撤资不是明智之举。笔者经常听到这样看似诱人的说法："如果略加投入获得明显改善，企业会卖个好价钱"。这种观点的错误在于：（1）国家对企业的无效经营已经持续多年，凭什么期望未来会有大的改观？（2）国家投资多年而企业依然处于困境，难道追加一点投入就会点石成金？（3）私人投资者会根据自己的发展战略来进行投资。比如，国有饭店民营化后可能会变成商业饭店、家庭饭店、旅游饭店、娱乐场所、餐饮服务中心、俱乐部，如此等等。不同买家会根据不同的发展目标进行投资。在对购买者的发展规划缺乏了解的情况下，撤资前盲目追加投资毫无道理，且无疑是在浪费金钱。

根据笔者的经验，持上述观点的人通常是企图拖延民营化进程，直到下一届政府上台后完全抛弃民营化计划。请不要忘记，假如确实进行了投资且企业有所改善，另一种说法就会接踵而来：企业已有起色，为什么非要出售？这一说法完全忽视了企业再次陷入困境的可能性。笔者

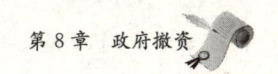

在纽约、委内瑞拉、希腊、匈牙利、埃及、印度和莱索托等地方，都听到过类似的说法。

杰奎拉特（Jacquillat）为撤资对象的选择提出了一个有用的战略分析框架。[34]政府企业可以根据盈利潜力和同行业的市场竞争程度进行分类。这两个变量——企业盈利潜力和同行业（部门）竞争程度——构成了一个简单的矩阵。具体参见图8—1。

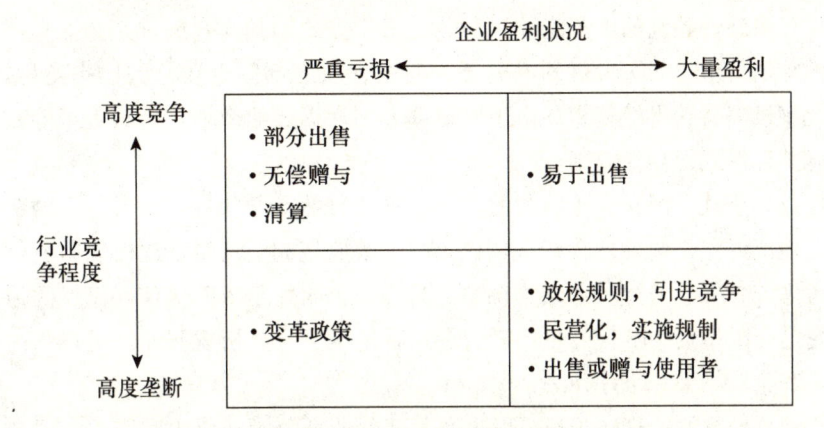

企业盈利状况

严重亏损 ←——————→ 大量盈利

行业竞争程度	严重亏损	大量盈利
高度竞争	· 部分出售 · 无偿赠与 · 清算	· 易于出售
高度垄断	· 变革政策	· 放松规则，引进竞争 · 民营化，实施规制 · 出售或赠与使用者

图 8—1　企业分类与撤资策略

资料来源：改编自 B. Jacquillat, *Désétatiser* (Paris: Editions Robert Laffont, 1985), 138。

所有企业都可被置于矩阵的某一方框中。位于右上角的企业为盈利企业且处于竞争环境中，它们的撤资相对容易。由于盈利，它们对投资者具有吸引力；由于不具垄断性，撤资不会对购买者和出售者（政府）带来法律上和经济上的问题。

与盈利企业形成对比的是处于左下角的企业。它们处于垄断地位但依然亏损——其原因也许是政府的价格控制、低效率、政策性亏损或者其产品和服务的社会需求不足。除非政策环境有大的改变，否则没有人愿意购买它们。

如果一个处于竞争性行业且亏损的企业（图8—1左上角）从事着若干不同的业务和经营活动，实现撤资的一个途径是分拆，即把企业拆为几个组成部分。有的部分脱离母体后会盈利且具有活力；其他部分可以赠与职工，看看他们能否继续经营下去（俄罗斯许多国有大型零售企业的民营化采取的就是这种方式）；剩余部分继续经营无望，可以进行清算并出售其资产。

对垄断经营且盈利的国有企业（位于图8—1右下角）来说，撤资前可能需要重组。它们是垄断经营的盈利的国有企业。对所谓的"自然垄断"企业而言，实现撤资的最佳途径包括：（1）出售后实施政府规制；（2）出售给或赠给使用者或消费者，实行自我规制。认购者合作拥有的乡村电力、自来水或电话公司就是自我规制的例子——如果定价过高，获取的利润会直接回馈给所有者（消费者）。如果可行，将垄断性盈利的国有企业出售给使用者是民营化的一个好办法。

垄断性盈利的国有企业民营化的另一方式是拍卖：底价是企业资产的评估价值，购买者就利润返还（向主管政府部门返还）的比率竞标，比率最高者获得经营权。由于要把部分利润返还给政府，购买者可能实施某种形式的自我规制。

如果某一国有企业经营的业务不具有自然垄断特性，其实际上的垄断地位可能是两种原因形成的。第一，政府规制。这时，放松规制值得考虑，必要时进行产业结构调整。第二，企业处于垄断地位，仅仅因为它是有限市场中唯一的生产者。在这种情况下，放松规制允许进口物品与其竞争不失一个好办法。

放松规制、打破垄断、引进私营部门的竞争等建议很吸引人，但与可悲的现实不相符合：为了获得最高售价，政治领导者往往原封不动地出售垄断性国有企业，尽管其公民将会为此付出代价——购买产品和服务时支付高价格。换言之，政客们即时受益，公民随后支付成本。巴拿马电信公司民营化方案的背后就藏匿着这样的勾当。政府把唯一的移动通信公司出售给有线电话网的购买者，几个月后才允许其他公司进入移动通信市场。这意味着，市场被第一个购买者"锁定"以后再开放。高额垄断利润预期使得购买者乐于支付高价，政客们则可以大手大脚花钱。

8.3 撤资操作指南

为大量不良资产和亏损企业所困，政府可以采取渐进方式逐步实现撤资，也可以制定并实施全面撤资方案。许多国家选择了后者。全面撤资方案的构成要素可见表 8—2，它是第 5 章管理操作指南的进一步具体化。

表 8—2	全面撤资方案的构成要素

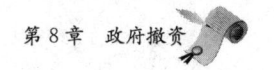

1. 要有推行民营化的政治魄力和决心
2. 为民营化做好组织准备
3. 对民营化的推行者进行培训
4. 确立民营化方案的整体目标
5. 建立适用的法律框架
6. 建立腐败防范机制
7. 确认国有企业的总目标和单项目标
8. 获取公众支持
9. 重组国有企业
10. 选择撤资的具体方法
11. 解决雇员的担忧
12. 解决穷人的担忧
13. 设计规制框架和规则
14. 企业为政府撤资做准备
15. 创造有利的政策环境
16. 评估企业或资产的价值
17. 推销企业或资产
18. 为交易提供资助
19. 实施交易
20. 监测与评估民营化后的行为

表 8—2 中所列步骤和随后的讨论主要基于笔者的实际经历,包括笔者在 47 个国家和美国许多州和城市的经历和其他报告中提到的经验。[35] 列表并不意味着必须按部就班严格按步骤实施,因为几个步骤可以同时进行。实际上,可以用关键路径法设计民营化的具体步骤和方案。上述步骤适用于发达国家、发展中国家和后社会主义国家,但由于国情和环境不同,侧重点和实施细节会有所不同。

要有推行民营化的政治魄力与决心

这里需要再次强调,民营化是一种政治行为。换言之,大规模的民营化计划具有广泛而深刻的政治含义;从短期看民营化会有赢家和输家,它通常会招致激烈的反对。为确保成功,需要强有力的政治领导和政治魄力,整个政府需要形成推行民营化的决心。第一步要对国有企业的现有弊端(已在第 5 章总结过)有清醒的认识,这种认识可以基于科学的分析评估,也可以通过观察和实例解析来形成。观察和实例解析的作用不可小视:国企衰落有目共睹,一直是公众关注的焦点,观察和实例解析有助于为民营化获取公众支持。发展中国家和后社会主义国家常常需要外部的帮助来研究国有企业,以增进理解,增强信心,促使领导人痛下决心。政治领导认识到民营化和市场化是促进经济长久发展的必由之路后,需要创造、集结并维系具有坚定决心和权威的力量,形成有效的同盟。

为民营化做好组织准备

主管官员发现,设立专门的委员会来启动民营化进程非常有意义。委员会由外部商人、工会代表、政治家、其他层级的政府官员、以改善政府为宗旨的社会团体等组成,旨在进行调查研究并就民营化方案提出建议。里根总统曾设立过一个隶属于总统的"民营化委员会",该委员会提出了一份颇具远见和影响力的报告。[36]目前美国各州州长开始效仿里根总统的做法。[37]

民营化组织准备中的集中模式最为普遍。[38]一般选择与政治领袖关系密切的高级官员指导政府的民营化进程,他被赋予相应的地位、权威和资源以有效履行职责。这一官员可以是副总统、资深内阁成员、财政或预算部门主管,或者是总统办公室下负责民营化的专门机构的领导。里根时期的民营化方案是由管理与预算局副主任负责的,该局隶属于总统办公室。克林顿政府的民营化方案则直接由副总统阿尔·戈尔(Al Gore)负责。在纽约,州长乔治·帕特奇(George Pataki)将这一任务交给了掌管州发展规划署的密友。集中模式可以采取多种不同的具体操作方式。分权模式尽管很诱人,但不可能取得成功,因为缺乏相关经验的积累,且并非所有部门领导具有同样的魄力和决心。对负责民营化的官员来说,类似委员会一样的咨询机构将会大有帮助。当然,合格的咨询专家也能起到同样的效果。

对民营化的推行者进行培训

民营化推行机构的成员一般需要进行培训,这可以通过研读有关文献或参加专门的培训课程来实现。美国国际开发署(USAID)曾资助过类似项目,向发展中国家和后社会主义国家的中层官员提供民营化方面的培训。美国公私伙伴关系委员会(National Council for Public-Private Partnerships)、许多其他组织和大学也在美国国内进行此类培训。在民营化的集中模式下,稳定的实施队伍有助于相关专业知识的积累,进而应用于各种民营化个案中,并与相关领域的专家密切合作。提前实施培训的主要原因是积累和交流相关知识,为随后各步骤奠定基础。

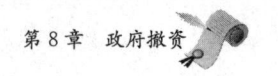

确立民营化方案的整体目标

必须从第 5 章所列的一系列目标中选择民营化方案的适当目标,因为很多目标是相互排斥的,如增加政府收入、扩大所有者范围、削减政府职责等。然而,有可能协调和整合多样化目标,形成一个大规模的民营化方案,其中不同国企民营化的具体目标有所不同,由此形成一个有序的目标集。目标确认工作必须尽早进行,不同类的撤资行为应该按照适当的顺序实施,以便获得并保持公众的支持。

建立适用的法律框架

国有企业是以立法机关的授权为基础建立的,所以撤资需要相应的立法——一般或具体的法律。[39]这一过程会遭遇激烈的政治斗争。政府撤出特定的商务领域一般需要特定的立法授权,国有企业民营化有时还需要修改宪法。比如菲律宾规定,自来水系统维护与运营的合同外包只能给那些菲律宾人控股 60% 以上的公司。这也许是一个好的政策,但由于限制了竞标者的数量,应该考虑进行修改。

建立腐败防范机制

通过减少政府控制的资源,民营化可减少腐败。[40]撤资方案中应该设置适当的程序,防范民营化过程中可能发生的腐败。否则,在具有腐败历史的国家,反对者会利用腐败作为反对民营化的武器,公众对腐败的反感会阻碍民营化进程。

下列措施可以使腐败机会最小化:(1)加速民营化进程,不给腐败交易留更长的时间;(2)按照标准程序操作,减少推行过程中的行政自由裁量权(即不要在实施过程中随意改变规则);(3)确保透明度,做到民营化进程、企业价值、最终结果等方面的信息公开;(4)对进程拥有独立控制权,避免由企业原来隶属的政府部门控制一切,因为这可能导致利用原有关系搞幕后交易。[41]

基于凭单制和清算方式的民营化最不容易发生腐败,而管理者/雇员认购和自发民营化中腐败的风险最大。就向公众出售股份和股权交易等形式而言,腐败风险介于前两者之间,主要原因在于其进程缓慢且行政自由裁量权较大,尽管透明度较高,对进程的独立控制也较强。[42]

确认国有企业的总目标和单项目标

除非政府继续拥有产生的价值大于出售价值[43],相关企业都应成为撤资的对象。撤资对象的选择必须服从于既定的目标,同时要对撤资方案在政治、社会、经济等方面的可行性进行评估。应该就经营业绩、成本、财政状况、组织结构、技术和物质条件、法律地位、雇员队伍状况等方面,对每一个撤资对象进行认真的考察评价。一个基本原则是"摘低枝上的果实",即优先选择那些容易实施民营化且效果明显的企业。所谓"容易实施民营化"是指政治上可行,控制权较充分,经济上有一定活力,投资人比较感兴趣,不存在法律障碍和劳资问题容易解决。"效果明显"即经济、财政等方面的正面影响足够大,使得民营化努力很值得。如前所述,应该为每一个撤资对象确立具体的目标,由此形成的目标集(如吸引新的投资、发展资本市场、满足国外债权人的要求等)应服务于民营化的总体目标。

一般来说,资产(土地、房屋、租赁的企业)的民营化要比拥有大量工人的在营企业的民营化容易一些。政府机构企图扩张的一个经常理由是,拟议中的新项目不需要太多的成本,因为所需的土地、房屋等资源已经掌握在手中。资产出售可以一劳永逸地消除这一借口。

获取公众支持

必须认真评估民营化对公众可能产生的影响,在方案设计时就采取有效措施消除负面影响,以获取公众的支持。可以通过凭单制或扩大社会保障系统,缓解民营化对穷人的有害影响。如果民营化促进了整个经济的增长繁荣,而征税——它可以用来缓解对穷人的负面影响——却被忽视,就可能造成普遍的问题并产生严重的政治和社会后果,就像阿根廷所发生的那样。[44]

在英国、斯里兰卡和赞比亚,民营化方案在向公众解释并获取支持方面相当成功,尽管反对意见相当激烈。英国政府利用电视台、电台和出版物实施大规模的广告攻势,向人们宣传撤资(非国有化)的优点,鼓励市民购买股票。考虑到一般市民的购买力,撤资过程非常重视设立小面值、低价格股票。[45]斯里兰卡保守党政府接替社会主义政府后,花一年的时间用三种语言通过所有媒体进行宣传,依次详细解释何为民营化,为什么要推行民营化,怎样操作实施,将会取得什么收益。[46]赞比亚的做法是，利用最受欢迎的电视明星主持播送系列节目，实施充分的广告宣传。[47]获取公众支持还可以通过建立公私同盟的方式，即联合民营化的潜在受益者共同发动宣传攻势。这种方式特别适用于后社会主义国家，在那里，几代公民对私有企业都缺乏感性认识。[48]宣传沟通的目的在于辩驳似是而非的观点，矫正反对派散布的错误信息，告知公众，解释民营化的收益，为甘愿冒政治风险而推行民营化的政治领袖争取公众支持。（有理由相信，如果美国州和地方政府的当选官员发动强有力的宣传攻势，而不是听任反民营化的工会与立法者做幕后交易，许多民营化项目不会中途夭折。）

如果早期实施的民营化项目带来了价格上升或其他负面影响，公众对大规模民营化方案的支持就会急剧下降。例如，巴基斯坦的供电系统和斯里兰卡的天然气民营化后，立即发生了提价现象，公众对民营化的热情随即破灭。政府对其中的原因不做解释，听任公众抱怨私营购买者。其实际原因是，在两个例子中，政府补贴或交叉补贴（工业用户收取高价补贴居民用户）随民营化而终止，政府预期价格会提升，形成无补贴的市场价格。实际上，政府从国有企业撤资的首要原因，正是为了结束以补贴形式出现的隐性亏损。

为获取公众支持，公开宣布撤资获得的收入将用于何处或公众将从中获得哪些收益不失为一个好主意。在墨西哥，负责国有航空公司民营化工作的雅克·罗格津斯基（Jacques Rogozinski）反复宣传：墨航每年亏损达1亿美元，这笔钱足够支付数千个小城镇的水电供应。波多黎各总统公开申明，电话公司民营化将使安装电话的等待时间缩短到一年以内，获得的收益将用于改善供水系统，充实国家退休基金，为电话公司雇员继续提供退休保障。在美国，政府宣布学生贷款机构民营化的收益将全部用于改善华盛顿特区的学校系统。

重组国有企业

国有企业通常需要首先"公司化"，即改组为股份制公司。股份数量和股本价值必须确定。企业在出售前可能需要重组，裁去没有价值的部门和多余机构，或分割企业并分部分出售，其中，分部分出售的各部分价格总和可能比整体出售价格更高。那些规模庞大、业务多样化和整合过度的巨型国有企业，特别适合用这种方法实现民营化。图8—1中左上和右下方框展示了重组的内容。

选择撤资的具体方法

对特定对象来说，可以从上面讨论过的多种工具中选择，单独使用一种或综合数种方式实现民营化。前面关于重组的讨论和图 8—1 显示了企业特性——盈利状况和行业竞争程度——与出售方式之间的关系。

解决雇员的担忧

一般而言，最大的难题在于如何处理工人对裁员（失业）的担心。鉴于公共部门人浮于事十分普遍，这种担心是可以理解的，也必须考虑解决。暂时性失业并不鲜见，但并不一定是撤资的必然结果，且存在许多办法可以解决。工资可能降低也是工人严重关切的问题。鉴于劳工问题的重要性，在 11 章将专门就此进行讨论。

解决穷人的担忧

就一直享受政府补贴的服务行业而言，如果撤资会导致价格上升，就必须关注它对穷人可能产生的影响。自来水供应就是一个例子。许多国家的清洁饮用水都很短缺。但在布宜诺斯艾利斯、雅加达和马尼拉，多数供水取自非法管道，自然也无须付钱。旨在改善清洁水供应的供水系统民营化，必然大大减少非法取水量。许多穷人会发现，他们一直"免费使用"的水被切断了。这既是一个政治问题，也是一个人道问题。政府可能不得不采用交叉补贴、凭单、折扣价、配额或其他方法，来使受影响的穷人摆脱困境。但不要忘记，供水系统民营化的最终结果是，为所有人提供更多的清洁水。

市场力量比政府发展计划更能促进经济增长，对穷人也更有利。发展中国家公共支出的一部分来自于农业税，而在大多数贫困人口居住的乡村地区，农业是主要的收入来源。政府过于庞大的开支会阻碍发展并直接影响到穷人的生活。正如《经济学家》所言："对政府来说，把事情办糟比办好要容易得多……不客气地说，糟糕的政府是第三世界国家贫困的主要根源之一，而减少政府干预则是一个有效的解决之道。"[49] 直言之，民营化有利于穷人。

设计规制框架和规则

如果将出售的企业或资产具有天然垄断性质或可能处于垄断地位，

就必须设计并有效实施适当的规制框架和规则,以保护公共利益。英国在这方面积累了正反两方面的丰富经验。[50]第一步是实施行业重组——将垄断经营部分与潜在竞争部分分离,把垄断问题减小到最低限度。英国电力部门就被分割为三个部分:发电、输电和售电部分——以前它们被视为密不可分的整体——并在发电领域引入了竞争机制。电信和供水部门也进行了类似的重组。在把石油、天然气和电力公司分割成若干独立单位的工作中,匈牙利比俄罗斯和捷克做得好。[51]

反垄断的第二道防线可以由适当的合同条款构筑。多哥在这方面提供了一个反面的例子。一家国有钢铁企业被租赁(不是被出售)给一家私营公司。为急于脱手这一严重亏损的企业,政府应允了非常慷慨的租赁条件,以避免企业破产清算的命运。这些条件包括,向私人经营者承诺对进口钢材征收高额关税,保护企业不受外来竞争的影响,同时该企业的进出口完全免税。由于这是多哥国内唯一的一家钢铁厂,它在国内的售价受到规制,但规制条款对该厂特别优惠。[52]虽然这是一个租赁而非撤资的例子,但同样反映了合同条款是如何影响竞争环境,进而强化或削弱垄断地位的。国有企业的买主通常会寻求保护以躲避未来可能出现的竞争。鉴于民营化的目标是通过创造竞争以提高效率,政府撤资背后的理念是将企业推向竞争性市场环境,此类保护应尽量避免。然而,如果国有企业是公用事业如电信业,企业发展需要购买者进行大量投资,提供一定时期的保护也是合理的。

保护公共利益的第三道防线是价格规制。这要求有适当的法律和机构来设定和调整价格,包括依据物价指数等设立价格自动调整公式。价格规制可以利润率为基础,也可以采取公式限价的形式。利润率控制是美国公用事业价格规制的普遍方式。在审查核实企业全部成本的基础上,规制者批准一个价格,以保证企业投入的资本有一个可以接受的(非垄断的)回报率。但是,利润率规制既复杂又费时,价格核定往往落后于必需的投资决定,并容易导致过度投资。另一种价格规制方法是公式限价,它是英国实施大规模政府撤资时期发展起来的。公式限价法采取通货膨胀率减去固定比率的方法,确定价格的增长幅度。例如,公用事业价格上涨幅度只能是同期通货膨胀率的85%。这样的一个百分比反映了对民营化后企业效率提高的预期。由于预测效率的提高幅度比预测利润更容易,公式限价法更灵活、不必要的约束更少、更省时,且管理者的经营自主权更大。[53]

在任何情况下，规制程序和政策都必须事先确立，以便让买主知道他会得到什么，规制政策将如何影响他的竞标；同时也能让公众意识到，他们不会受到垄断价格的损害，从而消除对公用事业政府撤资的担心。

企业为政府撤资做准备

企业要在法律、财务、组织和管理等方面为政府撤资做好准备。例如，企业在出售之前可能先要转制为公司。财务方面一系列问题需要明确：谁是企业所用土地的拥有者？（在后社会主义国家，弄清这一点无异于一场梦魇。）谁将承担债务？（通常是政府。）搞清楚谁欠谁什么债务有时是很麻烦的事。国有企业在还贷、交税、交纳职工退休基金和其他社会保障基金方面往往滞后。土地被工厂污染还带来了一个环境责任问题。可能还会有一些存在纠纷的负债。所有这些问题都必须搞清，根据情况，政府可能需要注入资金以改善即将出售的国有企业的资本基础。同时，国有企业还可能有隐性资产，如被低估的财产、土地使用权、港口设施、专利等。这些情况都要核实并调整资产负债表，以准确反映企业的财务状况。

国有企业的具体范围和资产状况也要明确。如出售一家国有航空公司时，其附属的航空食品厂是包括其中，还是单独出售？公司在国外的办公室包括在内吗？买主能享受国有航空公司目前享受的国内航线方面的特权吗？

如果国有企业通过公开出售股份的形式实施民营化，可能需要引入新的经营管理方式，以提高效率，注入市场观念，从而为出售做好准备。至于冗员问题，如果十分严重，政府就应该承担裁员的责任，而不是把它留给私人买主。否则，没有人对购买企业感兴趣。

创造有利的政策环境

民营化以后将面临的规制和税收环境直接影响到企业利润，进而影响到企业对潜在买主的吸引力。影响企业经营的相关政策必须一开始就明确化。比如，价格是否受到控制？企业为技术更新而进口的设备是否交关税？外国买主是否可以将利润汇兑出境？免税期未来是否有效？应尽量避免设定令潜在购买者望而却步的条件，如出售工厂和酒店时要求买主雇用同样人数的员工并不得改变原有资产的用途。

评估企业或资产的价值

在价格方面,买主和卖主的立场总是截然对立。买主力图尽量少花钱,甚至抱着购买便宜货的期望。政府则希望卖一个高价,至少不能亏本,避免受到把宝贵的国家财产出让给贪婪的商人尤其是外国人的指责,即使这个企业(或资产)是一头衰老的白象且对政府补贴有贪得无厌的胃口。

买卖双方都要对待售企业或资产进行价值评估。这项工作一般委托具有估价资质的独立公司来完成,如投资银行、顾问公司或评估公司等。估价时往往使用以下标准:

- 清算价值——估算国企各种资产的价值,以便将每笔资产分别卖给出价最高的买主;
- 收益价值——利用未来收入和现金流量等尺度估算企业的预期业绩,进而评估企业价值;
- 替代价值——估算资产更新所需的成本;
- 账面价值——核算企业的投资额和资产折旧额。

替代价格从逻辑上讲可能更吸引人,但是很少有人能建立一个精确的替代价格。账面价格对财会人员具有吸引力,但很可能流于一种人为的数字游戏,与现实相距甚远。对一个继续经营无望的企业,清算可能是最佳选择。清算意味着承认这样一个事实:企业停业比继续经营更有价值,或者说将资产转给他人比留给企业更有价值。对于具有发展前景的企业来说,收益评估是最好的途径,因为它根据未来盈利和现金流量来估算企业的当前价值。[54]评估时要考虑的不仅是企业目前的财务状况,还要考虑过去和未来的政策。比如,过去强加给国有企业的一些其他目标影响了企业的经营业绩,而这些目标民营化后不再适用。同时,如果出售本身需要经历持久的法律和政治斗争才能最终确定,定价就应该偏低。上述问题和其他类似因素都应该事先解决,然后再进行价值评估并吸引买主竞标。[55]

推销企业或资产

如果试图将企业出售给在同行业经营的公司,就要准备一个小册子,说明企业的状况和出售的相关细节。这些材料要具有可读性,并对买主具有吸引力。在存在规范的证券市场的国家,向公众公开出售股份时还必须要有一份正式的计划书。这些资料应提供买主希望了解的全部信息，包括经营历史和私人业主未来可以从事的业务活动。它还应包括物质设施、技术、生产力、定价政策、营销策略及管理效能等方面的数据，并依据国际会计标准公布财务状况。[56]此外，相关材料还要描述企业将会面临的竞争，政府（如果愿意的话）将提供哪些保护，政府将要实施的经济自由化和规制措施对企业可能的影响，税收及规制环境（此前已讨论过），交纳养老金义务的细节，员工在持股方面的优先权，以及合同赋予的整体义务。[57]

如果企业规模相当大，有必要寻求很多潜在买主，且越多越好。可以与有兴趣的合格买主进行协商，同时注意鼓励竞争。协商过程中的保密是一个关键问题，所以感兴趣的各方应签订一份标准的保密协议。投资银行和顾问可作为卖方的代理，其任务是使买卖更加便捷。对小企业如前社会主义国家的零售商店来说，这些帮助没有必要。

为交易提供资助

两个方面的财政资助应予以考虑：一是为企业出售交易本身提供资金，二是为企业随后的经营提供资金。二者都受到当地金融环境中下列因素的影响：

- 资本国内外自由流动受到的限制；
- 国内私人资本购买企业股份的能力；
- 一个规范而有活力的证券市场的存在；
- 资本市场与外部世界的联系和国家获取中长期国际资本——如从国际发展银行和国际金融公司获得贷款——的信用值。[58]

应最大限度地利用业已存在的资本市场，因为公开出售股份最透明也最不易产生腐败。这种方式的另一个好处是，给当地投资者充分参与的机会，从而获得对民营化计划的支持。该方法在欠发达国家可能要受到一些限制，但并非不可行。在牙买加，尽管股票交易市场一周只开放两次，每次只进行两个小时，交易量既少又不稳定，但该国的两家国有企业还是成功地通过公开出售股份的形式实现了民营化。[59]

通过公开发行股票的形式出售企业时，时机的选择十分重要。阿根廷和菲律宾政府在发行了对投资者很有吸引力的政府债券的时候，把企业推向了市场，不恰当的时机选择大大削弱了投资者购买国企股票的积极性。[60]

尽管国内资本短缺，一些发展中国家仍对外国买主加以限制，这使国家无法获得必要的资本、技能，无法进入新的市场，获得现代技术。有些国家甚至歧视本国成功的少数民族，如马来西亚和印度尼西亚对华人的限制和肯尼亚对南亚裔居民的限制。这些限制应被视为自我设置的严重障碍，其社会价值值得怀疑。

国有企业出售应采取现金交易而不是信用交易方式，即使这样做会降低售价。如果信用交易额占据了售价的相当部分，买主就可能把企业退还给政府，或者要求更多的政府贷款，得不到支持时会以使企业破产相威胁。智利通过信用方式出售企业，买主仅支付总售价的10%~20%。在经济萧条的打击下，70%的民营化企业宣告破产并重新回到政府手里。[61]在巴基斯坦，一些1991年民营化了的企业1997年还未付清欠款。竞争者抱怨说，民营化企业拥有不公平的竞争优势，因为它们在无偿使用公共资产。[62]

买主必须集资以完成交易，但政府不应强迫金融机构提供贷款或购买国有企业股份，像巴西政府试图做的那样。[63]优惠条件下的雇员集资认购、有担保并可承兑的债券、传统银行贷款、风险基金、债权与股权交易、与国际金融机构合资等等，都可以成为购买国企的资金来源。[64]

债权与股权交易对负债严重的发展中国家是一种特别有用的方法。潜在买主可以在二级市场上以很大的折扣购买国有企业的债权，然后再将债权转换为企业股份。阿根廷就是通过这种方法实现了国家电信公司的民营化。债权与股权交易伴随的财务幻觉对买卖双方都有利：如果债务以1美元作价25美分售出的话，买主可以宣称他出价250万美元获得一大笔资产，而作为卖方的政府也可以宣称它为企业获得了1 000万美元。但在有些情况下，以现金交易售出企业再用这笔钱偿还债务对政府更有利，就像墨西哥所做的那样。[65]

为管理者和雇员认购或员工持股计划（ESOPs）筹集资金是一个严峻的挑战。这些群体的资本——个人储蓄和养老基金等——十分有限，只能购买非常小的企业。因此，这些高度优惠的交易需要政府贷款或提供信用安排，比如为雇员持股计划安排一个公司资助的信托基金。然而，管理者和雇员认购易受操纵和腐败的影响，从而给人以内部人利用职务之便损公肥私的印象。纯粹的管理者和雇员认购是极少数，通常的做法是把部分股份——也许10%——低价出售给雇员，以获取他们对政府撤资的支持。

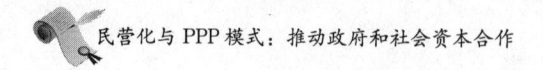

至于民营化后企业的现代化改造及扩大规模所需的资金,利润和内部的流动资金是最好的来源,但短期内这些不可能满足投资需求。如果投资者对国家宏观经济政策和规制有信心,本国和海外侨胞的投资会增加。从国际机构和双边捐赠中得到资助也是可能的。

实施交易

交易实施过程中可能会出现一系列问题,这取决于出售的具体方式。

公开出售股份。如果股票面向公众出售,下列政策问题必须予以回答[66]:

- 国内和国外申请购买者之间是否应规定售股比例?
- 对国内申请者来说,机构与个人之间是否应规定售股比例?
- 企业雇员、养老金领取者和其他人之间是否应规定售股比例?
- 是否设定单个人购股数量的上限?
- 对不同类购买者(如国内小投资者)是否应设定不同的价格?
- 如果要求正当合理,不同类申请者之间的重新配股是否允许?
- 是否要求投资者持股到一定期限?
- 所有股份在分红和投票时的权利是均等的,还是有所不同?
- 是否允许债权与股权交换?
- 怎样处理认购过热或认购不足的问题?

政府为国企出售定价时,必须尽量满足各方的利益:机构投资者、个人投资者、纳税人、公司管理人员、雇员和顾客。但这些利益通常是相互冲突的。正如第5章所阐述的那样,为政府获取收入,扩大持股面,促进资本市场的发展,安抚目前的管理人员和工人,这些目标之间存在内在矛盾。

如果撤资计划的一个重要目标是鼓励小投资者购买股份,其售价可能会定得低于价值,以确保出售不久股价上涨。这将是一项政府放弃更高出售收入以促进更广泛的国家目标的政策决定。作为对小投资者的额外激励,某种收益"保值"安排可以供其选择,就像西班牙国有石化企业民营化时所做的那样。小投资者购买股份时可以享受4%的折扣,股价若在第一年下降,还可得到10%的补偿性返还。[67]折扣、担保、利润和红利承诺在吸引小投资者方面可能非常成功,但人们会提出一个问题:告诉潜在投资者持股只有收益而无风险到底有什么意义?[68]

拍卖。不通过证券市场,产权转移也可以用拍卖形式实现。在独立评估机构估价的基础上，发布一个最低价，邀请投资者出价竞标。整个过程有两步：首先，有意竞标者提交他们的技术和财务资质以供评审；然后，被挑选出来的竞标者提交他们已经密封好的出价。

协议出售。企业产权转移的另一种方式是与符合资质的买主进行谈判。其过程与拍卖相类似，但与要求提交密封标书的做法不同，协议出售是与挑选出来的符合资质的买主秘密谈判，确定出售条件和价格。这种方法的严重缺陷是整个过程不透明，容易产生腐败。但在腐败不严重的国家，这种方法是最佳选择，因为它可以作出细节安排以满足当地的多样化需求。

监测与评估民营化后的行为

监测的必要性在于确保企业民营化后的行为符合出售协议中的条款。应尽量避免聘用民营化以前与国企关系密切的人控制民营化后的监测和规制工作，因为这样会带来两方面的偏差：（1）监测者/规制者吹毛求疵对民营化后的企业实施报复；（2）监测者/规制者偏袒前雇主，损害其他竞争者的利益。笔者在斯里兰卡曾遇到后一种情况：规制者袒护民营化后的电信公司，其他私营移动电话公司使用该公司的通信线路时受到歧视，尽管法律赋予了它们这种权利。

有关雇员福利和电话线路、供水系统、电力、交通设施扩展速率等的协议条款必须认真监测并确保落实。原始协议应包括相应条款，对无故未能按期履行职责的情况要规定具体的处罚措施。如果新近民营化的企业提高价格，会引起公众反感并威胁未来的政府撤资计划。如果提价的原因是服务得到改善或政府停止补贴，必须认真反复地向公众做出解释。

最后提出警告：如果企业民营化后经营不善并以破产相威胁，政府也不应出面救助，因为这可能是迈向不可避免的重新国有化的第一步。经营决策失误理应受到市场力量的惩罚。

8.4 小　　结

国有企业的政府撤资可以通过出售、无偿赠与、清算等三种方式来

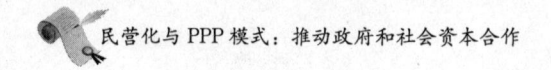

实现。本章总结了各种方式的主要特征。特定国有企业的撤资策略取决于许多因素，其中最重要的是企业的盈利状况和行业竞争程度。本章利用列表的形式，对撤资的 20 个步骤进行了系统的说明。

注　释

[1] Jeanne K. Laux and Maureen A. Molot, *State Capitalism*：*Public Enterprise in Canada* (Ithaca, NY：Cornell University Press, 1988), 65.

[2] *Privatization/Divestiture Practices in Other Nations*, GAO/AIMD-96-23 (Washington, DC：General Accounting Office, December 1995), 26

[3] "From Boots to Electronics," *The Economist*, 21 June 1997, 28-30.

[4] "Connie Lee Privatization Yields $ 184 million for DC Schools；CEO Presents Check to Hillary Clinton," *AOL NewsProfiles*, 4 March 1997.

[5] Paul Beckett and Scott Ritter, "Shareholders Oust Sallie Mae's Board；Privatization Is Approved For Student-Loan Firm," *Wall Street Journal*, 1 August 1997, A3.

[6] Agis Salpukas, "U. S. Oilfield Will Be Sold to Occidental," *New York Times*, 7 October 1997, D1.

[7] Sam Howe Verhovek, "Closing of Helium Reserve Raises New Issues," *New York Times*, 8 October 1997, A12.

[8] United States Enrichment Corporation, *Plan for the Privatization of the United States Enrichment Corporation*, Submitted to The President and the Congress of the United States, June 1995；The White House, Statement by the Press Secretary, 25 July 1997；"Privatization Completed；United States Enrichment Corporation Sold in Initial Public Offering," AOL News, 28 July 1998.

[9] "Privatization of TVA Suggested," Associated Press, 19 November 1997.

[10] "Conny Kullman Outlines Vision of INTELSAT Privatization in the Competitive Global Market," *AOL News*, 30 September 1998.

[11] "Inmarsat Privatization Progresses Rapidly," *AOL News*, 27 April 1998.

[12] Charles V. Bagli, "New York to Sell Mental Facilites," *New York Times*, 26 May 1997, A1；Tracy Rozhon, "A Fight to Preserve Abandoned Asylums," *New York Times*, 18 November 1998, B1.

[13] Vivian S. Toy, "Giuliani Details Uses of WUYC-Sale Windfall," New

York Times, 4 August 1995.

[14] Clyde Haberman, "For WNYC Radio, There Is a Price for Independence from an Old Master," *New York Times*, 5 July 1996, B3.

[15] David M. Halbfinger, "A Hong Kong-based Chain Will Buy U. N. Plaza Hotel," *New York Times* 7 May 1997, B4.

[16] Steven Lee Myers, "On Going Private: Mayor Wants to Sell Canarsie Cemetery," *New York Times*, 8 March 1995.

[17] "Marriott Buys Rebuilt Vista Hotel for \$141.5M," *New York Post*, 10 November 1995.

[18] Matthew Bishop and John Kay, *Does Privatization Work?* (London: London Business School, 1988).

[19] Matthew Bishop, John Kay, and Colin Mayer, eds, *Privatization and Economic Performance* (Oxford, England: Oxford University Press, 1994).

[20] "Labour Party Considers Privatizing London's Underground," *Wall Street Journal*, 17 June 1997, A14.

[21] Warren Hoge, "The London Tube, in the Dumps, Could Be Put Up for Sale," *New York Times*, 26 February 1997, A3.

[22] *Privatization/Divestiture Practices in Other Nation*, table 1.

[23] Paul Cook and Colin Kirkpatrick, *Privatisation in Less Developed Countries: An Overview* (New York: St. Martin's, 1998), 5.

[24] Charles Vuylsteke, *Techniques of Privatization of State-Owned Enterprises*, vol. 1: *Methods and Implementation*, World Bank Technical Paper No. 88 (Washington, DC: 1988).

[25] Barbara Lee and John Nellis, *Enterprise Reform and Privatization in Socialist Economies*, Discussion paper 104 (Washington, DC: World Bank, 1990); Branko Milanovic, "Privatization in Post-Communist Societies," *Communist Economics and Economic Transformation*, 3, no.1 (1990—1991), 5-39; "Perestroika Survey," *The Economist*, 28 April 1990, 11.

[26] 政府在1985年只出售了大约三分之一的股份，并宣称将在1998年出售余下股份中的6%。

[27] "Homestead and Exemption Laws," *Encyclopaedia Britannica* 11 (1965): 645.

[28] E. S. Savas, "Privatization in Post-Socialist Countries," *Public Administration Review* 52, no. 6 (November/December 1992): 573-581.

[29] Michael P. McLindon, *Privatization and Capital Market Development*

(Westport, CT: Praeger, 1996): 111-131.

[30] Ira W. Lieberman, Stilpon S. Nestor, and Raj M. Desai, *Between State and Market: Mass Privatization in Transition Economies* (Washington, DC: World Bank, 1997).

[31] McLindon, *Privatization and Capital Market Development*.

[32] Savas, "Privatization in Post-Socialist Countries."

[33] Interregional Network on Privatisation, *Guidelines on Privatisation* (New York: United Nations Development Programme, 1991), 71-73.

[34] Bertrand Jacquillat, *Désétatiser* (Paris: Éditions Robert Laffont, 1985), 138.

[35] L. Gray Cowan, *Privatization in the Developing World* (New York: Praeger, 1990); Sunita Kikeri, John Nellis, and Mary Shirley, *Privatization: The Lessons of Experience* (Washington, DC: World Bank, 1992); McLindon, *Privatization and Capital Market Development*; Dennis Rondinelli and Max Iacono, *Policies and Institutions for Managing Privatization* (Geneva: International Labour Office, 1996); Ravi Ramamurti and Raymond Vernon, *Privatization and Control of State-Owned Enterprises* (Washington, DC: World Bank, 1991); Cento Veljanovsky, *Selling the State* (London: Weidenfeld and Nicolson, 1987).

[36] *Privatization: Toward More Effective Government*, Report of the President's Commission on Privatization (March 1988).

[37] 如果要列出这样的委员会的名单, 可参见 "Privatization," *State Trends & Forecasts* 2, no. 2 (Lexington, KY: Council of State Governments, November 1993), table 1. As an example, see "PERM: Privatize, Eliminate, Retain or Modify: Recommendations to the Governor on Improving Service Delivery and Increasing Efficiency in State Government," Michigan Public-Private Partnership Commission, Final Report, December 1992。

[38] *Privatization/Divestiture Practices in Other Nations*, 7.

[39] Pierre Guislane, *The Privatization Challenge: A Strategic, Legal, and Institutional Analysis of International Experience* (Washington, DC: World Bank, 1997).

[40] [41] [42] Daniel Kaufmann and Paul Siegelbaum, "Privatization and Corruption in Transition Economies," *Journal of International Affairs* 50, no. 2 (Winter, 1996): 419-518.

[43] Leroy P. Jones, Pankaj Tandon, and Ingo Vogelsang, "Selling State Enterprises: A Cost-Benefit Approach," in Ramamurti and Vernon, *Privatization*

and Control, 29-53.

[44] "As Argentine Economy Booms, Workers Fret They'll Be Left Behind," *Wall Street Journal*, 25 June 1997, A1.

[45] Veljanovsky, *Selling the State*, 131.

[46] Tissa Jayasinghe, "Publicising Privatization: Sri Lanka's Public Awareness Program," 为未公开出版的手稿。

[47] 根据金融工程发展中心的录像带, 华盛顿, 1996。

[48] Fred Hawrysh, "The Pivotal Role of Communication in the Privatization Process," *Emerging Markets Economic Review*, 1, no. 1 (1995).

[49] "Growth Beats Poverty," *The Economist*, 26 May 1990, 15.

[50] Veljanovski, *Selling the State*, chaps. 7-9.

[51] *From Plan to Market*, World Development Report 1996 (Washington, DC: World Bank, 1996).

[52] Ivan Bergeron, "Privatization Through Leasing: The Togo Steel Case," in Ramamurti and Vernon, *Privatization and Control*, 153-175.

[53] Jim Waddell, "The Privatization of Monopolies," *Economic Perspectives, an Electronic Journal of the U. S. Information Agency* 2, no. 1, January 1997.

[54] Pedro-Pablo Kuczynski, "Marketing Divested State-Owned Enterprises in Developing Countries," in *Privatization and Development*, ed. Steve H. Hanke (San Francisco: Institute for Contemporary Studies, 1987), 111-117.

[55] Cowan, *Privatization in the Developing World*.

[56] 同上书, 56。

[57] Interregional Network on Privatization, *Guidelines on Privatisation*, 52-54.

[58] Rosendo J. Castillo, "Financing Privatization," in Hanke, *Privatization and Development*, 119-126.

[59] Roger Leeds, "Privatization Through Public Offerings: Lessons From Two Jamaica Cases," in Ramamurti and Vernon, *Privatization and Control*, 86-125.

[60] 同上书, 64。

[61] Kikeri et al., *Privatization*, 67.

[62] Private discussion with government and business leaders.

[63] 同上书, 66。

[64] Castillo, "Financing Privatization," 123-124.

[65] Kikeri et al., *Privatization*, 67-69.

[66] Interregional Network on Privatisation, *Guidelines on Privatisation*, 81.

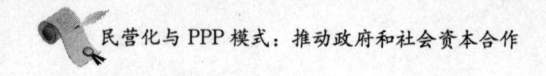

[67] Peter Grant, "Privatization Offers Up Some Monsters," *Global Finance*, November 1996, 94-97.

[68] "Privatisation in Europe: Is the Price Right?" *The Economist*, 23 November 1996, 87-88.

第9章
基础设施领域的公私伙伴关系

我们应当怎样建设我们的基础设施呢？在过去，绝大多数国家的公路、自来水系统和其他基础设施都由政府部门投资兴建，并由政府部门拥有和管理。美国的电信系统和电力事业只是其中极为特殊的例外。这种基础设施建设模式背后的依据在于：基础设施十分重要，它使公民普遍受益，建设所需资金庞大。因此，这种责任不能交由私营部门去承担，一般私营部门也无力承担。这一逻辑实在让人莫名其妙。既然基础设施对一个国家的经济如此重要，它就应当尽可能地从各种可行的渠道吸引投资；其定价就应当根据供给和需求而不是政治考虑；它们就应当得到有效的管理和维护。但所有这些都正是民营化的特点，而不是政府所有制的优势。

对基础设施的需求——尤其是在资金短缺的前社会主义国家和发展中国家，以及美国的州政府和地方政府——已经大大超出了公共资金所能承受的极限。因此，我们越来越多地看到民营部门通过公私合作的形式投资、设计、建设、管理甚至拥有基础设施。在全世界范围内，交通体系（公路、桥梁、隧道、铁路、港口和机场）、自来水供应系统、污水处理设施、电信系统、电力设施（包括发电和电力配送）、公共建筑、固体废物和有害物质处理系统等基础设施已经越来越多地通过民营化的制度安排被兴建、拓展、改造、管理和维护，这种制度安排的特点是更多地借助私营部门，更少地依赖政府部门去满足公众的需要。

作为可收费物品，这些基础设施最突出的特点是价格机制对它们同样适用。也就是说，这些物品的最终消费者或政府中介可以为它们的"使用"直接付费。因此，市场机制完全可以被应用到这类物品的提供上，如：通过筹措私人资本，减少政府借贷的需求；实行"用者付费"制度收回运营成本，这比税收补贴的服务更公平，比政府直接生产一般说来也更廉价。

9.1 基础设施民营化的优点

在美国一些市和县的官员中进行的一次大规模调查，清楚地显示了基础设施民营化的经验理由。当被问及民营化的原因时，官员们的回答如表9—1所示。该表总结了他们对不同种类的基础设施民营化原因的不同解释。缺乏专业知识和节省投资成本是最经常被提及的原因，节省运营费用排在第三位。[1]另外一个针对州政府官员的调查得出了类似的结论。[2]在这两个调查中，被提到的民营化的其他原因还有：执行更迅速，提供用其他方式无法提供的服务，解决政治和劳资纠纷问题，分担风险。

表9—1　　　　　　　　　地方基础设施民营化的原因

基础设施的类型	节省投资	专业知识的缺乏	对该设施的需求	节省运营费用	融资手段	更好的服务
机场	4	1	2			3
教养院	1	2	2	2		
有害废物处理	2	2	1	2		2
医院	1	2	2		2	2
住房	3	2	1		2	
大众传播	1	3		2		4
市政建筑	3	1	4		2	
污染治理	1		2			
道路和桥梁	1	2	3			4
固体废物处理	3		1	2	4	
体育馆等	3	2		1	4	
路灯	1	1	3	1		2
电信系统	3	1	4	2		3
污水处理系统	1	3	2	4		
自来水系统	1	3	2	4	4	

注：数字"1"代表最经常被提到的原因，数字越大，提到的频率越小。

资料来源：改编自 T. Irwin David, *Privatization in America*（Washington, D.C.：Touche Ross, 1987）, fig. 11。

图 9—1 描绘了铁路、电话系统以及电力事业等现有基础设施建设情况，它显示了一个令人沮丧但又难以摆脱的循环。在最初创业阶段，许多小工厂被兴建起来提供服务。随着该新兴行业的发展，兼并和合并不断发生，结果政府为了应对"收费"方面的抱怨和控制所谓"混乱"的竞争局面，会出台各种各样的规制，在收费和特许权方面对企业实施严格的控制。在这之后，一方面由于通货膨胀，另一方面由于设备老化引起维护费用上涨，企业的成本会不断上升。但是，政治家们在"保护公共利益"的名义下，往往拒绝企业增加收费或调整服务的要求。结果企业收入不足，开始出现亏损。这种状况反过来又会导致企业对维护和修理投入的下降，对新设备投资的萎缩，以及随之而来的每况愈下的服务水平。于是，要求政府行动起来的呼声出现了，政府开始接管这些企业，给予大量补贴，换回的却依然是公共管理下不断下降的效率。最后，情况会发展到政府补贴难以为继的地步，此时服务必须缩减，向用户收取的税费必须提高（纽约市的公共汽车服务就"忠实"地走过了这样一个轮回）。最终，随着民营化被提出并用来解决此问题，整个循环方告结束。[3]

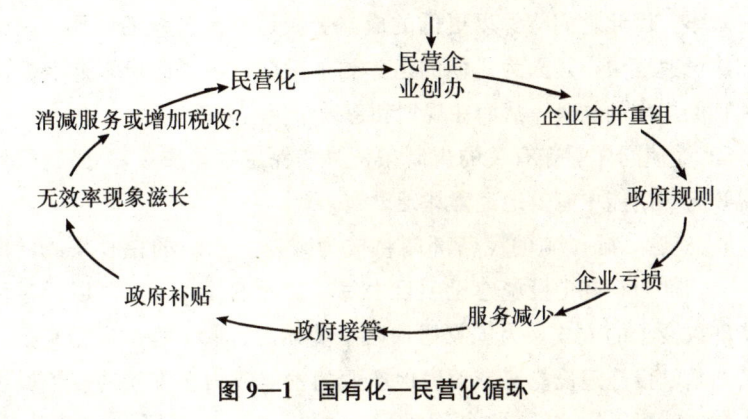

图 9—1 国有化—民营化循环

资料来源：Jose Gomez-Ibanez and John R. Meyer, *Going Private: The International Experience with Transport Privatization* (Washington, D.C.: Brookings Institution, 1993.) 该表最初被用来显示城市公交服务的发展历程。

基础设施领域的公私合作可以满足以下需求：（1）对基础设施升级更新，以适应人口的增长，满足更为严格的规制要求（如更洁净的水体）及吸引投资以利发展；（2）使基础设施兴建成本最小化，避免高成本高收费在市民中引起的震动；（3）通过收取企业为获得基础设施特许权而预付的费用，为其他项目募集资金。

民营部门可以在如下几个方面帮助政府，从而满足公众对基础设施的需求[4]：

1. 可以帮助政府发展基础设施。这些基础设施既包括那些新建的、设计新颖、用者付费的营利性基础设施，也包括那些需要改造、更新或扩建的现有的基础设施。以利润为导向的民营企业有直接的经济动力去寻求并开展新的项目，并愿在公众能够支付的价格水平上提供服务，满足公众的需求。如果没有民营部门的参与，这些项目有可能因为政府资金的缺乏而流产。此外，与民营部门经营的项目相比，政府资助下的项目往往是不经济的，并有可能成为官员为个人树碑立传的产物。

2. 民间投资者和有经验的商业借贷者的参与，有助于更好地保证一个项目在技术上和财政上的可行性。

3. 可以利用民间资本市场弥补政府资源的不足。这些民间资本来自那些以前未发觉的、规模庞大的投资者；与传统的政府债券相比，他们更喜欢进行一些高风险、高回报的投资。这能极大地弥补公共资金的不足，并提高政府的信誉等级。

4. 一般说来，民营部门的建设速度更快，在建设费用的使用方面也更有效率，因此它们能够以更低的成本更快地满足公众的需要。民营部门的建设速度快，是因为它们的运作更加灵活，不受政府采购条款的限制和官僚规则的约束，从而在规划和建设中更有效率。

5. 即使同样遵守有关的规制条例（如保持水体质量），民营机构一般比政府部门能更有效地经营基础设施。

6. 经营基础设施的民营部门将成为政府一个新的税收来源。据估计，民营部门在基础设施建设项目中每一美元的投入，都可以通过税收和特许权授予的方式，为国家增加两个美元的税收。举个例子来说，如果新的基础设施建设能够带动房地产业的发展或为特许权的授予提供新的机会，就可以为政府增加更多的税收。[5]

7. 可以分担一些本来由公共部门承担的风险。

8. 在开展项目的过程中，民营部门可以促进技术转让，并为政府部门培训人才。

9. 民营部门的管理可以作为一个标杆（benchmark），用来衡量类似项目的效率。这最终将有助于提高未来基础设施建设项目的公共管理绩效。[6]

政府部门未来的重要角色在于：确认社会对某种基础设施建设的需

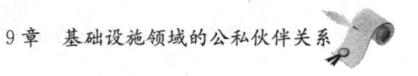

求,并为之作出计划;审查基础设施建设项目的可行性;履行合同签订过程中的各种任务(后面将会详细讨论);授予独家权利(通过选择特定的民营合作伙伴);为确保公共利益对价格实施规制(因为基础设施通常是一种典型的可收费物品,很容易形成垄断);设立绩效评价标准并监测绩效;通常要为项目融资提供支持。

9.2 公私合作的形式

公私合作可以采取多种形式。表9—2用连续体的方式显示了公私合作的主要类型。在这一连续体上,最左端是完全公营的模式,最右端则是完全民营的模式。[7]在第4、5章所使用的术语中,公私合作的形式包括合同承包、特许经营和政府撤资。审视连续体的右半部分时我们要注意,所谓民营化程度的高低是相对而言的。事实上,它们之间的区别十分细微,而且具体到每个个案,情况也不尽相同。

表9—2　　　　　　　　　公私合作类型连续体

政府部门	国有企业	服务外包	运营维护外包	合作组织	租赁建设经营	建设转让经营	建设经营转让	外围建设经营	购买建设经营	建设拥有经营
完全公营 ←										→ 完全民营

政府部门

基础设施中服务供给的传统模式就是直接通过政府部门。这些对基础设施拥有所有权的政府部门,全面负责基础设施的设计、投资、建设和管理。最为典型的例子就是负责自来水供应的市政部门。

国有企业

无论是在发展中国家还是在发达国家,国有企业在电力、供水、交通运输以及电信服务中都是极为常见的。这些国有企业正在进行商业化(实现管理上和财政上的自治,以向用户收费为基础实施独立预算)和公司化(所有权和管理权分离,使之成为具有独立法人地位的公司)的改革。这些改革的目的在于提升企业的效率和责任感，使它们像一个真正的商业实体而不是政治机构那样去运作。一项对供水系统中的国有企业进行的研究表明，最成功的国有企业一般都具有以下特征：（1）拥有素质良好的管理者和稳定的中层管理人员和专业技术人员；（2）财政状况良好，通过合理的收费来弥补成本；（3）与顾客保持着良好的关系；（4）在某些个案中，还包括将某些管理和维护工作合同外包给私人承包者，吸引民间资本，具有良好的成本核算体制，以及对政府、董事会和管理者职能等的清晰界定。[8]对地区性公交系统的研究也支持同样的结论。

服务的外包

正如我们在第 7 章中讨论过的那样，与基础设施有关的某些特定的服务，可以以合同的形式承包给民营企业去完成。这样的例子很多，如铁路部门的售票、清洁和饮食服务；供水系统的读表、寄发账单和收费服务；公路部门的道路清扫和积雪清除服务等。除特定的被承包出去的服务外，公共机构仍然对这些基础设施的管理和维护承担全部的责任，并承担全部的商业风险。公共机构还必须为固定资产筹资并提供流动资本。承包者的报酬可以基于以下因素：工作量或工作时间、预先约定的一次性总额付费、固定价格收费、成本附加原则或某些物理参数（如寄发的账单数）。服务承包合同期限一般在五年以下。

运营和维护的外包或租赁（operations and maintenance contract or lease）

拥有基础设施所有权的政府部门可以通过与民营部门签订合同的方式，将这些基础设施的经营和维护工作交由民营部门去完成。这种制度安排与服务承包有些类似。但在这种公私合作的方式下，民营部门对基础设施的经营和维护承担全部的责任（通常被称为 O & M 合约），需要作出日常经营决策，但不承担任何资本上的风险。经营和维护实行合同承包的目的在于提升基础设施服务的效率和效果。在杰西城的供水系统和米尔沃基的污水处理系统中，我们可以看到这种公私合作的形式。[9]基础设施被租赁给民营部门后，民营部门通常要向用户收费，并向政府部门支付一定的租金。因此，法语"affermage"常用做这种制度安排的称谓。在第 7 章中，我们曾介绍过用 O & M 合约承包污水处理系统的例子，这里不再赘述。

合作组织

一个非营利的、志愿性的合作组织也能够承担某些基础设施服务的责任。在一些像美国、加拿大、芬兰等地区差异较大的国家，农村中的合作组织成功地扩展了地方电话系统。在许多发展中国家如肯尼亚、印度和中国，灌溉系统的管理权限被转移了：由用水户组成的合作组织接收并管理着地方的灌溉系统。这些合作组织使用自己的劳力和自筹的资金，成功地维护了运河、沟渠甚至堤坝。这些基础设施对地方的供水系统不可或缺，过去它们由政府水利部门集中管理，后来政府的参与减少了。[10]在其他一些基础设施服务中，也可以找到类似的例子。[11]

租赁—建设—经营（Lease-Build-Operate，LBO）

在这种形式下，民营企业被授予一个长期的合同，利用自己的资金扩展并经营现有的基础设施。它往往享有根据合同条款收回投资并取得合理回报的权利，同时必须向政府部门缴纳租金。这种制度安排可以避免国有基础设施完全被私人拥有可能遇到的法律问题。在美国，最大的公私合作经营的机场是斯图尔特机场，它坐落在纽约市以北85英里处，规模庞大但发展水平很差，目前已被租赁给一家英国公司建设和经营，租期长达99年。

建设—转让—经营（Build-Transfer-Operate，BTO）

在这种公私合作的形式下，民营部门的发展商为基础设施融资并负责其建设。一旦建设完毕，该民营部门就将基础设施的所有权转移给有关的政府主管部门。然后，该政府部门再以长期合约的形式将其外包给发展商。在合约规定的租期内，发展商经营这些基础设施，并可以通过向用户收费的方式以及其他有关的商业活动，收回自己的投资并取得合理回报。

建设—经营—转让（Build-Operate-Transfer，BOT）

在政府授予的特许权下，民营部门可以为基础设施建设融资并建设、拥有和经营这些基础设施（因此，它有时被称为BOOT，意思是建设—拥有—经营—转让（Build-Own-Operate-Transfer））。在特定的经营期限内，它有权向用户收取费用。等期限结束，基础设施的所有权就要转让给有关的政府部门。这种公私合作的形式与BTO的形式十分相近，但在基础设施被转让给政府部门前，它可能会在法律、规制以及债务问题上，遇到比后者更多的问题。尽管如此，在新建基础设施方面，BOT仍是当前最为常见的公私合作形式。与出售和永久性特许权相比，在BOT下政府仍对这些项目有战略上的控制权——这通常是出于政治上的考虑。

外围建设（Wraparound Addition）

民营部门可以投资兴建现有公共基础设施的一些附属设施，然后在一定的期限内经营整个基础设施。这个期限可以是固定的，也可以以它收回投资并取得合理报酬为期限来确定。在这种形式下，民营部门可以保持对自己所建的附属设施的所有权。这种制度安排的目的在于，在资金和技术不足的情况下仍能扩展基础设施服务。

购买—建设—经营（Buy-Build-Operate，BBO）

在这种形式下，现有基础设施被出售给那些有能力改造和扩建这些基础设施的民营部门。民营部门在特许权下，永久性地经营这些基础设施。这类似于政府撤出其资本，让撤资后的公司在特许权下运营。像其他特许权的授予一样，在出售前的谈判中，公共部门可以通过特许协议对基础设施服务的定价、进入、噪音、安全、质量和将来的发展作出规定，实施政治控制。在美国近代史上，第一起污水处理设施的出售就是在俄亥俄州富兰克林市以这种方式进行的。在日本和德国，政府把电话系统出售给民营部门，以提高这些部门的效率和现代化程度，并通过民间资本的注入使这些部门在国际上更有竞争力。在阿根廷和秘鲁，出于拓展服务和提高服务质量的考虑，国有电话系统也被出售。（说起来难以置信，民营化以前阿根廷安装一部电话的平均等候时间是17年，但这的确是事实。）

建设—拥有—经营（Build-Own-Operate，BOO）

在这种方式下，民营部门的开发商依据特许权投资兴建基础设施，他们拥有这些基础设施的所有权并负责其经营。当然，特许权的获得也不是无条件的，它必须接受政府在定价和运营方面的种种规制。长期所有权为民间资本注入基础设施建设提供了重要的财政上的激励。目前以

第 9 章　基础设施领域的公私伙伴关系

这种方式运作的基础设施很多，比如弗吉尼亚和加利福尼亚的收费公路，中国连接香港和广州、澳门和广州的收费公路，纽约肯尼迪国际机场的新航站，英吉利海峡的海底隧道等。另外，菲律宾和印度尼西亚许多新的能源设施和港口设施，也都是采用这种方式兴建的。美国能源部（U. S. Department of Energy）也一改其政府拥有、承租者经营的传统做法（M&O 合约），转而采用承租者拥有、承租者经营的做法，也就是我们所说的 BOO 的做法。能源部希望借此处理好华盛顿哈福特核电站 54 000 000 加仑的高辐射废物，这是它面临的最棘手的问题之一。通过这种公私合作形式的变化，再加上合同内容的重新设计（由成本附加定价转为确定每单位待处理废物的固定价格），能源部希望能够花更少的钱，更快地解决问题。

在我们介绍的这些公私合作形式中，有许多都是十分复杂的，实施的周期也非常长。它们需要从政府那里获得明确的或暗示的承诺，这些承诺涉及业务量（如收费公路项目中的交通流量、自来水或污水处理项目中的用水量等）、税收、投入品价格等各个方面。作为这些承诺的结果，政府必须履行随之而来的义务。[12]

同时，上述公私合作形式的区别也不是泾渭分明的。特许权将基础设施经营和维护的责任交给承租者，同时也允许其收取一定的费用以弥补成本。特许权期限必须足够长，以保证承租者们能收回投资。因此，在那些需要民营部门大量投入资本的公私合作形式（LBO、BTO、BOT、BBO、BOO）中，特许权的期限往往很长，也许会超过 30 年。与之相比，那些政府负责融资的公私合作形式，如运营和维护的合同外包，其特许权期限可能会相对短一些（5~15 年）。

这些公私合作的形式及其变体，既可以用来发展新的基础设施，又可以用来改造和扩建现有的基础设施，还可以用来提高现有基础设施的绩效。表 9—3 显示了这些形式在每种特定环境下的适用性。

表 9—3　　　　　　　　基础设施民营化的模式

基础设施类型	模式	描述
现有基础设施	出售	民营企业收购基础设施，在特许权下经营并向用户收取费用
	租赁	政府将基础设施出租给民营企业，民营企业在特许权下经营并向用户收取费用

续前表

基础设施类型	模式	描述
	运营和维护（O&M）的合同承包	民营企业经营和维护政府拥有的基础设施，政府向该民营企业支付一定的费用
因扩建和改造需要资本投入的现有基础设施	租赁—建设—经营（LBO） 购买—建设—经营（BBO）	民营企业从政府手中租用或收购基础设施，在特许权下改造、扩建并经营该基础设施；它可以根据特许权向用户收取费用，同时向政府交纳一定的特许费
	外围建设	民营企业扩建政府拥有的基础设施，仅对扩建的部分享有所有权，但可以经营整个基础设施，并向用户收取费用
需要新建的基础设施	建设—转让—经营（BTO）	民营企业投资兴建新的基础设施，建成后把所有权移交给公共部门，然后可以经营该基础设施 20~40 年，在此期间向用户收取费用
	建设—拥有—经营—转让（BOOT）或建设—经营—转让（BOT）	与 BTO 类似，不同的是，基础设施的所有权在民营部门经营 20~40 年后才转移给公共部门
	建设—拥有—经营（BOO）	民营部门在永久性的特许权下，投资兴建、拥有并经营基础设施

资料来源：改编自 Steve Steckler and Lavinia Payson, "Infrastructure," in *Privatization for New York: Competing for a Better Future*, E. S. Savas, ed., Report of the New York State Senate Advisory Commission on Privatization, 1992, p. 194。

当社会对基础设施存在明确的、未满足的需求而政府资金有限尚不能满足这些需求时，当新的资金来源、速度更快的建设、创新性的设计以及高效的经营能产生巨大收益时，我们常倾向于通过公私合作的形式新建、改造和扩建基础设施。当政府希望收回对基础设施建设的初始投资并实现资产增值，或者当政府意识到需要追加大量资金投入时，它往往会将现有的基础设施出售或外包。最后，当现有的运营成本太高，或者服务质量太差时，我们通常建议采用将经营和维护合同外包的办法。

我们以建设—拥有—经营—转让（BOOT 或者 BOT）为例来说明公私合作进行基础设施建设的一些细节。当政府确认存在某种基础设施建设的需求时，有关政府部门会通过某种形式向社会通告它将向民营部门授予特许权的计划。接下来，它往往会以一个公开、透明的过程进行招标，在投标者中选择胜出者并与之就合同的条款进行谈判。如果项目规划是合理的，特许权的获得者就一定会以各种方式筹集资金。一旦基础设施建设完毕并进入正常运营，承租者就可以通过收取基础设施的服务费用，偿还债务、支付运营成本并赚取利润。当特许权期限届满（一般为20～40年），基础设施就会被无偿地转让给政府部门，政府部门可以自己经营，也可以通过竞争性的方式选择新的承租者经营。

基础设施领域需要不间断的投入。这些投入在之前若干年不可能都被准确地估算到。有些投资是在特许期将结束的时候不得不进行的，这些投资无法在此后有限的经营时间内得到回报。此外，承租者所承包的基础设施最后的商业价值，不仅包括尚未得到回报的资产价值，而且包括无形资产、技术经验、声誉以及辅助系统等（如计价收费系统）。因此，承租者可能会进行"策略性维护"，即在特许期将结束时不再对基础设施进行维护，或者只进行最小程度的维护。这样，政府必须采取一些对策，一方面是为了避免这种"策略性维护"，另一方面也是为了公平起见，使承租者那些没有得到回报的资产价值得以兑现。例如，政府可以聘请独立专家对没有得到偿付的资产价值进行评估，根据评估结果，向民营企业支付相应的资金。另外一种方法是就特许权进行周期性投标。例如在阿根廷，电力配送的特许权被设定为95年，但在最初的15年之后，必须重新投标，以后每隔10年重新投标一次。假如当前承租者的竞标价格最高，那么他将继续保有特许权。如果不是这样，那么出价最高的人将把他的竞标价格直接支付给当前的承租者，而不是政府。这样，资产价值直接被市场评估，而不是由政府或其规制者说了算。[13]

在垄断性行业，即使是采取BOO的合作形式，即民营部门负担全部投资并对设施享有无限期的所有权，仍然不能保证民营部门能够永久性地保持其承租者的地位。民营部门拥有和经营基础设施，必须基于政府的许可或特许。由于政府通常保有在许可期或特许期结束前终止合约的权利，它可以中止合约、拒绝续签或借口民营部门违约而取消许可或特许。这样，传统的固定期限的特许权与永久性特许权（BOO和BBO，后者还包括撤资）之间的区别，就没有最初看起来那么大了。[14]

在1984—1994年间，全世界范围内估计有1 121项基础设施被民营化了。这些基础设施所需要的投资总额约6 650亿美元，平均每年600亿

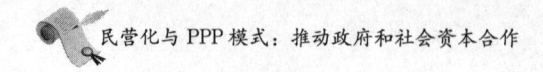

美元。它们采取了多种多样的公私合作形式,其中针对新建基础设施的和针对现有基础设施的约各占一半。[15]

9.3 几个重要问题

采用公私合作的形式建设基础设施,需要处理好几个重要问题:各参与方的角色、竞争、规制、风险、招标和融资。

角色和职能

基础设施领域各参与方角色和职能方面的责任必须合理确定,这包括拥有资产、为基础设施建设融资、提供运营费用、追加投资、经营和维护基础设施、对基础设施进行日常管理、承担商业风险。其他需要明确和解决的关键问题有私营部门伙伴的报酬和合作期限的安排。在不同的公私合作形式中,不同的参与方承担不同的角色和职能。表 9—4 对此做了总结。该表最后一列的特许权安排包括 LBO、BTO、BOT、BBO 和 BOO 等形式,其中 BBO 和 BOO 的特许权是没有期限的,也就是说是永久性的。

表 9—4　　　　基础设施领域不同服务安排的职能分配

职能	服务安排					
	政府机构	国有企业	服务承包	管理承包	契约租赁	特许权
资产所有权	国家	国家	国家或混合		国家或混合	
进行固定资产投资	政府	国有企业(有限的资助)	公共机构	公共部门合作方	公共部门合作方	民营企业
提供流动资本	政府	市场化	公共机构	公共部门合作方	民营企业	民营企业
追加投资	政府	国有企业	民营企业(特定项目)	公共部门合作方	公共部门合作方	民营企业
经营和维护	政府	国有企业	民营企业(特定项目)	民营企业	民营企业	民营企业

续前表

职能	服务安排					
	政府机构	国有企业	服务承包	管理承包	契约租赁	特许权
管理权力	政府	国有企业	公共部门合作方	民营企业	民营企业	民营企业
商业风险的承担者	政府	国有企业	公共部门合作方	（主要是）公共部门合作方	民营企业	民营企业
私营合作方获取报酬的方式	不适用	不适用	基于服务和结果	基于服务和结果	主要基于结果，扣除承包者使用现有资产向公共部门合作方支付的费用	
期限	无限期	无限期	5年以下	3～5年	5～10年	10～30年

资料来源：改编自 Christine Kessides, "Institutional Options for the Provision of Infrastructure," *World Bank Discussion Paper* 212, Washington, D. C. 1993, 19。

在诸种公私合作的形式中，民营部门可能是企业、咨询者以及专家的集合，包括设计工程师、建筑公司、银行家、投资银行家、律师、管理专家、设备制造商、科研技术单位、房地产开发商、金融顾问、市场开拓人员以及公共关系专家。

竞争

竞争的益处广为人知：降低成本、降低价格、激励创新、增加投资以及改善服务。但人们通常认为，本章所讨论的基础设施服务具有自然垄断的性质，由于稳定性和高回报率是投资的先决条件（"不授予垄断地位他们就不会投资"），所以排他性的特许权是唯一可行的选择。虽然对发展中国家而言，这种方案在特定的困难时期不失为一种明智之举[16]，但它并不是一个必然正确的命题。正如我们在第8章中解释过的，重新调整产业结构是营造竞争的一个有效途径。

基础设施有很高的沉淀成本（如供水系统），为此它们被视为自然垄断行业。然而，我们仍可以在获得垄断性经营权方面引入竞争——为赢得市场而竞争，而不是在市场中竞争。如果垄断是"天然"的，它们就不需要政府的保护。许多时候是政府不必要地创造了垄断，它们通过设立进入壁垒、外汇使用限制、不公平的税收、过高的进口税和其他程序障碍等方式，剥夺了其他企业家与当前服务提供者公平竞争的机会。[17]如果想要得到最好的绩效，类似的壁垒就必须被清除。

规制

在任何情况下，民营化的基础设施特许权都需要有效的政府规制。政府规制应当建立在稳定的、值得信赖的、能得到有效实施的法律体系之上，包括财产权利法、合同法、诉讼法以及赔偿责任法等等。规制体系的设计和实施应当以确保基础设施的公共用途和保护作为合作方的民营部门为出发点，其核心要素包括定价、绩效、赔偿责任、竞争程度等，以及在电信、电力、自来水供应以及航空运输等领域与其他服务系统的合理链接权利。规制实施过程应当尽可能简单明确并具有可预测性，允许按照预先确定的公式进行价格的自动调整，尽量减少调价时的报告和审批。价格规制的设计应当使生产者能够从绩效的改进中获益。利害相关各方，包括基础设施服务的用户，都应当有适当的渠道影响决策，应当鼓励他们在听证会上发表自己的意见。规制中的规则要便于实施，同时保证当事人上诉和获得法律救援的权利。自我规制也会起到十分重要的作用，因为资信良好的基础设施经营者总是希望尽可能地保护自己的声誉（因此开始时对潜在竞标者的全面审视十分重要）。

在美国和其他一些发达国家，政府规制体系已经较为完善，但在许多发展中国家和那些后社会主义国家，规制还是一个新生事物。由于当前美国基础设施的民营化改革的主体是地方政府且它们缺乏规制经验，这里有必要探讨一下规制中的基本要素。

伯纳德·特南鲍姆（Bernald Tenenbaum）认为，规制体系的设计涉及以下几个方面的基本问题[18]：

● 规制主体应当是一个单一的规制者还是一个规制委员会？

● 规制主体应对一个领域（如铁路、电力、电信）还是多个领域实施规制权力？

● 哪些活动或活动的哪些方面应当受到规制？

● 应设计什么样的价格和质量控制机制？（审查账簿和经营记录，进行顾客调查还是外部观察？）

● 规制法规应当如何创制和实施？

● 从保证规制机构的独立性和透明度角度看，其作为政治和立法机构的角色如何定位？规制主体在改变税费方面是否具有自主性？规制主体是否必须执行行政部门和立法部门作出的有关决定？

● 谁来"规制"规制者？规制主体作出的决定能否被上诉到法院？

- 怎样在规制主体和其他政府机构之间合理划分职责和权限？

以上问题在政府撤资时尤为重要，此时可能需要建立一个正式的规制机构。但是，在合同外包、契约租赁以及特许权的情况下，合同本身就会发挥规制的功能，因为在合同中可以对绩效标准、税费水平以及税费调整的过程和频率作出规定。当然，正如我们在前面章节中讨论过的，对民营部门合作方的监控仍然是必不可少的，尽管监控需要付出成本。

在电信、交通运输、电力等基础设施领域，传统的价格规制建立在资金回报率的控制基础上。这种价格规制方法的缺陷在于它实际上鼓励了没有必要的过度投资，而且就像成本附加的采购方式一样，经营者没有降低成本和提高效率的动力。这种价格规制方法正逐渐被一种新方法——公式限价法（price-cap）——所取代。这种方法通过一个公式，预先设定以后一段时间（几年）的价格。在此期间内，经营者可以获得因生产率提高而带来的收益。消费者也会从中受益，因为这种方法使服务价格的上涨速度放慢，同时还鼓励经营者创造性地提供新的服务。这种价格规制方法的缺陷首先在于服务质量有被"侵蚀"的危险，因此适当的监控是必要的。其次，在相对较长的限价期限内，客观情况的变化可能会使规制条款变得不再恰当。[19]最后，有证据表明限价使经营者处于更大的风险之中，也就是说，经营者的资本成本被提高了，这意味着必须允许他们得到更高的回报。[20]

其实，在基础设施领域吸引民营资本的最大障碍在于规制环境和态度。如果规制范围没有限度、运作不够透明、在微观层面干预过多，民营部门的投资者就会望而却步，进而转向其他更为"友好"的投资环境。因此，规制体系必须是有限度的、透明的、公平的和连续的。同时，政府必须信守自己的承诺。民间投资者不仅对公开"充公"抱有审慎的态度，更担心规制活动的渐进"蚕食"。这些蚕食不但会剥夺民营部门与其所负风险相对应的利润，甚至还会使其收回投资的合法要求也变得遥遥无期。这并非骇人听闻。一家法国公司承包经营了阿根廷一个省的供水系统，由于80%的顾客拒绝付款，该公司在一个月内就损失了280万美元。政府部门不但拒绝强制顾客付费，甚至还鼓励这种拒不付款的行为。即便如此，这家公司仍不得不苦撑了18个月，因为政府部门禁止它取消合同。[21]

不论遵循什么原则和过程，规制中"俘获"（capture）的危险一直存在。过去人们主要担心的是规制者可能会被"受规制者"俘获。近来，更为突出的问题是规制者也会被有特殊利益的推促群体俘获。无论哪种情形，政府规制者都不再是以总产出最大化为目标的、不偏不倚的仲裁者，而成为以追求选票最大化为目标、反映强势选举团体利益的角色。[22]

风险、回报和责任

基础设施领域的公私合作意味着公共部门和民营部门分担风险。与之相对应，它们也分享回报，分担责任。如果每一种风险都能由最善于应对该风险的合作方承担，那么毫无疑问，整个基础设施建设项目的成本就能最小化。在确立公私合作关系的合同文本中，许多风险可以被确认和分担。这些风险大致可分为三类：商业风险、财政风险、政治风险。[23]

商业风险。"成本超出风险"是指这样一种风险：由于建设延期、设计更改、未被及时发现的选址错误以及申请许可失败（或许可权授予失败）等原因造成的建设成本高于预期的现象。民间项目中通常采用的固定价格建设合同，可以保护投资者免受由承包方引起的"成本超出风险"，但是对政府自身引起的"成本超出风险"却没有多大作用。政府应当承担因未及时发现的选址问题、自身造成的设计更改等原因所引起的"成本超出风险"。"经营风险"是指企业经营的成本高于预期，或者质量或容量低于预期或规定的水平。虽然政府部门可以通过在民营化前裁减冗员、同意给被裁减者提供下岗津贴等方式减少罢工和恶意破坏的危险，但经营风险主要还应由民营部门承担。"利润风险"是指因需求不足或定价太低而引起的利润低于预期的风险。政府可以通过在"共识价格"的基础上保证最低消费量的方式减少此种风险。对于民间投资新建的基础设施，政府还可以同意在特许期间内不再新建此类基础设施，或保护其不受竞争的威胁。但是，有时政府部门也会加重这种风险，因为当政府部门作为顾客的时候，民营部门很难强制收取费用。（俄罗斯一家新建的民营电厂为强迫一个军事基地为其使用的电力付费而切断了电力供应，这个军事基地的司令官不客气地派出了坦克大炮，结果该电厂不得已立即恢复了电力供应。）

财政风险。"债务偿付风险"是指基础设施经营的现金收入不足以支付债务和利息。民营部门可能独自承担此类风险，政府也可能对其中的一部分债务提供担保。"汇率风险"是指在当地获取的现金收入不能按预期的汇率兑换成外汇。其原因可能是因为货币贬值,也可能是因为政府将汇率人为地定在一个较低的官方水平上。这毫无疑问会减少收入的价值。民营部门可能独自承担此类风险,政府部门也可能承诺一个固定的汇率。

与民营部门状况相比,纯粹由公共部门提供的基础设施服务看起来财政风险要小一些,因为政府可以通过行政手段降低资本的成本。但这只是一个假象,实际上政府规避的风险被简单地转移给了第三方——纳税人。[24]

政治风险。"价格规制风险"是指政府规制者不允许经营基础设施的民营企业及时地提高价格,或把价格提高到足够的水平以保证合理的资金回报率,他们甚至还强制民营企业降低价格。这种风险可以通过建立一种特殊的规制机制得以规避:这种规制机制允许民营企业无须经过政府规制者的批准,就可以根据事先约定的定价公式适时地调整价格。"充公风险"是指政府会将基础设施重新国有化,或者强加给民营企业会使其价值急剧缩减的税收和规制。政府一般都会承诺,在给作为合作方的民营部门支付一个公平的赎价之前,不会将企业重新充公。怎样确定这个赎价呢?有时双方会事先约定一个公式。如果没有这样一个计算公式的话,双方通常会建立一个仲裁机制决定赎价。"转资风险"是指投资者不能将他们的收入转移出基础设施所在国的风险。基础设施所在国通常会对这种转移作出承诺。当然,投资者也可以通过作为第三方的政府机构(如美国海外私人投资公司)或国际组织(如多边投资担保机构)来规避这种风险。"争端解决风险"是指民营发展商和政府资助方之间的纠纷无法通过一个中立的仲裁机构得以公平解决。民营合作方可以要求合约条款在特定的第三国具有同样效力,或者通过国际性保险机构(如美国海外私人投资公司和多边投资担保机构)规避合约被撕毁的风险。

其他风险。"技术风险"是指新技术在应用过程中遇到未能预料的问题,从而延缓甚至阻碍项目的进程。早期的物资回收或利用固体废物发电的资源再生工厂都碰到过这样的问题。"环境风险"是指企业在政府经营的时候造成了对环境的破坏,民营部门接手之后被要求进行治理。政府通常会同意负担环境治理方面的责任。"不可抗力风险"是指超出公私合作双方可控范围之外的事件(如洪水、战争等)会削弱企业盈利能力的风险。这种风险可以通过民营部门或政府部门投保得以规避。

政府招标

政府通常采用三种招标方式选择民营合作方：广告招标、竞争性谈判以及"三步招标"。

广告招标。公共部门通过广告的形式发出招标要约（ITB），然后评估收到的投标书，剔除那些不满足明示要求的投标，最后将合约授予投标价格最低的资质合格的投标者。虽然这种招标方式是完全透明的，但在下列两种情形下它并不能令人满意：（1）不可能在招标要约中包括进所有细节并对所有因素作出预期；（2）需要经过深入讨论和反复修改才能在公共和民营部门之间达成共识。这种方法的另外一个缺点在于，一个更好的投标可能因为报价稍高而被拒绝。

竞争性谈判。政府主管部门要求投标者提交计划书，对收到的计划书进行评估，然后与投标者进行谈判，最后把合约授予提出最好的计划书的投标者，即使报价不一定最低。这种方法的缺陷在于它缺乏透明度，因此很容易受不正当行为甚至腐败行为的影响。

三步招标。政府主管部门首先发出资质要求（RFQ），然后仔细审查参加投标的民营公司的财政状况，以保证后者完全有能力完成建设项目。第二步是要求符合资质要求的投标者分别提出自己的技术计划书和经济计划书，分装在两个不同的信封中。第三步通常有两种做法。一种做法是，技术计划书得分低于某一下限的投标者被淘汰出局，接下来对剩余投标者所提交的经济计划书进行评估。在综合权衡价格和技术优势之后，把合约授予提出最优计划的投标者。（关于竞争性招标的细节，请参见第7章。）另外一种做法是，所有技术计划书的得分超过一个最低线的投标者将在技术方面被一视同仁，出价最低的投标者获得合约。

招标条款中关键的策略性问题包括以下几个方面[25]：

● 价格设定和调整机制：如何既保护消费者免受"超高价格"的剥削，又保护经营者合理提价时免受"恶意拒付"行为的威胁？

● 未来资本扩张的融资问题：融资时机、数额、来源和收回投资的权利。

● 所有权转让的限制：如何协调政府部门欲"锁定"（lock in）所选择的战略伙伴的愿望和民营合作方力图保持长期投资的灵活性之间的矛盾。

● 税收优惠：确定税率和税收免除条款，核定电价（如果项目建设和运营所需电力由国有公司提供），赊欠或豁免特定债务。

● 劳资方面的问题：如何平衡提高经济效率和政府欲避免大规模裁员和降低工资的政治愿望之间的矛盾。

● 投资保护：设立解决争端的中立机构；如果特定事件发生，允许政府重新买回基础设施，或允许民营合作方将基础设施出售。

融资

基础设施建设需求巨大。据估计，纽约市今后十年每年的基础设施投资需求在 90 亿美元左右。[26]我估计，单单是发展中国家，在供水、电力、交通运输以及电信等基础设施建设方面所需要的投资就达 1 万亿美元。基础设施建设可以由公共部门投资，可以由民营部门投资，也可以采取公私合作的形式筹集资金。

公共融资的优势在于它可能得到免税的借贷和政府补贴（虽然最终还是纳税人的钱），由此可以降低项目建设的成本。债务将最终从项目利润中支付。对于那些没有什么商业前景的建设项目而言，公共部门融资是最适当的途径了。在发展中国家，国际金融组织也可以为基础设施建设项目融资。

其次是民间融资的方式。民营企业负责为项目融资，融资的成本将由项目利润支付。民间融资的方式可以使基础设施建设获得更多非常灵活的融资渠道。对于那些具有巨大利润潜力的风险建设项目，民间融资的方式是最适当的。

第三种方式是公私混合的融资方式。虽然它可能会遇到法律、立法和政治等各方面的限制，但它无疑为融资提供了最为广泛的渠道。

基础设施建设中的公私合作依赖于该项目实现财政独立的可行性。充足的建设资本和足以支付运营成本的收入是项目可行的前提，同时潜在的利润也是吸引民间投资的必要条件。

资本性支出。一个项目的可行性在很大程度上取决于它能否以令人满意的条件获得资金上的支持。政府融资的方式包括免税债券、可税债券、收益债券和补贴。民营部门融资的方式包括发行债券和股票、贷款或通过项目承租者和推销商融资。政府可以通过以下途径降低项目的成本：免费提供公用土地使用权或只收取有限的折扣价；提供执法服务；延期支付政府部门所提供服务的费用，直到建设项目的资金到位；用应收取的项目建设所购物品、土地和劳务的销售税款设立一个信托基金，作为项目资金的辅助来源；免除或延期支付地方财产税，直到项目债务全部偿付；设定民事责任的限度，至少应当与类似的政府拥有的基础设施承担的责任相同；在规划、审批和土地征用方面提供积极的支持，同时在解决政府间和政府机构间的争端方面提供帮助。

收益来源。在基础设施建成运营之后，收益的来源主要有以下几个渠道：(1) 用户支付的费用。举例来说，对交通运输基础设施的使用收取车费和过路费；对自来水供应、废水处理和固体废物处理收取服务费；对电话和电力服务收取话费和电费等。(2) 政府补助。(3) 专项税收。如为"道路维护"征收专款专用的汽油税。(4)"价值追索"（value capture）。其典型方式之一是"税收增值返还"，即因某一基础设施建设引起财产增值，由此增加的税收又全部返还给该项目。(5) 像税收增值一样，其他形式的价值追索如公共部门收取的影响费（impact fees）和特殊收益估价（special-benefit assessments）等，也是索取某一项目建设带动的不动产增值的好处，其收益也应由项目承担者分享。(6) 出售因基础设施建设形成的或与其相关的权利，如沿收费公路铺设通信电缆和管道的权利，开发与基础设施相关的其他项目的权利。(7) 附带收益，如从广告、服务和深度开发现有设施中获得的收益（如将机场创造性地想象成一个既能停机又能停车的大型超级市场）。[27]

图9—2描绘了在外围建设模式（表9—3已做了说明）下，采取公私合作形式扩建一个污水处理系统的财政安排。该城市为项目发行公债，民营合作方则通过银行借贷和发行股票为项目融资。投资者购买市政公

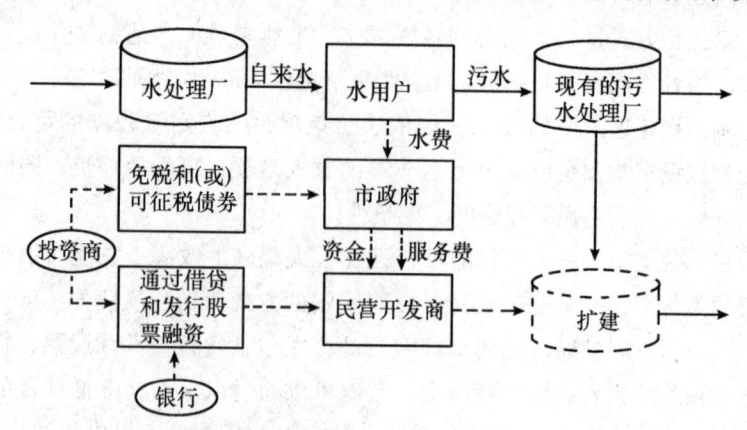

图9—2 项目结构

资料来源：改编自 Larry J. Scully,"Structuring and Financing Successful Privatization Projects," presented at Third Annual Water Industry Summit, 1 May 1996, Washington, D. C.。

债或项目股票。用水户为其所享受的服务支付费用，政府部门从中收取税收。民营发展商从经营收入中偿付自己的债务和贷款。

9.4 小　结

为了满足人们的需要和促进经济的发展，政府部门正在努力寻求资金发展基础设施。基础设施领域公私合作的发展为其提供了一个解决之道。发达国家和发展中国家都需要巨额的基础设施建设资金。公私合作的潜在收益是巨大的，但公共部门和民营部门各自的角色必须得到悉心的界定和维持。公私合作的制度安排有多种模式可以选择。每一种模式都十分复杂，需要公共部门和民营部门双方具备相当的专业知识才能获得成功。由于大多数模式都包含对自然垄断的特许，所以规制是必要的。竞争是一个关键性的要素，但在这些模式中引入竞争却需要高超的技能。基础设施领域存在大量的风险，这些风险必须被适当地分担。与风险相对应的是回报的分享。基础设施领域的公私合作仍然面临许多复杂的法律和财政问题，但知识和经验正在全世界范围内得到积累。目前相当成功的实践表明，我们正在向着一个正确的方向迈进。

注　释

[1] T. Irwin David, *Privatization in America* (Washington, DC: Touche Ross, 1987), fig. 2.

[2] T. Irwin David, *State Government Privatization 1992* (Bethesda, MD: Apogee Research, Inc., 1992), fig. 6.

[3] Jose Gomez-Ibanez and John R Meyer, *Going Private: The International Experience with Transport Privatization* (Washington, DC: Brookings Institution, 1993).

[4] Steven A. Steckler and Lavinia Payson, "Infrastructure," in *Privatization for New York: Competing for a Better Future*, ed. E. S. Savas, Report of the New York State Senate Advisory Commission on Privatization, 1992.

[5] *Legislative Initiatives for Public-Private Partnerships in Transportation Infrastructure: A Guide for Lawmakers* (Washington, DC: Privatization Council, 1991), 6.

[6] *UNIDO BOT Guidelines* (Vienna, Austria: United Nations Industrial Development Organization, 1996).

[7] Steven A. Steckler, *A Guide to Public-Private Partnerships in Infrastructure: Bridging the Gap Between Infrastructure Needs and Public Resources* (Washington, DC: Price-Waterhouse, 1993).

[8] Christine Kessides, "Institutional Options for the Provision of Infrastructure," World Bank Discussion Paper 212, Washington, DC, 1993, 25.

[9] "Milwaukee's Sewage Plant Outsourcing Is a Big Deal," *Governing*, June 1998, 84.

[10] S. H. Johnson, D. L. Vermillion, and J. A. Sagardoy, eds., *Irrigation Management Transfer*, Proceedings of the International Conference on Irrigation Management Transfer, Wuhan, China, September, 1994 (Rome, Italy: Food and Agriculture Organization of the United Nations, 1995).

[11] Kessides, "Institutional Options," 42.

[12] 同上书,33。

[13] [14] Pierre Guislane and Michel Kerf, "Concessions—The Way to Privatize Infrastructure Sector Monopolies," *Public Policy for the Private Sector*, October 1995.

[15] Jae So and Ben Shin, "The Private Infrastructure Industry," in *Public Policy for the Private Sector* (Washington, DC: World Bank, June 1996).

[16] Peter Smith, "End of the Line for the Local Loop Monopoly?" *Public Policy for the Private Sector* (Washington, DC: World Bank, June 1996), 61-64.

[17] Kessides, "Institutional Options," 39.

[18] Bernard Tenenbaum, "The Real World of Power Sector Regulation," *Public Policy for the Private Sector* (Washington, DC: World Bank, June 1996), 25-28.

[19] Jeffrey H. Rohlfs, "Regulating Telecommunications: Lessons From U. S. Price Cap Experience," *Public Policy for the Private Sector* (Washington, DC: World Bank, June 1996), 65-68.

[20] Ian Alexander and Timothy Irwin, "Price Caps, Rate-of-Return Regulation, and the Cost of Capital," *Public Policy for the Private Sector* (Washington, DC: World Bank, September 1996), 25-28.

[21] Craig Torres, "French Water Giant Vivendi Learns Costly Lesson about Privatizations in Latin American Provinces," *Wall Street Journal*, 5 June 1998.

[22] Antony W. Dnes, "Testing for Regulatory Capture," *Public Policy for the Private Sector* (Washington, DC: World Bank, June 1996), 69-72.

[23] "Infrastructure Privatization," Report of the 3rd Session of the Working Group on Privatization, United Nations Conference on Trade and Development (UNCTAD), November 1993.

[24] Steven A. Steckler, "Comparing Public and Private Costs," *Finance Alert* 3, no. 4 (November 1989).

[25] Charles Friedlander and Roger B. Wagner, "The Utility Privatization Market: Models for Success," *Transactional Finance* 6, no. 2 (December 1994).

[26] City of New York, Office of the Comptroller, "Dilemma in the Millennium: Capital Needs of the World Capital City," August 1998.

[27] Steckler, *Guide to Public-Private Partnerships*.

第 10 章
教育改革和福利国家的民营化

在 21 世纪即将来临的美国，主要的政策争论围绕三个备受关注的重要社会领域：如何教育年轻人、帮助穷人和保障老年人的生活。这些政策争论是在教育改革、福利改革和社会保障体制改革的旗帜下展开的。争论的核心问题是政府和社会民营机构在满足这些领域的社会需求方面，应当各自承担什么样的角色。

10.1 教育领域的竞争和选择权

从预算和雇员人数来看，中小学教育是州和地方政府最主要的职能。经济合作和发展组织的一项研究表明，就中小学支出而言，美国在所有工业化国家中名列前茅，但美国学生的学习成绩在这些国家中几乎是最差的。[1]事实上，在过去的 25 年中，学生人均教育支出增加了，学生成绩却下降了。与此同时，教师规模则达到了先前的 4 倍。[2]公立学校的垄断性质应为这一局面承担责任。改革者们宣称，没有什么地方比大城市学校的垄断问题更为严重、更需要竞争。在这些大城市的学校中，大部分学生的阅读能力和数学水平低于全国平均水平，辍学率也很高。教师们把这些问题归咎于家庭。父母们则指责教师缺乏爱心和不称职。教育机构则希望把更多的资金投入教育。在教育领域进行激进变革——民营化的时机成熟了。

在如何教育大城市孩子的问题上，迄今为止仍缺乏共识。每种药方都有其支持者，这包括：提高教师工资，实施绩效工资制，引进校长辞退制，改变注重资历和职称却忽视专业领域教学经验的做法，增加学校预算，创建模范学校，扩大商业界在课程设计上的参与，回归常识的课程改革，严肃课堂纪律，拓展家长为子女择校的自主权。

问题是，当你不知道该做什么时怎么办？我的回答是，尝试不同的方案。在"优胜劣汰，适者生存"的自然法则面前，通过不断的变异调适，那些最适应环境变化的物种得以存留下来。同样地，我们也应该尝试各种各样的教育改革，实践会对它们的优劣作出检验。但是，目前政府垄断教育的格局却不允许我们这样做。正如批评家们所指出的，垄断的公立教育体系不会容忍多种教育方式的竞争，也不会为各种各样的政策实验提供便利。多样化从来都不是政府的强项。

比较一下古雅典和斯巴达的教育模式是具有启发意义的。在斯巴达，父母没有自由选择的空间，国家把孩子从他们的家庭中带走，安排在学校中把他们培养成"斯巴达人"。民主化的雅典则不同，教育子女是父母的责任，父母有权就如何教育自己的子女作出选择。学校是民营的，一般都属于教师所有。国家在教育方面的角色是设定基本的教育标准以及提供军事方面的训练。与斯巴达摧毁家庭的做法不同，雅典把家庭看做发展和重塑个性的一种方式，并让它们为教育负责。雅典人认为，这对于培养健康的社区参与意识至关重要。[3]在美国，教育改革的倡导者们钟情于雅典模式。

加布里埃尔·罗思（Gabriel Roth）对发展中国家公立和民营教育的研究特别引人注目。[4]在印度次大陆进入文明时代之前，雅利安人要求每个孩子必须接受8年的学校教育。这在当时只是一种地区性的做法而非国家立法。在印度，是英国人使政府全面介入教育领域。他们这样做是出于政治上的原因，即控制教学的内容。公立学校很难抵制政府的专横，阿明独裁统治下的乌干达对公立学校的盘剥清楚地表明了这一点：学校必须从指定机构购买所有教学用品和设施，而且必须先付款，即使所订购的东西最终不一定能到货。在马耳他，1973年政府用政治手段强行变更公立学校体制，导致学生大规模退学并转入民营学校。为了保证公立学校的生源，政府在1982年冻结了该年民营学校收取的学费，并于1984年强行禁止民营学校收取学费。通过这种办法，政府希望能够扼杀民营学校的发展，进而迫使学生们重新进入政府垄断的教育系统。

在美国，也曾出现过政府用强硬手腕垄断教育的做法。1922年，俄勒冈州的一项法律强迫所有的学生必须进入公立学校就读。这项法律势必使所有的民营学校关门，它最终被美国最高法院否决。这项立法的推动力来自三 K 党（Ku klux klan），该党憎恨并希望清除天主教学校的影响。[5]

在美国，政府并没有完全垄断中小学教育，公立学校和民营学校共存。后者在教育市场中运作，有营利性机构，也有非营利性机构；有宗教机构，也有世俗机构。目前，有 11% 的学生，即大约 500 万的学生在民营学校中就读。除了公立学校和民营学校之外，还有所谓的"家庭学校"——一种自我服务式的教育。"家庭学校"在 35 个州是合法的，它使得超过 100 万的学生在家中接受教育。[6]另外一种教育模式是通过地方政府间协议的形式——某一地方政府辖区内的学生到另一地方政府辖区内就读，前者通过协议付给后者一定的费用。还有另外一种情况，郊区的家庭可以将自己的子女送到邻近城镇的公立学校上学，不过自己必须承担相应的费用。除此之外，还有针对民营教育、特许学校和由民营部门承包的公立学校的凭单、奖学金和学费税收扣除制度。所有这些都赋予家长们自由选择的权力，使他们得以逃离政府对教育的垄断。

典型的公立学校体制是以地方政府垄断的形式运作的。这种体制的垄断令人窒息，因为就绝大多数情况而言，这一体制下的学生都必须到一个特定的学校就读，他们丧失了择校，甚至在地方政府的垄断系统内择校的权力。这种体制的指导思想是如何使政府的管理更加便利，而不是更有利于学生的成长。家长们在自己孩子的就学上没有任何选择的权力，除非他们愿意选择民营学校——在这种情形下，他们的择校自由会受到成本、距离和其他条件（民营学校的录取标准如智力、艺术或体育潜质、出身名门或校友子女等）的约束。选择了民营学校的家庭必须支付学费。从某种意义上说，这为公立学校系统节省了费用，但它们并不因此享有某种形式的税收折扣。实际上，这些家庭为孩子支付了两次学费，一次是为它要逃避的公立学校交了税，另一次是向它们选择的民营学校交了学费。这显然是不公平的，"它甚至比强迫穷人的孩子进入教学质量低劣的学校更加不公正"[7]。米尔顿·弗里德曼早在 1955 年就意识到这一问题，为此他提出将凭单计划作为更公平的手段，在教育中引入竞争并提高教育质量。[8]

拓展父母的选择权日益被视为撬动教育体制改革的杠杆。[9]"选择而非指派"成为这一运动的旗帜。许多不同的方法被提出作为提高家长自主性的手段，其有效性各不相同，这包括：开放招生、特许学校、凭单计划、学费税收扣除和针对教育的免税储蓄。

开放招生

为把子女送进一所好学校,许多家长费尽心机冒充居住在该校所在的学区。另一方面,那些教学质量高的学区则努力发现并驱逐那些不属于本学区的学生,因为它们不愿为这些学生花费本地的税收。也有一些家长让他们的子女直接从本学区的学校中退学,而后转入教学质量较高的学区。这些家长必须单独支付学费,就像将他们的子女转入民营学校一样。

开放招生允许家长们把他们的孩子送往任何一所学校,不管这些学校是否隶属于家庭所在的学区。如果家庭居住地与选择的学校不属于同一学区,居住地学区应当向学校所在学区转移一定的资金,包括州政府给居住地学区的资助。换句话说,每个孩子在进入他所选择的学校时,同时也带去了一笔公共资金。这意味着政府资助一个学生就学的公共资金不会再被拨入一个他没有选择的学校,也不会再被简单地拨入一个离他家最近的公立学校。

明尼苏达州最先尝试了这项改革。该州于1984年颁布法令,允许公立学校跨学区招生。这种开放招生的做法改变了大多数公立学校的垄断性质。公共教育资金跟着学生走,拓宽了家长自由选择的空间,至少在一定程度上推动了竞争,目的在于提高教育的质量。这一措施对那些无法吸引到足够学生的学校无疑是不利的,因为它们无法再强迫社区内的学生在本校就读。但是,开放招生改革的实践却远没有理论预期那么乐观:那些教学质量差的学校并没有失去很多的预算(有的甚至得到更多的钱,用来改善质量),而那些享有良好声誉的学校也很少能扩展其规模——不同的是这些学校等待入学的学生名单更长了。[10]

特许学校

美国的公立学校一般由选举产生的校董会管理,这使其运作具有"政治"色彩。批评者认为,学校需要的人员只是教师、校长和学生,"政治家"则是多余的。这一点不言而喻,但直到现在才取得共识。以这一迟来的共识为基础,一种新型的公立学校——特许学校出现了。它被认为有助于解决许多传统公立学校体制的弊端:对学生的成长缺乏责任感,官僚主义严重,缺乏回应性,各种规章严格刻板,在不同公立学校之间的选择极为有限。特许学校一般由家长、教师、学校管理人员、社区成员或民营企业创办。虽然其设立必须基于创办者与学区或其他政府教育管理机构签订的契约或协议,但它们仍可以享有广泛的自治权。这些自治权可以使其免受来自学区、州政府或行业组织等的外在控制。特许学校的自治权一般集中在课程设置、教学方式、预算管理及人事任免等方面,作为交换条件,它们必须对学生的课业成绩负责。到1995年,已有11个州通过了允许设立特许学校的法律,并有134个特许学校被创办起来,其数目还在急剧增长。[11]马萨诸塞州进行的一项关于特许学校的研究表明,学生家长对特许学校有很高的满意度,其他一些早期的研究结果也说明特许学校的发展前景广阔。[12]

发展特许学校需要有效的法律保障,西奥多·里巴伯(Theodore Rebarber)列举了这些法律保障应该具备的核心内容[13]:

● 允许特许学校完全自主地运作,避免其他机构对其内部管理指手画脚;

● 除那些涉及学生业绩指标和评价方法以及与健康、安全、公民权和证书资格要求等相关的法规外,州的其他法规应对特许学校作出一系列的豁免;

● 建立新机构或授权现有机构对特许学校进行审批,州政府有权审查地方学校管理机构的审批文本;

● 保证整个审批过程的诚信,使其免受政治影响;

● 为特许学校设立专门的基金(包括资本金和运营资金),其数额应当与州政府对每个学校的平均资助额持平;

● 保证特许学校能够获得足够的资金以购买教学设施,并确保其能够获得需要长期运营才能收回成本的重要项目的启动资金;

● 避免那些仅把特许学校看做是一个实验而不是一项基本改革的限制性条款。

米尔顿·弗里德曼提醒说,仅有特许学校是不够的,因为它并不能使公共教育资金控制在家长手中。只要政府控制资金,竞争就只能在需求方出现,而不能在供给方形成。[14]迈伦·利伯曼(Myron Lieberman)的批评也很有说服力。他指出,无论开放招生还是特许学校,只要范围仍然局限于公立学校,选择就是不充分的。只有家长在公立学校和民营学校、宗教学校和世俗学校、营利性学校和非营利性学校之间享有广泛的选择权,这种选择才具有实质意义。[15]

凭单制度

凭单制度（vouchers）在美国高等教育中已有多年实践。它出现在四个不同的联邦项目中：G. I. 权利法案、联邦教育贷款、佩尔助学基金、学费税收豁免（1997年通过）。[16]有些州还实行了针对大学的凭单制度。例如，纽约州的雷振茨奖学金（New York State Regents Scholarship）就以竞争性的方式颁发给本州居民，获得者可以在列入名单的任何一所大学就读——只要他被该校录取。这里的想法是将凭单制思路拓展到中小学教育中。

在一个纯粹的凭单制度下，适龄儿童或少年的家长会得到一份凭单。持有凭单，家长可以把他们的子女送入任何一类学校就读——无论这所学校是公立学校、民营学校还是特许学校。家长在将子女送入学校的同时将凭单交付学校，学校可以凭此单到发出凭单的机构兑换相应数量的资金。

支持教育凭单制度的论据主要有五个，它们是互相关联的。

1. 生源竞争将迫使学校提高效率，对学生需求有更高的回应性。
2. 教师和学校管理者的企业家精神会带来教学方法上急需的创新。
3. 在吸引优秀教师方面的竞争，会在教育领域形成一个更加灵活的职业市场，进而激发教师提高教学质量的热情。
4. 学校中令人窒息的、没有必要的官僚控制将会极大地减少。
5. 公立学校中尽力避免的宗教伦理教育（这对社会造成了损害），可以在民营学校中被重新纳入学生教育。[17]

表10—1显示了在设计凭单制度时的多种选择。[18]学生资格、学校资质、录取政策和资助水平都是需要具体化的关键性的设计因素，在每一项上都存在广泛的争论。允许学生家长在民营学校包括教会学校中自由选择的凭单制度，遭到了教育界团体的强烈反对，包括教师工会、校董会、家长——教师团体、教师培训学校和其他社会团体。他们担心凭单制度会威胁到他们的权力和工作。反对凭单制度的人还包括那些把凭单制度视为抹杀教堂与国家之间界限的人，以及那些习惯于在公立学校施展才能的推销商。教师们的态度是虚伪的，对9个城市的调查表明，与其他家长相比，教师将自己的子女送入民营学校的可能性要大62%。[19]克林顿总统也曾因类似的虚伪行为受到指责，在把女儿送入民营学校的同时，他却禁止其他父母在华盛顿特区享有选择的权力。

表 10—1　　　　　　　　设计学校凭单制时的方案选择

因素	可供选择的方案
学生资格	采取普遍原则还是均值检验（仅限于低收入阶层）？
学校资质	包括教会学校在内的所有民营学校，还是除教会学校之外的所有民营学校？更多还是更少规制？只受制于市场力量，还是由政府撤销绩效较差学校的资质认可？
录取政策	根据学校自己的标准（不能违反公民权利法案）还是抽签决定？
凭单价值	与当前每个学生的平均费用相等还是略低于平均费用？是否与家庭收入或学生的成绩相挂钩？
信息	是主动向家长提供关于学校排名和绩效的信息，还是让家长自己搜集这些信息？是否设立相关的咨询机构？
交通	全部资助、部分资助还是不资助？

资料来源：根据 Isabel V. Sawhill with Shannon L. Smith, "Vouchers for Elementary and Secondary Education," in *Vouchers and Related Delivery Mechanisms*: *Consumer Choice in the Provision of Public Services*, conference papers, Brookings Institution, Washington, D. C., October 2—3, 1998, pp. 136-167, table 2。

另一方面，凭单制度的支持者们也担心，如果凭单制度被采纳并应用于民营学校，相关法律、条例和规定就会相继出台，官僚化过程紧随其后，最终改变民营学校的性质，使其与今天的公立学校相类似。[20]荷兰类似于凭单制度的实践说明这种担心并非杞人忧天。在荷兰，民营学校享受全额的国家资助，但在某些方面如教师工资、课程设置等方面的投入却受到规制。民营学校在财政支持方面享有与公立学校同等的待遇，但这一制度拓展选择权的初衷却化为乌有。[21]弗里德曼认为凭单不应该囊括学费的全部，父母应该支付部分成本，这使得他们可以意识到他们所购买的教育服务的价格。既然民营学校的成本通常低于政府举办的学校，为什么要给民营学校以变相提高学费的激励呢？[22]

美国两个最大的公共资助的凭单制实践出现在密尔沃基（威斯康星州东南部港口城市）和克利夫兰（俄亥俄州东北部港口城市）。在密尔沃基，1997年有15 000名学生参加了它的凭单计划；在克利夫兰，这一数字是3 000。参与这两个项目的孩子们，阅读能力和数学能力都有了显著的提高。[23]一份关于密尔沃基项目的最初报告指出了凭单计划的许多消极影响，反对者们借此大做文章。但是这份报告很快受到质疑。随后的一份分析表明，通过凭单计划参与择校的学生们的成绩，在两年后有了实质性的提高。[24]当然这份分析报告本身也并非无懈可击。[25]所以，在凭单计划方面，我们仍需要积累更多的经验，需要开展更多的研究以为凭单计划提供更多的支持性论据。[26] 1982年詹姆斯·科尔曼（James Coleman）在教育方面所做的一项著名研究为凭单计划和学费税收扣除制度提供了重要的支持。这项研究表明，与那些公立高中相比，民营高中包括一些天主教学校，教育质量更高，种族隔离倾向更少。[27]

私人资助的凭单制度的规模虽然不大，但也正在以极快的速度发展。由于对公立学校的质量滑坡不满，纽约、奥尔巴尼和其他一些城市中的部分私人捐助开始转向一些小规模的凭单体系。到1997年末，全国已有30个这样的凭单体系，等待参与的家庭达到了42 000家。[28]类似的私人资助项目正在不断拓展。得克萨斯州圣安东尼奥的一个商业团体打算提供5 000万美元作为凭单，资助那些处在贫困中的学生，这些学生大部分集中在拉美后裔学区。[29]还有一些商界领袖募集了2亿美元资助一个全国性的凭单项目，该项目可以使50 000名大城市公立学校的学生进入教区学校和其他民营学校学习4年。[30]

凭单计划越来越受到欢迎。当一些民营企业、慈善组织和基金会在纽约募资支持一个中等规模的凭单项目时，有22 700个孩子对1 300个名额提出申请。[31]在华盛顿特区，4 725个来自贫困家庭和劳工家庭的孩子向1 000个民营学校的凭单提出申请。[32]克利夫兰凭单项目的早期实践表明，一年之后，参与择校的家庭有三分之二对教学质量表示满意，而对那些仍将孩子放在公立学校的家长，这一比例还不足30%。[33]这样一个调查并不能得出任何最终的结论，因为人们总倾向于对自己先前作出的决定表示肯定，但它毕竟是鼓舞人心的。

学费税收扣除和其他基于税收的方法

学费税收扣除（tax credits for tuition）同凭单计划有着相似的效果。所谓学费税收扣除，就是在某一上限规定的范围内，从家长的应付税款中扣除他应交付给民营学校的学费。目前有三个州——亚利桑那、艾奥瓦和明尼苏达——正在实行这种制度，更多的州则处于酝酿阶段。在我们介绍的各种尝试中，学费税收扣除的做法相对来说并不普遍。除了这些方法之外，还有一些更为少见的办法，如建立用于教育的免税储蓄账户等等。这些以税收为基础的办法有很大的局限性，尤其是对那些低收入阶层，作用更小。

在熟悉了所有这些创建父母选择权的做法之后我们可以看到，要在教育中建立起竞争机制，私有化并不是必需的。只要能够保证学校有充分的自主权和使自己变得与众不同的独立性，家长就可以在公立学校和特许学校之间自由选择从而建立起竞争机制。这种学校之间的竞争类似于我们在第 7 章中提到过的管理者参与的竞争，它在纽约等城市的实践已经充分显示了其积极的效果。[34]择校制的支持者们宣称，只有通过凭单制度和学费税收扣除引入民营学校的竞争，才能在一个学区内的公立学校中实现真正的、必要的多样化。此外，与其他产业一样，教育也需要研究和发展，以营利为目的的民营学校在这方面毫无疑问处于领导者的地位。爱迪生教育公司就是这样一个用民营企业的方法管理学校的组织，它正将大批的资金投入研究和开发，以期创造出一种全新的教育模式。通过这种创新性的研究工作，它或许会成为教育市场中的"微软"。支持者们坚持认为，凭单无论用于何地，对所有不同收入的家庭都是平等的，只有它才能真正引入实现中小学教育持续改进所必需的竞争。

反对父母选择权的理由

凭单制度和学费税收扣除制度的批评家们也有许多反对的理由。其中最经常被提及的是，凭单制反映了政府支持和强化宗教影响的倾向，因而是不能允许的。然而，当有关诉讼被提交美国联邦最高法院的时候，法官们维持了威斯康星州最高法院的判决：密尔沃基的凭单制被用于教会学校时，并没有违背教会和国家分离的有关法律。[35]威斯康星州最高法院认为："除非由于家长个人必要的干预性的选择，不会有一个美分从国库流入一个带有教派色彩的民营学校。"[36]明尼苏达州的一项学费税收减免也经受住了美国最高法院的司法审查。法官威廉·伦奎（William Rehnquist）代表联邦最高法院宣布："无论家长为他们的孩子选择什么类型的学校，旨在帮助家长支付教育成本的税收减免……有利于实现确保每个公民都能接受良好教育的最终目的。"[37]

旨在向参加第二次世界大战和朝鲜战争的退伍老兵提供高等教育机会的联邦 G. I. 凭单项目，在实践中证明是非常成功的。民主党人约翰·诺奎斯特（John Norquist）在就任密尔沃基市长时曾指出，在这一项目下，一个退伍老兵既可以进入圣母院大学成为一个天主教神甫，也可以进入犹太教大学成为一名犹太教教士。佩尔助学基金通过大学生流向教会学校。先于 G. I. 项目的纽约州雷振茨奖学金，取得了与 G. I. 项目类似的积极效果。凭单计划只是把这些先期实验的思路延伸到中小学教育而已。

还有其他一些针对择校制的批评。其一，择校制会破坏公立学校系统。有许多理由可用来反驳这种观点：（1）重要的问题在于教育的普及和教育的免费提供，而不在于教师雇主的性质是"公立"还是"民营"；（2）如果一个学校绩效低劣，它就应当宣告破产——"公立"的帽子不应成为低劣绩效的保护伞；（3）如果来自民营学校的竞争能够将公立学校从麻痹中唤醒，那么它实际上是拯救了这些公立学校。[38]随着凭单制度的引入，密尔沃基公立学校的座右铭变成了"我们希望成为密尔沃基被选择的学校"。[39]

其二，择校制会带来"撇脂"（cream-skimming）现象：民营学校招徕了最优秀的学生，公立学校则只能成为剩余学生的收容所。择校制的支持者举出了许多证据反驳这一假设。纽约一个自愿凭单项目的申请者们并不是成绩最好的学生：只有18％的学生的数学成绩达到或高于平均水平，而在6～9岁的学生中，只有26％的人的阅读能力达到年级应具有的水平。[40]支持者们还进一步认为，不应该剥夺那些颇具天赋的学生充分发展才能的机会，也不应该用牺牲他们来丰富他人的环境。此外，上述批评完全可以被倒过来支持择校制：严格的竞争环境有助于产生一些具有特殊市场潜力的特色学校，包括为存在纪律问题的孩子设立的专门学校。理查德·米尔本高中（Richard Milburn High School）尽管从名字上看像一所学校，但它实际上是一个总部设在弗吉尼亚州沃德布里奇的公司，在60多个地点为50 000多名学生提供多种形式的教育服务，包括对以前辍学学生的基本课程补习和能力培养，而且可以颁发被社会承认的标准高中毕业证书。

其三，民营学校可能会增加校园里的种族隔离。但是，科尔曼的研究却表明，民营学校的种族隔离现象并不比公立学校严重。事实上，在许多郊区的公立学校中，种族隔离现象十分严重。[41]支持父母选择权的人借此对这一批评作出了有力的回击。他们认为，恰恰是地方学校的垄断造成了隔离——这是一种政府强加的种族隔离。在美国10个大城市进行的一项研究表明，城市中的隔离现象1995年比1968年更加严重了。1968年，这些中心城市公立学校中白人的比例是51％，而到1995年，这一比例猛降到16％。[42]这一统计数据支持并拓展了先前在加利福尼亚进行的一项研究的结论：民营的天主教学校中，少数民族学生的比例（40％）远比公立学校要高。[43]玛莎·莱文（Marsha Levine）、丹尼斯·多伊尔（Denis Doyle）的报告也指出，虽然城市里的黑人家庭很少有人信仰天主教，但天主教学校却的确成为他们所不满意的公立学校的一种替代选择。盖洛普（Gallup）的一项民意调查表明，城市中的黑人是对市区公立学校最为不满的一个群体。招生注册方面的数据说明，天主教学校正对此作出积极反应，招收了越来越多的黑人学生。[44]那种认为白人会充分利用自己的选择权利而黑人不会的想法，在价值观上具有歧视性，在实践中是不正确的。来自纽约的证据再次表明，少数民族群体比白种人更有可能充分利用选择的权力：大约47%的申请者是拉美后裔，远高于其在公立学校学生中所占的比例，黑人也是如此。[45]另外一项研究也表明，黑人和拉美后裔使用择校机制的比例是白人的两倍。[46]

其四，给父母选择权有利于富人。全美教师联合会（American Federation of Teachers）引用了一项关于欧洲民营学校的研究来说明此论点。此项研究发现，能够充分利用接受了政府补助的民营学校的主要是中产阶级和高收入家庭，他们比工人阶级家庭在信息方面更具有优势，其结果是阶级分化加剧了。该项研究注意到，在那些信息披露依赖新闻界及那些持抵触情绪的公立学校管理者合作的地方，大多数工人阶级家庭信息不畅。研究者同时也指出，在苏格兰、巴黎和纽约这些能够向工人阶级家庭成功提供关于择校信息的地方，项目还是相当成功的。[47]另外的一些证据表明，美国的情况与欧洲有很大的差别。在华盛顿特区，有4 725个孩子申请刚刚公布的一项只有1 000个名额的凭单性质的奖学金，该项奖学金专门提供给那些贫困家庭和工人阶级家庭，11%的符合条件的学生利用这个机会离开了公立学校。[48]就美国整体而言，许多城市中心的贫困的黑人家庭都在节衣缩食，为自己的孩子储蓄在邻近地区的民营学校就读的学费。[49]20世纪80年代的一项调查显示，与年收入在25 000元以上的人相比，年收入在15 000元以下的人群中，表示愿意使用价值500美元的学费税收扣除凭证的比率是前者的两倍多。[50]在纽约私人创设的凭单体系中，家庭年均收入低于全国贫困线的申请者占30%，他们来自纽约15%的最底层家庭，其中三分之二来自那些接受食品券和医疗资助的家庭。[51]在美国民营学校中，每四个家庭就有一个收入在35 000美元以下，大约一半的家庭收入在50 000美元以下。在天主教教会设立的初中中，三分之二的学生家庭收入在35 000美元以下；而在天主教教会设立的高中中，72%的学生家庭收入等于或低于50 000美元。[52]马萨诸塞州的一个调查也发现，与学区原有的学校相比，特许学校的学生家长收入更少，受教育程度更低。[53]

美国上述特殊现象的一个可能的解释是，低收入的少数民族家庭大多居住在大城市，他们比高收入家庭更依赖他们并不满意但铁板一块的公立学校系统，因为高收入家庭可以通过迁移住所、进入别的郊外社区找到他们满意的学校。因此，低收入家庭和少数民族群体就构成了凭单制度和学费税收扣除制度的一个重要参与者和组成部分。换句话说，美国的情况与欧洲显著不同，它不会引发教师联合会所担心的那些消极影响。如果工人家庭能利用他们的选择权为自己的子女选择更好的教育的话，阶级分化将被缩小而不是被扩大。

第五个批评是，如果更多的学生进入独立性较强的民营学校，我们国家未来的成年人就会缺乏共同的教育背景，进而缺乏对美国历史和基本的民主价值观的普遍认同。这种假设中的担心是很容易避免的。州教育主管机构可以要求每个学校的课程设置包括一些最基本的公共必修课，还可以统一负责对所有学生进行成绩测试，正如有些州已开始做的那样。[54]这种统一测试至少可以服务于以下三个目的：（1）向父母们告知他们子女的进步；（2）为认证提供评估性数据；（3）如果加以合理地总结分析，可以帮助父母为他们的孩子选择学校。学校排名服务正在兴起，它们实际上在提供《洛夫乔伊大学指南》（*Lovejoy's College Guide*）和《消费者报告》（*Consumer Reports*）的扩展本，以帮助父母对当地的学校作出正确的分析。纽约州于1996年启动了全州范围内的学校排名体系。[55]这类报告在每个州不尽相同，但一般都会提供如下一些信息：招生情况、学生人均成本、班级平均规模、毕业率、辍学率、标准测试成绩、水平达到或超过年级要求的学生的比例、高年级学生中具有4年或4年以上数学和科学学习经历的人的比例等。[56]

最后一种批评是，弱化社区学校就意味着弱化社区。一项同类学区的比较经验研究（郊外学区之间的比较和市内学区之间的比较）有助于更好地理解这一问题。该研究表明，择校制并不是使个人"原子化"（atomizing）或把个人变成纯粹的消费者。相反，"择校制……能够帮助营造由充满爱心、积极参与的父母们组成的社区。择校制不仅能在郊外社区（今天大多数美国人居住在郊区）中起到这种作用，它在都市中心社区也能起到这种作用。都市中心社区的社会资本已消耗殆尽，这可能会带来极其严重的后果。"[57]

赞成凭单制的理由

总之，没有公立学校，人们也可以普遍享受教育；国家不向父母收费,也可以形成教育市场。只要每个孩子都入学就读且由一般税收支付费用,公众的利益就能得到满足。那些认为凭单只有利于好学生、富有家庭的子女以及白人的论调在现有的证据面前难以立足。

少数民族群体逐渐认识到,具有浓重的民主党色彩的教师工会——在1996年的国会选举中,它们对250个民主党候选人表示支持,而获得支持的共和党候选人仅有1人[58]——在这一问题上并不是他们的盟友。黑人领袖对凭单制度正给予积极的支持,一项全国范围内的民意调查表明,72%的黑人被访者赞同实行凭单制度。另外一个研究则表明,凭单制度受到了65%的拉美后裔、56%的黑人以及47%白人的支持。[59]与白人不同,拉美后裔和黑人不能通过选择私立学校或更换社区的方式逃避城市内现有的学校制度,因而是现有学校制度最大的受害者。考虑到这一情况,上述调查数据就不难理解了。

尽管教师工会及其民主党盟友强烈反对,目前的政治氛围正在逐渐向支持凭单制度的方向转变。1996年共和党将凭单制度("教育机会奖学金"(opportunity scholarships))写入自己的竞选纲领,抨击了反对凭单制的国家教育联合会——美国两个最大的教师工会之一。明尼苏达州州长阿恩·卡尔森·安德森(Arne Carlson Anderson)、威斯康星州州长汤米·汤普森(Tommy Thompson)、克利夫兰市市长迈克尔·怀特(Michael White)、密尔沃基市市长约翰·诺奎斯特和泽西城市长布雷特·舒恩德勒(Bret Schundler)都是在1998年以前实践过择校制的政治领袖。目睹自己所偏爱的解决方案失败后,教育界的一些主要领袖也开始支持凭单制度,尽管还有些不情愿。[60]

择校制的支持者们认为,如果要使竞争真实、有效,旨在营利的学校也是需要的。它们能对学生、老师和家长形成强有力的激励,能进行必要的研究和发展工作,能创造出新的更好的教学方法为未来世界培养人才。凭单制度使家长不受约束的自由选择成为可能,因此被视为引入竞争的有效途径。

虽然我们提到了许多关于凭单制度"实验"的讨论,但这些实验本身还只不过是"演示性"的,它们的规模十分有限,表现在:参与学生的数目十分有限,参与资格受到限制,可选择的学校有限,每个凭单的价值也普遍低于公立学校中每个学生的平均费用。怀有敌意的教师工会以及特定"实验"的未知命运增加了不确定性。这些因素使任何研究结论的有效性都大打折扣,但结果仍然是具有说服力的。此外,现有研究仅以学生成绩的改善作为评价的标准，没有涉及成本—效益分析。毫无疑问，如果不考虑成本因素，任何对竞争性教育制度的评价都不会得出有意义的结论。如果民营学校中持有凭单的学生和公立学校中的学生成绩差不多，但每个学生的花费降低了三分之一，这仍然是凭单制度有效而非无效的证据。我们相信，这也将成为未来进一步推广凭单制度的一个富有说服力的理由。[61]

教育服务中的合同外包

除通过凭单制度、学费税收扣除、特许学校和其他一些类似的机制建立父母选择权以外，选择权也可以在供给方实现——就是说，学校管理部门可以通过将合同竞争性地授予营利性的民营公司实现选择权。合同的内容可以是授权管理一个学校，也可以是授权管理整个学区。迈阿密州的巴尔的摩和康涅狄格州的哈特福德等城市就通过合同外包的形式，将它们的学校交由民营性质的企业管理，但是合同外包很快就因为教师工会无休止的反对、双方对有关合同条款的意见分歧以及缺乏合同变更的权威而宣告失败。[62]

另外一个稍微不同的做法却较为成功。爱迪生教育公司是一个雄心勃勃的、以营利为目的的教育投资公司。从1995年开始，它已经获得了超过25所公立学校的控制权。入学后的前两年，这些学校大多数学生的阅读能力和数学能力有了明显的提高——不论与他们以前的成绩相比，还是与同一学区其他公立学校类似学生的成绩相比均是如此。爱迪生教育公司的主要做法如下：在一个学区中获得一所或多所学校的管理权，在与教师工会协商的基础上，从学校系统中挑选教师并给予奖励性报酬（有时甚至采取股权形式[63]）。在堪萨斯州威基塔的一所学校中，四分之三的学生生活在贫困线以下，爱迪生教育公司就出资在每一个学生的家中安装了电脑，这样，老师和家长就可以通过电子邮件的形式互通信息，学生们也可以用电子邮件的形式交作业。作为这种尝试的结果，许多家长自愿到学校中做指导教师，而且正如预期的那样，家长更多地在家中参与到教育过程中来。学生的在校时间被延长了一个小时，课堂根据学生能力的高低分成两部分，这使得学校可以更好地做到"因材施教"。到1997年，爱迪生教育公司在该学区中接管了三所学校，项目开始两年后，等待入学的学生超过了1000人。[64]

通过某些课程的教学外包或某类学生的教育的外包的办法，一个学校系统可以增加对学生的吸引力。比如说，对具有某种天赋的学生可以聘请大学来教育；一些职业教育和驾驶训练可以交由民营企业去做；对那些有残疾的学生，民营特种学校的参与可能很有帮助。一个学区和另一个学区还可以以政府间协议的形式就某些特定的项目签订合同。作为一种更为大胆的尝试，波士顿大学（Boston University）曾通过一项协议，接管了陷入困境的波士顿公立学校。

具有企业家精神的教师和管理者可以组织群体教学（group teaching），就像专业医生群体行医一样。这个群体可以与一个学区签订合同提供某一科目或某一年级的教学。更为大胆的设想是，他们可能会对某一所学校的管理承担起全部的责任，并通过其优秀的教学吸引到越来越多的学生。

随着特殊教育的爆炸性增长，针对学生评估中日益突出的无效和浪费问题，纽约市长鲁道夫·W·朱利安尼提出如下建议：与民营心理医疗机构签订承包合同以节省资金，并将评估过程民营化。[65]目前学校的后勤服务中的合同外包越来越普遍，如学生的交通、校园建筑和地面维护、伙食、医疗、门卫安全等等。[66]合同外包的过程在第7章中我们已经做了详细的描述，其结果与我们在第6章中提到的情况类似。

其他形式的教育民营化

1997年，美国公立和民营中小学的注册学生是5 200万人，它们每年要花掉国民生产总值的10%，即6 000亿美元。毫无疑问，受到对公立学校普遍不满情绪的激励，民营企业已经出现，并正在它们认为能够帮助解决美国教育问题的范围内努力拓展教育市场。根据一家投资公司的数据，目前已经有60个这样的企业，它们正在形成一种新兴的产业。[67]

比如，另外一种不同形式的民营教育正在传统公立教育的外围出现：向学生提供课外家庭教育、以营利为目的的学习中心。[68]家庭教师很难说是一个新的概念，但是，作为一种以公司面目出现的有组织的商业行为，则是在1979年才有的。它的出现与那些为帮助学生准备学术能力测试的商业组织有关。不同的是，后者的目标群体是高中学生，而商业性家教则更关注小学高年级和初中生这个市场。两者都代表了民营部门为提高教育质量所做的努力和尝试。教学公司所做的、推销阅读家教和数学家教的广告，收音机中几乎无处不在，其市场是学龄儿童。

公立学校也在汲取教育市场上的经验。加州13号提案出台之后，公立学校的免费暑期项目——它曾被称为是世界上最大的托儿所服务——停办,收取学费的暑期教育项目迅猛发展。以下几个方面最终赢得了大家的共识:暑期项目花费巨大;只有相对较少的学生需要在暑期进行补习;绝大多数家庭有能力为孩子支付假期娱乐和课外学习所需的费用。[69]

民营教育项目也有自己的缺陷。在纽约,许多民营专业学校提供美容美发、计算机编程、会计、秘书、卡车驾驶等方面的培训。这些学校经常被指责实施了欺骗行为:招收了一些根本不适合从事该项工作的人,也不为他们的求职失败负责。其实,公立学校也存在同样的问题。迫于敞开招生的政治压力,纽约市立大学也录取了许多没有能力从事所学专业的工作的人,随后很高的求职失败率即为明证。[70]此外,人们有理由怀疑,在学成后的就业方面,私立专业学校比公立职业学校是否更糟糕。还有许多人声称,为了保护家长不浪费钱,应当对民营学校的收费进行严格的限制。择校制的支持者们却对冠冕堂皇的借口后面的动机表示怀疑,因为他们完全忽略了公立学校对公共教育资金的浪费。所以,问题的焦点不在于民营学校是否存在缺陷——它们存在缺陷是毫无疑问的——而在于与公立学校相比,它们的价格和绩效如何。

10.2 社会福利制度改革

20世纪90年代中期,美国开始了它的福利改革。这一改革力图实现方向上的转型。它来得多少有点突然,而且存在很多争议。在20世纪80年代早期的时候,"福利国家"在美国达到了它的顶峰。在此之前社会问题不断累积,其处理权也移交给了层级最高、也就是离问题最为遥远的一级政府。传统上对自助和社区互助的强调,让位于庞大的、父爱主义的福利机器——它们仅把接受福利者视为无助的受害者,而不是需要帮助的公民。那些曾经在扶危济困方面发挥过主要作用的民营、非营利及慈善性质的组织,现在降格为国家解决社会问题的助手[71],尽管旨在解决这些问题的政府项目效果很差,而且管理混乱。善意的福利项目像查尔斯·默雷在《走向衰落》中描述的那样,常常使有关的目标群体、穷人和少数民族境况更差。[72]回过头来看,所谓永久性社会底层(permanent underclass,"对政府福利的跨代依赖")问题,至少部分是由政府引起的。

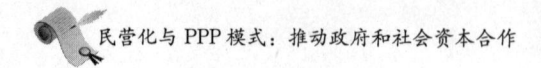

福利改革的支持者们宣称,尽管用心良苦的政治家们已经在潜在都市病上花去了大把的钞票,政府——无论是联邦政府、州政府还是地方政府——对这些问题的解决依然无能为力。这些都市病——辍学、少女怀孕、不负责任的人工授精、非法生育以及吸毒和酗酒等等——造成了数代的社会另类,他们注定要生活在社会的边缘,不能融入正常的工作,而只能靠社会福利或犯罪谋生。

主张改革的人认为,非政府组织——包括家庭、邻里、教会和社区——的广泛参与,能够有效地改变这些堕落的行为并防止其进一步发展。地方居民的广泛参与是必需的,因为他们从邻里的富康中受益最多,也完全有机会、有能力对邻里施加影响。国家的力量是有限的,因为它只擅长发布命令。与此相反,一个牧师可以向获取教会帮助的酗酒者提出建议,劝他接受治疗以"端正其行为"。正如劳伦斯·米德(Lawrence Mead)所说:你有资格获得帮助,但作为一个公民必须同时承担相应的社会责任。[73]一个分散化的、地方化的体系能够给予个性化的、细致入微的关怀,因为它最了解每个需要帮助的个体的具体情况及其所处的环境。

纽约州的一项实验支持了改革者们的设想。布鲁克林的一个天主教教会宣布将关闭一家他们举办的收容所——这家收容所向无家可归者提供帮助,拥有25个床位,已经有12年的历史。关闭的原因是该城市的政府机构在附近开设了两家大型收容所,夺走了大部分的顾客。为什么政府的项目更有吸引力呢?道理很简单。教会的项目要求被接收者必须戒掉毒瘾、不再酗酒、经常洗浴、穿上教会为他们准备的新衣,并从事一种工作。政府提供的项目与之形成了鲜明的对比,他们只是向这些无家可归者提供食物和住所,而不提出任何要求。结果这些人的行为模式没有发生任何改变。[74]政府福利体系改革的支持者们指出,这是糟糕的社会项目驱逐好项目的一个典型例证,是"劣币驱逐良币"定律的再现。

约翰·古德曼(John Goodman)和迈克尔·斯特鲁普(Michael Stroup)对福利改革前的情形做了如下简洁的描述:

> 资格型福利项目(entitlement program for welfare)是这样设计的:福利的授予仅仅基于个人所处的境况。申请者不必对他们目前的境况做出解释,也不必解释他们将如何努力改变这一境况,甚至

不必表现出改变的意愿。比如，在 AFDC（对不能自立的儿童的援助）项目中，获得资助的资格条件如下：（1）低收入；（2）几乎没有资产；（3）有孩子需要抚养；（4）没有成年男性家庭成员。任何符合这些条件的人都可以获得资助。在这里，"资格"（entitlement）一词意味着一种不能因受救助者拒绝改变自己的行为就不予发放的"正当的"福利。

民营部门的哲学截然不同。由于十分重视导致贫困问题的个人行为上的原因，优秀的民营慈善机构都不把扶危济困视为一种应尽的"义务"，也不认为得到帮助是目标群体不可剥夺的"权利"（right）。相反，慈善性的帮助被视为一种工具，它不但可以帮助受助者增进信心，还可以督促和帮助他们改变自己的行为。在许多民营慈善组织中，资助水平针对每个人的不同情形各不相同，而且往往保留在接受者并无迹象改变自己的行为时，减免资助或收回资助的权利。[75]

福利国家出现以前，在美国有许多福利社团或慈善社团就举办过互惠性资助项目。这些社团一般以宗教、种族和职业为基础形成。只需要支付哪怕是最贫困的工人也能负担的费用，其成员就可以享有医疗补助、殡葬补助和针对寡妇和小孩的资助，后者是一种囊括了失业保险、医疗保险和寿险在内的综合性保险。这些社团还举办过孤儿院和养老院，至今仍有许多社团这样做。今天，这些社团中的大部分都消亡了，他们的消亡主要归因于福利国家的出现和扩张。[76]

在解决急剧增多的未婚少女（尤其是黑人未婚少女）生育这一问题上，"中间结构"（mediating structures）[77]的潜在作用正获得越来越多的认同。面对未婚少女生育这一问题，许多政策制定者最初的、条件反射式的反应是出台新的政府干预项目。这一思路更多地出于习惯而不是理性论证，今天可谓寿终正寝。新的观念正逐渐成为一种共识：不管用心如何良苦，也不管资金如何充裕，政府项目对这类问题基本上是没有什么效果的。改革者们注意到，非法生育的增多与性教育的普及、避孕和堕胎的合法化、避孕和堕胎手段的更加廉价和安全等同时出现。既然未婚少女生育并不是因为她们对生育控制的无知，那么提供更多的政府资助、设立更多的政府项目以及诊所，并不是解决问题的方法。

黑人社区的领袖们认识到，创造性的地方项目、人与人之间的非正式影响、榜样的示范作用和社区内的压力，可能比遵循联邦指令的官僚机构在解决类似的问题上更加有效。[78]例如，黑人穆斯林在制止滥用毒品方面起到了比政府项目更为积极的效果。家庭而非政府机构是最有能力减少少女怀孕的社会组织——因为它们在付出爱心、关怀和注意，提供支持和指引，实施有效的警告、限制、控制和惩罚等方面最为直接有效，最容易为社会接受并与社区的价值观保持一致。[79]事实上，黑人中未婚少女生育的现象在20世纪90年代晚期首次下降，其中很重要的原因就在于社区和家庭对责任和克制的强调。

政府在社会福利中并非一直扮演支配性角色。19世纪中叶，法国大臣梯也尔（Thiers）对政府在私人慈善事业中的补充作用作了清楚的表述：

> 影响到整个社会阶层的社会弊病，只能靠人人参与的集体慈善行动来治愈，即依靠公众帮助。但重要的是，从一种个人行为转变为一种集体行为时，慈善事业仍要保留其作为美德的本性。也就是说，慈善行为仍然是自发自愿的，是个人自由选择的结果，而不能成为一种强制性的行为。因此，必须存在公共慈善机构，与私人和宗教慈善机构竞争，在私人机构的未尽领域发挥作用。[80]

福利改革派还会进一步说，在21世纪的曙光即将来临之际，政府所面临的最大挑战是如何在国家慈善事业和私人举办的慈善事业之间寻求一种平衡。毕竟一个社会最伟大的价值在于使其成员都成为自愿的慈善家，而不是不情愿的纳税者。[81]同情心本质上只是一种个人的而非组织的情感。

有组织的慈善团体已经渐渐潜入游说者的行列。除了高尚的道德目的外，他们与其他的游说者没有什么区别。"美国志愿者"组织的94％的经费来源于政府，对于天主教的慈善组织而言，这一数字也已经达到了62％。[82]这一做法——理查德·内森（Richard Nathan）称之为"非营利化"（nonprofitization）[83]——已经深刻地影响了这些组织的性质。[84]难道真的需要政府作为一个中介，收取税收，然后再出于慈善目的将其直接分发给需要者，或转给慈善组织吗？在政府福利项目的批评者们看来，答案无疑是否定的。他们认为，民间慈善组织应当回归他们直接帮助穷人和其他苦难者的传统角色。古德曼和斯特鲁普提出应当将福利国家民间化，也就是，允许纳税者将最高达三分之一的联邦收入税以税收扣除（tax credits）的形式转给民间的慈善组织，而不仅仅是捐献免税（tax-exempt contribution)。该方案的特点是，对于以这种方式分配的每一美元，要求联邦政府相应地减少一美元的济贫预算。[85]类似的立法建议1996年在国会中被提出，但未获得通过。另外一项名为"工作附加"（Job Plus）的计划1994年在俄勒冈实施。该计划把原来用于资助不能自立的儿童、发放食品券和失业保险的公共资金，转为对社会福利领取者在私营部门工作的补贴。[86]

美国人乐善好施的传统仍在延续。经过通货膨胀调整后的数据表明，1967—1997年，美国慈善捐助的数额增长了75%，与同期国民生产总值的增长率基本保持一致。[87]里根政府时期，边际税率的降低使捐赠的成本大幅度上升（对处在最高税档的阶层来说，其成本增加了三分之二），但私人捐赠并没有像预期的那样大幅度下降。受道德激励和自愿组织的推动，私人捐赠仍继续帮助那些不够幸运和不太富裕的家庭，由此分担了许多政府积聚的社会负担。许多反对政府干预的人相信这些民间的慈善家代表了市民社会的回归。[88]尽管他们认为政府提供福利会增加被救助者的依赖性并可能会使其境况更糟，但他们同时也承认政府的退却和民营机构的替代并不能完全消除这种情况，毕竟诸多的社会问题都有其深刻的经济和人文原因。

福利改革

社会福利体系的过度扩张及其失败使公众的不满情绪日益高涨，这极大地激励了州一级政治领导人争取改革各自福利体系的自主权。出人意料的是，他们很容易就说服了国会，克林顿政府于1996年批准了福利改革法案。这项法案使美国的社会福利体系逐步分散化，并赋予各州在福利体系设计方面相当程度的自主权：给受救助者附加工作要求；对受救助者享受福利的时限作出限制；对享受福利的资格条件规定得更加苛刻；对申请者的资格审查更为严格；逐渐变福利中心为职业中心等等。这些改革举措使福利救济人员的规模大幅度缩减：1993—1998年减少了37%。令"福利国家"的支持者们惊奇的是，无家可归者的数目并没有因此而增加，领取食品救济的队伍也没有加长。随着福利救济人员的减少，那些以前依赖福利过活的人现在的境况问题被提了出来。在福利改革的反对者们看来，随着各州纷纷削减福利开支并采取种种措施摆脱穷人，一个灾难性的"逆向竞争"（race to the bottom）局面将会出现。但一项研究却表明，在史无前例的经济繁盛期，许多先前的救助对象找到

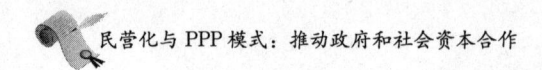

了工作。[89]改革者们由此宣称，"工作导向的福利政策"（welfare to work）起作用了。在纽约市，那些无力或不愿找工作的救助对象被安排在一些市政机关工作，在最低工资水平上赚取他们的福利补贴。欺骗行为也在减少，许多有工作和其他非法接受福利补贴的人以及那些同时在两个或两个以上城市辖区内领取补贴的人，在新的福利授予办法前无所遁形。纽约市市长朱利安尼做出如下大胆承诺：

> 在新世纪的曙光来临之际，我们将终结福利时代，取而代之的是一个"靠工作谋生"的新体制。这意味着到2000年时，现在所有依赖社会福利过活的成年人和家庭，都将在私营部门或公共部门（如果必要的话）找到工作，以赚取生活必需。……纽约将成为第一个给"福利"一词画上句号的城市。……如果某一家庭的户主来寻求帮助，我们同样还会伸出援助之手，不过为了获得政府所发放的金钱，他们必须参与一个每周35小时的工作计划，其中20个小时参与实际工作，另外的时间则用于培训或其他有助于他们尽快在私营部门找到工作的活动。[90]

其他一些为"福利国家"过度扩张所累的西方民主国家也在寻求变革，尽管这些变革来得有些晚了。欧洲过于"慷慨"的福利使许多人心满意足于失业生活，这种体制受到越来越多的批评。英国正在借鉴美国的改革实践，努力吸引和推动年轻失业者进入劳动力市场寻找工作。荷兰也在终止一个具有福利性质的项目，即政府出资从那些想成为艺术家的年轻人手中购买他们的绘画和雕塑。[91]

民营化的社会服务

前面关于福利改革的讨论强调以替代（displacement）为特征的福利国家民营化：政府从已失败的活动中退却；地方社团组织和家庭填补政府项目的空缺，重新承担起他们传统的角色；政府放松规制，为地方社团组织和家庭营造一个更便利的发展空间，比如我们前面提到的古德曼和斯特鲁普所倡导的税法改革。

以授权为特征的民营化正在出现，其主要形式是凭单制和合同承包。与非营利组织签订合同的做法由来已久，尽管它因可能改变——如果不是彻底扭曲——这些组织的本性而长期受到批评。[92]近来，与营利性组织签订合同渐渐成为一种越来越普遍的现象。民营企业管理社会服务项目[93]，并直接向顾客提供社会服务：它们开办日间托儿所、老年活动中心，为无家可归者提供收容所，为就业困难者提供培训，追查那些逃避抚养义务的家长[94]等。目前正在考虑让它们管理涉及儿童福利的案件。[95]一家名为"美国工作"（America Works）的民间营利性企业受到了广泛瞩目，与为同样目的而设的政府项目相比，它用更少的纳税人的钱帮救助对象找到了工作。[96]

根据审计总署（General Accounting Office）的调查，从1990到1996年，超过一半的州和地方政府增加了合同承包的社会服务的数量——儿童看护、儿童福利、儿童受抚养权利保障以及对贫困家庭的临时救助等等。这些项目有很多被置于管理者参与的竞争之下，政府鼓励在此领域中公共机构、私营部门和非营利组织之间的竞争。合同承包社会服务目前面临的主要挑战是：（1）吸引到足够多的符合条件的投标者，尤其是在农村地区；（2）对合同中的细节问题作出足够详尽的设定；（3）有效地管理合同。[97]所有这些都是成功的合同承包的最基本要求。

合同承包并不是福利国家民营化的唯一途径。凭单制度已经在相当大的范围内被用于为残疾人提供家政服务，并越来越多地被用于儿童的日间看护。在纽约，1998年底享受日间看护服务的儿童总共有87 000人，其中46%是通过凭单制度实现的。1989年的《联合合作培训法》（*Joint Partnership Training Act*）鼓励使用凭单制为失业者提供培训。在《经济波动和工人调整资助法》（*Economic Dislocation and Worker Adjustment Assistance Act*）下的项目则同时使用凭单和合同。一个有经验的失业工人可以通过凭单选择他认为最适合自己的培训项目。纽约市每年为这种再培训计划投入2 700万美元，其中有7%是以凭单的形式实现的。[98]

10.3 社会保障的民营化

没有什么比社会保障更能引起如此激烈的争论。脆弱的社会保障体系——这些年来被比喻为政府资助的连环信（chain letter）——陷入了严重的财政困境。我们的社会保障体系并不是想象中的养老金计划，而是一个"即收即付"的计划：当前就业者缴付的社会保障金被立即用于支付当前的受益者。被称为信托基金的支出预计在2014年超过其收入。如果没有什么重大改革措施出台的话，到2034年我们将耗尽所有的基金。如果现存体系维持下去，"从净税赋（个人缴纳的保障税减去他从中的收益）角度看，生育高峰期的出生者每1美元的收入，可能会多损失5美分，而新生代的损失将高于7美分。"[99]

各种各样的建议已经被提出来"挽救"我们的社会保障体系。这些建议包括：提高退休年龄；降低福利水平；提高社会保障税；挪用一般税收收入；还有投资股票市场以提高社会保障基金的资金回报率等。（事实上并没有严格意义上的"资金"，所谓的资金不过是一些政府"借据"：政府许诺归还那些以社会保障税名义征收但挪作他用的那部分资金。）

从历史上看，社会保障基金每年的回报率在2个百分点以下，而在股票市场上，资金回报率在7%左右。因此，转向市场、在美国的社会保障体制中引入投资理念被认为是一种帮助退休者提高收入的良药。目前，两种不同的方案已经被提出。根据第一种方案，政府可以为社会保障基金的增值购买美国公司的股份，这种方案实际上是将美国工业的一部分国有化。克林顿总统在1999年的国情咨文中提到了此种方案。另一个方案面临更直接的反对。在这个方案中，允许个人将他们一部分，甚至全部的社会保障税存入获得批准的合股投资基金，就像他们目前自己管理的个人退休账户一样。这种方案实际上是将社会保障体系的一部分私人化了。[100]

克林顿总统的建议可以被理解为：将社会保障基金部分民营化，同时，将私营企业部分国有化。这个带有国有化色彩的建议有些令人惊奇，因为它似乎与世界其他国家民营化的趋势背道而驰。1981年，智利在世界上第一个建立了民营化的退休保障体系，许多国家紧随其后。奥地利和瑞典也将原来国家管理的养老金体系至少是部分地民营化了。在过去的20年中，英国通过强制性的储蓄和雇员私人投资，把退休保障的主要责任从政府转移到了个人。

克林顿计划的反对者们担心，出于政治目的操纵股票买卖的现象无法避免，政府由此会陷入不可避免而又无法解决的利益冲突中去。政府控制的投资会招致裙带资本主义、国家主导的工业政策和带有政治目的的决策，并把基金转向那些具有关系网的利益集团或提供政治献金的公司，所有这些都以退休者的损失为代价。[101]此外，一系列研究表明，与那些不受政治目标左右的经理们管理的基金相比，由政治机构管理的养老金——如那些国家雇员的养老金——的回报率要低1.9%～2.4%。[102]支持克林顿计划但又反对民营化的人则认为,保留私人账户的管理成本是十分高昂的,因此,假如由政府来直接投资的话;退休者们将会获得更高的养老金。[103]但是,也有许多人嘲笑那种认为政府可能有较低的管理成本的观念。如果阅读过第6章,我们就会知道,"政府可以更廉价地做一些事情"的论断只不过是一种一厢情愿的想法。这一历史性的辩论还没有确定的结论,但无论发生什么变化,这一变化都将意味着一个复杂的、冗长的过渡过程和高昂的过渡成本。

10.4 小 结

来自社会的压力要求教育、社会福利以及社会保障领域做出积极的变革。都市学校的糟糕状况是教育改革最主要的推动力,改革的主方向是终结由政府税收供养的、垄断的学校体制。选择权和竞争则是这场改革的主要战斗口号。目前旨在建立父母选择权的主要措施包括:凭单制度、学费税收扣除、免税储蓄账户和特许学校等。在学校内部,学校管理部门可以通过合同承包的方式在后勤服务——交通、伙食、看护服务等中引入竞争。

教育团体强烈地反对改革,强有力的教师工会被称为"教育改革最主要的阻力"。[104]但公众对教育改革的支持鼓舞着主张改革的政治领导人。这些领导人越来越认识到,不改变现有垄断体制的改革是毫无用处的,必须对整个学校体制做出结构性的调整。

长期以来,扶危济困的个人努力被国家化了,也就是说,它们让位于越来越多的政府项目。然而,这些政府项目的良苦用心并不能掩盖其内在的缺陷。于是,福利改革被提上日程。福利改革弱化政府的责任,转而努力发掘促使人们去工作的市场激励。社会福利的民营化有两种形式,一种以替代为特征,它力图重新发掘和复兴传统社会组织的积极角色;另外一种以授权为特征,它通过凭单制和合同承包(与私营组织或非营利组织签订合同)的形式实现。就合同承包而言,主要的挑战在于寻找到合格的投标者、准备招标合同细则和监测合同承包商的工作绩效。凭单制度在儿童日托服务、家政服务以及工作培训等领域正得到越来广泛的应用。

在其他国家逐渐借助市场和一些自我服务安排解决日益迫近的养老金问题时,美国社会保障体制的改革也呼之欲出。在美国存在两个极端的争论:(1)为增加社会保障基金的回报率,政府应当购买私营公司的股票或债券,也就是说,使这些公司部分地国有化;(2)应由个人管理自己的退休金账户,该账户资金至少应由一部分薪水扣除来提供,目前这部分钱是归政府所有的;因此,这项主张被称为是社会福利系统的部分私有化。改革的反对者们认为,前一种改革趋向是危险的,而后一种改革成本高昂。

当新千年的钟声响起时,教育、福利国家以及社会保障体制等领域的改革仍将是美国最主要的政策议题。

注 释

[1] Herbert J. Walberg, "Spending More While Learning Less: U. S. School Productivity in International Perspective," *Fordham Report 2*, no. 6 (July 1998).

[2] Myron Lieberman, *The Teacher Unions, How the NEA and AFT Sabotage Reform and Hold Students, Parents, Teachers. and Taxpayers Hostage to Bureaucracy* (New York: Free Press, 1997).

[3] Richard E. Wagner, "American Education and the Economics of Caring," in *Parents, Teachers, and Children: Prospects for Choice in American Education* (San Francisco: Institute for Contemporary Studies, 1977).

[4] Gabriel Roth, *Private Provision of Public Services in Developing Countries* (New York: Oxford University Press, 1987).

[5] *Pierce v Society of Sisters* (1925);也可参见 Murray N. Rothbard, *For a New Liberty* (New York: Macmillan, 1978), 126。

[6] Jane Wollman, "Teaching at Home with Help of Computers," *New York Times*, 9 February 1984.

[7] Diane Ravitch, "New Schools," in *New Schools for a New Century*, ed. Diane Ravitch and Joseph P. Viteritti (New Haven, CT: Yale University Press, 1997).

[8] Milton Friedman, "The Role of Government in Education," in *Economics*

and the Public Interest, ed. Robert A. Solo (New Brunswick, NJ: Rutgers University Press, 1955). 也可参见 Milton Friedman, *Capitalism and Freedom* (Chicago: University of Chicago Press, 1962), 85-107。

[9] John E. Chubb and Terry M. Moe, *Politics, Markets, and America's Schools* (Washington, DC: Brookings Institution, 1990).

[10] "Reforming K-12 Education through Savings Incentives," U. S. Congress, Joint Economic Committee, Washington, DC, December 1997.

[11] *Charter Schools: New Model for Public Schools Provides Opportunities and Challenges*, GAO/HEHS-95-42 (Washington, DC: General Accounting Office, 1995).

[12] "Charter Schools: A Progress Report, Part I: Achievement," Center for Education Reform, Washington, DC, October 1998.

[13] Theodore Rebarber, *Charter School Innovations: Keys to Effective Charter Reform*, Policy Study 228 (Los Angeles, CA: Reason Public Policy Institute, July 1997).

[14] Amity Shlaes, "The Next Big Free Market Thing," *Wall Street Journal*, 9 July 1998, AI8.

[15] Myron Lieberman, *Public Education: An Autopsy* (Cambridge, MA: Harvard University Press, 1998).

[16] Arthur M. Hauptman, "The Use of Vouchers in American Higher Education," *in Vouchers and Related Delivery Mechanisms: Consumer Choice in the Provision of Public Services*, conference papers, Brookings Institution, Washington, DC, 2-3 October 1998, 112-134.

[17] John H. Biskop, "Privatizing Education: Lessons from Canada and Europe," in *Vouchers and Related Delivery Mechanisms: Consumer Choice in the Provision of Public Services*, conference papers, Brookings Institution, Washington, DC, 2-3 October 1998, 169-203.

[18] Isabel V. Sawhill with Shannon L. Smith, "Vouchers for Elementary and Secondary Education," in *Vouchers and Related Delivery Mechanisms*, 136-167.

[19] Myron Lieberman, *Privatization and Educational Choice* (New York: St. Martin's 1989), 136.

[20] Arthur E. Wisc and Linda Darling-Hammond, *Education by Voucher: Private Choice and the Public Interest*. paper no. P-6838 (Santa Monica, CA: Rand Corporation, December 1982).

[21] Estelle James, "Benefits and Costs of Privatized Public Services: Les-

sons from the Dutch Educational System," *Comparative Education Review* 8, no. 4 (November 1984): 605-624.

[22] [23] Shlaes, "Next Big Free Market Thing."

[24] Paul E. Peterson, Jay P. Creene, and Chad Noyes, "School Choice in Milwaukee," *Public Interest*, no. 125 (Fall 1996): 38-56.

[25] Henry M. Levin, "Educational Vouchers: Effectiveness, Choice, and Costs," *Policy Analysis and Management* 17, no. 3 (Summer 1998): 373-392.

[26] Amity Shlaes, "Voucher Program Passes a Test," *Wall Street Journal*, 30 October 1998, A18.

[27] James Coleman, Thomas Hoffer, and Sally Kilgore, *High School Achievement* (New York: Basic Books, 1982).

[28] Theodore J. Forstmann and Bruce Kovner, "How to Energize Education," *New York Times*, 3 January 1998, A11.

[29] Carol Marie Cropper, "Texas Business Foundation to Pay for School Vouchers," *New York Times*, 23 April 1998.

[30] Jacques Steinberg, "Voucher Program for Inner-city Children," *New York Times*, 10 June 1998, B11.

[31] "Vouchers Work," *Wall Street Journal*, 28 November 1997, A10.

[32] "Asides," *Wall Street Journal*, 11 December 1997.

[33] James Brooke, "Minorities Flock to Cause of Vouchers for Schools," *New York Times*, 27 December 1997, 1.

[34] Seymour Fliegal, "Debbie Meier and the Dawn of Central Park East," *City Journal* 4, no. 1 (Winter 1994): 68-77.

[35] June Kronholz, "Wisconsin School-Voucher Plan Is Upheld," *Wall Street Journal*, 10 November 1998, A2.

[36] Clint Bolick, "School Choice and the Supreme Court." *Wall Street Journal*, 15 June 1998, A29.

[37] *Mueller v Allen*, 77 L. Ed. 2d 721, 728 (1983).

[38] Clint Bolick, "Solving the Education Crisis: Market Alternatives and Parental Choice," in *Beyond the Status Quo*, ed. David Boaz and Edward H. Crane (Washington, DC: Cato Institute, 1985), 207-221.

[39] Reggie White and Sara White, "School Choice Restores Faith in Education," *Wall Street Journal*, 11 June 1998, A22.

[40] Paul E. Peterson, David Myers, Josh Haimson, and William G. Howell, "Initial Findings from the Evaluation of the New York School Choice Scholar-

ship Program," Harvard Program on Education Policy and Governance, Kennedy School of Government, Harvard University, November 1997.

[41] Coleman et al., *High School Achievement*.

[42] Denis Doyie, "Reforming the Schools to Save the City," Calvert Institute for Policy Research, Baltimore, MD, 1997.

[43] John E. Coons and Joseph Kul, "Schools: What's Happening to Local Control?" *Taxing and Spending* 1, no. 1 (October-November 1978): 39.

[44] Marsha Levine and Denis P. Doyle, "Private Meets Public: An Examination of Contemporary Education, in *Meeting Human Needs*, ed. Jack A. Meyer (Washington, DC: American Enterprise Institute, 1982), 286-287.

[45] Peterson, et al, "Evaluation of the New York School Choice Program."

[46] "Trust-busting Education," *Wall Street Journal*, 13 February 1985; 也可参见 Thomas A Johnson, "Black-Run Private Schools Lure Growing Numbers in New York," *New York Times*, 5 April 1980, 1。

[47] John S. Ambler, "Who Benefits from Educational Choice?: Some Evidence From Europe," *Journal of Policy Analysis and Management*, 13, no. 3 (Summer 1994): 454-476.

[48] "Asides."

[49] Stuart M. Butler, *Privatizing Federal Spending* (New York: Universe Books, 1985), 109; 也可参见 Bolick, "Solving the Education Crisis," 211-212。

[50] "Trust-busting Education," *Wall Street Journal*; Johnson, "Black-Run Private Schools."

[51] Peterson et al., "Initial Findings."

[52] "Reforming K-12 Education," 7.

[53] *Charter School Newsletter*, 4, no. 3 (Boston, MA: Pioneer Institute, Fall 1998), 1。

[54] [55] "What the Report Card Says," *New York Times*, 6 January 1997, A16.

[56] "Choice Inspires Consumer Guides to Good Schools," *School Reform News*, 1, no. 10 (Palatine, IL: The Heartland Institute, December 1997), 11.

[57] [58] Mark Schneider, et al., "School Choice Builds Community," *Public Interest* 129 (Fall 1997).

[59] Brooke, "Minorities Flock to Vouchers."

[60] Arthur Levine, "Why I'm Reluctantly Backing Vouchers," *Wall Street Journal*, 15 June 1998, A28.

［61］该部分得益于与 Myron Lieberman 的讨论。

［62］George Judson, "Private Business, Public Schools: Why the Hartford Experiment Failed," *New York Times*, 11 March 1996, 1.

［63］Karen W. Anderson, "Miami Teachers in Edison Project Will Be Offered Stock Options," *New York Times*, 22 October 1998, A16.

［64］Peter Applebome, "For-Profit Education Venture to Expand," *New York Times*, 2 June 1997, A12; Jacques Steinberg, "Edison Project Reports Measurable Progress in Reading and Math at Its Schools," *New York Times*, 17 December 1997, B8.

［65］Somini Sengupta, "Trying to Cut Special Education Rolls: City Announces Plan to Privatize and Simplify the Referral System," *New York Times*, 10 June 1998, B5.

［66］*Competitive Contracting in Ohio Public Schools* (Dayton, OH: Buckeye Institute, 1996); Janet R. Beales, *Doing More With Less: Competitive Contracting for School Support Services* (Midland, MI: Mackinac Center, November 1994).

［67］Michel T. Moe and R. Keith Gay, *The Emerging Investment Opportunity in Education* (San Francisco: Montgomery Securities, 1996).

［68］Jim Yardley, "Why Johnny's Doing Calculus: The Booming Education Industry," *New York Times*, 2 August 1998, Section 4a, Education Life section, 28.

［69］Robert W. Poole Jr., "Toward Free Public Education," *Fiscal Watchdog*. no. 33 (Los Angeles, CA: Reason Foundation, July 1979).

［70］Edward B. Fiske, "Schools for Profit," New York Times, 26 July 1979, B1; "State Seeks Tighter Control of Vocational Education," *New York Times*, 27 July 1979, B1; "Playing Politics with Public Money" (editorial) *New York Times*, 7 November 1980.

［71］Joe Loconte, *Seducing the Samaritan: How Government Contracts are Reshaping Social Services* (Boston, MA: Pioneer Institute, 1997).

［72］Charles Murray, *Losing Ground: American Social Policy*, 1950—1980 (New York: Basic Books, 1984).

［73］Lawrence M. Mead, *Beyond Entitlement: The Social Obligations of Citizenship* (New York: Macmillan, 1986).

［74］Esther Iverem, "A Church in Brooklyn Closes Its Men's Shelter," *New York Times*, 18 April 1987, 23. (Supplemented by a telephone interview with Father Joseph A. Nugent, Our Lady of Victory Roman Catholic Church.)

[75] John C. Goodman and Michael D. Stroup, *Privatizing the Welfare State*, NCPA Policy Report no. 123 (Dallas: National Center for Policy Analysis, June 1986), 18.

[76] Michael L. Probst, "Welfare Reform: A Paradigm Revisited," *Wall Street Journal*, 12 December 1995.

[77] Peter L. Berger and Richard John Neuhaus, *To Empower People: The Role of Mediating Structures in Public Policy* (Washington, DC: American Enterprise Institute, 1977). 也可参见 Amitai Etzioni, *The Spirit of Community* (New York: Simon & Schuster, 1994)。

[78] Glenn C. Loury, "The Moral Quandary of the Black Community," *Public Interest*, no. 79 (Spring 1985): 9-22.

[79] Kathleen Teltsch, "Teen-age Mothers Get Aid in Study," *New York Times*, 19 May 1985, 27.

[80] Jacques Rigaudiat, "Deux Cent Ans d'histoire" (Two Hundred Years of History), *Cahiers Francais*, March/April 1984, 10-17.

[81] Marvin Olasky, *The Tragedy of American Compassion* (Washington, DC: Regnery, 1995).

[82] "Charities as Receivers of Government Subsidies," *New York Times*, 5 February 1996.

[83] Richard Nathan, "The Nonprofitization Movement: An Examination of the Effects of Devolution on Nonprofit Organizations," paper presented at a conference of the Program on Public Policy, University of Minnesota, 12 June 1996.

[84] Steven R. Smith and Michael Lipsky, *Nonprofits for Hire* (Cambridge, MA: Harvard University Press, 1993).

[85] Goodman and Stroup, *Privatizing the Welfare State*, 18.

[86] Peter S. Barwick, *A Working Solution to the Welfare Crisis* (Harrisburg, PA: Commonwealth Foundation, 1996).

[87] Ann E. Kaplan, ed., Giving USA 1998: *The Annual Report of Philanthropy for the Year* 1997 (New York: AAFRC Trust for Philanthropy, 1998).

[88] Senator Dan Coats et al., "Can Congress Revive Civil Society?" *Policy Review*, January-February 1996, 25-33.

[89] Robert Pear, "More Welfare Recipients Going to Work, Study Finds," *New York Times*, 19 June 1998, A22.

[90] Rudolph W. Giuliani, "Why We Will End Welfare by 2000," *New York Post*, 21 July 1998, 27.

[91] Helene Cooper, "All of Europe Watches as Britain's Tony Blair Hacks Away at Welfare," *Wall Street Journal*, 25 June 1998, A18.

[92] Smith and Lipsky, *Nonprofits for Hire*; Loconte, *Seducing the Samaritan*.

[93] "Welfare, Inc.," *The Economist*, 25 January 1997, 55-56.

[94] Tamar Lewin, "Private Firms Help Single Parents Get What's Due," *New York Times*, 21 May 1994, A1.

[95] Brett Pulley, "New Jersey Considers Privatizing Its Child Welfare," *New York Times*, 2 March 1996, 21.

[96] Michael Selz, "Teaching Job-Hunting Basics to Trim Welfare Rolls," *Wall Street Journal*, 14 October 1996, B1.

[97] *Social Service Privatization*, GAO/HEHS-98-6 (Washington, DC: General Accounting Office, October 1997).

[98] E. S. Savas, "Competition and Choice in New York City Social Services," April 1999, in manuscript.

[99] Laurence J. Kotlikoff, "Privatizing Social Security the Right Way," *Jobs & Capital*, 7, no. 3/4 (Summer/Fall 1998): 21-27.

[100] Martin Feldstein, "The Case for Privatization," *Foreign Affairs*, July-August 1997, 24-38.

[101] Daniel L. Mitchell, "Why Government-Controlled Investment Would Undermine Retirement Security," *Heritage Backgrounder*, no. 1248 (Washington, DC: Heritage Foundation, 5 February 1999).

[102] M. Wayne Marr Jr., John R. Nofsinger, and John L. Trimble, *Economically Targeted and Social Investment Management and Pension Fund Performance* (Charlottesville, VA: Research Foundation of the Institute of Chartered Financial Analysts, November 1995).

[103] Michael Weinstein, "Economic Scene," *New York Times*, 3 December 1998, C4.

[104] Lieberman, *Teacher Unions*.

第 11 章
民营化的阻力

民营化就像拆除炸弹，必须审慎对待[1]，因为错误的决定会导致危险的后果。在民营化过程中，需要克服前进阻力、辩驳不同的论争、动员支持者、化解反对者。

11.1 操作层面的障碍

美国的几项研究调查了民营化面临的主要阻力。1987年就此对那些人口超过5 000的市镇及所有人口超过25 000的县政府官员进行了一项调查，问卷回收率为19%。回复者的看法因民营化类型（合同承包制、基础设施民营化、出售国有资产）的不同而不同。对于合同承包制，51%的官员认为其最大障碍在于担心失去控制权，视雇员抵制为第二大障碍的官员占47%，认为政治因素是第三大阻力的官员占42%。对于基础设施的民营化和出售国有资产，认为政治因素和担心失去控制权是最大障碍的各占38%。[2]劳工的反对在出售国有资产中并不突出，因为受影响的工人数量相对较少。

1992年一项针对州政府官员的类似调查回收问卷158份。失去控制和劳工问题被列为公共服务合同承包制的首要障碍，与地方官员的看法相同。现行法律的约束、担心失去控制和对实施方法缺少了解则是基础设施民营化和出售国有资产的主要障碍。[3]

另一项调查是针对社会服务和医疗保健的。[4]合同承包制是这些公共服务民营化的主要机制，而凭单制度运用得较少。劳工抗议和失去控制权、官僚体制的僵化被认为是主要障碍。在一项对216个城市的供水和废水处理系统的研究中，94%的人认为劳工抗议是公私伙伴关系的最大障碍。[5]一项对公共交通服务的专门调查发现，不实行合同承包制的基本原因是工会政治压力，劳工合同问题，对服务质量、安全和可靠性的担心。[6]

这些研究中一致的地方在于：合同承包制的主要绊脚石在于劳工抗议和失去控制。我个人把工人的反对列为首要障碍（尽管在小城镇这不是主要问题[7]）。但最近的观察使我相信，随着有关民营化的知识和经验的积累与传播，对失控的担心将会下降。例如，印第安纳波利斯市市长斯蒂芬·戈德史密斯声称，与市政内部的工作队伍相比，他对私人承包商拥有更大的控制权：可以因不良绩效解雇承包商，但却不能因此解散一个市政部门。这种控制强化的原因是，政府在签订外包合同时必须认真注明条件和标准，而由内部承担时往往不这样做。此外，极度僵化的公务员体制和雇员工会合同限制了官员的管理权威。

11.2 法律层面的障碍

上述研究集中在操作层面的障碍上，但在所有的障碍中最大的阻力是法律层面的障碍。一些国家的宪法中存在保护国有企业的规定，除非修宪，否则民营化无法实施。在美国，各式各样的法律壁垒阻碍了民营化。州法律可能禁止协议投标并确定合同的最长期限，后一规定妨碍了基础设施工程的长期合同承包。其他州甚至有法律禁止将某些社会服务合同外包给私营企业，禁止营利性医院的存在。

依照联邦法律规定，市政公债可以免税，而私营债券即使用于同样的公共目的（如供水、废水处理和诸如道路、管道、桥梁等交通工程等）也不能免税。如果地方基础设施工程的资金源于联邦拨款，其节余必须全部返还联邦政府。这使得这类基础设施民营化更加昂贵，实际上有效地阻止了维护和经营上的合同外包。

其他的联邦管制也抑制了私人投资，如禁止对大多数州际高速公路征收通行费。如果不征收通行费，投资者就不可能为这一事业筹集资金。从事相同业务时给国有企业补贴而不补贴私营公司的税收政策，不仅有碍公平竞争，而且使国有企业看起来显得比实际情况效率要高。城市固体垃圾管理费如果以财产税的名义支付，这笔支出可以从应缴税总额中扣除；如果由房主直接交付给私营公司，这笔支出就不能享受减税优惠。联邦《都市公共交通法》中声名狼藉的条款12（c）规定，如果公共汽车司机因民营化而失去工作，市政当局要继续支付他们6年的薪水。这一法律使公共汽车服务的民营化几乎不可能。

这些障碍阻碍了基础设施的民营化，而这对州和地方官员本来很有吸引力——它可以减少运营成本，使州或地方政府一次性获得一笔额外的资金，用于减少债务负担或资助其他长期项目的建设。此外，基础设施民营化能将以前的国有资产纳入地税范围，导致税收源源不断。除抑制基础设施建设新投资和阻碍现有设施运营成本降低外，这些法律障碍使州与地方政府每年放弃大约30亿美元的财产税，联邦政府每年损失77亿美元的公司所得税。[8]

11.3 来自各方面的反对

务实的政治领导者倡议民营化，目的在于解决第6章所提到的种种问题和获取相应的收益。在实施过程中，他们会面临来自四个方面的反对（下述排序具有随意性）：工人、政府官员、商界、一般公众。

工人的反对

根据笔者对47个国家民营化（合同承包、出售国有资产）的经验分析，裁员和对就业的担心是民营化最主要的障碍。可以理解，工人们切实感受到了民营化的威胁，就像他们对工作场所的任何巨大变化感到恐惧一样。他们担心失去岗位，工资降低，福利减少，工作环境发生大的变化，工作负荷增加，离开熟悉的环境到其他地方任职以及要适应新的工作程序、新的上司等等。他们几乎是民营化的必然反对者，至少开始时是这样。在美国，拥有130万会员的最大公共雇员工会——联邦、州和市政雇员工会（AFSCME）——通过提高会费每年获得700万美元，主要用于阻止民营化。[9]

罗伯特·库特纳（Robert Kuttner）宣称，民营化将导致低工资和低福利。[10]这种看法是错误的。民营化带来效率的提高，主要不是通过降低工资和劳工的福利,而是通过提高生产率,即用更少的人从事同量的工作,正像第6、7章谈到的那样,本章下一节将讨论的印第安纳波利斯的经验也能证明这一点。事实上,原国有企业的购买者和合同承包者会发现,对工人提供更多的培训能增加企业的利润。他们有能力支付更高的工资,因为这些工人具有更高的生产率。工资和福利的总量会减少,仅仅是因为工人数量的减少,而不是每个人拿的钱少了。

裁员问题。全世界的政策制定者都认识到:冗员问题是政府部门和国有企业一个无须证明的事实,也是一个必须处理的棘手问题。当政府出于"创造就业机会"的目的而雇用工人时,当政府为了"挽救就业岗位"而接管破产私营企业时,冗员问题就不可避免地产生了。长期以来对公共雇员的父爱主义和庇护政策已经植根于文化中,使新选举产生的改革取向的领导者屡屡受挫。这是民营化面临的最大的、最主要的问题。

多数国家政府部门和国有企业人浮于事已经成为一个无可置疑的事实。第6章表6—8和表6—9表明,在固体垃圾处理服务方面,美国公共和私营部门的生产率差异分别为2.5和2.8,即从事同量工作时公共部门需要2.5和2.8倍的工人。在维护和运营业务外包后,印第安纳波利斯的一个污水处理厂仅需要不到原来一半的雇员,且经营业绩有所改善。[11]多哥一家钢铁厂民营化之后,每生产一吨钢需要的工人人数仅为原来的六分之一。阿根廷一家私营企业每年向政府支付1.02亿美元以接管并经营邮政系统20年。该企业懂得,它可以大幅度减少冗员并降低成本。在政府经营下,邮政系统每个雇员年均投递邮件1.8万件,而美国邮政服务局的雇员年均投递数为25.5万件,后者还算不上高效的典范。[12]布宜诺斯艾利斯的供水系统,每千用户平均有8名雇员,而有效率的系统却仅有2～3名[13],特许权形式的民营化导致一半以上的人被解雇。[14]同样,民营化后的阿根廷铁路系统,完成同样的运输量只需要780人而非原来的3 000人。[15]智利电信公司实行民营化后,每1 000线路的雇员数(该行业生产率的标准尺度)在4年内从13.7降到6.2。[16]

英国的一项深入研究表明,随着企业逐渐改变目标,更加以盈利为导向,民营化将带来大规模的裁员。14个大型国有企业平均超员三分之一,因而民营化后裁掉了四分之一的雇员。除那些因放松管制和自由化导致市场竞争力降低的企业之外,留下来的工人成功地维持了与其他可比团体相近的工薪水平。[17]

即使工人能够从生产率的提高中直接获益,工会也会反对民营化。

第 11 章 民营化的阻力

1992 年马萨诸塞州阿灵顿镇（town of Arlington）试图削减人员，每一垃圾收集车的营运人员从 3 人减到 2 人，所节省的资金由参加工会的工人分享，冗员则被精简或提前退休。工人们乐于接受这一做法，但州和全国工会反对。最后，该镇将这项服务全部合同承包出去，所有工人都失去了原有的工作。[18]

民营化通常会给参加工会的工人带来好处但却会给工会领导人带来不利。工人们可以由私人承包者提供有保障的工作，可以加入一个新工会，并且在工资和提升机会方面变得更好。但在劳工领导人眼中，民营化意味着失去会员和会费。

充分就业与政府低效率。许多人显然认为，政府低效率有利于充分就业，至少政府的行动给人以这种印象。在笔者就民营化问题采访过的每一个发展中国家，几乎可以听到同样的谈论："是的，我们知道政府部门（或国有企业）是非常低效的，同样的工作可以由更少的工人去做；但工人们需要工作，如果失去工作他们怎么办呢？"

当我在世界银行做顾问时，这种短视的推理同样令人吃惊。我发现自己处于两大集团的争论之中，争论的焦点是关于世界银行资助的中美洲一个贫穷国家的道路建设工程——修建一条通往内地的简简单单的碎石路。世界银行的交通运输组想迫使该国将此项目民营化，因为在国家公共工程局的管理运作下，资金会被挥霍且项目进展迟缓。"每台挖土机竟然需要 5 个人！"他们责怪道。世行的另一派则认可这一指责，但解释说这是一个穷国，人们需要工作机会，因此可以把这项工程视为某种福利。"且慢！"我打断说，"一个穷国发展经济和走向繁荣的最好途径是什么？是用同样的钱修 1 000 米的路还是修 5 000 米的路？"显然，该国可以从一条连接乡村农业区和城市的路中获益。发展经常被这些看似仁慈实则完全有害的政策所阻碍。低效率是通向贫穷之路而不是发展之路。富国承担得起低效的政府服务，但这也是在浪费本可以利用得更好的社会资源。

即使超员雇用是一种不可避免的政治需要，至少可以给这些冗余雇员分配更多的工作，为公众付出的钱换取更多的服务。例如，如果过去街道每周只扫一次，现在应当扫两次，或者每天一次，或者也许随时清扫。工作应是切实有意义的，以便创造一种把制造就业机会和生产性活动区分开来的文化。

由于冗员是如此普遍，如此数目巨大，如此众所周知，工人们对民营化前景有着两方面的担忧：一些人担心他们会失去工作，另一些人则担心他们不得不工作。民营化遭到工会的强烈反对就不足为奇了。然而，民营化并不是反工会，承包商的雇员可以被组织到新工会中。因此从整个工会运动的角度看，部分工会领导人的所失会成为其他工会领导人的所得，从而在总量上保持平衡。

法律挑战。 几件以违反公务员法规为由、旨在阻止合同承包的诉讼案在法院被驳回。其他的法律挑战也可能出现，主要基于劳工合同或其他领域的法律。承包合同中对劳工问题的处理权限有几种不同的规定：(1) 不予提及，默认这是管理者的天然权利；(2) 明确规定为管理者的权力；(3) 规定为管理者有限制的权力，如无权解雇工人；(4) 禁止合同中有专门的劳工问题条款。[19]

印度国有儿童踏板车制造公司长期亏损，工会将此归因于低劣的管理、糟糕的政府政策以及政府投资不足，特别是技术方面的投资不足。因此，他们要求政府更多地干预而不是更少。工会成功地游说印度议会上院主要反对党在议会讨论时退席抗议，指责"合同承包只是出售不良国有企业的第一步"[20]。

程序性障碍（bureaucratic barriers）。政府雇员工会及其盟友常常设置难以逾越的程序性障碍，使管理者对合同承包失去兴趣。例如，要求设立一个中心机构审查所有拟议中的合同，或者要求对每一承包合同进行社会影响评价。[21] 1993年，在新州长于两年半内实施了36项民营化工程、节省了2.73亿美元之后，马萨诸塞州议会以三分之二的多数推翻了州长的否决，强行通过了一项反民营化的法律。表面上看该法律毫无恶意，甚至是良好政府的一个标志，它要求进行成本收益分析，以便确认民营化可能带来的收益。然而，其实际意图是：

> 通过设置不可逾越的程序障碍来阻止民营化，以维护该州的就业水平。该法律要求，评标不是同现行的服务成本进行比较，而是同州雇员以"最有效方式"工作的成本相比较。私营承包者必须为其雇员提供工资和福利计划，而这些计划应达到那些愿意从事这项工作的州雇员计划的水平。每个季度，承包商必须向三个独立的州政府机构汇报一次，表明他们切实履行了有关的劳工合同。最后是有关税务的调整。如果部分工作是在马萨诸塞州以外做的话，有关政府部门应把由此失去的税收收入计入标价，而公共部门垄断经营造成的税收流失却不予考虑。私营公司承包获得的利润必须向州政

府纳税，而公共部门不必为州政府的预算拨款交任何税。即使一个投标书克服了上述障碍，州审计稽查员也会以诸如"不符合公共利益"等模糊的理由将其否决。[22]

这些恶作剧式的法律实际上阻碍了民营化。纽约市议会通过的一项法令有着相似的效果，为民营化设置了难以逾越的官僚桎梏。[23]纽约的另一项法令规定"足以维持生计的工资水平"（a living wage），专断地要求一些承包商支付双倍于最低工资的薪水。[24]承包商不再参与竞标就不足为奇了。巴尔的摩和洛杉矶已通过了"足以维持生计的工资水平"法令，马萨诸塞、纽约、匹兹堡也纷纷以三分之二的多数推翻了州长的否决，把民营化方案的否决权交给了其他官员。"能够证实的资金节省"（proven savings）或要求承包商提供额外福利等，都是为民营化构筑的障碍。[25]

获得工人们的支持。事实上，工人们可以成为民营化的支持者。只要工作得到合理保障，有晋升的可能，工作条件有吸引力，私营公司计划在所从事的领域大量投资，工人能赢得公众尊敬而不再受到指责和嘲讽，他们会改变他们开始的反对立场，认可民营化进程。各国都在实施雇员调整计划，以满足受影响工人的合法权益并克服其反对立场。其中一些方法如下：

1. 允许竞争。允许内部工人和外部承包者之间展开竞争，这体现了公平原则并会得到公众支持；从工会角度来看，管理者参与的竞争明显优于合同外包（见第7章）。

2. 逐步缩减（attrition）。如果民营化是部分实施而非整体展开，人员的逐步缩减可能是一个解决之道。例如，固体废弃物收集和公共汽车运营的民营化，经常是分步实施的。缩减比率通常是每年5%～8%。公共汽车服务的民营化可以按照略低的比率分线路逐步实施，从而把工人安排到别的线路上。这种方法对于范围较广的维护和其他服务是可行的。

3. 就业机会"存储"（"banking" openings）和人员吸收机制。在民营化的规划阶段，政府可以实施宽泛的雇用冻结，把将被裁减的工人可以替代的其他机构的职位空缺"存储"起来。比如，街道维护工人可以被安排在公园、卫生或供水部门。在民营化实施阶段，可以将冗员转移以填充这些空缺。在过渡期，必要的工作则可由临时工完成或正式职工加班完成。

4. 要求承包商留用部分工人。国有资产出售或承包协议中可以设立条件，要求中标者必须雇用一定数量（或全部）受影响的工人。当然这种方式会使出售资产的价格变低，或使合同外包的价格高于没有这项要求时的价格。国家就业委员会1989年的一项主要研究发现，93%的受影响雇员通过各种方式得到安置，只有7%的人在民营化后失去了工作。[26]

5. 雇员"借用"是另一种选择。被借用的工人仍然留在政府工资表上，但他们为承包商工作，承包商支付他们的薪水和其他福利。这种方式可以用于临近退休而失业将使他们失去养老金的老工人，但监督问题可能会出现。企业有权把不满意的工人退还给政府部门。

6. 短期留用。承包协议中私营企业同意留用工人一段时间，也许是6个月，但有权在留用期结束后终止雇用。被拒绝续用的工人可以回到政府，这时可能有空缺使他们得到安置。

7. 雇用中的优先选择权。承包商或资产购买者可以尽其所愿雇用工人，但必须给受影响的公共雇员以优先选择权。

8. 再雇用中的优先选择权。当政府其他机构出现空缺（这点不可避免）时，将民营化过程中被解雇的雇员首先召回。

9. 保留养老金也许是一个可行的选择。私营承包商接管了华盛顿的一所监狱，为了保持连续性，它想留用所有的员工，但那些已工作18年的员工不愿离开市政雇员行列，因为再工作两年，他们退休后的养老金将会大量增加。承包商雇用了他们，并为每个这种情况的工人购买了保险。这些工人退休后将领取的保险金与法定养老金加在一起，与他们继续留在市政雇员行列所能获得的基本持平。

10. 再培训项目。按照专业、能力、教育水平和个人抱负实施的再培训，可帮助被裁减人员获得新工作机会。工人们得以继续就业，并可望在不同领域有更好的发展前景。

11. 社会保障网——终止雇佣补偿金、提前退休福利、失业保险——可以用于那些自愿离职的雇员。对那些起初不接受这些安排后来被解除雇佣关系的人，发放金额酌情削减。在突尼斯，90%的冗员接受了分流补偿，只有10%的人被解雇。[27]相关资金可由国有企业撤资退市获得。但如果这些不足以支付在激烈的政治斗争中匆忙作出的慷慨承诺，一个民营化的整体计划就会被搁置，如在加纳，22 000名冗员仍然留在政府工资表上，私营企业不愿出价购买这些企业。[28]

12. 提供再就业帮助。具体形式如再培训、提供新工作岗位信息、帮助找工作、帮助撰写简历、提供福利信息等。这些帮助可以由政府提供，也可以由购买者/承包商来提供——如果协议中有明确规定的话。把这一责任推给私营企业，会降低这项交易对私营部门的吸引力。表11—1说明了印第安纳波利斯废水处理厂的运营和维护合同承包后的经验。尽管一开始工人数目是实际需要的两倍，承包者还是成功地在民营化8个月后对他们承担起了责任。

表11—1　印第安纳波利斯废水处理厂民营化后雇员的安置

民营化以前雇员数量	322
退休	5
自己找到工作	10
承包商留用，继续在工厂工作	170
承包商留用，安排到其他地方工作	27
填补该市"存储"的职位空缺	67
在承包商帮助下找到工作a	43
承包商承担起责任的人数	322
民营化后的雇员人数b	176

a. 民营化8个月后全部完成。
b. 其中包括承包商从外面聘请的6个管理人员。
资料来源：根据印第安纳波利斯市政报告整理。

13. 更好的工作机会。对那些民营化后离开政府的稳定工作而为承包者或购买者工作的人来说，这可能是更好的工作机会。当马来西亚Klang港（Port Klang）集装箱转运码头民营化后，800名工人中有99%选择了为新的民营公司工作，而不是留在港口当局领取工资和福利，或者领取一笔相当可观的分流或提前退休补贴。[29]在美国，供水和废水处理的民营化中这种情况更加明显。市政雇员一般会被滞留在部门的死水里，很少有获得更好的工作的机会；而私营企业经营着大量类似的工厂，能提供甚至比最大的城市都更多更好的升迁机会。研究表明，调出的公共部门技术人员最终都能拥有更好的职业生涯，赚更多的钱，在私营部门岗位上工作得更加愉快。[30]

14. 更多的工人将被雇用——如果一个撤资退市的国有企业处于一个朝阳产业（如电信业）的话。尽管智利的国有电信公司拥有两倍于必需的工人数目（基于该行业的国际生产率标准）的工人，但电话线需求的大幅度增长导致了劳工需求量的快速增长，使民营化后的劳工需求量达到之前的2倍以上，结果是没有工人被解雇，过剩的工人接受再培训后逐渐被吸收。这是资产出售合同中的明确要求。由于存在这一要求，企业售价明显降低，但政府认为这是避免民营化遭遇强力反对而采取的合乎情理的行动。[31]墨西哥政府在实施墨西哥电信——一家拥有15 000冗员的国有电信公司的民营化时制定了相似的政策，业务的快速扩张吸收了这些冗员。[32]

如果购买者投资于企业并且实施有活力的扩张，雇用更多的工人也是可能的。一项对61个企业的比较研究表明，民营化前后员工数目平均增长了6%，其中三分之二的公司的雇员人数有所增加，只有三分之一的公司在裁员。这是由于投资增长了45%。[33]民营化后雇员人数增长在发达国家和发展中国家都得以实现：在英国机场管理局、在尼日尔一家濒临死亡的纺织企业，情况都是如此；墨西哥汽车配件行业民营化后，雇员增长了30%。[34]总的来讲，在一个通过民营化、自由化和放松规制恢复了活力的经济中，就业机会被大量创造出来。

15. 就政府撤资而言，给予雇员不同程度的所有权是获取支持的一个有效方法。一种方法是无偿赠与（或打折出售给）雇员3%～20%的股份。另一种方式是雇员持股计划（ESOP），允许雇员以分期付款的方式购买公司股份，在其全额支付前以契据形式保留股份。这需要税收优惠法律的促进。还有一种方式是鼓励现有雇员建立他们自己的公司，起初可以在非竞争基础上授予其承包合同，然后将其推向竞争市场。这样一个过程需要立法以允许其存在。弗吉尼亚州研究了通过雇员持股计划推行州政府职能民营化的可能性，结果表明不存在障碍。这一方法被认为是一个推行民营化的较好方式。[35]

16. 企业家计划旨在发掘雇员的企业家潜能，帮助开发适当的商业机会，提供经营技能方面的培训。可以作出特殊安排，帮助雇员利用终止雇用补偿金创立自己的小企业。在马里，如果被裁减的前雇员在竞争中中标，政府将提供适量的补助——每人几百美元。

17. 罗马尼亚和土耳其实施新工作岗位收入免税政策，激励民营化过程中被解雇的工人尽快找到工作。一个工人如果由于民营化失去工作，他将获得相当于6个月工资的分流补助，并且两年内从事任何工作，其收入完全免税。这对于迅速找到工作是一个很大的激励，远优于美国的失业保险制度——几个月内提供固定数目的补助金。研究表明，在美国领取失业补助的人群中,最后一个月才匆忙找工作的人的比例异乎寻常的高,而罗马尼亚和土耳其的制度却鼓励工人尽快找工作。

18. 社会还存在其他形式的救助机制。官员们大可不必担心,工人失去政府工作并不意味着饿死街头。许多工人在非正式经济中兼职,并且可以从家庭、家族、宗族以及慈善机构中获得帮助。

19. 破产清算也许是民营化的唯一替代方案。这一难以回避的事实是克服民营化面临的雇员阻力的最后一张王牌。

公共官员和官僚们的反对

尽管民营化得到广泛支持,一些官员们还是看到了其"帝国"面临的威胁:手中权力在减少,地位在下降,庇荫机会在减少,特权在丧失。政府部门领导兼任国有企业董事长,可以随意调用飞机,而不仅仅是配备轿车。在某个国家笔者被告知,一个政府机构的领导同时兼任几个国有企业的董事长,每个企业都有情妇安插在重要位置上。如此显赫的位置当然会得到金钱的回报(即受贿)。在泰国,反对民营化的强烈呼声来自军队,因为他们控制着国有企业,这意味着高官们退休后有一个收入丰厚的位置。[36]因此,高级官员暗中反对官方的民营化政策不足为奇。

官员们看到他们的作用在衰减,因而竭力应付他们难以理解的政策变化,毕竟这些新政策与他们一生经历的截然不同。抵制变化是人的天性("只有尿湿的婴儿才喜欢换尿布")。有时官员们设置的障碍是滑稽可笑的。一个联邦机构聘请了一名顾问,帮助出售利用率不高的固定资产,该顾问竟然不能从该部门获得这些资产的评估材料,直到按照《信息自由法》填写了一个正式申请![37]

中层管理者的一些担忧是合情理的,不能置之不理。面临军事基地和其他设施运营的民营化,联邦政府的文职管理人员在前景不明朗的情况下,一般不愿结束他们的职业生涯或放弃肩上的责任,这是可以理解的。他们需要许多相关问题的答案,如雇员持股计划细节、养老金安排、为适应其他政府岗位进行的培训等。公务员退休规则是一个明显的障碍;有关规定必须改变,允许那些受民营化影响的年龄超过55岁的雇员提前退休而不受损失。政府设施、政府实验室、国防和能源项目中存在许多民营化的机会,它们受到国家安全问题的影响,如知识产权、尖端设备和专业知识。这些棘手的问题需要重新审视和迅速解决。[38]

但前景并不那么悲观。政府管理人员中也会产生民营化明星,他们会成功推进民营化，进而迈向有利可图的顾问生涯。民营化能使公共部门管理者的工作丰富化，实际上是将某人提升到一个位置，在那里由他掌管着生产或购买的决定权，就像汽车公司经理决定是生产还是购买刮雨器电机一样。

一位学者曾研究过，在芝加哥这样一个有着庇荫政治传统的城市，市政服务实施民营化并减少受庇护雇员的数量为什么是可能的。她把这种结果归于政治环境的三个变化：（1）竞选活动现在需要的是大量的金钱而不是大量的人力，而在机器工业时代，需要的人力支持来源于受庇护的雇员。（2）人口结构上的变化导致少数民族人口所占比例减少，而过去他们大量被市政雇用。（3）城市的财政问题迫使市长发掘有效的途径提供公共服务。[39]

商界的反对

在一些国家，民营化的首要对象是私营部门本身！一些公司习惯于在政府保护的市场上轻松获取利润或补贴，他们可能公开呼吁建立一个自由市场，私下里却游说政府继续提供特权保护。[40]

一些私营企业与国有企业建立了特殊关系并期望维持这种关系。他们可以通过特殊关系获利，高价向国有企业出售他们的产品和服务，或者低价从国有企业那里购买产品和服务。他们最不愿意的是改变这种"惬意"的安排，迫使他们在竞争市场与新管理者打交道。在巴基斯坦，生产食用油的私营企业乐于同国有企业处于同一生产领域。国有企业由于本身低效，不得不为其产品制定较高的价格，从而设置了一项价格保护伞，有效率的私营企业即使制定较低的价格，仍然可以获得巨大的利润。

然而，总的来说，私营部门多数会支持并推动民营化，以促进经济发展，削减政府开支，进一步提高效率。

公众的反对

公众反对民营化可能出于对价格上涨或不得不为过去"免费"的公共服务付钱的担心。对于基本生活必需品如水、气、电，这种担心尤甚。民营化的政治反对者可以操纵和利用公众的这种担心。在国有企业政府撤资的早期阶段如果出现价格上扬，将会损害整个民营化进程。如果政府趁此机会停止对企业的补贴，这种现象就可能发生。在公众看来，这些同时发生的行为会使民营化成为洪水猛兽，成为贪婪的资本家剥削人民的象征。这里有必要再次强调，民营化并不必然意味着一切由市场定价，还有其他形式，例如凭单制、承包合同以及必要时可以对消费者提供的其他形式的补贴。

反过来，追求卓越政府的民间团体和纳税者组织必定对审慎的民营化持支持态度，深受缺乏回应性和低效官僚体制之苦的公民同样会如此。民营化的提倡者应动员这些团体并获得其支持。

反对的策略

反对民营化的方式包括从拖延、暴力一直到谋杀。笔者所见到的策略包括：拖延行动——期望新的政府会放弃民营化计划；要求候选人在竞选中承诺不进行民营化；在公众听证会上反对民营化计划；通过电台、电视台、报刊制造反民营化的舆论；在告示板上贴出反民营化广告；进行磋商并在劳工协议中加上反民营化条款；运用诉讼手段阻止民营化；游说立法机关在法律中设立程序障碍阻止民营化；组织公众示威游行；号召怠工或罢工；对未加核实的腐败传闻大肆渲染。反民营化的死硬分子曾在波多黎各投放炸弹或蓄意破坏电缆，在秘鲁炸毁了民营化后的公司[41]，对一位墨西哥官员及其家人进行了持续的电话威胁[42]，向希腊政府负责民营化的官员实施过死亡恐吓[43]……最终于1991年谋杀了民主德国政府推行民营化计划的官员。

11.4 反对的理由及其辩驳

民营化的推行者必须正视并处理反对民营化的常见论调，找到切实可行的方法推行民营化计划。本部分将对民营化的障碍、反对的原因和主要论点逐一列举讨论。有的论点仅涉及政府撤资，有的主要针对委托（主要是合同外包），有的则两者均有涉及。

意识形态

一些人相信政府在道义上优于私人部门，他们对民营化的反对出自本能。其他人则信奉一种失败的经济哲学，继续钟情于行将熄灭的乌托

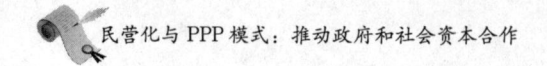

邦火炬,尽管乌托邦体制已经全面崩溃。某些人本能地痛恨民营化,并对私营部门持永久怀疑态度。带着对市场和资本主义的天然憎恨,他们煽动对成功企业家的敌对情绪,把市场力量视为一种必须克服的罪恶。

对于被误导的少数人,"民营化"一词本身会唤起其情感深处的某种臆想,使其产生误解并相信民营化会导致两极分化。世界各地受挫的官员曾告诉笔者,他们希望找一个别的词。因此,我开始用"公共服务提供的其他机制"代替民营化概念。[44]对新近当选的美国州长和市长,我建议避免使用民营化一词,代之以"公共服务中引入竞争机制"。这个概念确实有点过长。里根政府早期曾使用"生产力改进"这一委婉说法,以消解政府雇员对民营化的抵制。由于民营化概念容易与少数精英统治大多数下层民众的旧形象连在一起,政治家发挥艺术才能,选择了那些较少引起争议的词:在希腊是"非国家化"(de-statization,这个蹩脚的英文词在希腊语里倒悦耳动听);西班牙用的是"社会主义民营化";匈牙利用"经济复兴";在斯里兰卡叫"人民化";拉丁美洲称为"人民资本主义";越南用的是"革新";在中国则是"经济体制改革"——1997年开始的股份制改革意味着个人可以拥有原国有企业的股权。

一些人倾向于将民营化解读为建立完全自由市场的阴谋,这一完全自由市场的标志就是狗咬狗,适者生存,优胜劣汰。另一些人将这个词理解为攻击政府、政府项目及其受益者(包括政府雇员),因此,他们通过攻击民营化来保护既得利益。还有一些人被民营化一词激怒,是因为他们视其为对他们珍视的理念的攻击:"公共"一词对他们而言意味着兄弟情谊、共同分享、相互关怀和社区主义,民营化则是对这些崇高价值的背叛。

但民营化可能更富同情心,更人道。例如,与政府项目相比,凭单制度能带来更多的福利、更多的尊严、更多的选择、更大的个人责任感。实际上,从前认为只有通过大政府才能实现的社会理想已被证明成为幻影,但它却可以通过小而好的政府,通过民营化来实现。此外,通过民营化所节约的社会财富可以用于最需要的人,从而实现人们期望的社会目标,尽管运用的方式完全不同。

这里有一个基本的悖论:作为一种手段,民营化可以被福利国家有效利用;但作为一种目标,民营化似乎与福利国家格格不入。因此,尽管作为务实主义者挽救经济的最后努力,社会主义国家(例如苏联和20世纪80年代的中国)已着手推行民营化,但对于那些与时代不合、继续

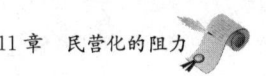

赞扬国家角色的社会主义者，民营化仍是罪恶。

同样的悖论解释了为什么民营化的拥护者中一些人不同于、甚至责骂其他的拥护者：主张更少政府干预的自由主义者仅仅鼓励市场、自愿和自我服务，他们经常挑战民营化提倡者，因为后者主张合同、凭单、特许权，其中政府充当着一个重要的角色。对于自由主义者，只有政府退却和出售国有资产才被算做民营化，合同承包则很勉强（笔者的一些早期文章受到攻击，部分是由于这一点）。

失去控制

前面提到过的调查表明，官员们担心民营化会失去控制权。但是，通过合同承包可以实现更大的控制。当公共官员将公共服务合同外包时，他们必须具体指明要达到的结果，监督外包绩效，必要时施以处罚。这种控制比对政府内部服务机构的控制更为有效。合同承包者可能干得很差劲，政府部门也一样。

印第安纳波利斯市长戈德史密斯推行了许多项公共服务的民营化，他在提到这一问题时说：

> 因为民营化意味着许多事情，反对者很容易以"失去控制"来恫吓公众，认定承包商不会对公众负责。事实上，我们掌握许多工具去控制私营承包者（或者中标的公共机构）的质量和价格，比过去对政府机构公共雇员行为的控制更为有效。竞争招标的结果是，我们可以对质量较差或错过最后期限者处以罚金，可以更加容易地奖励绩效，如果要开除一名公务员，必要的话仅仅是解除合同，而不是启动令人厌烦的程序。在每一个竞争招标项目中，市政府仍然保留甚至加强了对公共服务的控制。在美国许多城市里，政府垄断经营使得市长和城市管理者很少有控制权。通过给政策制定者更多的有效执行政策的工具和更好的评估绩效的标准，竞争和市场化使政府控制大大加强。政治家所失去的唯一控制，是基于庇护主义而不是生产率的任用雇员的权力。[45]

此外，政府部门并不必然处在有效的政府控制下。例如，政府资助的田纳西河流域管理局拒不执行环保部门制定的空气质量控制标准[46]，当所属原子能发电厂出现事故时掩盖事实，向原子能管制委员会提交了误导性报告。[47]政府部门失去控制的另一个例子是由两个受挫的代表提供的：美国邮政服务打出一个有关航空信件和专递服务的虚假广告。他们称之为诈骗，并要求对这一欺骗行为进行调查，但联邦贸易委员会拒绝这么做，理由是一个政府部门不能调查另一个政府部门。[48]

冷战时期的经历提供了"失去控制"的另一例证，同时是对失控说的有力辩驳。苏联潜水艇有一系列弱点，推进器噪音太大，很容易被水下窃听装置跟踪，而美国潜水艇推进器的噪音较小，因为是用电脑设计并用数控设备生产的。依据北约的协议，这项技术禁止向苏联出售。然而，通过日本的东芝和挪威的企业，苏联能买到相关的设备和技术。这个挪威企业正是一个政府所有的企业！它违反了国家安全法，使得挪威备受苏联潜艇潜入该国水域之苦。国家对它的机构失去了控制。

在某些国家，一些人希望国有企业占领"经济制高点"，从而实现他们的社会理想。他们认为，政府控制要害经济部门能够刺激增长和经济发展，影响价格和工资水平。[49]尽管结果不断令人失望，但这种政策幻觉——反映在政府继续控制基础工业上——仍弥漫在发展中国家，尤其是那些有殖民地历史的国家。据笔者观察，这种失败的实践正日益减少。记住这种嘲讽：国有企业世界范围的低效率表明，"制高点"战略只能意味着将最重要的工业部门留给拙劣的管理。深入观察可以看出，"失控"论者所担心的常常是失去庇护，失去权力，失去其预算帝国。

民族主义

反对民营化的一个共同理由是基于民族主义，而民族主义又披着各种各样的外衣。一是国家安全，它是反民营化势力的最后的避难所。笔者在以色列就碰到过这种策略，官员反对将国有航空公司民营化的理由就是国家防御的需要。笔者认为，国防需要的是空军而不是商业航空公司，而如果航空公司飞行员受过驾驶战斗机的交叉培训，需要时可以立即动员。最好的防御是一个强大的经济，民营化恰恰能加强一国的经济。十年后该公司走向了民营化。[50]

相似的理由是国外资本购买的是国有资产，是一国的家底。但所谓家底的清单上通常包括普通企业，且经常是垂死的和亏损的企业。如果能为这些所谓的家底找到一个买主，无论是国外的还是国内的，都是国家的幸事。

还有一个重要的反对理由是担心外国主导，即外国企业会购买极为重要的国有企业，从而实行战略控制，损害来之不易的民族自主权。在那些曾是殖民地的发展中国家，这种担心尤甚。电信、供水、电力以及港口的民营化受到了巨大的阻力并引起强烈的恐惧。但国外资本的介入总的来说是不可避免的，它能带来资金、管理经验、专业技术以及新市场。因此，促进外资参加民营化也是明智之举。[51] 同时，为缓和这种合理的担心，需要由本国企业掌握大部分的所有权（"本土化"），并在民营化后保留政府的权力（通过"金股"），以否决以后可能发生的向外国公司出售资产。通过组合国内外的企业可以满足这种要求。这里有必要回顾一下美国的历史，美国曾一度是欠发达的国家，外国资本——主要来自以前的殖民统治者英国——在发展中扮演了极为重要的角色。

少数人支配

民营化在一些国家受到阻碍或被减缓的原因是，占人口绝大多数的集团担心少数民族的经济精英控制经济命脉，尽管很多少数民族居民是当地出生的。这种案例发生在马来西亚，那里的官方政策有利于当地民族而不是华裔马来人。[52] 东非民营化一直进展迟缓，原因就在于政府政策反映了广大黑人的担心——相对富裕的南非血统的市民会成为国有企业最主要的购买者。

这种歧视政策不能原宥，因为它给经济带来了损害，剥夺了一国充分利用所有人的潜力的可能，压抑了人的才能，浪费了生产资源。基于种族、肤色、信仰、性别、原国籍的歧视对经济发展是没有好处的。

缺少资本和弱资本市场

反对推行民营化的另外一个理由是，民族资本不足，难以有效参与民营化进程，外国势力和少数人支配就不可避免。经常的情况是，可利用的资本掌握在脱离了原国籍的人手中，或隐藏在民间，或存入国外银行。问题不在于资本的缺乏，而是对政府或民营化缺乏信心，缺乏购买股份的兴趣即为例证。通过合适而透明的政策并建立起亲投资者的市场环境，政府就能克服民众的疑虑并鼓励民众在国内投资。当墨西哥和阿根廷的新领导在90年代初推行重要的改革，进行经济转型时，本国民众海外银行的存款大量流回本国。

如果公众信任政府，甚至可以通过向公众出售股份来建立初始的资本市场。牙买加商业银行就通过公开销售股票成功地实行了民营化，尽管股票交易所每周只开两个下午，每次两个小时，且平均日周转金额仅

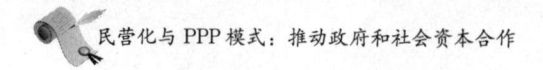

有30 000美元。[53]在全世界范围内，民营化都在培育资本市场。[54]

营利性

"为什么要把盈利的国有企业卖掉？"这种逻辑经常是支持国有企业的一个理由，但却是最没有说服力的一个。首先，这类企业不会永远盈利，很可能渐渐滑向亏损。因此，趁着企业有一个好价钱把它卖掉是合理的。第二，对特定资产来说，私营部门能够获取比政府更大的回报（见第6章），企业对私营部门比对国家更有价值（即净增值更大）。卖掉而不是留着企业，国家将变得更富有。

"政府生产更便宜，因为政府不以营利为目的"。这是美国众议院前议长奥尼尔的一句名言。[55]第6章概括了完全相反的事实。（我有时想，对经济表现出如此无知的人不应该允许其投票，更不应该占据政府高位！）

对私营承包商的利润征收高额税款或进行管制，无疑会把民营化扼杀在幼年期。隆迪乃利（Rondinelli）注意到，在后社会主义国家，私营企业不仅要缴纳巨额税款，而且要为社会服务支出巨额费用。例如在捷克共和国，出售产品要收22%的流转税，所得税为15%～55%，许多出口物品还要征30%的税。[56]具有罚没性质的税收实践阻碍了国有企业的潜在购买者。经济的不稳定和不确定、失控的通货膨胀以及政治上的不稳定，都会使购买者和投资者远离国企，从而阻碍民营化。有利于私营企业发展的政策是非常必要的。

财富的集中

一些国家反对民营化是出于一种担心，即它会使同样的少数人、少数富裕家庭变得更加富有。有人称之为"家族化"。罗曼纳德汉姆（Ramanadham）曾列举了巴基斯坦、斯里兰卡财富集中的种种数据。[57]英国首相撒切尔夫人的民营化计划避免了这一问题，主要措施是限制每位购买者的股份额，鼓励工人和公众购买股份。这在发展中国家做起来更加困难，如在阿尔巴尼亚这样的国家，与市场的长期隔绝使公众变得迷惑，不能作出合理的投资判断。

私营垄断和缺少竞争

前已提及，需要警惕民营化中不受控制的私营垄断的产生。一个公共垄断企业可能转化为私营垄断企业,从而剥削公众。反对者会适时抓住这个缺点,要求在民营化之前解决这一问题。尽管如前所述,私营垄断可能比公共垄断更容易控制,但不认真处理这一问题就推行民营化是不恰当的。这需要进行结构重组以创造更好的竞争环境,需要批准恰当而有效的反垄断法律,需要建立有效的管制框架,需要设立具有强制权力和能力的管制机构。

关于合同承包制,唐纳德·凯特尔(Donald Kettl)告诫说:促进竞争并不容易,尤其是在小的辖区,需要持续不断的努力。他指出,在被调查的地区中,几乎有10%的地区很难找到足够的承包者。[58]这意味着即使其余90%的地区能找到承包者,民营化在有的情况下也可能是不可行或不适当的。这一点在第7章讨论过。每一个拟议中的民营化项目,必须被当做一个独特的个案,而不是一个事先确定的结论。

凯特尔进一步警告说,竞争在缩小政府规模和提高效率方面的作用被夸大了。这有三方面的原因:(1)政府购买的产品和服务高度专门化,而有关市场不完全;(2)交易具有不确定性,完全竞争的招标采购不现实;(3)委托—代理问题必然产生。[59]但他承认,竞争归根结底还是有效的:合同外包能节省资金,不能满足购买者需求的供给者将被取代。[60]

腐败

腐败容易在公共部门和私营部门的边界发生。腐败在一些地方广为蔓延且根深蒂固,以至于公众对民营化怀有敌意,认为处于优越地位的官员和富裕家族会利用民营化充实自己的腰包。

人们本能地认为,将国有企业继续控制在政府手中,哪怕亏损也要优于将它们出售给那些亲信,即使这样做能防止公众资金的流失。后者被称为"裙带资本主义"。一些发展中国家正面临这种不幸状况,就像许多后社会主义国家一样。在一个笔者曾经去过的发展中国家,民营化被称为"私囊化"(pocketization)。在俄罗斯,"官僚资本主义"盛行,掌握国有企业的官员们支付微不足道的资金获得大量政府资产,甚至通过"自发民营化"或"自我民营化"鲸吞国家财产。[61]越南经历了更为严重的腐败问题。

腐败不仅可能产生于国有企业的出售中,也可能发生在公共服务的提供过程中。政府的承包合同、特许经营权和补贴可以通过贿赂、串谋和勒索来获得。凭单制会受到一系列诈骗行为的威胁，如伪造、盗用、出售以及非法收购食品券。一个潜在的承包者会向政府官员行贿（或提供竞选赞助）来影响其决策，官员也可能主动索要回扣。这正是政府雇员工会反对民营化的一个理由。美国联邦、州和市政雇员工会（AFSCME）在其公开出版物中强调过这一点。尽管它用词尖刻且出于自利目的，但其揭露合同承包中的腐败案例还是符合公共利益的。[62] 通过引起公众对这一问题的重视，工会向政府官员施加压力，要求采用更好的、诚实的、竞争性的招标做法。

但是，腐败行为并非合同承包或其他形式的民营化所独有，它甚至会发生在没有任何私营部门卷入的直接的政府活动中。比如，政府雇员工会公开支持某一候选人，提供竞选赞助，提供竞选人力。他们对候选人当选后的期望明确且相当直率。[63] 他们所期望的往往能及时得到回报，如扩大工会所在的服务领域的公共支出，增加就业岗位，设立内部商店，进行可观的提薪，制定更慷慨的退休计划，确立具有明显倾向性的集体谈判规则以在日后的劳工谈判中获得对自己更有利的结果。当马里奥·科莫（Mario Cuomo）以微弱多数赢得纽约州州长初选后，他公开向教师工会许愿，并依靠教师工会的支持登上了州长宝座。"最终当选后……他签署了向纽约的中学提供州财政支持的法令，但仅仅用于提高教师薪水……拨款的数量达到了1.6亿美金，而纽约市中学的学校设施依然破旧不堪。"[64] 后来，科莫向教师工会做出了更大的回报，他签署法令，要求所有教师向工会交付服务费，作为被雇用的前提条件。[65] 虽然目前这种两相情愿的交易是合法的，但人们不免发问：这一最终结果与私营企业通过行贿或赞助来获得合同到底有多大的不同？无论哪一种情况，公众支付的价格都提高了。

政府养老金计划也会误入歧途，成为政客向公务员提供好处以换取政治支持的手段，就像在波士顿所发生的那样。作为市政普通职员，前市长的儿子申请到每年28 000美元的养老金，理由是为市议会服务期间，他宣称受到派系林立的市议会带给他的情感伤害。一位市社会风纪监察员申请到每年21 000美元的养老金，理由是他为履行公务出席了两场摇滚音乐会，从而受到精神伤害。一位城市审计官说道："我毫不怀疑，养老金体系是为政治家和公务员联盟设计的。"[66]

另一个问题是，政府官员运用拖延或拒付资金的方式，从诚实的合同承包商那里勒索钱财。如果相关服务没有被外包出去，这种勒索可能发生吗？在纯粹的政府安排中会有类似的理应受到谴责的行为吗？是的！类似的例子不胜枚举：公共官员从下属那里勒索钱财，作为回报允许他们保有工作、增加工资或获得晋升。

诈骗的另一种形式是串谋，即潜在的竞标商协调行动以保持高价格。这种行为的普遍性如何，目前还很难说。可以预料，如果串谋十分普遍的话，通过合同外包提供公共服务的成本要比政府直接提供的成本高得多。但是，从第 6 章列出的大量无可辩驳的事实中只能得出相反的结论，表明串谋行为很少发生或者是无效的。此外，就像第 7 章详细论述的那样，通过创造和维持一个竞争性环境和过程，通过直接与私营部门就部分或全部工作展开竞争，政府主管部门能保护自己免受串谋行为的损害。

我熟悉的一个案例具有启发意义。某市通过竞争性招标推行了某一市政服务的合同外包，结果在服务质量提高和市民满意度增加的前提下，实现每年资金净节约 22%，且这些改进是由独立评估机构测定记录的。一年后，针对投标商非法串谋的指控，该市启动了司法程序。据断言，标价比没有串谋高出约 10%。想想这种讽刺吧：该市居民长期支付 100 美元以获得该项服务，现在向承包商少支付 22%，即支付 78 美元就可以得到同样的服务。如果没有非法串谋，价格可能是 71 美元。大众媒体的注意力集中于这多收的 7 美元（非法串谋和理论上的市价之间的差价）上，却没有人注意以往多收的 22 美元（公众以往支付给政府和现在支付给承包商的差价）。合同承包中的串谋不可宽恕，但大众媒体对更大损失所采取的漠然态度不能不令人感到震惊！合同承包已被证明比市政服务更经济。如果没有串谋行为，价格将会更低。

这样的例子并不鲜见。纽约市政府决定将违章泊车罚款的征收工作合同外包，主管官员在招标过程中收受贿赂，从而演变成引起广泛关注的大丑闻。很少有人注意到合同承包后征收额大大提高这一事实。[67] 从纯经济的角度看，合同承包比市政部门直接征收更划算。

最后一点，虽然令人沮丧，但我们必须承认，内部雇员侵占和盗用资产与服务的行为在公共部门和私营部门都存在。依据媒体上的报道，可以统计一下公共工程主管安排雇员从事私家建设的案例有多少。从上述讨论中可以得出结论：像民营化的所有方式（包括出售国有企业、政府淡出、合同授权、凭单制度、特许经营等）一样，政府直接运营也会受到违法行为的侵袭。没有哪一种安排能独占美德与奸诈、圣徒与罪人。

从更广的角度看，腐败程度取决于收益规模、曝光风险和处罚力度，以及公共官员和私营个体的诚实与正直程度。承包商或国有企业购买者行贿（包括公共官员索贿），其追求的收益包括：被列入投标者名单；得到优惠的承包或出售条件；获得承包合同、特许权或购买权；收费过高、支付不足或绩效不佳时免受惩罚；获取政府补贴；以低于市场价格获取政府供给、贷款或外汇。行贿（以及索贿）也可能是为了降低成本，如逃避管制和税收，或为了避免拖延。[68]

正如本书一再强调的那样，公开而透明的行政过程、强有力的外部监督以及严格执行健全的法律，有助于建立防范腐败的氛围，公众可以满怀信心地支持民营化计划。

抛开民营化这一背景，减少腐败的更广泛的战略包括：放松规制，取消价格控制和取消补贴，以减少违法支付的机会；推行公务员制度改革以减少公私部门在报酬方面的巨大差别；强化财务管理和审计并建立财务公开报告制度；加强监督机构和发挥良好政府团体的作用；保护检举者；执行信息自由法案；实行新闻自由；依靠独立的评价和调查团体；进行公正和独立的司法；对行贿和受贿者（勒索者和被勒索者）都予以惩罚，处罚依据是由此获得的总收益，而不是直接支付的金钱数额。完全清除腐败是不现实的，但运用上述方法能够显著降低腐败的程度和水平，促进政府自身和政府项目的廉洁、高效、公正以及政治合法性。[69]

缺乏管理技能

民营化在减少公共部门对低技能雇员的需求的同时，增加了对受过良好教育的高素质管理者的需求。产品和服务的合同外包尤为如此。凯特尔强调指出：如果政府不是一个精明的买家，知道该买什么，从哪儿去买，如何评价所购买的产品和服务，那么合同承包就会失败。[70]这些实际上是对第7章所列步骤的要点的概括。但凯特尔强调，随着市场缺陷和买卖双方相互依赖性的增加，它们在实践中会变得很复杂。合同承包制改变了项目管理者、项目产出、政治任命官员、选任官员、市民和政府之间的关系，在这一点上凯特尔无疑是正确的。但即使由政府直接生产公共服务，政策执行问题同样会出现。正如第7章所提到的那样，委托—代理问题在政府和承包商之间存在，它同样会出现在政府机构内部。如果一个政府部门不是合同服务的精明的购买者，它同样不可能是政府内部服务的精明的购买者。如果将政府活动严格限定在它能够做好的事情上，它将无事可做。

出路在于培训政府官员，使之成为合格的需求确认者、服务购买者和绩效监督者。考虑到现有公务员制度构成的种种障碍，实现上述任务要比管理一个由永久任职并工会化的公务员组成的政府部门容易得多。凯特尔就如何使政府成为一个精明的购买者提出了如下建议：
- 雇用和奖励受过合同承包管理培训的一线官员；
- 对中层官僚进行再培训；
- 让政治任命官员了解合同承包过程涉及的主要问题；
- 不能将政府的核心职能合同外包；
- 承认运用市场方法会向政府治理提出新问题。[71]

由于职业生涯中长期与市场力量隔绝，政府部门和国有企业的管理者当然拒绝被推进市场的大漩涡。总体上说，他们缺乏市场、销售、广告、客户关系、人事管理、招聘、员工纪律、采购等方面的经验，缺乏成本意识，缺乏提高效率的有效途径（如工作流程重组、人力资源再配置、裁员以降低成本）和与对手竞争的经验。

由于缺少经验，公共部门管理者不能有效介入管理者参与的竞争，他们一般需要外界帮助起草投标书并落实所承诺的经营管理革新。除了上述具有共性的问题外，后社会主义国家的前国有企业管理者还有一个特殊缺陷，他们习惯于在一个指令系统中完成额定任务，不习惯于承担责任和风险。因此，他们很少能有效地实施迫切需要的结构重组。[72]其结果是，通过大众购买和雇员买断产权等方式实施的政府撤资——这些民营化策略旨在获得公众支持和减少管理者及工人们的阻力——存在严重的局限性，不能产生所期望的结果，即组建一个充满活力的公司。

"公司化"是民营化的一种替代方法，或者说是走向民营化的一个中间步骤。其核心是迫使政府部门严格按照商业规则运营，通过营利来求生存。[73]它也许可以正式转变为一个公司，不受公务员规则的约束。对那些可以收取服务费的部门（如公用事业、机场、海港、商业发展机构和公共交通公司）来说，公司化也许是切实可行的一步。

缺少"社会正义"

穷人们的代言人担心，民营化会使处在社会底层的人们的生活更加困苦。[74]这种担心是基于一种误解，认为民营化必然意味着以市场价格来购买公共服务或终止社会福利性的公共服务的提供：取消低收入地区的公共汽车服务；直接为儿童教育、预防接种、医疗及社会服务付费；

直接为居住区的垃圾清理和街道清扫付钱。正如本书一再强调的那样，对穷人提供的任何水平的帮助都可以通过民营化来实现：凭单制度、许可和服务承包都可以用于这一目的。

撇脂

反对民营化的另一个理由是会发生撇脂现象，即私营部门只对最佳盈利机会感兴趣而不会关注其他。例如医疗服务，私营企业只会选择那些最有利可图的病人或服务项目，把那些成本高昂油水很少的病人或服务项目留给政府部门。[75]库特纳曾抱怨，救护车服务的民营化仅应用于波士顿郊区而不是市区。[76]同样，对于公共汽车服务，私营部门只会竞标有利可图的线路的许可权，留给公共汽车管理局的是那些亏损的线路。对于国有企业，购买者只会对最好的企业感兴趣，其他企业仍然留在政府手中。

对这一反对理由需要用批判的眼光加以审视。毫不夸张地说，每个人都在撇脂。我们在商店挑选水果，购买衣服、汽车和房子时就是如此。我们选择物美价廉的去买，放弃那些不符合我们默认的成本—收益标准的物品。如果公共汽车服务要民营化，投标者会为盈利的线路交纳税费，同时也会要求政府对亏损的线路予以补贴。就业培训承包商为就业困难者找到了工作，政府支付的报酬会相对高一些。就国有企业出售来言，最差的国有企业也存在一个能被清算掉的价位。

撇脂现象和公众总成本最小化同时存在是可能的。当私营企业收取的平均价格低于政府机构的平均成本时，这种情况就会发生。表11—2描述了所谓的私营部门撇脂现象如何能降低公众的总成本。公共部门可以将那些容易服务的客户合同外包给私人营利公司，由此获得大量的资金节省，尽管留给自己的是难服务的客户。在这个假想的案例中，虽然私营企业获得了25美元（25％）的利润，公共部门依然节省了75美元（12.5％）。

表11—2　　　　　　　　撇脂能降低公共成本　　　　　　　单位：美元

A. 客户人均成本和价格	容易服务的客户	难服务的客户
公共服务的成本	200	400
承包商的成本	100	400
承包商收取的价格	125	500

B. 可选方案（假设有一个容易服务的客户和一个难服务的客户）	总成本
方案1：两个客户都由公共部门提供服务	600
方案2：两个客户都由私营承包商提供服务	625
方案3：撇脂——承包商只向容易客户提供服务	525
C. 选择方案3公众获得的净节省	75

然而，这可能是一个敏感的问题。如果政府机构将容易服务的客户合同外包给私营企业（表11—2中的选项3），一个粗浅的比较就能得出结论，政府机构每位客户的服务成本为400美元，而承包商的服务成本仅为125美元。人们可以想象这种令人注目的差别带来的震动，因为私营承包商比政府机构经济得多。但不公平的比较是不适当的，政府机构可能由此受到不公正的诋毁。对谨小慎微的官员来说，与其费力解释，不如让一切由内部机构承担以避免潜在的问题，尽管这样成本更高。这一简单的案例也加强了第7章提出的一个观点，即公共和私人服务提供者之间的比较必须谨慎、科学。

使用者付费情况下撇脂会导致什么后果呢？在这种情况下，如果一个私营企业接管了可盈利的部分，余下的无利可图部分留给政府，政府就失去了用盈利部分的利润对亏损部分进行交叉补贴的机会。这种状况会对公众有利吗？答案是肯定的：多数情况下公众获得的节省可能超过政府的亏损额。这是一种很有意思的现象，一种能给公众带来福利的政策却同时给政府机构带来了损害，反之亦然。

表11—3提供了一个假想的公营公共汽车公司的案例，该公司同时在经济效益好、人口密集的地区和经济效益差、人口稀少的地区服务并按统一标准收费。这个案例还假定，两个区域有同样数目的乘客。如果私营公司根据自由市场规则或特许安排获得在盈利地区运营的权利并收取较低的票价，所谓的撇脂现象就发生了。在这种情况（即可选方案2）下，公共机构每一乘客的人均预算必须从70美分增加到75美分，这多余的预算可以由政府税收来补贴。但对乘客来说，由于私营公司收取低票价，服务的总成本（票价收入加上补贴）从人均1.75美元降低到1.65美元。公共机构由于预算增加而受损，但公众作为一个整体却由此受益。

表 11—3　　　　　　　　　　使用者付费情况下的撇脂

A. 乘客人均成本和价格	低成本地区	高成本地区
公共机构的服务成本	90 美分	2.50 美元
公共机构收取的价格	1 美元	1 美元
承包商的服务成本	50 美分	N.A.
承包商收取的价格	80 美分	N.A.
B. 其他可选方案的成本	两个乘客的成本[a]	乘客人均成本
方案 1：所有乘客都由公共部门提供服务		
乘客支付的车费	2 美元	1 美元
政府税收提供的补贴（成本减去车费，3.40～2.00 美元）	1.40 美元	70 美分
公众支出的总成本	3.40 美元	1.70 美元
方案 2：撇脂（私营部门在低成本地区而政府机构在高成本地区运营）		
乘客支付的车费	1.80 美元	90 美分
政府税收提供的补贴（成本减去车费，2.50～1.00 美元）	1.50 美元	75 美分
公众支出的总成本	3.30 美元	1.65 美元
第二种方案获得的成本节约（3.40～3.30 美元）	10 美分	5 美分

a. 即低成本地区和高成本地区各一个乘客。

对任何一种可能情况都应该认真审视，以决定哪种安排最有利于公众而不是公共机构，因为后者的利益常常是多样化的。从上述简单分析可以得出结论，撇脂也可以是良好的公共政策，尽管人们通常从贬义上使用这个词。私营部门可以发现那些被公共机构所忽视的机会。认真考察可以发现，撇脂最多不过是一种市场分割。

11.5　小　结

民营化不可避免会遇到阻力和障碍，从而被延缓甚至中断。主要的反对力量是工人和雇员，他们担心失去工作岗位。但各国已经发展出一些公平合理的雇员调整方案并成功付诸实施。其他阻力来源于公共官员、

第11章 民营化的阻力

特定商业利益群体和广大公众。反对民营化的主要理由包括意识形态、民族主义、对外国公司拥有权的恐惧、对少数人占有的担忧、担心失控、资本的缺乏、国有企业目前盈利等，以及担心民营化会导致财富过分集中、损害社会正义、腐败、私人垄断、撇脂等现象。对这些反对理由我们要认真倾听，但多数需要用批判眼光辩驳。与此同时，通过良好的管理实践和预防性措施可以化解人们合理的担心。

注 释

［1］Madsen Pirie, Adam Smith Institute, London, private communication.

［2］Irwin T. David, "Privatization in America," in *Municipal Year Book* 1988 (Washington, DC: International City Management Association, 1988), 43–55.

［3］*State Government Privatization* 1992 (Bethesda, MD: Apogee Research, Inc., 1992), 10.

［4］William D. Eggers and Raymond Ng, *Social and Health Service Privatization: A Survey of County and State Governments* (Los Angeles: Reason Foundation, 1993).

［5］*Status Report on Public-Private Partnerships in Municipal Water and Wastewater* (Washington, DC: U. S. Conference of Mayors, 1997).

［6］Edward K. Morlok et al., "Privatization of Public Transit," Systems Department and Decision Sciences Department, University of Pennsylvania, Report No. PA-11-0032, prepared for the Urban Mass Transportation Administration, May 1988, table 3.4.

［7］Robin A. Johnson, "Mobilizing Political Support for a Partnership Agreement," *Proceedings of the Eleventh Annual Conference of the National Council for Public-Private Partnerships*, St. Louis, MO, 15–17 October 1997, 93–97.

［8］Jerry Ellig, "The ＄7.7 Billion Mistake: Federal Barriers to State and Local Privatization," testimony before the Joint Economic Committee, U. S. Congress, Washington, DC, February 1996.

［9］Glenn Burkins, "Big Public-Sector Union Backs a Move to Boost Dues to Organize and Lobby," *Wall Street Journal*, 26 August 1998.

［10］Robert Kuttner, *Everything for Sale: The Virtues and Limits of Mar-*

kets (New York: Alfred A. Knopf, 1997), 98.

[11] David Sherman, "Indianapolis Advanced Wastewater Treatment Facilities: One Year Summary," report to the Indianapolis City County Council, 20 March 1995.

[12] Jonathan Friedland, "Argentina's Macri Takes on the Post Office," *Wall Street Journal*, 8 September 1997, A15.

[13] F. Jaspersen, "Aguas Argentinas ," in *The Private Sector and Development: Five Case Studies* (Washington, DC: World Bank, 1997), 15-27.

[14] International Finance Corporation, *Privatization: Principles and Practice* (Washington, DC: World Bank, 1995), 44.

[15] [16] 同上书, 43。

[17] Jonathan Haskell and Stefan Szymanski, "Privatization and the Labour Market: Facts, Theory, and Evidence," in Matthew Bishop, John Kay, and Colin Mayer, eds., *Privatization and Economic Performance* (Oxford, England: Oxford University Press, 1994), 336-351.

[18] Private communication from Town Manager Don Marquis, October 1998.

[19] H. Edward Wesemann, *Contracting for City Services* (Pittsburgh: Innovations Press, 1981), 87-92.

[20] V. V. Ramanadham, ed., *Privatisation in Developing Countries* (New York: Routledge, 1989), 41.

[21] James M. Pierce, statement to Subcommittee on Employee Ethics and Utilization, House Committee on Post Office and Civil Service, *Hearings on Contracting Out of Jobs and Services*, Serial no. 95-97 (Washington, DC: Government Printing Office, 1977), 41-43.

[22] Shawni Littlehale, "Massachusetts Law Stops Competitive Contracting in Its Tracks," Center for Restructuring Government, Newsletter, 1, no. 3 (Boston, MA: Pioneer Institute for Public Policy Research, August 1997).

[23] Jonathan P. Hicks, "Council Votes First Override of Giuliani; Privatization Bill Vote Seen as Show of Strength," *New York Times*, 15 June 1994, B1.

[24] Vivian S. Toy, "Veto of 'Prevailing Wage' Bill Is Overridden by City Council," *New York Times*, 12 september 1996, B4.

[25] Paul Kengore and Grant Gulibon, "'Poison Pills' for Privatizations: Legislative Attempts at Regulating Competitive Contracting," Allegheny Institute Report No 96-22, December 1996, Pittsburgh, PA.

[26] Dudek & Company, "The Long Term Employment Implications of Pri-

vatization," report for the National Commission for Employment Policy, Washington, DC, March 1989.

[27] Sunita Kikeri, John Nellis, and Mary Shirley, *Privatization: The Lessons of Experience* (Washington, DC: World Bank, 1992), 59.

[28] 同上书, 61。

[29] Ismail MD Salleh, "Port Klang, Malaysia: A Privatisation Case Study," in *Privatisation and Public Enterprise: The Asia-Pacific Experience*, ed. Geeta Gouri (New Delhi: Oxford & IBH Publishing Co., 1991), 371-381.

[30] Marilyn J. Cohodas, "Outsourcing's Ins and Outs," *Governing*, December 1997, p. 84.

[31] International Finance Corporation, *Privatization: Principles and Practice*, 43.

[32] 参见 1986 年 8 月对 Jacques Rogozinski 的个人访谈, Jacques Rogozinski 主管墨西哥政府的民营化工作。

[33] William L. Megginson, Robert C. Nash, and Matthias Van Randenborgh, "The Financial and Operating Performance of Newly Privatized Firms: An International Empirical Analysis," *Journal of Finance* 49, no. 2 (June 1994) 403-452.

[34] Kikeri, Nellis, and Shirley, *Privatization*, 59.

[35] "Methods to Privatize Appropriate State Government Functions through the Development of Employee-Owned Companies (ESOPs)," *Report of the Secretary of Administration and Commonwealth Competition Council to the Governor and the General Assembly of Virginia*, Richmond, VA 1998.

[36] Dennis A. Rondinelli, "Privatization and Economic Transformation: The Management Challenge," in *Management for Privatization: Lessons from Industry and Public Service*, ed. J. Prokopenko (Geneva: International Labour Office, 1995), 3-45.

[37] Steven A. Ludsin, "To Privatize Faster, Try a U. S. Yard Sale," *New York Times*, 28 February 1996, A16.

[38] Andrew Jones and Richard Seline, "Executive Overview: Federal Privatization Task Force Report," *Proceedings of the Eleventh Annual conference of the National Council for Public-Private Partnerships*, St. Louis, MO, 15-17 October 1997, 99-109.

[39] Scott Peters, "Caveat Emptor: Real Politic of Budgeting, Cultural, and Market Reforms of the Bureaucracy," paper presented at the American Political Science Association meeting, Washington, DC, 28 August 1997.

[40] Sergio Aguayo, "Behind the Public Profile of Mexico's Private Sector," *Wall Street Journal*, 18 December 1987, 23.

[41] "Car-Bomb Attack in Lima," *New York Times*, 30 December 1997, A3.

[42] 根据记者 1996 年 8 月对 Jacques Rogozinski 的报道。

[43] 希腊的民营化计划负责人 George N. Yannopoulos，被一个左翼恐怖组织列为头号暗杀目标；我于 1990 年夏在雅典与他共同工作的一周时间里，曾见识过他身边寸步不离的安全防卫措施（三个全副武装的警卫和一部防弹轿车）。

[44] E. S. Savas, ed., *Alternatives for Delivering Public Services: Toward Improved Performance* (Boulder, CO: Westview, 1977).

[45] Stephen Goldsmith, *The Twenty-First Century City: Resurrecting Urban America* (Washington DC: Regnery Publishing, 1997), 70.

[46] Robert F. Durant, Michael R. Fitzgerald, and Larry W. Thomas, "When Government Regulates Itself: The EPA/TVA Air Pollution Control Experience," *Public Administration Review*, 43 (May-June 1983), 209–219.

[47] Ron Winslow, "TVA Misled U. S. Regulators on Severity of Nuclear Plant Mishap, Staff Study Says," *Wall Street Journal*, 24 August 1984.

[48] Ronald Kessler, "The Great Mail Bungle," *Washington Post*, 9 June 1974.

[49] Raymond Vernon, "Introduction," in *The Promise of Privatization*, ed. R. Vernon (New York: Council on Foreign Relations, 1988), 1–22.

[50] William A. Orme Jr., "El Al at a Turning Point," *New York Times*, 5 March 1999, C1.

[51] Kathy Megyery and Frank Sader, "Facilitating Foreign Participation in Privatization," Foreign Investment Advisory Service Occasional Paper 8 (Washington, DC: World Bank, 1996).

[52] Ismail MD Salleh, "The Privatisation of Public Enterprises: A Case Study of Malaysia," in Gouri, *Privatization and Public Enterprise*, 595–633.

[53] Roger Leeds, "Privatization through Public Offerings: Lessons from Two Jamaica Cases," in *Privatization and Control of State-Owned Enterprises*, ed. Ravi Ramamurti and Raymond Vernon (Washington, DC: World Bank, 1991), 86–125.

[54] Michael P. McLindon, *Privatization & Capital Market Development* (Westport, CT: Praeger, 1996).

[55] Martin Tolchin, "Congress Wary on Plan to Sell Assets," *New York Times*, 6 February 1986, B16.

[56] Rondinelli, "Privatization and Economic Transformation," 33.

[57] Ramanadham, *Privatization in Developing Countries*, 41.

[58] Donald F. Kettl, *Sharing Power: Public Governance and Private Markets* (Washington, DC: The Brookings Institution, 1993), 163.

[59] 同上书, 200-201。

[60] 同上书, 160。

[61] E. S. Savas, "Privatization in Post-Socialist Countries," *Public Administration Review*, 52, no. 6 (November-December 1992), 573-581.

[62] *Passing the Bucks: The Contracting Out of Public Services* (Washington, DC: American Federation of State, County, and Municipal Employees, AFL-CIO, 1983); 对于民营化的强烈的意识形态攻击, 参见 Dexter Whitfield, *Making It Public: Evidence and Action against Privatization* (London: Pluto Press, 1983)。

[63] E. J. Dionne Jr., "Unions Awaiting Carey's Quid Pro Quo," *New York Times*, 4 December 1978, B6.

[64] Myron Lieberman, *The Teacher Unions* (New York: Free Press, 1997).

[65] 同上。

[66] Dudley Clendinen, "Problems of Boston Pension System Lead to State and Federal Inquiries," *New York Times*, 21 May 1982, A14.

[67] 参见纽约市审计长 Harrison J. Goldin 1986 年 10 月 27 日在纽约 Baruch 大学民营化研讨会上的演讲。

[68] Susan Rose-Ackerman, "The Political Economy of Corruption—Causes and Consequences," *Public Policy for the Private Sector*, Quarterly, no. 6 (March 1996), 45-48.

[69] Susan Rose-Ackerman, "Redesigning the State to Fight Corruption—Transparency, Competition, and Privatization," *Public Policy for the Private Sector*, Quarterly, no. 6 (March 1996), 49-52.

[70] Donald F. Kettl, *Sharing Power: Public Governance and Private Markets* (Washington, DC: The Brookings Institute, 1993), 179-211.

[71] 同上。

[72] Dennis A. Rondinelli, "Privatization and Economic Transformation: The Management Challenge," in ed. J. Prokopenko, *Management for Privatization: Lessons from Industry and Public Service* (Geneva: International Labour Office, 1995), 3-45.

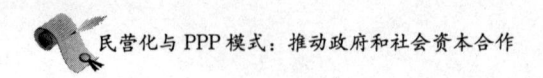

[73] Bill Eggers, "The Nuts and Bolts: Overcoming the Obstacles to Privatization," speech delivered to the Commonwealth Foundation, Harrisburg, Pennsylvania, April, 1997.

[74] Rondinelli, "Privatization and Economic Transformation," 3-45.

[75] Mark Schlesinger, Robert A. Dorwart, and Richard T. Pulice, "Competitive Bidding and States' Purchase of Services," *Journal of Policy Analysis and Management*, 5, no. 2 (Winter 1986): 245-263.

[76] Kuttner, *Everything for Sale*, 358.

第 12 章
民营化的未来

民营化已经成为席卷世界的滚滚洪流，不论是社会主义国家还是资本主义国家，不论是发达国家还是发展中国家，不论是民主国家还是专制国家，100多个国家正在推行民营化，还有很多正在考虑实施。[1]在美国，不论民主党还是共和党，自由主义者还是保守主义者，黑人还是白人，都在实践着民营化。民营化已经超越党派偏好或意识形态，成为一种务实的并得到广泛应用的治理方式和公共服务管理模式。[2]

12.1 民营化的前沿领域

传统政府服务的合同外包和政府企业（资产）的出售正在以前所未有的速度进行，但民营化实践远不止这些。私营公司开始收费提供游艇救生服务，先前这一服务由海岸救护队承担，由纳税人支付成本。[3]民营化方式还被应用于环保领域：民营环保企业利用购买和收回捕捞权这一市场力量，对北大西洋鲑鱼提供保护，其效果比政府保护更有效。[4]民营团体也在保护着公共土地：在过去的10年中，1 200个地方性土地保护组织保护了270万英亩土地免于被开发。[5]《京都设定书》提倡用国际排放量交易的市场化方法，减少导致全球变暖的污染物排放。[6]

在新罕布什尔州和佐治亚州，公园和度假村等公共活动场所被租赁给民营企业。[7]印第安纳波利斯的教会组织与市政部门签订合同，承包居民区公园的维护与管理。[8]在地方商会的经营下，位于纽约曼哈顿的布兰特公园由一个犯罪猖獗的吸毒者避难所变成了一块宝地，附近的中央公园——世界著名的都市公共活动空间之一——开始由另一个非营利组织经营管理。[9]纽约市把它的会展中心出售给开发商（它利用中心的优越的地理位置从事商业活动）[10]，并从其他市政资产出售中获得巨额资金。[11]联邦政府拍卖了内华达州靠近拉斯维加斯的 27 000 英亩土地，价值 5 亿～10 亿美金。[12]

地方政府合同外包的另一个新领域出现在加利福尼亚的里弗塞德县，该县拥有 25 个分馆的图书馆系统合同承包给了一家私营公司管理。新泽西的泽西城正在考虑效仿这一做法。[13]固体垃圾处理等个人服务的合同外包早已成为标准化实践，而密歇根州最近出现了名为"市政服务公司"的民营企业，在几个市镇承担了传统公共工程部门的全部职能。[14]城市停车场服务也以有趣的方式实现了民营化：弗吉尼亚的里士满市将街道停车管理承包给一家公司，包括收费和其他强制权。[15]在纽约市，停车票可用信用卡随时支付，在美国的任何一部电话上，拨通免费电话号码就可实现电脑自动检测信用卡是否有效及其存储金额。这种方法由具有创新精神的私营承包商提供，不仅大大方便了车主，而且减少了每年约 500 万件的支票处理工作，提高了管理效率。相似的人机互动技术将用于各种各样的收费和公共支付。[16]

美国印第安纳波利斯海军学院曾拥有一个面积 865 英亩的奶牛场，自 1911 年起一直为学员提供牛奶。后来学院发生流行性伤寒，其病源正是受污染的牛奶。这一奶牛场被出售，最终结束了这种落伍得令人难以想象的制度安排。[17]类似的荒唐情况同样存在于巴基斯坦，其国家航空公司拥有一个家禽饲养场，目的是向乘客提供鸡肉和火鸡。

美国最后一家提供炭疽热和狂犬病疫苗的国家实验室，因每年亏损数百万美元而被密歇根州卖掉了。[18]美国将互联网管理权转交给一家民营非营利跨国公司，确保以市场方式进行管制，避免政府干预过多而制约互联网发展的风险。[19]美国驻外使馆的警卫工作不仅由海军陆战队提供，也由私营企业通过与国务院（U. S. State Department）签约的方式来提供。[20]在过去的 10 年中，美国国家航空和宇宙航行局（NASA）花费了 30 亿美金，将无人卫星的管理经营工作出租给私营承包商。[21]这些工作包括从宇宙飞船上获取数据，将数据传输到用户终端，数据的加工和存储，地面和太空间的通信以及控制中心的运营。国际通信卫星组织正在实施民营化。[22]国防部正在与私营部门合作，建造、翻新和管理军用住房，[23]尽管对期望的资金节省尚有疑问。[24]私营承包商管理下的美国陆军兵工厂，按照国会通过的武器改进和制造支持法（ARMS），将部分生产能力应用于商业目的。到1998年，16个兵工厂共吸纳187个商业客户，雇用2 882名工人从事民用品生产。[25]国防部委托全国最大的营销公司之一，将多余的军用物资如装备、建材、电力等出售，这些物资最初购买时价值80亿美元。[26]

加拿大政府拥有的圣劳伦斯海上航道，现在归一个由大用户组成的私人集团管理，该集团希望振兴水路运输，提高其相对于其他运输方式的竞争力。[27]（然而，美国政府继续拥有一个公司，负责这一航道美国段的运营和维护。）

中国仍然是一个社会主义国家，她也开始了最基本的公共服务——住房的民营化。随着单位取消住房分配并不再视其为一种福利，大多数城市居民必须自己买房或者支付更高的房租。这场重大的经济改革无疑影响深远，它将加速计划经济制度的终结。新兴的房地产市场将会创造一个新的行业，包括抵押贷款机构、房地产经纪人、建筑师、室内装修和房屋维修。[28]

在英国，20年来首次执政的工党令其支持者感到震惊，它放弃了国有化经济信条，继续执行保守党首相玛格丽特·撒切尔首创的民营化政策。该党公布了一项计划，3年内出售49亿美元的国有资产，包括出售航空控制系统51％的股份，对国有博彩业和皇家造币厂（制造硬币和纸币）实施公私合伙经营。[29]它还在推行伦敦地铁系统的民营化。民营化无止境的最后一个例子是，英国国防部正在征询方案，实施女王航空服务公司——运送皇室成员、政府大臣及各国政要的皇家空军中队——的民营化。[30]

私营部门也在以"外源采购"（outsourcing）的方式实施着民营化。外源采购现象在美国日益增长，其标志是越来越多的公司寻找专业化机构承包辅助性服务，诸如计算机系统的操作和维护、公司后勤管理（仓储和递送）、零部件组装、公司自助餐馆经营、公司信件处理、广告代理服务、市场和公共关系服务、订货电话和服务热线人员配备、公司工资和雇员福利管理，以及履行其他核心职能，由此成为虚拟公司。它们剥离了除最核心、最基本职能外的所有职能，甚至租赁雇员。只要运用得当，这并不会使企业"中空化"，反而有利于减少内部官僚主义，促进组织扁平化，使之集中精力于战略性事务。换句话说，就像民营化给政府带来许多收益一样，外源采购会给私营公司带来同样的收益。

12.2 民营化的新方向

民营化发展方向已经不可逆转。上述事例表明，公共官员正在以创新精神实践着民营化。在笔者看来，下一步将因民营化获利的主要领域包括政府企业、基础设施和社会保障。这三个领域具有完全不同的特征，其民营化的道路也会各不相同。但在讨论这些之前，有必要回顾一下公共管理领域新近发生的重大变化，这些变化对民营化有着直接的影响。

新公共管理

许多国家都在推行公共行政改革，改革具有许多共同特征。"新公共管理"是一系列创造性改革的通用标签，其最显著的特征是将市场机制引入政治领域。具体而言，这意味着：(1) 在僵化的缺乏回应的官僚体制中引入竞争，提高效率；(2) 在政治和行政关系中引入经济学的市场分析模式：公共选择、协议契约、交易成本以及委托—代理理论；(3) 引入并广泛运用竞争、基于绩效的合同承包、公共服务供给、顾客满意、市场激励和放松规制等概念。[31]

民营化显然属于新公共管理的主流，体现了新公共管理的上述所有特征。在新的环境下，公共管理者正在引入管理者参与的竞争、竞争性合同外包等方式，更有效地提供公共服务。他们通过凭单制扩大顾客的选择空间，通过建立公私伙伴关系来满足公众的需求。他们还在出售国有资产和国有企业，放松规制以便利用市场力量实现政府管制所期望的社会目标。从这个意义上讲，民营化就是新公共管理。

公共管理者以及决策者面临着复杂的选择：哪些公共服务和职能应留在公共部门？哪些服务应该民营化？如何实施民营化？对私营部门应进行什么样的监督？他们不能继续垄断，甚至不能继续以集中化方式提供公共服务。要实现公众服务的高效率提供，他们需要私营企业和非政府组织的参与。

一个决定性的挑战是对引进私营部门的过程进行管理，在保证公众利益的前提下，允许私营部门在这些领域的投资有一个合理的回报。公共部门和私营部门管理者既要充分理解政府角色发生的变化，又要找到建立公私伙伴关系的有效途径，以高效率地提供任何一个部门由于资源不足而无法单独提供的服务和基础设施。政府必须进行结构重组，以授权、提供部分财政支持、指导和监督等方式，确保公众获得所需要的服务和基础设施，而不是直接提供服务。

政府现在比以往任何时候更应该劝说和激励公民以获取支持。由于许多团体（包括在发达的市场经济中的团体）的内聚力和一致性有所减弱，对政治权威的尊重更是今非昔比，因此，公共官员们必须聚合所有的利益相关者，在共同行动上取得共识。他们不得不在公共服务的生产和提供方面花费较少的时间，而把大量的时间用在与市民交流、宣传、协商和讨价还价上，然后确认并满足公众对公共服务的需求。

政府必须发展管理契约关系和公私伙伴关系的能力。随着国有企业和公共部门职能向私营部门的转移，政府必须担负起更多的责任：强化保护集体福利的规制；确保公开竞争；充分运用市场力量，减少不切实际的控制和对企业的不必要的管制。公共官员和政府雇员必须在谈判技巧、人际互动、有效管制、私营公司运营方式等方面接受培训。他们要担负起监督具有"自然垄断"特性或对国计民生具有重大的直接影响的民营化企业的责任。最后，他们必须采取切实有效的措施，降低制度变革给公众带来的暂时的负面影响。[32]

政府企业

美国存在许多政府公司，通常是国有或联邦所有的经济实体，承担着具有商业性质的公共服务职能。据统计，联邦政府拥有的公司数目从12到47个不等，这取决于如何界定政府公司这一概念和谁在做统计。[33]暂且对这一令人好奇并值得审视的事实忽略不论，不需要太多的想象力就可以预测出，它们中有许多应该且将要民营化。表12—1是31个政府企业的名单。其中美国邮政服务局已经开始民营化。1997年，它与金刚砂国际航空公司签署了一个为期5年、涉及金额17亿美元的合同，旨在沿东海岸建立一个由10个邮政快件处理中心组成的网络，作为所有此类邮件处理工作合同外包的第一步。[34]政府内部从事商业性经营的其他实体表中没有列出。就像第8章所提到的，它们也许必须首先公司化，然后对外出售。州与地方政府的公司可望进行类似的民营化。撤资退市并允许私营部门履行其职能也许是一些政府公司民营化的最佳途径——如果这些职能确有必要的话。

表 12—1　　　　　　　　部分美国政府公司名单

非洲发展基金会	邻里再投资公司
伯尼韦尔电力局	海外私营投资公司
商品购销公司	宾夕法尼亚大道发展公司
社区发展金融机构基金会	养老金担保公司
全国与社区服务公司	电力营销局
公共广播公司	破产银行小储户救济基金
美国进出口银行	乡村供电公司
联邦农作物保险公司	乡村电话银行
联邦信贷保险公司	东南电力局
联邦住房管理局	西南电力局
联邦监狱产业公司	圣劳伦斯海运发展公司
全国抵押信贷联合会	田纳西河流域管理局
美国国内基金会	金融公司
法律服务公司	美国邮政服务局
全国信用联社中央信贷协会	西部地区电力局
全国铁路客运公司	

资料来源：Government Corporations：Profiles of Existing Government Corporations, GAO/GGD-96-14,（Washington, D.C.：General Accounting Office, December 1995).

基础设施

　　发展中国家更需要电信、电力、供水、公路、铁路，更需要各种各样的基础设施来促进经济的发展，尽管这是一个涉及鸡与蛋何为先的复杂问题。先进的工业化国家对水、空气、土地等的控制越来越严格，这意味着在污染防治方面将付出更多的成本。不论上述哪种情况，都意味着需要巨额的资本投入，用于供水和污水处理系统、更少污染的发电系统等等；也意味着对具有规模经济优势的研发工作和先进技术的应用应加大投入。这为私营部门的介入创造了契机，有利于促进竞争，吸纳超越地方政府能力的资本、知识和技术。正如第 9 章所论及的那样，公私伙伴关系是这种情况下的一个理想选择，它无疑会不断扩展。

　　交通是民营化的另一个理想目标。在发达国家，郊区化发展使得现有交通设施日显紧张，这不仅要求现有设施高效率利用，还要求有更有效的交通运输新模式。民营化的收费公路（或者现有公路上增加的收费行车道)利用自动收费和随时报价系统,已被证明有利于减少拥挤。另一项创新是"拥挤收费"(congestion tolling)系统。它是一个浮动价格系统,每隔几分钟,价格随交通流量的变化自动变化并向司机显示。这一系统在加利福尼亚已经采用。由于司机可以根据交通状况和时间紧迫程度而在收费路线或免费路线之间自由选择,它实现了高速公路交通流量的最大化。[35] 民间资本和公私伙伴制促进了这些资本密集型的技术革新,并通过合用通信光缆而获得额外收入。[36] 将有更多的民营公路出现。

世界范围内高速发展的航空旅行使得现有机场拥挤不堪,并且增加了空中交通控制系统的风险。因而毫不奇怪,民营机场正在兴建(希腊),现有公共机场正在出售(德国、美国、新西兰、墨西哥),或者转交给私营部门经营和扩建(美国纽约、圣迭戈、印第安纳波利斯及波多黎各)。航空控制系统在新西兰、瑞士和加拿大已被民营化[37],在英国正在民营化[38],而美国正在提倡[39]并计划[40]实施民营化。

监狱是通过不同方式进行民营化的另一项基础设施。[41] 始作俑者是美国,目前民营监狱存在于加拿大、澳大利亚和英国,并正在其他国家推广。1996年末,17家从事这一"生意"的公司在132个成人监狱中监管着85 000名犯人,其中包括最高警备级别的重刑犯监狱和收容2 000人以上的大型监狱。私营监狱关押的犯人数目当年增加了三分之一。可以预计,相应的监狱设施也会以同样的比率增长。[42] 鉴于全美只有3%的犯人关押在民营监狱,这无疑是一个需要认真考虑并存在较大增长潜力的领域。州政府开始接纳其他州的犯人到本州的民营监狱,这被视为衰退社区发展经济的一条途径(因为民营监狱创造了许多就业机会)。[43] 鉴于监禁有助于减少犯罪,更多的民营监狱将会兴建起来。运用设计—投资—兴建—出租的方式,私营部门建造监狱更有效率,成本更低。以监狱设施见长的专业不动产投资机构已经建立,有助于吸纳民间资本用于这一目的。[44]

社会保障

一个多世纪以来,人们日益寄希望于政府提供退休后的收入、医疗保健和贫困救助,这些综合起来可称为社会保障。其结果是福利国家的诞生(这里对这一概念的使用并无贬义),而福利国家被广泛认为处于危机之中。

> 20多年前,将国有企业出售给……私营部门在政治上是不可想

象的。现在，所有的政府都在推行民营化，不论左派还是右派。国营商业性企业正在失去立足之地，而不是私有化企业。

未来 20 年，人们对社会保障民营化的态度会发生类似转变吗？昔日的国有企业与当今的福利国家之间至少存在三个明显的共同点：社会已形成传统方式已经失灵的共识；许多理由可以使人相信，民营化至少可以解决目前面临的一些问题；大多数公众对看似诱人的传统药方心存敌意。[45]

富裕国家的决策者曾经避开了重新审视国家在社会保障中的作用，但现在是重新审视的时候了，因为现存福利制度是为过去的世界设计的，那时贫穷是社会常态，人均寿命仅 45 岁[46]：

重新审视社会保障制度的最明智的方法……是提出这样一个问题：怎样做切实有效？……对这一问题的回答意味着，要认真思考私营部门取代政府从事某些工作的可能性，同时承认政府可能在某些事情上比私营企业做得更好，甚至有些事情只能由政府来做……[私营部门扮演的角色] 应该不断扩大。尽管不愿声张，政府还是迫切希望把一些提供福利的工作转给私营部门，从而控制公共支出，避免增税或削减福利，并保证将部分公共职能转移到私营企业时有更多的福利供给。在许多富裕国家，社会保障的私营份额近年来已大幅增长。[47]

正如第 10 章讨论的那样，美国社会领域中最有可能实施民营化的领域是社会保障，即政府经营的退休保障制度。这是一个"即收即付"的体制，即将当前就业者交纳的退休保障金直接支付给已退休者，由此引发了激烈的政策争论。由于这一体制立足于信仰而非保险精算，它被戏称为政府经营的金字塔。一个日益迫近的问题是，今天的就业者退休后，届时将没有足够的就业者能为其支付类似水平的福利。美国的个人退休金账户、智利率先推行并被其他国家仿效的强制性私人退休金计划，都具有两个明显的优点：保险额进行了精确计算，退休者将会获得更多的退休金。问题是在未来数十年，如何对不同退休保障制度的转型过程实施公平管理，保护那些为现行退休保障金做出贡献但远不到退休年龄的人的利益；如何为那些无力储蓄足够退休金的人提供转移支付；是否以及如何为那些无意储蓄退休金的人提供支持；对私营退休保障系统应实施什么样的政府规制。

其他社会保障项目的民营化也在通过不同的方式进行。如第 10 章所提到的那样，社会服务已被合同承包给民营部门——非营利组织。这是一个"致命的皈依"，因为杰出的非营利组织事实上成为政府的代理人，接受政府的强制性规制，而这些规制扼杀了它们的创新精神，阻碍了它们寻求更好的办法帮助最需要的人的努力。[48]总之，它们为争取政府资金牺牲了独立性。然而越来越多的营利性企业进入到这一领域，直接提供诸如照顾儿童和就业培训等服务，并以合同承包方式经营管理社会保障项目。承包经营的项目包括：审核福利申请者的资格，管理"以工作换取福利"的项目，处理从收养到家庭服务等儿童福利项目，追查"赖账父亲"以征缴抚养费。

越来越多的事实表明，营利性企业比非营利组织能更有效地提供同等质量的服务，合同外包将随之急剧扩展。这一结果不足为奇。正如第6章所表明的那样，与非营利政府部门相比，营利性企业总的来说能以更低的成本提供更高质量的服务。然而，社会服务职业人员的意识形态特性，他们的反市场、反营利偏见，伴之以经常自命不凡的态度，创造了非营利机构的"神话"，正像30年前政府官员对营利性企业比非营利政府机构更能提供低成本、高质量服务的说法嗤之以鼻一样。

对那些满足第4章所提条件的社会福利服务而言，凭单制正作为民营化的优先方式出现。这基于两方面的原因：（1）社会服务具有垄断特性，而凭单制引入了竞争，从而有利于打破垄断并促进服务的改进[49]——公共部门非难合同承包，非营利组织非难凭单制，都出于这一理由。（2）社会服务承包合同中的质量标准很难非常具体，而凭单制度提供了一种解决办法——质量标准不一定非要具体明晰，凭单持有者可以在服务供应者中自由选择。例如，儿童福利的"凭单化"可以有两种途径：一是通过凭单，允许家长为他们的孩子选择托儿所；另一种是直接支付现金，允许家长雇用亲戚或朋友照顾他们的小孩。教育凭单制度以同样的方式运作：家长不必是职业教育者，甚至不一定受过教育，也可以选择他们认为最好的学校。凭单制可以用于以下服务领域：饮食、住房、教育、医疗、保险、儿童护理、家庭护理、老年照顾、就业培训以及家庭服务。

除服务供应的合同外包和凭单制外，社会福利职能民营化的第三条途径已出现——民间补缺和政府淡出。本书开篇就把家庭和志愿团体——宗教、慈善机构、邻里、市民自治团体等——称为私营部门的两类主要机构（市场是第三种）。这些志愿群体也叫非政府组织。

美国宪法最初的十项修正案中有两项强调有限政府和人民拥有权力。

第九修正案申明："本宪法中对于某些权利的列举,不得被解释为否定或轻视由人民保留的其他权利"。第十修正案更进一步:"宪法未授予合众国,也未禁止各州行使的权力,由各州各自保留,或者由人民保留"。这些基本原则中隐含着对志愿团体和家庭的重要作用的承认。

亚里克西斯·迪·托克维尔19世纪30年代就注意到美国人的独特性:

> 在美国,不同年龄、不同地位以及不同职业的人们经常组成社团。他们拥有成千上万种社团——宗教的、道义的、严密的、松散的、开放的、限制性的、庞大的、微小的。美国人组成社团以提供娱乐服务、建立学校、修建旅馆、建造教堂、传播书籍、向海外传教;他们用同一方式建立医院、监狱、学校……走遍世界,任何一项新事业的背后,在法国你会看到政府,在英国你会看到上流社会,而在美国你一定会发现一个社团。[50]

这些社团中存在着许多"中间机构",它们介于私域中的个人和公域中的庞大机构之间。[51]但这些地方性中间机构的核心功能却日益全国化、集中化、政府化。现在,随着政府能够解决社会问题这一信念的日渐衰落和幻想的破灭,中间组织的价值被重新发现,并被视为未来的希望。政治领袖日益认识到非集中化的意义、家庭和社区价值的力量以及基于信仰的组织的优越性。

国家复兴联盟正在积极地推动这一发展趋势。它的活动体现了这一新观念:

> 500多万儿童处于危险之中,他们在充斥着毒品与暴力(可谓"家庭毁灭剂")的邻里环境和社区中成长。出于对这些孩子的未来的关切,社区致力于运用整合的、多方参与的方式改善邻里环境,并以此作为促进家庭稳定和保障孩子未来的主要手段。
>
> 这些努力日益得到政府、商界、基金会以及非营利组织的多方支持。随着伙伴关系的建立,这些机构之间的传统界限已经被打破。只要家庭和社区对某一问题表示关切,这些组织就会意识到创新的必要。它们日益感受到,只要建立强有力的合作关系,它们就能帮助哪怕最不起眼的邻里发现潜在的宝藏进而创造希望。[52]

许多相互关联的社会问题困扰着当今的美国:旷课和辍学、性开放、低龄怀孕、非法生育(政治上的正确说法是"婚外生育"和"未婚生育",以避免暗示此类行为不正当)、虐待儿童或配偶、吸毒与酗酒、犯罪和无秩序，以及由此带来的其他后果。这些问题对政府的解决方式提出了严峻的挑战。辍学学生在信息时代将难以生存，在无父亲家庭中长大的年轻人正成为暴力刑事犯的主流。

市民社会的重建是至关重要的。[53]这意味着鼓励组建家庭，提高家长的责任感，灌输道德观念[54]，扭转低龄怀孕现象普遍化的趋势，培育而不是扼杀中介组织，扶持宗教。关于最后一点，西奥多·罗斯福（Theodore Roosevelt）早在1902年就说过：

> 随着城市的发展，邪恶力量变得越来越集中，对社区的威胁越来越大。如果社区想前进而非倒退，就必须针锋相对地扩展正义力量，面对并战胜这些邪恶势力。我们的教会在塑造正义力量方面肩负的领导责任越来越重大。[55]

以家庭为基础并通过社区和邻里努力得以强化的活动项目，以及宗教团体指导的基于信仰的活动项目，都为我们提供了更好的前景。例如，市中心区的牧师成功地提高了教徒中的婚姻率，提高了社区中适龄青年的大学升学率，减少了失业、吸毒、犯罪和其他反社会病状。[56]

另一令人欣慰的迹象是，一项调查表明，越来越多的青年人介入社区和宗教活动，对家庭更关心，志愿精神不断增强。同时，青年志愿者的主要活动领域是社会服务而非公共服务，服务场所具有一对一的特征，如贫民救济食品发放处、医院、学校等。该调查的资助者——州政府官员联合会对上述现象中表现出的个人主义倾向和18～24岁青年中较低的投票率似乎心存忧虑，但在笔者看来，这倒值得庆贺：年轻人以个人方式直接表达他们的同情心，而不是通过投票花其他人的钱，从政府部门为那些需要帮助的人购买一份虚假的同情。[57]

笔者坚信，人们将付出更多的努力积聚中介组织、家庭、个体志愿者和社区的力量，政府在其中不时扮演促进者的角色，从而结成伙伴关系，共同促进更高水平的社会福利。

12.3　一种新的公共哲学

全世界正在经历一场深刻的变革，其内容包括政府的重新定位，摆脱自上而下的集权管理方式，抛弃曾经占支配地位的观念——一个由充满爱心的知识精英组成、有良好动机驱动、有权力的、积极的和干预主义的政府,是构建美好社会的基础。最明显的例子是在美国,它是体现变革大趋势的一个先锋。从 1964 年选民无情拒绝共和党总统候选人巴里·戈德华特(Barry Goldwater),到 20 年后(1984 年)里根以压倒优势获胜,公众的态度发生了巨大的变化。这一变化是如此深刻,以至于 1996 年克林顿再次当选美国总统时,他成为 160 年来第三位竞选连任成功的民主党总统候选人。克林顿成功的原因,恰恰在于他抛弃了左派的得意纲领,转而推行共和党对手的稳健方针,从而宣告了大政府时代的终结。

正如埃弗里特·卡尔·拉德(Everett Carll Ladd)所言:

> 从罗斯福执政开始一直到约翰逊的"伟大社会"计划,主张政府项目扩张的人总能获得国内公众的同情和支持。"更多的政府"似乎意味着更大的进步。然而在今天,虽然美国人并不反对政府,他们中的大多数却不再相信扩大政府干预是一条出路。那些推销大规模政府新项目(特别是华盛顿主导的项目)的人,今天所遇到的阻力远比"新政"和"伟大社会"时代大得多。1993—1994 年围绕医疗制度改革的激烈争论说明了这一点。对私人创造力和鼓励私人创造力的政策的重要性的基本信念没有变化。[58]

民营化正处于上升势头,甚至在看似不可能的情境下也是如此。对过去 30 年来积极提倡审慎民营化的人而言,唱胜利赞歌大可不必。这一成功会继续下去吗?民营化是否会被其他力量所取代?它是否会像其他管理秘方一样风行一时又很快走向没落?笔者不这样认为。本书所界定的民营化不仅是一个管理工具,更是一个社会治理的基本战略。它根植于这样一些最基本的哲学或社会信念,即政府自身和政府在自由健康社会中相对于其他社会组织的适当角色。民营化是一种手段而不是目的;目的是更好的政府,更美好的社会。

注　释

[1] Dennis A Rondinelli, "Privatization, Governance, and Public Management: The Challenges Ahead," *Business and the Contemporary World*, 10, no. 2 (1998): 149-170.

第 12 章 民营化的未来

[2] Dennis Daley, "The Politics and Administration of Privatization," *Policy Studies Journal*, 24, no. 4, (1996): 629–631.

[3] Joyce Wadler, "Belying the Legend of the Crusty Old Salt," *New York Times*, 1 July 1998.

[4] Orri Vigfusson, "How Markets Save Salmon," *PERC Reports* (Bozeman, MT: Political Economy Research Center, September 1998).

[5] James Brooke, "Land Trusts Multiplying, Study Shows," *New York Times*, 1 October 1998, A20.

[6] John H. Cushman Jr., "Washington Skirmishes over Treaty on Warming," *New York Times*, 11 November 1998, A11.

[7] Wade Hudson, "New Hampshire and Georgia Lease State-Owned Resorts," *Privatization Watch*, October 1998.

[8] Lisa Snell, "Indianapolis Parks Bloom under Church Management," *Privatization Watch*, October 1998.

[9] Tony Walker, "Private Sector Revitalizes New York's Mean Streets," *Financial Times*, 2 July 1998, 8.

[10] Charles V. Bagley, "A Deal Is Struck for Coliseum Site," *New York Times*, 28 July 1998, A1.

[11] Douglas Feiden, "City's Land Sale: Prime Real Estate Is Up for Grabs," *Daily News*, 26 October 1998, 3.

[12] "U. S. to Auction Land Near Las Vegas and Give State the Money," *New York Times*, 25 October 1998, 33.

[13] Robert Hanley and Steve Strunsky, "Jersey City Weighs Private Management of Libraries," *New York Times*, 29 June 1998, B1.

[14] W. Stanley Jordan, "The Turnkey Approach," *Public Works*, September 1997, 93–94.

[15] "Central Parking Corporation Awarded Contract to Manage On-Street Parking in Richmond; Contract Highlights Continued Growth in Privatization of Municipal Parking Programs," *AOL News*, 13 July 1998.

[16] "24 x 7 Automated Parking Ticket Payment Program Introduced by Nextlink Interactive in NYC," *AOL News*, 1 October 1998.

[17] Michael Janofsky, "Midshipmen To Get Milk through Middleman," *New York Times*, 19 July 1998, A16.

[18] Judith Miller, "Company Led by Top Admiral Buys Michigan Vaccine Lab," *New York Times*, 8 July 1998, A19.

［19］Amy Harmon，"U. S. Expected to Support Shift in Administration of the Internet," *New York Times*，20 October 1998，D1；Jeri Clausing，"Clinton's Envoy to the Internet Will Resign by Year's End," *New York Times*，9 November 1998，C2.

［20］"The Wackenhut Corporation Wins Contract for Embassy Security," <http:www. prnewswire. com> （15 October 1998）

［21］Greg Schneider，"Lockheed Gets NASA Space Pact," *Baltimore Sun*，26 September 1998，12C.

［22］"Conny Kullman Outlines Vision of INTELSAT Privatization in the Competitive Global Market," *AOL News*，30 September 1998.

［23］Ron Lobel and Jay Brown，"Privatization Promises to Build Military Family Houses Better, Faster, Cheaper," *Council Insights Newsletter* （Washington, DC：National Council for Public-Private Partnerships，May 1998）；Ron Lobel and Kim Marchand，"Military Housing Privatization—The Nuts and Bolts," *Council Insights Newsletter* （Washington, DC：National Council for Public-Private Partnerships，June 1998）.

［24］"Savings Low in Pentagon Homes Plan," *Associated Press*，AP-NY-07-21-98，1653 EDT.

［25］Douglas Borgeson，"The Armament Retooling and Manufacturing Support Team," paper presented at the Annual Conference of the National Council for Public-Private Partnerships，Atlanta，GA，14-16 October 1998.

［26］"Arizona Firm Wins Contract to Sell ＄8 Billion in Military Surplus," *AOL News*，23 September 1998.

［27］"St. Lawrence Seaway Goes Private," *Associated Press*，AP-NY-09-30-98，1401 EDT.

［28］Erik Eckholm，"A Novelty for China：Owning a Home," *New York Times*，19 June 1998.

［29］Nicholas Bray，"Britain's Labor, Miming Tories, Unveils 3-Year Privatizing Plan," *Wall Street Journal*，12 June 1998，A9.

［30］"Queen's Airline Might Go Private," Associated Press，AP-NY-11-15-98，1143EST.

［31］Linda Kaboolian，"The New Public Management：Challenging the Boundaries of the Management vs Administration Debate," *Public Administration Review* 58，no. 3，May-June 1998，189-193.

［32］前面引用的内容有大量来自 Rondinelli。

[33] *Government Corporations*, GAO/GGD – 96 – 14（Washington, DC: General Accounting Office, December 1995），1.

[34] "Postal Workers Rally against Priority Mail Giveaway," *AOL News*, 26 May 1998.

[35] Robert W. Poole, Jr., "Good News for Hotlanes and Tollways," *Privatization Watch*, September 1998.

[36] Robert W. Poole, Jr., "Sharing Rights of Way a Win-Win Deal for States, Companies," *Privatization Watch*, September 1998.

[37] John Urquhart, "Canada's House of Commons to Approve Bill on Privatizing Air-Traffic Control," *Wall Street Jounal*, 3 June 1996, C13.

[38] Bray, "Britain's Labor."

[39] Robert W. Poole, Jr., "Building a Safer and More Effective Air Traffic Control System," *Policy Insight*, no. 126（Los Angeles: Reason Foundation, February 1991）; Al Gore, *Creating a Government That Works Better and Costs Less*, Report of the National Performance Review（Washington, DC: Government Printing Office, 7 September 1993）: 149; E. S. Savas, "Is Air Traffic Out of Control?" *New York Newsday*, 9 June 1995, A36.

[40] Douglas Franz, "F. A. A. Reorganizes with Eye toward Privatizing Air Control," *New York Times*, 1 December 1994, A16; Jeff Cole and Andy Pasztor, "U. S. Air System Seen as Threat to the Economy; Partial Privatization of FAA, Greater Self Regulation Is Urged in Broad Study," *Wall Street Journal*, 11 December 1997, A4.

[41] Keon S. Chi, "Prison Privatization," *State Government News*, Match 1998, 38.

[42] Charles W. Thomas, "Testimony Regarding Correctional Privatization," given before the Little Hoover Commission, State of California, Sacramento, CA, 21 August 1997.

[43] Christopher Swope, "The Inmate Bazaar," *Governing*, October 1998, 18–22.

[44] J. Michael Quinlan, "Prison Privatization Moves to the Next Level," *Council Insights Newsletter*（Washington, DC: National Council for Public-Private Partnerships, July 1998）.

[45] "Social Insurance: Privatising Peace of Mind," *The Economist*, 24 October 1998, special section, 22.

[46] 同上书，3。

［47］同上书，4。

［48］Peter Berger and Richard John Neuhaus, "Peter Berger and Richard John Neuhaus Respond," in *To Empower People: From State to Civil Society*, 2nd ed., ed. Michael Novak (Washington, DC: AEI Press, 1996), 150.

［49］P. Nelson Reid, "Reforming the Social Services Monopoly," *Social Work*, November 1972, 44–54; motivated by E. S. Savas, "Municipal Monopoly," *Harper's*, December 1971, 55–60; Robert Pruger and Leonard Miller, "Competition and Public Social Services," *Public Welfare*, Fall 1973, 16–25.

［50］Alexis de Toqueville, *Travels in America* (New York: Washington Square Press, 1964; first published in France in 1835), 181.

［51］"中间结构"这个概念 Peter Berger 和 Richard John Neuhaus 曾在 *To Empower People: From State to Civil Society* (Michael Novak 主编，1996 年第 2 版) 中使用过。但这个概念更早是由 Richard C. Cornuelle 在 *Reclaiming the American Dream: the Role of Private Individuals and Voluntary Associations* (纽约: Random House, 1965) 中提出的。

［52］"Communities That Strengthen Families," *Governing*, October 1997, special section by the National Civic League, 3.

［53］Stephen Goldsmith, "Rebuilding Civil Society," in *The Twenty-First Century City: Resurrecting Urban America* (Washington, DC: Regnery Publishing, 1997), 171–192; April Lassiter, *Congress and Civil Society: How Legislators can Champion Civic Renewal in Their Districts* (Washington, DC: Heritage Foundation, 1998).

［54］David Blankenhorn, *Fatherless America: Confronting Our Most Urgent Social Problem* (New York: HarperCollins, 1996).

［55］Quoted in Goldsmith, *Twenty-First Century City*, 183.

［56］Samuel G. Freedman, *Upon This Rock: The Miracles of a Black Church* (New York: HarperCollins, 1994); George F. Will, "A Man Who Makes His Community Grow," *New York Post*, 15 November 1998, 63; Collin Levy, "Civil Society's Paramedics," *Wall Street Journal*, 20 November 1998, W17.

［57］*New Millennium Project, Part 1: American Youth Attitudes on Politics, Citizenship, Government and Voting* (Lexington, KY: National Association of Secretaries of State, 1999), 16–17, 28–31.

［58］Everett Carll Ladd, "Why Clinton's Scandals Helped his Party," *Wall Street Journal*, 5 November 1998, A 22.

索引

A

Adam Smith Institute 亚当·斯密研究所，15

Affirmative action 弱势群体保护行动，97

AFSCME (American Federation of State, County, and Municipal Employees) 联邦、州和市政雇员工会，198，287，307

Air as common-pool good 作为共用资源的空气，48

Air pollution control as collective good 作为集体物品的空气污染控制，46

Air traffic control 空中交通控制，131，322

Allison, Graham P. 格雷厄姆·P·阿利森，78

American Federation of Teachers 全美教师联合会，269

AMTRAK 美国铁路客运公司，67，169，212

Andersen, Karlyn 卡林·安德森，69，74，80

Anderson, Arne Carlson 阿恩·卡尔森·安德森，222

Anderson, Terry L. 特里·L·安德森，117

Anticompetitive behavior 反竞争行为，166

Antigovernment attitude 对政府的反感情绪，11，38

Argentina, denationalization in 阿根廷的非国有化，113，130，232，233，244，288，305

Aristotle 亚里士多德，52，118

Arrangements 制度安排，64
 benefits of 收益，95
 characteristics of 各种制度安排的特点，92~94，103
 choice of 不同制度安排间的选择，91~92
 comparison 不同制度安排的比较，92~94
 competition among 不同制度安排间的竞争，93~94
 equity of 不同制度安排的公正性，96~99
 advantages and disadvantages of 不同制度安排的优缺点，92~101
 examples of 不同制度安排的例子，92
 flexibility of 制度安排的灵活性，94~95
 hybrid 混合式安排，87，90

multiple 多样化安排, 87
partial 局部安排, 90~91
ranking of 不同制度安排的排序, 104
see also Service arrangements 参见服务安排

Ault, Douglas K. 道格拉斯·K·奥尔特, 195
Australia 澳大利亚
    airlines in 澳大利亚航空公司, 168

B

Babitsky, Timlynn T. 蒂姆林·T·巴比特斯基, 153, 154
Bailis, Lawrence N. 劳伦斯·N·贝利斯, 78
Baumol, William J. 威廉·J·鲍莫尔, 34
Bedford-Stuyvesant Restoration Corporation 柏斯复兴公司, 99
Bennett, James 詹姆斯·贝内特, 78
Bidding 招标
    competitive 竞争性招标, 199
    evaluating 评标, 202
    low-ball 低球标, 205~206, 210
    process of 招标过程, 199~202
    specifications for 招标细则, 188~194
Big Apple Pothole and Sidewalk Corporation 大苹果路面和人行道保护协会, 86
Boardman, Anthony 安东尼·博德曼, 168, 171
Boeing 波音公司, 65

Bolivia, denationalization in 玻利维亚的非国有化, 121
"Bonzai approach" to privatization "苗圃式"民营化, 133
Bookkeeping, creative 创造性做账, 5, 6
Borcherding, Thomas E. 托马斯·E·博赫丁, 23, 78
Boston Housing Authority 波士顿房管局, 101, 112
Boston University 波士顿大学, 273
Bracket creep 税档潜升, 38
Brazil, denationalization in 巴西的非国有化, 120, 233
Bribery 行贿, 96
    opportunity for 行贿的机会, 29
    of voters 向选民行贿, 28
Britain 英国
    denationalization in 英国的非国有化, 15, 120, 121, 134, 212, 213, 225, 227, 288, 317
    Thatcherite 撒切尔执政的英国, 10
British Columbia Resources Investment Corporation 不列颠哥伦比亚资源投资公司, 131
Broadcast TV as collective good 作为集体物品的电视节目, 53
Buchanan, James M. 詹姆斯·M·布坎南, 28, 29
Budget maximization 预算最大化, 29
Budgetary imperialism 预算扩张, 28~29
Bureau of Labor Statistics 劳工统计

局，35
Bureau of Land Management 土地管理局，117
Bureau of Prisons 监狱管理局，183
Bureaucratized systems 官僚化体制，13~14
Bus transportation 公共交通
　government monopoly of 政府垄断，133，142
　partial arrangements for 局部安排，90
　private 私营，140，142
　school 校车，133
　by state-owned enterprise 国企经营，142
Bush, George 乔治·布什，11

C

California 加利福尼亚州
　education in 教育，269
　private toll roads in 私营收费公路，245
　transportation in 交通运输，322
　tuition charges in 学费，274
Canada, railroads in 加拿大铁路公司，168
Capital projects 资产投资项目，13
Capital spending, bias toward, in government 政府对资产投资的偏好，36
Carter, Jimmy 吉米·卡特，11
Central Intelligence Agency 中央情报局，124
Central Park 中央公园
　contracting of 合同外包，71
　as tool good 作为可收费物品，47
Charitable organizations 慈善机构，84，278~279
Chi, Keon S. 基翁·S·奇，75
Children's Scholarship Fund 儿童奖学金基金，85
Chile, denationalization in 智利的非国有化，233，288，294
Choice in public services 公共服务中的选择，14
City services. See Municipal services 城市公共服务，参见市政服务
Clayton Antitrust Act 《克莱顿反托拉斯法》，122
Clinton, Bill 比尔·克林顿，11，15，38，105，222，265，282，328
Coast Guard services 海岸救护服务，315
Coleman, James 詹姆斯·科尔曼，269
Collective 集体的
　action 集体行动，14，50，62~64
　goods 集体物品，53
　　delivery of 供应，64
　　examples of 例子，64
　　growth of 增长，56~57
　　measuring and choosing 度量与选择，54~55
　　payment for, beneficiaries 支付，受益者，56
　　provision 提供，91~92
　　supply of 供给，53，64，91
　　　by voluntary associations 志愿机构提供，63

341

size of 集体的规模，55～56
Command-and-control polices 指挥控制政策，30～31
Commercial 商业的
　　activities 商业活动，12
　　forces influencing 影响商业活动的力量，5，12～13
Common-pool goods 共用资源
　　examples of 例子，48
　　government-created 政府创设，91
　　growth of 增长，56～57
　　problems of 问题，52
　　provision of 提供，91
　　supply of 供给，51
Communitarians 社区主义者，13
Community, sense of 社区意识，14
　　See also Neighborhood associations 参见邻里合作组织
Competition 竞争
　　among arrangements 不同制度安排之间的竞争，93～94，123～124
　　benefits of 竞争的益处，248
　　in contracting 合同承包中的竞争，155～157
　　comparison of public and private enterprises 竞争环境下公私企业的比较，168
　　between contractor and government agency 竞争环境下政府机构与承包商的比较，160～161
　　fostering 促进竞争，185
　　as key ingredient for successful privatization 民营化成功的关键要素，122～124
　　managed 管理者参与的竞争，6，174，196～199，300
　　vs. monopoly 竞争与垄断，122～123，155
　　in police services 公共服务中的竞争，124
　　between public and private sectors 公共部门和私营部门之间的竞争，122
CONASUPO 墨西哥的一个特定政府机构，它在低收入地区设立廉价食品店，以市场价格购买食品，以低于市场的价格出售食品，82
Concession 场域特许使用，79
Conrail 联合铁路运输公司，113，121，130，169，211
Consumption property 消费上的特征，43～46
Contract Cities Association 签约城市协会，69
Contracting 合同承包
　　arguments pro and con 支持和反对的理由，76～77
　　in California 加利福尼亚州的实践，316
　　characteristics of 特点，75～79
　　cost comparisons 成本比较，159～160
　　by Defense Department 国防部的实践，74
　　definition of 定义，70
　　extent of 应用范围，72～74
　　flexibility 灵活性，95
　　government role in 政府角色，70
　　by local governments 地方政府的

实践，70～74
　　for military equipment　军事装备中的应用，70
　　objective of competitive contracting　竞争性合同承包的目标，183
　　problem of principal agent　委托—代理问题，176～177
Coproduction　合作生产，86
Coprovision　合作提供，86
Corruption　腐败，30～31
　　guard against　防范，223～224
Costs and benefits of arrangement　制度安排的成本和收益，95
Country services, contracting of　县政府服务的合同外包，73～74
Cox, Wendell　温德尔·考克斯，154
Cream skimming　撇脂
　　analysis of　分析，312～314
　　in education　教育领域，268
　　reducing costs with　撇脂依然可以降低成本，312
　　with a user charge　使用者付费中的撇脂，314
Cultural institutions　文化机构，81
　　uplift　弘扬文化，25
Cuomo, Mario　马里奥·科莫，307

D

David, Irwin T.　欧文·T·戴维，238
Delegation, as a strategy of privatization　作为民营化方式之一的委托授权，126～129
　　by contract　合同承包，126
　　by franchise　特许经营，128
　　by grant　补助，128
　　by mandate　法定，129
　　by voucher　凭单制，129
Delivery of goods, arrangements for　物品供应的制度安排，91
Demand for services　公共服务需求，22～27
　　demographic change and　人口机构变化与服务需求，22
　　effect of affluence on　富裕对服务需求的影响，23
　　effect of redistribution on　再分配对服务需求的影响，23～24
　　inflation and　通货膨胀与服务需求，22
　　urbanization and　都市化与服务需求，22
Denationalization, advantages of　非国有化的优点，13
Denmark, coast guard services in　丹麦的海岸救护服务，71
Department of Justice　司法部，183
DeSoto, Hernando　赫尔南多·德索托，137
Deutsche Telecom　德国电信，112
Developing countries　发展中国家
　　denationalization in　非国有化，131
　　government enterprises in　国有企业，31
　　government jobs in　政府工作职位，33
　　postsocialist governments　后社会主义国家的政府，16，67，131，137，215
Displacement, as a form of privatiza-

343

tion 作为民营化方式之一的政府淡出，132~138
　by default 民间补缺，132
　by deregulation 放松规制，136
　by withdrawal 政府撤退，133
Dispute resolution process, in contracting 合同承包中纠纷解决程序，194
Dispute resolution risk, definition of 争端解决风险的定义，254
Distant Early Warning System 远程早期预警系统，71
Divestment 撤资
　factor to consider in 应考虑的因素，129~132
　as form of load shedding 作为卸载形式之一，129~130
　by free transfer 无偿赠与，131~132
　guidelines 操作指南，220
　by liquidation 清算，132
　by sale 出售，130
　strategy in 实施策略，218
Domberger, Simon 西蒙·多姆博格，160
Downs, Anthony 安东尼·唐斯，78
Doyle, Denis P. 丹尼斯·P·多伊尔，269
Drucker, Peter F. 彼得·F·德鲁克，78，15

E

East Asian countries 东亚国家，16
Economic Dislocation and Worker Adjustment Assistance Act 经济波动和工作调整资助法，281
Economic equity 经济公正，96~97
Economies of scale 规模经济，94~95
Edison Project 爱迪生教育公司，93，267，273
Education 教育
　in Athens and Sparta 雅典和斯巴达时期，260
　charter schools 特许学校，263~264
　choices in 择校，261，264，267~268，271
　competition in 学校间的竞争，259
　contracting for 合同外包，272~274
　in developing countries 发展中国家的教育，260~261
　expenditures for 教育开支，29
　in India 印度的教育，260
　as individual good 作为个人物品，49
　as joint consumption good 作为共同消费物品，49
　in Malta 马耳他的教育，260~261
　in Milwaukee 密尔沃基的教育，268
　monopoly 垄断，261~262
　in the Netherlands 荷兰的教育，266
　open enrollment in 开放招生，262
　parental choice in 家长选择权，262
　private 私营，274
　tuition tax credit 学费税收扣除，267

vouchers for 教育券，264～267
   as worthy good 作为福利物品，58
   See also Schools 参见学校
Effectiveness of services 服务的效益，93～94
Efficiency 效率
   of arrangements 不同安排的效率，93～94
   as societal goal 作为社会目标，10
Egypt, denationalization in 埃及的非国有化，67
El Paso, Texas, contracting for commercial refuse collection 得克萨斯州埃尔帕索市，为商业废物回收服务订约，198
Election campaigns 竞选活动，28，32～33
   contributions to 捐献竞选资金，32
Elite, problem-finding 找问题的精英，30
Employment 就业
   effect of privatization on 民营化对就业的影响，97～99
   for minorities 少数民族的就业问题，97～100
Empowerment of people 赋权于人民，13
England 参见Britain
Entrepreneurs 企业家，98
   minorities as 少数民族企业家，98
   teachers as 教师作为企业家，273
Equity 公正
   as component of justice 作为正义的一个组成部分，10
   economic 经济公正，96～97

of markets 市场的公正性，96
   for minorities 对少数民族的公正，97～100
   in service delivery 服务供应中的公正，99～100
Exclusion property 排他性，41，91
   examples of 例子，44～47
Expenditure "caps" 支出总额限制，38
Extortion 变相的巧取豪夺，91，96

F

Falck Company 福尔克公司，71
Family 家庭，
   as self-service unit 作为自助单位，86
   supplanted by government 被政府取代，14
Federal Trade Commission 联邦贸易委员会，101
Ferris, James M. 詹姆斯·M·费里斯，177
Fire department, volunteer 志愿者消防队，53，85
Fire protection, as collective good 作为集体物品的消防服务，53
Fiscal 财政
   extraction devices 财政汲取手段，25
   illusion 财政幻觉，25～26
Fitch, Lyle C. 莱尔·C·菲奇，78
Food stamps 食品券，102
   as vouchers 作为凭单，81～83
Forced riders 被强制的搭车者，53，64

Forces influencing privatization 影响民营化的力量，5~14

France 法国
  denationalization in 非国有化，67
  telecommunication in 电信业，124
  television in 电视行业，124

Franchises 特许经营，79~80
  definition of 定义，79
  flexibility 灵活性，95

Fraud, susceptibility of arrangements to 不同安排中欺诈的可能性，96

Freedom, government as threat to 政府对自由的威胁，10

Free-lunch programs 免费午餐项目，92

Free-rider problem 搭便车问题，53，64

Friedman, Milton 米尔顿·弗里德曼，12，15，262，264，266

Fringe benefits, public compared to private 公共部门与私人部门工资外福利的比较，35~36

Frydman, Roman 罗曼·弗里德曼，171

G

Gandhi, Mahatma 圣雄甘地，91

General Accounting Office 总审计署，281

Germany 德国
  denationalization in 非国有化，216
  telephone service in 电话服务，214，244

GI Bill 退伍军人福利法，82，264，268

Giuliani, Rudolph 鲁道夫·朱利安尼，166，273，280

Glazer, Nathan 内森·格莱泽，7

GOE（government-owned enterprises）政府企业，6
  See also SOE 参见 SOE

Goldsmith, Stephen 斯蒂芬·戈德史密斯，160，175，178，285，301

Goldwater, Barry 巴里·戈德华特，328

Goodman, John C. 约翰·C·古德曼，276，278，280

Goods and services 物品与服务，41~44
  arrangements for delivery 提供的不同制度安排，91
  characteristics of 各自的特征，41，42
  classification of 分类，44~50
  nature of 性质，91~92
  transformation of 转化，57~60
  types of 类型，44~45

Gore, Al 阿尔·戈尔，222

"Govern" "治理"
  origin 渊源，7
  steering and rowing 掌舵与划桨，7

Government 政府
  contracting, example of 政府中合同承包的例子，70~72
  effect on economy 对经济的影响，12
  effect on efficiency 对效率的影响，10~11
  effect on justice 对社会正义的影响，10~11

employment in 就业问题，20~21

expenditures of 开支，19~20

growth of 增长，18，21~23，38

inefficiency of 无效率，112

jobs 工作岗位，20~21，33，35

monopolies 垄断，31~32，94

    with no employees 零雇员政府，21

number of 数量，18

outlays, international comparisons 政府支出占 GDP 比重的国际比较，20

reduction in revenues of 收入的减少，38

salary levels 工资水平，35~36

sentiment against 对政府的反感情绪，11

size of 规模，94~95，101~102

    as threat to freedom 对自由的威胁，10

U. S., growth and size of 美国政府的规模与增长，18~22，

    as used by lobbies 游说者对政府的利用，14

vending, definition of 政府出售的定义，68

violations of law by 政府违法行为，101，117

Government programs 政府项目

    beneficiaries of 受益者，27~28

    preservation of 项目的维持，26~27

Government service 政府服务，67

    as arrangement 作为一种制度安排，67

definition of 定义，67

Government spending 政府支出，19~20，27~30

    political reasons for 政治原因，21~22

    reductions in 减少，38

Gramlish, Edward 爱德华·格拉姆利克，32

Grand Canyon National Park 大峡谷国家公园，43

Grants 补助，81

    for health facilities 对医疗设施，81

    in hybrid arrangements 混合安排中的补助，87

Great Britain 参见 Britain

H

Handy, John B. 约翰·B·汉迪，195

Hatch Act《哈奇法案》，32

Hatry, Harry P. 哈里·P·哈特里，209

Health care 医疗服务，49

    as common-pool good 作为共用资源，91

    in the former Soviet Union 前苏联，26

    in the U. S. 美国，59

    grants for 补助，81

Hensher, David 戴维·汉舍尔，160

Herman, Robert 罗伯特·赫尔曼，156

Hilke, John 约翰·希尔克，155，168

Housing 住房
　　in China 中国, 317
　　grants 补助, 102
　　problem 其中的问题, 113
　　for senior citizens 老年人住房, 86
　　vouchers 凭单, 82
　　as worthy good 作为福利物品, 59
Houston Texas, contracting for local bus service
　　得克萨斯州休斯敦市公共汽车服务的合同承包, 190~193

I

Indianapolis, process of contracting in 印第安纳波利斯的合同承包过程, 178~179
Income 收入
　　redistribution 再分配, 23
　　in Washington D.C. 华盛顿特区状况, 29
Individual goods 个人物品, 50
　　compared with collective goods 与集体物品的比较, 55~56
　　examples of 例子, 48~49
　　government spending for 政府在个人物品上的开支, 59~60
　　as substitute for collective goods 作为集体物品的替代, 57
　　supply of 供给, 50
　　in U.S. 美国情况, 91
　　as worthy good 作为一种福利物品, 59
Industrial western nations, in the 1980s 在80年代的西方工业化国家, 16

Inefficiency, as a full-employment program 充分就业项目的无效率, 288~289
Infrastructure 基础设施
　　public and private partnership for 公共部门与私营部门的伙伴关系, 237
　　rewards, and responsibilities of 回报与责任, 252~255
　　risks of 风险
　　　　environmental 环境风险, 254
　　　　financial 财政风险, 253
　　　　political 政治风险, 253~254
　　　　other 其他风险, 254
　　strategic maintenance of 策略性维护保养, 247~258
Institutions, traditional 传统社会机构, 14
Intergovernmental arrangements 政府间安排, 68~70
International Finance Corporation 国际金融公司 232
International Telecommunications Satellite Organization (INTELSAT) 国际电信卫星组织, 317

J

Jacquillat, Bertrand 伯特兰·杰奎拉特, 218
Japan 日本
　　denationalization in 非国有化, 130
　　telephone service in 电话服务, 214, 244
Jasper, Cindy 辛迪·贾斯珀, 75
Jeffersonian view 杰斐逊的政府观, 5

Jobs, effect of privatization on 民营化对就业的影响，97~99
Joint Partnership Training Act 《联合合作培训法》，281
Joint venture 合资企业，130
Justice, effect of government on 政府对社会正义的影响，10

K

Kansas City 堪萨斯城 135, 198
Kessides, Christine 克里斯廷·凯塞得斯，249
Kettl, Donald 唐纳德·凯特尔，306, 310
Khan, Genghis 成吉思汗，114
Kuttner, Robert 罗伯特·库特纳，287, 312
Ku Klux Klan 三K党，261
Kyoto Agreement 《京都议定书》，315

L

Ladd, Carll Everett 埃弗里特·卡尔·拉德，328
Lakewood Plan 雷克伍德计划，69
Law-breaking by government agencies 政府部门的违法行为，101
Levine, Marsha 玛莎·莱文，269
Lewandowski, Janusz 贾纳斯·伊万达斯基，215
Libertarians 自由主义者，301
Lieberman, Myron 迈伦·利伯曼，264
Lighthouse 灯塔，42

Load shedding 卸载，133~134
Lobbies 游说集团，24
Local government 地方政府
　contracting by 合同承包，150~151
　franchising by 特许经营，80
Local Government Act 地方政府法，148
Long Island Railroad, sale of 长岛铁路的出售，212
Los Angeles 洛杉矶
　contracting in 合同承包，150~151
　intergovernmental arrangements in 政府间协议，69
　1984 Olympic Games in 1984年奥运会，85
Low-ball bids 低球标，205~206, 210

M

McDavid, James C. 詹姆斯·C·麦克戴维，163
McLindon, Michael 迈克尔·麦克林登，216
Maintenance, bias against in government 政府对日常维护工作的忽视，36
Malta, education in 马耳他的教育，260~261
Market system 市场制度
　decisions by 决策，11~12
　equity of 公正性，96
　as service arrangement 作为服务安排的一种形式，84

Marlin, John T. 约翰·T·马林, 190

Mass transit. See Transportation 大众交通, 参见公共交通

Mastricht agreement 《马斯特里赫特条约》, 7

Mead, Lawrence 劳伦斯·米德, 276

Medicaid, vouchers for 穷人医疗补贴凭单, 83

Medical care. See Health Care 老年人医疗补贴（见公共卫生）

Medicare, as voucher system 老年人医疗补贴凭单, 83

Mexico, denationalization in 墨西哥的非国有化, 173, 226, 233, 295

Meyer, Marshall W. 马歇尔·W·迈耶, 78

Microsoft 微软, 4, 267

Milanovic, Branko 布朗科·米兰诺维奇, 9

Military procurement 军事采购, 71

Millward, Robert 罗伯特·米尔沃德, 168

Minnesota, interdistrict school enrollment 明尼苏达的跨学区招生制度, 262

Minorities 少数民族
  entrepreneurship of 企业家, 98
  equity for 公正问题, 97~100
  jobs for 就业岗位, 97~99
  services for 享受的服务, 99~100

Miranda, Rowan 罗恩·米兰达, 69, 74, 80, 160

Monitoring, of contractors 对承包商的监测, 208~210

Monopoly 垄断
  vs. competition 与竞争的比较, 122~123, 305
  contestable 可竞争的垄断, 50~51
  in education 教育领域, 261
  by government 政府垄断, 31~32, 94
  private 私人垄断, 305

Morlok, Edward K. 爱德华·K·莫洛克, 154

Moseley, Frederick A. 弗雷德里克·A·莫斯利, 154

Multilateral Investment Guarantee Agency（MIGA） 多边投资担保机构, 254

Municipal services 市政服务
  contracting for 合同承包, 72~75
  intergovernmental agreements for 政府间协议, 68~70
  for minorities 对少数民族, 99~100
  privatization of 民营化, 72
  See also Public services 参见公共服务

Municipalities, number of 市镇数量, 18

N

NASA 美国国家航空和宇宙航行局, 316

Nash, Ogden 奥格登·纳什, 27

Nathan, Richard 理查德·内森, 278

National Commission for Employment Policy 美国就业政策委员会，157
National Council for Public-Private Partnerships 全美公私伙伴关系委员会，222
National defense 国防
    as collective good 作为集体物品，46
    as joint-consumption good 作为共同消费物品，43
National Education Association 国家教育联合会，272
National Merit Scholarship 国家奖学金，65
National Parks Service 国家公园服务管理局，31
Nationalized industries, inefficiency of 国有化企业的无效率，13
Nationwide survey of U.S. households 全美住户调查，165
Neighborhood associations 邻里协作组织，63，84～85
Netherlands, education in 荷兰的教育，266
Newark 纽瓦克
    contract monitoring in 纽瓦克对承包商的监测，158～159
New Orleans, contracting in 新奥尔良的合同承包，189
New York City 纽约市
    bus operations in 公交车运营，239
    contract monitoring in 对承包商的监测，208
    contracting in 承包，208，309

    education in 教育，266，268，270，273
    employee voting in 市政雇员投票倾向，32
    homeless shelters 无家可归者居所，115，276
    overstaffing in 人浮于事，34～35
    productivity in 生产率，36
    schools in, growth of 学校系统的增长，35，271
    street lighting in 路灯，208
    telecommunication 电信，130，212
    vouchers 凭单制，281
    waste-collection business in 商业性垃圾收集，166
    welfare reform in 福利制度改革，279～280
New York City Police Department 纽约市警察局，68
New York City's Off-Track Betting Corporation 纽约市赛马经营公司，113
New York City Transit Authority 纽约交通服务局，36
New York State Power Authority 纽约州电力局，117
New York State Regents Scholarship 纽约州的雷振茨奖学金，264，268
Nicaragua, denationalization in 尼加拉瓜的非国有化，121
Norquist, John 约翰·诺奎斯特，268，272
Nuclear Regulatory Commission 原子

能委员会，101，117，302

O

Ocean fishing, privatization of 海洋渔业的民营化，52~53

Oregon Law 俄勒冈州的一项法律，261

Organization for Economic Cooperation and Development 经合组织，37，259

Overbuilding by government 政府的过度建设，36

Overpayment 工资过高，35

Overproduction 过度生产，33

Overseas Private Investment Corporation（OPIC） 美国海外私人投资公司，254

P

Panama, denationalization in 巴拿马的非国有化，120，220

Parker, David M. 戴维·M·帕克，168

Perry, James L. 詹姆斯·L·佩里，153，154

Philanthropy 慈善业，85

Pirie, Madsen 马德森·皮里，27

Police Union 警察工会，34

Poole, Robert W., Jr. 小罗伯特·W·普尔，15，174

Populism 平民主义，13~14

Port Authority of New York and New Jersey 纽约和新泽西港务局，212

Positive externalities 积极的外部性，49，59

Postal service 邮政服务 101

Potash, Daniel 丹尼尔·波塔什，138

Pothole repair 路坑的修复，56
 payment for, 85

Pragmatic forces influencing privatization 推动民营化的务实力量，5~7

President's Commission on Privatization 总统民营化委员会，136，222

Prisons 监狱，183~185

Private police 私营保安，133

Privatization 民营化
 definition of 定义，3，104
 examples of 例子，120~122，138~144
 feasibility study for 可行性研究，181~185
 forces influencing 影响民营化的力量，5~14
 forms of 形式，4
 history of 历史进程，14~17
 ideal environment for 理想环境，124~125
 managing the process of 过程的管理，144
 monitoring and evaluating of 监测与评估，235~236
 need for 必要性，111~118
 as "New Public Management" 作为新公共管理的标志，318~320
 objectives of 目标，119~120
 obstacles to 面临的阻力

bureaucratic 官僚障碍，290～291

operational 操作障碍，284～285

legislative 法律障碍，285～286

opposition to 反对力量，65，96，286～298

　by bureaucrats 官僚，296

　by business interests 商业利益，298

　by the pubic 公众，298

　by public officials 公共官员，296

　by workers 工人，286

by philanthropy 通过慈善机构，85，278

of prisons 监狱运营，183～185，322

of the retirement system 退休金系统，282

as strategy for better government 作为改善政府的战略，6

survey results of 调查结论，118～119

transition for 过渡，105

by voluntary action 通过志愿行动，85

Privatized arrangements, ranking of 民营化安排的排序，104

Procurement 招标，254～258

　advertised 广告，254

　three-steps in 三步招标，255

　strategic issues in 重要问题，255

　financing of 融资，256～258

Producers, availability of 生产者的可得性，93

Productivity 生产率，

　in bus service 公交服务，36

　decline in 降低，35～36

　increase in 提高，6～7

Proposition 提案，13，38

Public housing 公共住房，101

"Public," meaning of "公共"一词的含义，4

Public and private 公共与私人，4

　differences between 之间的区别，4～5，78～79

　partnership of 伙伴关系，3～4，245

Public service 公共服务

　elements of 构成要素，90

　meaning of 含义，5

Pubic services 各类公共服务

　choices in 之间的选择，14

　demand for 需求，22～27

　institutional arrangements for 提供的制度安排，88～89

　misjudging cost of 成本低估，25～26

　overproduction of 过度生产，33～34

　See also Municipal services 参见市政服务

R

Racial equity 种族平等，97～100

Ramanadham, V. V. V. V. 罗曼纳德汉姆，305

Ravenna Park, Seattle 西雅图雷文纳公园，117～118

Reagan, Ronald 罗纳德·里根，11，

353

15，28，38，222，328

Reagan Administration policy 里根政府的政策，10，15，279，300

Rebarber, Theodore 西奥多·瑞巴伯，263

Recreation facilities, collective action for 集体行动提供娱乐设施，63

Refuse collection. See Solid-waste collection 垃圾收集（见固体垃圾收集）

Regulation 规制
 of day care 对日托服务，136～137
 effect on demand for services 对服务需求的影响，22

Rehnquist, William 威廉·伦奎斯特，268

Renault 雷诺，67

Responsiveness 回应性
 to consumers 对消费者，95～96
 to government direction 对政府指导，100～101

Revenue cuts 削减政府收入，38

Risk aversion 风险规避，24～25

Rogozinski, Jacques 雅克·罗格津斯基，226

Rondinelli, Dennis A. 丹尼斯·A·隆迪乃利，305

Roosevelt, Franklin 富兰克林·罗斯福，328

Roosevelt, Theodore 西奥多·罗斯福，327

Rose, Richard 理查德·罗斯，32

Roth, Gabriel 加布里埃尔·罗思，260

Rothbard, Murray N. 默里·N·罗思巴德，15

Rural Electrification Administration 乡村电力发展局，115

Russia, denationalization in 俄罗斯的非国有化，121，216

S

Salamon, Lester M. 莱斯特·M·萨拉门，21

Salleh, Ismail 伊斯梅尔·萨利，159，162

Savas, E. S. E. S. 萨瓦斯，15

Scale economies 规模经济，94～95

Scholastic Aptitude Test 学术能力测试，274

Schools 学校
 Catholic 天主教，261，266，269，270
 contracting for 合同承包，272～274
 home schooling 家庭教育，261
 intergovernmental agreement for 政府间协议，68
 in New York 纽约市，35，269，270，274
 parental choice for 家长择校，262
 private 私人学校，269，270
 scale of 规模，94
 segregation 种族隔离，269
 as a typical public system 作为公共服务系统的典型，261～262
 See also Education 参见教育

Scully, Larry J. 拉里·J·斯卡利，257

Seader, David 戴维·西德尔，204

Seattle 西雅图，117
Securities and Exchange Commission 联邦证券委员会，101
Segregation in schools 学校中的种族隔离，269
Self-service 自我服务，86，92
Service 服务
    arrangements 提供的制度安排，63～87
    arranger 安排者，65，92
    consumer 消费者，64
    delivery 供应者，64～66
    quality 质量，11
services 各类服务
    division between public and private sectors 公共部门和私营部门之间的分工，4～5
    efficiency of 效率，93～94
    "hard" and "soft" "硬服务"和"软服务"，190
    scale of 规模，94～95
    specification of 具体性，92～93
Shaw, Jane S. 简·S·肖，117
Sherlock, Norman 诺曼·舍洛克，154
Sherman Antitrust Act 《谢尔曼反托拉斯法》，122
Shundler, Bret 布雷特·舒恩德勒，272
Sinofication 华人化，98
Social Security 社会保障，205，323
    privatization of 民营化，129，281～283
Social services 社会服务
    privatization of 民营化，280～281

vouchers for 凭单，281
Societal ills 社会病症，24，30
Society, excessive dependence on government by 社会对政府的过度依赖，13～14
SOE (state-owned enterprise) 国有企业，67，140，167，171
    buyers of 买主，233
    crime by 违法行为，101
    definition of 定义，6
    denationalization of 非国有化，131～138，140，212～220
    divestment of 政府撤资，167
    inefficiency of 无效率，13
    role of 角色，9
    sale to employees of 雇员认购，233
    study of 有关研究，169～172
Solid-waste collection 固体垃圾收集
    cost of 成本，286
    comparative performance of 绩效比较，159～160
    discrimination in 区域歧视，99
    ethnic dominance in 员工队伍中的种族集中，166
    monopoly in 垄断，112
    privatization of 民营化，160
    service levels of 服务水平，33
    transformed into street cleaning 向街道清扫（集体物品——译者注）的转型，57
Somalia 索马里，137
Soviet Union 苏联
    fiscal illusion in 财政幻觉，26
    government services in 政府服务，

67
    individual goods in 个人物品，91
Space 太空，52
Spann, Robert M., 罗伯特·斯潘，15
Special districts 特区，18~19
Spending 开支
    coalitions （推进开支增长的）联盟，36~37
    opposition to 遇到的抵制，5~6
Sri Lanka, denationalization in 斯里兰卡的非国有化，225，300，305
St. Louis, contracting in 圣路易斯市医院的合同承包，178
State-owned enterprise 参见 SOE
Stevens, Barbara J. 巴巴拉·J·史蒂文斯，157，158
Streets 街道
    cleaning of 清扫，57
    lighting 路灯，208
    payment for 支付，57
    private 私人，63
    repairing potholes 路坑修复，190
Stroup, Michael D. 迈克尔·D·斯特鲁普，276，278，280
Student Loan Marketing Association 学生贷款机构，124
Surveys of public officials 对公共官员的调查，148~149
Sweden, contracting in 瑞典的合同承包，71
Synthetic Fuels Corporation 合成燃料公司，116

T

Taxes 税收
    collection of 征收，53
    effect of, on cost comparisons 对成本的影响，164
    resistance to 遇到的抵制，6
Taxi service, as individual good 作为个人物品的出租车服务，49
Teal, Roger F. 罗杰·F·蒂尔，154
Television as collective good 作为集体物品的电视节目，53
Tenenbaum, Bernard 伯纳德·特南鲍姆，250
Tennessee Valley Authority 田纳西河流域管理局 67，101，117，169，211，302
Thatcher, Margaret 玛格丽特·撒切尔，15，120，199，212，305，317
Thiers, Louis A. 路易斯·A·梯也尔，278
Thompson, Tommy 汤米·汤普森，272
"Tie-in sales" by government monopolies 政府垄断机构的"搭售"，31~32
Toll goods 可收费物品，48，50~51
    definition of 定义，50
    examples of 例子，48
    provision of 提供，91
Tragedy of the commons 公用地悲剧，52
Transportation 交通
    in New York 纽约市，36
    as individual, toll, and collective good 作为个人、可收费和集

体物品，49
privatization strategy for 民营化策略，140～141
vouchers for 凭单，82
as worthy good 作为福利物品，57
Trucking industry 汽车货运业，99

U

Uganda, education in 乌干达的教育，260
United Kingdom 参见 Britain
U. S. Agency for International Development 美国国际开发署，222
U. S. Department of Defense 美国国防部
　　contracting by 合同外包，74，151，297，317
　　as service producer 作为服务生产者，65
U. S. Department of Energy 美国能源部，245，297
U. S. Enrichment Corporation 美国浓缩铀公司，15，211
U. S. General Accounting Office 美国审计总署，151
U. S. General Services Administration 服务总局，152
U. S. Mint 美国造币厂，71
U. S. Office of Management and Budget 美国管理与预算局，101，222
U. S. Postal Service 美国邮政服务局，101，136，169，288，320
U. S. State Department 美国国务院，316
U. S. Weather Bureau 美国气象局，48

Urban Mass Transportation Act 《都市公共交通法》，153，286
Urban services, institutional arrangements for 都市服务的制度安排，88～89
Urbanization 都市化，22

V

Vickrey, William 威廉·维克里，57
Vining, Aidan 艾丹·瓦伊宁，168，171
Viton, Philip A. 菲利普·A·维顿，154
Voluntary associations 志愿团体
　　for collective action 集体行动，63～64
　　for fire protection 消防服务，53，85
　　load shedding to 向志愿团体的卸载，135
　　replaced by lobbies 被游说团体取代，14
Voting 投票，27
　　by government employees 政府雇员，32～33
Vouchers 凭单，81～84
　　for child care 儿童看护，82
　　definition and examples of 定义与例子，81～84
　　for education 教育，82
　　for health care 医疗救助，82
　　for housing 住房，82
　　for legal services 法律服务，82
　　minority use of 少数民族的应用，

100
in social welfare services 作为服务安排，324
for transportation 公共交通，82

W

Walters, A. A. A. A. 沃尔特斯，154
Washington Monument strategy 华盛顿纪念碑策略，31
Waste. See solid-waste collection 废品，参见固体垃圾收集
Water supply, as common-pool good 作为共用资源的水供应，48
Weather forecasting 天气预报，48
Welfare 福利，275，277，279
Welfare state 福利国家，7～8，279～280
White, Michael 迈克尔·怀特，272
Wildavsky, Aaron 阿伦·怀尔德夫斯基，45
Wilson, James Q. 詹姆斯·Q·威尔逊，27
Wolf, Charles, Jr. 小查尔斯·沃尔夫，78
World Bank 世界银行，37，169，289
Worthy goods 福利物品，57～60

Y

Yeltsin, Boris 鲍里斯·叶利钦，121

Z

Zambia, denationalization in 赞比亚的非国有化，225
Zero-employee government 零雇员政府，21
Zoning, of day-care centers 日托中心的分区设置，136～137

译后记

最初答应承担本书的翻译任务，多是出于碍于情面不好推托的无奈之举。整个翻译审校过程断断续续，以至于总是怕前后译法不统一造成难堪。坦率地说，由于跨学科领域和技术性等特点，《民营化与PPP模式：推动政府和社会资本合作》是本人翻译生涯中耗时最长、费事最大的一本书。但我不感到后悔。这不仅是因为本书内容新颖、逻辑严密、资料翔实、语言流畅，而且符合本人一贯提倡的政府管理研究应关注实践并注重操作化的思想。

当翻译的困难成为过去之后，我不免对本书的合理分类"杞人忧天"起来：不论放到经济学、管理学、政府管理、企业管理、项目管理、工程管理等领域，本书都是值得一读的。

承担本书翻译工作的人员如下：周志忍（译者前言、中文版前言、第1章、第2章、索引）；杨立华（第3章、第4章）；李若鹏（第5章、第6章）；张赟（第7章、第8章）；尹海涛（第9章、第10章）；宋斌（第11章、第12章）。最后由周志忍审校定稿。

作为丛书编委和本书的主要翻译者，我要感谢丛书主编张成福教授和总策划刘晶女士。是他们的鼓励和一再要求，促使我承担了翻译本书这一烫手的山芋。是刘晶女士锲而不舍的对进度的监督和催促，使得翻译工作最终完成。还要感谢熊鲜菊和朱海燕女士，为翻译稿规范化做了技术性的工作。

由于原书的跨学科和技术性强等特点，由于本人学识能力有限，也由于一些客观原因，译稿难免存在不尽如人意甚至失误的地方，请读者和学界同仁批评指正。

周志忍

人大版公共管理类翻译（影印）图书

公共行政与公共管理经典译丛

书名	著译者	定价
公共管理名著精华："公共行政与公共管理经典译丛"导读	吴爱明　刘晶　主编	49.80元

经典教材系列

书名	著译者	定价
公共管理导论（第四版）	［澳］欧文·E·休斯　著 张成福　马子博　等　译	48.00元
政治学（第三版）	［英］安德鲁·海伍德　著 张立鹏　译	49.80元
公共政策分析导论（第四版）	［美］威廉·N·邓恩　著 谢明　等　译	49.00元
公共政策制定（第五版）	［美］詹姆斯·E·安德森　著 谢明　等　译	46.00元
公共行政学：管理、政治和法律的途径（第五版）	［美］戴维·H·罗森布鲁姆　等　著 张成福　等　译校	58.00元
比较公共行政（第六版）	［美］费勒尔·海迪　著 刘俊生　译校	49.80元
公共部门人力资源管理：系统与战略（第六版）	［美］唐纳德·E·克林纳　等　著 孙柏瑛　等　译	58.00元
公共部门人力资源管理（第二版）	［美］埃文·M·伯曼　等　著 萧鸣政　等　译	49.00元
行政伦理学：实现行政责任的途径（第五版）	［美］特里·L·库珀　著 张秀琴　译　音正权　校	35.00元
民治政府：美国政府与政治（第23版·中国版）	［美］戴维·B·马格莱比　等　著 吴爱明　等　编译	58.00元
比较政府与政治导论（第五版）	［英］罗德·黑格　马丁·哈罗普　著 张小劲　等　译	48.00元
公共组织理论（第五版）	［美］罗伯特·B·登哈特　著 扶松茂　丁力　译　竺乾威　校	32.00元
公共组织行为学	［美］罗伯特·B·登哈特　等　著 赵丽江　译	49.80元
组织领导学（第七版）	［美］加里·尤克尔　著 丰俊功　译	78.00元
公共关系：职业与实践（第四版）	［美］奥蒂斯·巴斯金　等　著 孔祥军　等　译　郭惠民　审校	68.00元
公用事业管理：面对21世纪的挑战	［美］戴维·E·麦克纳博　著 常健　等　译	39.00元
公共预算中的政治：收入与支出，借贷与平衡（第四版）	［美］爱伦·鲁宾　著 叶娟丽　马骏　等　译	39.00元
公共行政学新论：行政过程的政治（第二版）	［美］詹姆斯·W·费斯勒　等　著 陈振明　等　译校	58.00元
公共和第三部门组织的战略管理：领导手册	［美］保罗·C·纳特　等　著 陈振明　等　译校	43.00元

书名	著译者	定价
公共行政与公共事务（第十版）	[美] 尼古拉斯·亨利 著 孙迎春 译	52.00元
公共管理案例教学指南	[美] 小劳伦斯·E·列恩 著 郄少健 等 译 张成福 等 校	26.00元
公共管理中的应用统计学（第五版）	[美] 肯尼思·J·迈耶 等 著 李静萍 等 译	49.00元
现代城市规划（第五版）	[美] 约翰·M·利维 著 张景秋 等 译	39.00元
非营利组织管理	[美] 詹姆斯·P·盖拉特 著 邓国胜 等 译	38.00元
非营利组织战略营销（第五版）	[美] 菲利普·科特勒 等 著 孟延春 等 译	58.00元
公共财政管理：分析与应用（第六版）	[美] 约翰·L·米克塞尔 著 白彦锋 马蔡琛 译 高培勇 等 校	69.90元
企业与社会：公司战略、公共政策与伦理（第十版）	[美] 詹姆斯·E·波斯特 等 著 张志强 等 译	59.80元
公共行政学：概念与案例（第七版）	[美] 理查德·J·斯蒂尔曼二世 编著 竺乾威 等 译	75.00元
公共管理研究方法（第五版）	[美] 伊丽莎白森·奥沙利文 等 著 王国勤 等 译	79.00元
公共管理中的量化方法：技术与应用（第三版）	[美] 苏珊·韦尔奇 等 著 郝大海 等 译	39.00元
公共与非营利组织绩效考评：方法与应用	[美] 西奥多·H·波伊斯特 著 肖鸣政 等 译	35.00元
政治体制中的行政法（第三版）	[美] 肯尼思·F·沃伦 著 王丛虎 等 译	78.00元
政府与非营利组织会计（第12版）	[美] 厄尔·R·威尔逊 等 著 荆新 等 译校	79.00元
政治科学的理论与方法（第二版）	[英] 大卫·马什 等 编 景跃进 张小劲 欧阳景根 译	38.00元
公共管理的技巧（第九版）	[美] 乔治·伯克利 等 著 丁煌 主译	59.00元
领导学：理论与实践（第五版）	[美] 彼得·G·诺斯豪斯 著 吴爱明 陈爱明 陈晓明 译	48.00元
领导学（亚洲版）	[新加坡] 林志颂 等 著 顾朋兰 等 译 丁进锋 校译	59.80元
领导学：个人发展与职场成功（第二版）	[美] 克利夫·里科特斯 著 戴卫东 等 译 姜雪 校译	69.00元
二十一世纪的公共行政：挑战与改革	[美] 菲利普·J·库珀 等 著 王巧玲 李文钊 译 毛寿龙 校	45.00元
行政学（新版）	[日] 西尾胜 著 毛桂荣 等 译	35.00元
比较公共行政导论：官僚政治视角（第六版）	[美] B·盖伊·彼得斯 著 聂露 李姿姿 译	49.80元
理解公共政策（第十二版）	[美] 托马斯·R·戴伊 著 谢明 译	45.00元
公共政策导论（第三版）	[美] 小约瑟夫·斯图尔特 等 著 韩红 译	35.00元

书名	著译者	定价
公共政策分析：理论与实践（第四版）	[美]戴维·L·韦默 等 著 刘伟 译校	68.00元
应急管理概论	[美]米切尔·K·林德尔 等 著 王宏伟 译	55.00元
公共行政导论（第六版）	[美]杰伊·M·沙夫里茨 等 著 刘俊生 等 译	65.00元
城市管理学：美国视角（第六版）	[美]戴维·R·摩根 等 著 杨宏山 陈建国 译 杨宏山 校	49.00元
公共经济学：政府在国家经济中的作用	[美]林德尔·G·霍尔库姆 著 顾建光 译	69.80元
公共部门管理（第八版）	[美]格罗弗·斯塔林 著 常健 等 译 常健 校	75.00元

公共管理实务系列

书名	著译者	定价
新有效公共管理者：在变革的政府中追求成功（第二版）	[美]史蒂文·科恩 等 著 王巧玲 等 译 张成福 校	28.00元
驾御变革的浪潮：开发动荡时代的管理潜能	[加]加里斯·摩根 著 孙晓莉 译 刘霞 校	22.00元
自上而下的政策制定	[美]托马斯·R·戴伊 著 鞠方安 等 译	23.00元
政府全面质量管理：实践指南	[美]史蒂文·科恩 等 著 孔宪遂 等 译	25.00元
公共部门标杆管理：突破政府绩效的瓶颈	[美]帕特里夏·基利 等 著 张定淮 译校	28.00元
创建高绩效政府组织：公共管理实用指南	[美]马克·G·波波维奇 主编 孔宪遂 等 译 耿洪敏 校	23.00元
职业优势：公共服务中的技能三角	[美]詹姆斯·S·鲍曼 等 著 张秀琴 译 音正权 校	19.00元
全球筹款手册：NGO及社区组织资源动员指南（第二版）	[美]米歇尔·诺顿 著 张秀琴 等 译 音正权 校	39.80元

政府治理与改革系列

书名	著译者	定价
新公共服务：服务，而不是掌舵	[美]珍妮特·V·登哈特 罗伯特·B·登哈特 著 丁煌 译 丁煌 方兴 校	28.00元
公共决策中的公民参与	[美]约翰·克莱顿·托马斯 著 孙柏瑛 等 译	28.00元
再造政府	[美]戴维·奥斯本 等 著 谭功荣 等 译	45.00元
构建虚拟政府：信息技术与制度创新	[美]简·E·芳汀 著 邵国松 译	32.00元
突破官僚制：政府管理的新愿景	[美]麦克尔·巴泽雷 著 孔宪遂 等 译	25.00元
政府未来的治理模式（中文修订版）	[美]B·盖伊·彼得斯 著 吴爱明 等 译 张成福 校	38.00元
无缝隙政府：公共部门再造指南（中文修订版）	[美]拉塞尔·M·林登 著 汪大海 等 译	48.00元

书名	著译者	定价
公民治理：引领21世纪的美国社区（中文修订版）	[美] 理查德·C·博克斯 著 孙柏瑛 等 译	38.00元
民营化与公私部门的伙伴关系	[美] E.S. 萨瓦斯 著 周志忍 等 译	39.00元
持续创新：打造自发创新的政府和非营利组织	[美] 保罗·C·莱特 著 张秀琴 译 音正权 校	28.00元
政府改革手册：战略与工具	[美] 戴维·奥斯本 等 著 谭功荣 等 译	59.00元
公共部门的社会问责：理念探讨及模式分析	世界银行专家组 著 宋涛 译校	28.00元
公私合作伙伴关系：基础设施供给和项目融资的全球革命	[英] 达霖·格里姆赛 等 著 济邦咨询公司 译	29.80元
非政府组织问责：政治、原则与创新	[美] 丽莎·乔丹 等 主编 康晓光 等 译 冯利 校	32.00元
市场与国家之间的发展政策：公民社会组织的可能性与界限	[德] 康保锐 著 隋学礼 译校	49.80元
建设更好的政府：建立监控与评估系统	[澳] 凯思·麦基 著 丁煌 译 方兴 校	30.00元

学术前沿系列

书名	著译者	定价
公共行政的精神（中文修订版）	[美] H·乔治·弗雷德里克森 著 张成福 等 译 张成福 校	48.00元
后现代公共行政：话语指向（中文修订版）	[美] 查尔斯·J·福克斯 等 著 楚艳红 等 译 吴琼 校	38.00元
公共行政的合法性：一种话语分析（中文修订版）	[美] O.C. 麦克斯怀特 著 吴琼 译	待出
公共行政的语言：官僚制、现代性和后现代性（中文修订版）	[美] 戴维·约翰·法默尔 著 吴琼 译	待出
官僚制内幕	[美] 安东尼·唐斯 著 郭小聪 等 译	38.00元
领导学	[美] 詹姆斯·麦格雷戈·伯恩斯 著 常健 孙海云 等 译 常健 校	69.00元
官僚经验：后现代主义的挑战（第五版）	[美] 拉尔夫·P·赫梅尔 著 韩红 译	39.00元
制度分析：理论与争议（第二版）	[韩] 河连燮 著 李秀峰 柴宝勇 译	48.00元
公共服务中的情绪劳动	[美] 玛丽·E·盖伊 等 著 周文霞 等 译	38.00元
预算过程中的新政治（第五版）	[美] 阿伦·威尔达夫斯基 等 著 苟燕楠 译	58.00元
公共行政中的价值观与美德：比较研究视角	[荷] 米歇尔·S·德·弗里斯 等 主编 熊缨 耿小平 等 译	58.00元

案例系列

书名	著译者	定价
公共管理案例（第五版）	[美] 罗伯特·T·戈伦比威斯基 等 主编 汪大海 等 译	28.00元

书名	著译者	定价
组织发展案例：环境、行为与组织变革	[美] 罗伯特·T·戈伦比威斯基 等 主编 杨爱华 等 译	29.00元
公共部门人力资源管理案例	[美] T·赞恩·里夫斯 主编 句华 主译 孙柏瑛 统校	22.00元
非营利组织管理案例与应用	[美] 罗伯特·T·戈伦比威斯基 等 主编 邓国胜 等 译	23.00元
公共管理的法律案例分析	[美] 戴维·H·罗森布鲁姆 等 著 王丛虎 主译	33.00元
公共政策分析案例（第二版）	[美] 乔治·M·格斯 等 著 王军霞 等 译	待出

学术经典系列

书名	著译者	定价
新公共行政	[美] H·乔治·弗雷德里克森 著 丁煌 方兴 译 丁煌 校	23.00元

公共政策经典译丛

书名	著译者	定价
公共政策评估	[美] 弗兰克·费希尔 著 吴爱明 等 译	38.00元
议程、备选方案与公共政策（第二版）	[美] 约翰·W·金登 著 丁煌 方兴 译	38.00元
公共政策工具——对公共管理工具的评价	[美] B·盖伊·彼得斯 等 编 顾建光 译	29.80元
第四代评估	[美] 埃贡·G·古贝 等 著 秦霖 等 译 杨爱华 校	39.00元
政策规划与评估方法	[加] 梁鹤年 著 丁进锋 译	39.80元

当代西方公共行政学思想经典译丛

书名	编译者	定价
公共行政学中的批判理论	戴黍 牛美丽 等 编译	29.00元
公民参与	王巍 牛美丽 编译	45.00元
公共行政学百年争论	颜昌武 马骏 编译	49.80元
公共行政学中的伦理话语	罗蔚 周霞 编译	45.00元

当代世界学术名著

书名	著译者	定价
政策悖论：政治决策中的艺术（修订版）	[美] 德博拉·斯通 著 顾建光 译	58.00元
公共行政的语言——官僚制、现代性和后现代性	[美] 戴维·约翰·法默尔 著 吴琼 译	49.80元
公共行政的精神	[美] 乔治·弗雷德里克森 著 张成福 等 译	45.00元
公共行政的合法性——一种话语分析	[美] O.C.麦克斯怀特 著 吴琼 译	48.00元

卓越领导

书名	著译者	定价
领袖	[美] 詹姆斯·麦格雷戈·伯恩斯 著 常健 等 译	49.00 元
特立独行：从肯尼迪到小布什的总统领导艺术	[美] 詹姆斯·麦格雷戈·伯恩斯 著 吴爱明 等 译	39.80 元
创新型领导艺术：激发团队创造力	[英] 约翰·阿代尔 著 吴爱明 等 译	25.00 元
创造性思维艺术：激发个人创造力	[英] 约翰·阿代尔 著 吴爱明 等 译	25.00 元

公共管理英文版教材系列

书名	作者	定价
公共管理导论（第三版）	[澳] Owen E. Hughes （欧文·E·休斯） 著	28.00 元
理解公共政策（第十二版）	[美] Thomas R. Dye （托马斯·R·戴伊） 著	34.00 元
公共行政学经典（第五版）	[美] Jay M. Shafritz （杰伊·M·莎夫里茨） 等 编	59.80 元
组织理论经典（第五版）	[美] Jay M. Shafritz （杰伊·M·莎夫里茨） 等 编	46.00 元
公共政策导论（第三版）	[美] Joseph Stewart, Jr. （小约瑟夫·斯图尔特） 等 著	35.00 元
公共部门管理（第九版·中国学生版）	[美] Grover Starling （格罗弗·斯塔林） 著	59.80 元
政治学（第三版）	[英] Andrew Heywood （安德鲁·海伍德） 著	35.00 元
公共行政导论（第五版）	[美] Jay M. Shafritz （杰伊·M·莎夫里茨） 等 著	58.00 元
公共组织理论（第五版）	[美] Robert B. Denhardt （罗伯特·B·登哈特） 著	32.00 元
公共政策分析导论（第四版）	[美] William N. Dunn （威廉·N·邓恩） 著	45.00 元
公共部门人力资源管理：系统与战略（第六版）	[美] Donald E. Klingner （唐纳德·E·克林纳） 等 著	48.00 元
公共行政与公共事务（第十版）	[美] Nicholas Henry （尼古拉斯·亨利） 著	39.00 元
公共行政学：管理、政治和法律的途径（第七版）	[美] David H. Rosenbloom （戴维·H·罗森布鲁姆） 等 著	68.00 元
公共经济学：政府在国家经济中的作用	[美] Randall G. Holcombe （林德尔·G·霍尔库姆） 著	62.00 元
领导学：理论与实践（第六版）	[美] Peter G. Northouse （彼得·G·诺斯豪斯） 著	45.00 元

更多图书信息，请登录 www.crup.com.cn/gggl 查询，或联系中国人民大学出版社政治与公共管理出版分社获取

地址：北京市海淀区中关村大街甲 59 号文化大厦 1202 室　　邮编：100872
电话：010－82502724　　　　　　　　　　　　　　　　　　　传真：010－62514775
E-mail：ggglcbfs@vip.163.com　　　　　　　　　　　　　　　网站：http://www.crup.com.cn/gggl

Privatization and Public-Private Partnerships by E. S. Savas

Copyright © 2000 by E. S. Savas

Simplified Chinese edition is published by arrangement with Sage Publications, Inc.

Sage Publications, Inc. is the original publisher in the United States, United Kingdom, and New Delhi.

Simplified Chinese version © 2015 by China Renmin University Press All Rights Reserved.